美國獨立檢察官偵辦高官不法之司法機制研究——兼論其對臺灣的啟示

余小云——著

五南圖書出版公司 印行

自 序

　　1998 年，作者於美國南加州大學政治學研究所撰寫博士論文已近尾聲而正準備口試之際，美國則因柯林頓總統與白宮實習生陸茵斯基的緋聞案，而鬧得沸沸揚揚。每天新聞輿論都在討論權位高至總統的最高行政首長，其所涉不法行為，該如何偵辦、應由誰來調查，才能真正做到公平、公正辦案以彰顯司法正義？當時即對該事件的發展有高度的興趣。事實上，作者長期一直在關注司法與政治的相關議題，主要源自於臺灣在解嚴之後，政治民主化與社會開放自由化快速地發展，但相對於「司法獨立」這一塊，則始終是較少被觸及，且不可否認，政治力卻無時無刻地始終在影響著司法運作進程。

　　作者在南加州大學就讀政治學博士期間，受業於政治法學霍華德・吉爾曼（Howard Gillman）教授，修習其開設之「司法與政治」（Law and Politics）課程裡，深感於美國憲法在「三權分立原則」下，其行政、立法、司法三權之間在運作上的相互制約與平衡之巧妙與彈性，因而有意瞭解在偵辦柯林頓總統不法案件中的設置獨立檢察官制度之功能與發展。而在修得博士返國的第二年（1999 年）將研究心得撰寫成〈美國設置獨立檢察官之爭議〉一文，並刊登在中華民國《立法院院聞》，為當時國內政治學界最早針對該研究議題的撰著者。事隔多年後，臺灣亦仿效美國獨立檢察官制度而成立「特別偵查組」，並有聲有色地偵辦了包括總統在內的高官大案，但最後終至不敵複雜之黨派與政治環境等因素而終止。撰寫本書付梓之際，又值美國特別檢察官穆勒正如火如荼地調查川普總統的「通俄門案」，讓作者更有感並見識到美國優質民主政治的自我糾錯和修復能力。作者始終認為美國的這套特別檢察官制度，有其正面的實用價值，該制度的

建立，使美國的多元政治體系保有豐沛的活力與令人敬重的公信力。

　　本書對獨立檢察官制度之理論與實務有深入研習探究，自其設置背景至多次檢討案例施行而修整乃至案例之檢視等，皆有相當詳細的探討。作者期盼藉由本書對該制度的深度析探研究，作為吾人開啟瞭解美國優質民主政治特色的一把精緻鑰匙，同時亦能反思未來類似的制度，在我國是否仍有發展的新契機。

　　針對本書能順利出版，要感謝一些對作者持續鼓勵與支持的人士，如：江明修教授、陳敦源教授、湯京平教授、廖坤榮教授、廖元豪教授、蘇子喬教授、楊穎超教授、余化人教授、王千文教授與謝國璋教授等學術界人士，對於本書內容的建議與鼓勵。此外，感謝本系許瀞予、蘇愷悌助教在行政庶務上的協助，還有謝謝本人學生林奕蒼、吳佳儒、莊廣源、劉建廷、吳沛璉和謝瑞鴻等同學在部分資料蒐集上的幫忙，以及五南圖書劉靜芬副總編輯對本書出版編輯事務上提供的有利建言與協助，亦謹一併致謝。最後，要感謝一直於背後默默支持我的家人：摯愛的父母，生我劬勞、供我出國深造機會，使我得以獲取充實具備撰著本書之基本視野與能力，還有要感謝本人夫君邵建民教授，細緻斟酌協助本作撰著編打、格式修整及校對工作等之具深度及無怨無悔的付出。此後，本書一切文責或若有些許疏漏，筆者皆會全然負責，謹此 敬請審閱者不吝給予提攜建言。

余小云

2018 年 9 月於台北

目　錄

自序

第一章　緒　論 1
　第一節　研究動機與論述起源 1
　第二節　研究問題和研究方法 5
　第三節　本書章節安排 8

第二章　權力分立原則下的檢察官制度 11
　第一節　美國權力分立原則下的理論與實務 11
　第二節　檢察官制度的創設與演進 24
　第三節　美國的檢察官制度 31
　第四節　檢察一體vs.檢察獨立 40

第三章　美國獨立檢察官制度的法制化 51
　第一節　美國獨立檢察官法制化前的機制與運作 52
　第二節　水門案與美國獨立檢察官制度法制化 61
　第三節　美國獨立檢察官制度的內容析論 86

第四章　美國獨立檢察官制度之實踐與修法 95
　第一節　1978年《政府倫理法》的內容與實踐 98
　第二節　1983年《政府倫理法》的修訂與實踐 103
　第三節　1987年《政府倫理法》的修訂與實踐 118
　第四節　1994年《政府倫理法》的修訂與實踐 129
　第五節　1999年美國獨立檢察官的終結 151
　第六節　1999年後的美國特別檢察官制度 159

第五章　美國特別檢察制度的檢討與析論 169
　第一節　美國獨立檢察官制度的合憲性問題 169

第二節　司法部部長面臨的利益衝突問題 206

第三節　美國獨立檢察官與各政府部門的關係 225

第四節　美國特別檢察制度的比較分析 243

第五節　獨立檢察官制度改革與建議 253

第六章　臺灣檢察官與特別偵查制度 259

第一節　臺灣的檢察官制度 259

第二節　臺灣特別偵查制度的發軔與法制化 280

第三節　臺灣特別偵查制度的運作 289

第四節　美國獨立檢察官vs.臺灣特偵組 303

第七章　結論－美國獨立檢察官制度對臺灣的啟示 309

第一節　研究推論與發現 309

第二節　制度借鏡與研究展望 314

附　錄 319

附錄一：美國《政府倫理法》（1994年） 319

附錄二：美國《特別檢察官規則》（1999年） 343

附錄三：中華民國最高法院檢查署特別偵查組偵結起訴案件

（2007-2017） 349

參考文獻 373

圖 表 目 錄

表1-1 受訪者名單 7

表3-1 1973年「水門案」前任命的特別檢察官 60

圖4-1 伊斯頓政治系統模型 96

表4-1 美國獨立檢察官調查總統及行政高官涉案列表（1979~2000）. 167

圖5-1 美國特別檢察制度 251

表5-1 美國特別檢察官與獨立檢察官制度對照比較表 252

圖6-1 臺灣「查緝黑金行動中心」之組織架構 281

第一章
緒　論

　　民主政治的核心價值之一，爲其政府是否可爲人民所信任？尤其是當政府在調查自己長官或同僚不法時，是否可被人民信任？這樣的核心問題，始終撞擊著美國憲法中行政部門的心臟，尤其當司法部部長暨檢察總長在偵辦總統或親近總統周邊人士時，是否可被信任而能秉持公平、公正辦案？1978 年《政府倫理法》（*The Ethics in Government Act of 1978*）所建立的獨立檢察官制度（Independent Counsel）則提供這個民主政治核心價值與問題的具體答案，因爲國會立該法時建立了一個中性程序解決了司法部部長在偵辦高官或親近之同僚時的利益衝突問題，安排由一位非總統所能直接掌控的檢察官來執行調查起訴工作。從該制度制定的歷史過程與該法的演化變遷觀之，則證實了其實際運作確實已達到當初立法的目的。而本書即在深入探討這部《政府倫理法》下的獨立檢察官制度，並作爲我國借鏡，以期真正建立人民對政府執法與治理的信心。

第一節　研究動機與論述起源

　　在 2016 年還未宣誓就職前，美國總統當選人唐納德・川普（Donald Trump）就已陷入「通俄門案」（Russia-Gate Case）的政治危機中。該案爲美國情報體系指控俄羅斯對 2016 年美國總統選舉所作出的一連串操作干預，而當時共和黨總統候選人川普對俄羅斯這些行動的態度與涉入情況是有疑問的。根據美國國土安全部與國家情報總監 2016 年 10 月針對選舉安全發表的聯合聲明中表示：俄羅斯極高層偏愛共和黨的川普，並以指揮

駭客等方式干預美國大選。[1]2016 年 12 月，任期已將屆的歐巴馬（Barack Obama, 2009-2017）總統下令情報部門提供 2016 年大選受外國干預的報告，參議院也呼籲兩黨合作調查。[2]川普一開始否定該報告，批評這是民主黨選舉失利下輸不起的產物，並在聲明中攻擊情報部門。但隨後美國驅逐了俄羅斯外交官，並擴大對俄羅斯的經濟制裁。[3]

2017 年 3 月 20 日，這把火開始燒向已正式宣誓就職的川普。時任聯邦調查局（Federal Bureau of Investigations, FBI）局長詹姆斯‧柯米（James Comey）向眾議院「情報委員會」作證，稱聯邦調查局正對 2016 年 7 月以來的俄羅斯干預活動展開反情報調查，範圍甚至涵蓋川普選舉陣營相關人士與俄羅斯之間可能的互動。[4]然而就在 2017 年 5 月 9 日，聯邦調查局局長柯米被川普總統開除了。[5]

2017 年 5 月 17 日美國司法部宣布，指派前聯邦調查局局長羅伯特‧穆勒（Robert Mueller）出任特別檢察官（special counsel），調查俄羅斯是否干預 2016 年的美國總統大選，以及川普陣營與俄羅斯之間的關係。[6]

---

[1]　U. S. Department of Homeland Security, "Joint Statement from the Department of Homeland Security and Office of the Director of National Intelligence on Election Security," 7 October 2016, in <https://www.dhs.gov/news/2016/10/07/joint-statement-department-homeland-security-and-office-director-national>. Latest update 10 May 2017.

[2]　Missy Ryan, Ellen Nakashima, and Karen DeYoung, "Obama Administration Announces Measures to Punish Russia for 2016 Election Interference," *The Washington Post*, 29 December 2016.

[3]　Peter Baker, "White House Penalizes Russians over Election Meddling and Cyber-attacks," *The New York Times*, 15 March 2018, in <https://www.nytimes.com/2018/03/15/us/politics/trump-russia-sanctions.html>. Latest update 1 April 2018.

[4]　Julian Borger and Spencer Ackerman, "Trump-Russia Collusion is Being Investigated by FBI, Comey Confirms," *The Guardian*, 20 March 2017, in <https://www.theguardian.com/us-news/2017/mar/20/fbi-director-comey-confirms-investigation-trump-russia>. Latest update 20 June 2017.

[5]　Sam Levin, Julia Carrie Wong, and Bonnie Malkin, "Calls for Special Prosecutor after Trump Sacks FBI Director-as it Happened," *The Guardian*, 10 May 2017, in <https://www.theguardian.com/us-news/ live/2017/may/09/james-comey-fired- fbi-trump-white-house-live>. Latest update 20 June 2017.

[6]　U. S. Department of Justice, "Appointment of Special Counsel to Investigate Russian Interference with the 2016 Presidential Election and Related Matters" 17 May 2017, in <https://www.justice.gov/opa/press-release/file/967231/download>. Latest update 20 June 2017.

在司法部副檢察總長羅德‧羅森斯坦（Rod Rosenstein）聲明中表示：鑑於目前的特殊環境，司法部基於公共利益，必須將這項調查工作委託給一個超然的檢察官偵辦，讓他可以獨立運作而不受任何外部勢力牽制。而美國共和與民主兩黨，對於此項任命案則普遍表示「認同與讚賞」。[7]

　　兩個月後，被捕的川普競選重要幕僚喬治‧巴帕多普洛斯（George Papadopoulos）向聯邦調查局提出認罪協商，坦承在其兩次約談時作了偽證，對聯邦調查局幹員說謊，聲稱他是在加入競選團隊前曾與俄羅斯方面聯繫，實際上他與俄羅斯方面有所聯繫是在加入川普競選團隊後的事。在10月30日穆勒檢察官公布的首波起訴名單中，包含川普的前競選總幹事保羅‧馬納福特（Paul Manafort），而使川普總統與此事有所牽連而捲入大麻煩。[8]雖然一直有消息指稱川普總統要免職特別檢察官穆勒，但在白宮法律顧問唐‧麥甘（Don McGahn）大力反對、甚至以辭職威脅下，加以川普總統亦有若干顧忌會引發政治危機，才沒有動手開除特別檢察官穆勒。[9]不過，在穆勒檢察官如火如荼地執行對川普總統所涉「通俄門案」的調查同時，無論是特別檢察官穆勒或任命穆勒的司法部部長傑夫‧賽申斯（Jeff Sessions），皆在未來仍極有可能面臨隨時被行政部門首長的川普總統免職開除。

　　美國目前的特別檢察官制度為1999年6月時，因為《政府倫理法》到期未獲國會展期而終止其適用，司法部另立《特別檢察官規則》（*Office of Special Counsel Regulations*），以取代之前《政府倫理法》的獨立檢察

7　Tom McCarthy, Jon Swaine, and Ben Jacobs, "Former FBI Head Robert Mueller to Oversee Trump-Russia Investigation," *The Guardian*, 18 May 2017, in <https://www.theguardian.com/us-news/2017/may/17/trump-russia-investigation-special-counsel-robert-mueller-fbi>. Latest update 20 June 2017.

8　Luke Harding, Stephanie Kirchgaessner, and Shaun Walker, "Trump Adviser George Papadopoulos and the Lies about Russian links," *The Guardian*, 31 October 2017, in <https://www.theguardian.com/us-news/2017/oct/30/george-papadopoulos-donald-trump-russia-charge-putin>. Latest update 12 November 2017.

9　Ryan Teague Beckwith & Tessa Berenson, "Will President Trump Fire Robert Mueller? Here's What We Know," *Time*, 19 March 2018, in <http://time.com/512 0383/robert-mueller-firing-trump/>. Latest update 21 March 2018.

官。《政府倫理法》中的獨立檢察官制度，為現今美國特別檢察制度(或稱特別偵查制度)的前身。追溯《政府倫理法》規範下的獨立檢察官制度的初始建置，係鑑於尼克森總統（Richard M. Nixon）在所涉「水門案」（Watergate Scandal）中的濫權與不當強力干預辦案，而使國會深刻體認有必要讓特別檢察制度法制化，以俾能公正、公平地偵辦政府高官的不法行為，藉以恢復美國人民對政府的信心。當時在國會的努力與堅持下，1978 年立法通過的《政府倫理法》，旨在任命一位獨立於行政部門的司法部而賦予一些特別權力的法律界人士擔任檢察官，建立起專司偵辦政府高官不法的獨立檢察官制度。

　　然而，在獨立檢察官制度開始運作之後，就有不少人主張所任之獨立檢察官有濫用職權之嫌，甚至還有人認為，獨立檢察官制度已經淪為黨派政治鬥爭的工具。最關鍵的批評乃是有一些偵辦案件向法院提起訴訟，主張該制度對於憲法所確立的「權力分立原則」（Doctrine of Separation of Powers）下之三個權力體系而言，有僭越固有立法、行政、司法三權分立界線之虞。尤其在 1991 年，時任獨立檢察官的肯尼斯・斯塔爾（Kenneth Starr）耗時四年多時間，共花費了 4,000 多萬美元的調查經費，對柯林頓（William J. Clinton）總統的「白水案」（The White-water Case）展開窮追猛打的調查，但最終國會對柯林頓總統的彈劾案卻未獲通過。同時國會認為獨立檢察官的權力過大，有濫權之虞，加以其經費開銷不受限制下，造成人力物力的龐大浪費，導致該法在 1999 年被國會確定不予授權展期，而退出美國的歷史舞台。隨即司法部於 1999 年在另立《特別檢察官規則》的行政命令規範下，另建置有特別檢察官（Special Counsel）的機制，取而代之並運作至今。

　　事隔多年後，臺灣也在 2007 年參考並仿效美國相關獨立檢察官制度，而在最高法院檢察署設置「特別偵查組」（簡稱「特偵組」），以對包括總統、軍方高級將官，乃至重大全國性選舉舞弊與金融經濟等之犯罪不法行為的追訴。自特偵組成立以來，該組偵辦並起訴了包括總統、行政院秘書長、立法委員等高官權貴人士，確實有達到當初成立的目的。只是我

國特偵組最終亦和美國獨立檢察官制度的命運一樣，在 2017 年遭立法院以其對朝野政治人物偵辦未能一視同仁，而有執法不公之虞而將之廢除，回歸至原本的檢察制度，而結束了臺灣特別檢察機制曇花一現的短短十年歷史。[10]

美國現有的特別檢察官機制無論任免、預算與管轄權，皆操控在行政部門的司法部部長手中，其獨立性遠不如 1978 年《政府倫理法》所立的獨立檢察官，致使特別檢察官穆勒在偵辦「通俄門案」時，已屢遭川普總統的多次口頭威脅與干預，甚至因為其司法部部長賽申斯不願撤換穆勒，也隨時面臨被川普總統免職之憂，更顯見 1978 年所立獨立檢察官辦案不受行政部門干預的可貴。因為偵辦「通俄門案」，美國輿論暨法學界對偵辦高官權貴犯罪行為的有效機制又開始興起一番討論之際，吾人確實有必要回頭來檢視當初七〇年代美國制定《政府倫理法》，其專門偵辦政府高官不法之獨立檢察官司法機制的起源、歷程、相關案例與憲政爭議，以重新評估與考量真正偵辦政府高官犯罪之有效司法機制為何；同時亦可作為反思未來類似的特別檢察制度，在我國是否仍有其存在與發展的可能性與必要性。

第二節　研究問題和研究方法

基於以上的研究動機，本書擬探討的核心問題是：在美國奉「權力分立原則」為圭臬的憲政架構下，究竟是如何建構其偵辦高官不法的特別檢察制度？以此問題為中心，本書擬探討的具體議題如下：

一、美國檢察官制度在該國講求「權力分立原則」的憲政體制中，如何創設與演進？美國檢察官制度的內涵為何？美國檢察官的角色與定位為何？

10　立法院，〈立法院議案關係文書〉，《立法院法案查詢系統》，2016 年 9 月 7 日，取自 <https://lis.ly.gov.tw/lylgqrc/mtcdoc?DN090201:LCEWA01_090201_00035>。（檢閱日期：2017/04/10）

　　二、美國偵辦高官不法的特別檢察官制度是在什麼樣的歷史背景下正式法制化？

　　三、美國特別檢察制度如何因應環境變遷轉變與演進？其實際運作情況爲何？不同時期的特別檢察制度有何差異？是否有須改革之處？

　　四、美國以獨立檢察官爲核心的特別檢察制度是否符合美國憲法的「權力分立原則」？從獨立檢察官與各政府部門的實際互動關係來看，是否充分落實其獨立性與課責性？

　　五、相較於美國，我國追究高官不法的司法機制爲何？美國特別檢察制度對我國偵辦高官不法之制度設計有何啓示？

　　總之，就本書探討的研究問題而言，本書擬探討在美國「權力分立原則」下，以獨立檢察官爲核心的特別檢察制度是如何產生並與之呼應？隨著制度持續運作，又是如何因爲不同部門權限的衝突爭議而反過來考驗憲法的「權力分立原則」，而使制度需要修改？這些情況又如何影響特別檢察制度的產生及運作？簡言之，在「權力分立原則」下，美國如何維繫並修正特別檢察制度？此爲本書關注的主要研究問題。

　　就本書的研究方法而言，爲了要研究美國獨立檢察官偵辦高官不法之司法機制的歷史興替與法規內涵，本書採取的研究方法包括質化的歷史研究法（Historical Studies）、文獻分析法（Documentary Analysis）與訪談法，茲分述如下：

　　歷史研究法是運用已發生或公布之歷史資料，瞭解過去及釐清目前事件的背景，並解釋其中的因果關係，再透過文獻分析等方法整理耙梳，以建立其共通性，進而預測未來發展的趨勢走向。本書以歷史研究法來研究美國獨立檢察官機制的興革更替，並從 1978 年《政府倫理法》施行前的「水門案」開始觀察。而在研究其法規內涵則使用文獻分析法，蒐集並參閱既有主題相關文獻資料。本書參酌的文獻的主要來源包括：一、美國政府的正式文件及出版物。諸如：憲法、大法官及相關釋憲判決、法律、行政命令、判例及其政策詮釋之出版物等，皆爲本書參考和引用的資料來源。以正式文件與官方印行之詮釋出版物爲引證分析對象，經由時間、觀點及

理論基礎交叉比對，其優點在於其足以代表美國政府行為者深思熟慮後的結果，因此更能真實的反應本身對相關議題或政策的看法和主張；二、報章媒體相關之報導。由於美國新聞風氣自由，深廣度兼具，常能挖掘一般人所未見的事實，以本書關注的案例而言，「水門案」的披露就是新聞界努力結果，因此亦足以作為有力的參考資料；三、學者的相關研究成果。由於特別檢察官制度可起訴包括總統在內的政府高官，影響力自然動見觀瞻，美國政治暨法學界就此相關著述頗豐，亦為本著參考重要資料。

訪談法則是用於理解受訪者對研究問題的看法，或陳述對生活、經驗或情況的觀點等所採用的方法，研究者透過對話過程發現人們對社會事實的認知，或分享經驗與觀點的互動方式。本研究議題由於牽涉法律、政治與公共行政等領域，因此相關訪談涵蓋法律學者、憲政學者以及有實務經驗的檢察官等，以俾能第一手知曉及掌握臺灣學界對美國特別檢察官制度的臧否，以及實務界對於過去臺灣特偵組運作情形的論述與評論。

表 1-1　受訪者名單

姓　名	身分職銜	受訪日期	受訪地點
朱朝亮	臺灣最高檢察署檢察官（曾為臺灣最高檢察署特別偵查組檢察官暨發言人）	2018 年 8 月 15 日	台北：中國文化大學大新館
呂丁旺	臺灣高等檢察署主任檢察官	2018 年 8 月 15 日	台北：中國文化大學大新館
吳重禮	中央研究院政治研究所研究員	2018 年 8 月 15 日	台北：中國文化大學大新館
陳敦源	政治大學公共行政學系教授	2018 年 8 月 15 日	台北：中國文化大學大新館
廖元豪	政治大學法律學系副教授	2018 年 8 月 17 日	台北：政治大學
蘇子喬	中國文化大學行政管理學系副教授	2018 年 8 月 19 日	台北：中國文化大學大成館
楊穎超	中國文化大學國家發展暨中國大陸研究所兼任助理教授	2018 年 8 月 19 日	台北：中國文化大學大成館

第三節　本書章節安排

本書以「權力分立原則」為觀察視角，探討美國偵辦高官不法的特別檢察制度，以作為我國建立相關制度的借鏡。基於上述的研究動機與問題意識，本書將分為七章，分別是第一章「緒論」、第二章「權力分立原則下的檢察官制度」、第三章「美國獨立檢察官制度的法制化」、第四章「美國獨立檢察官制度之實踐與修法」、第五章「美國特別檢察制度的檢討與析論」、第六章「臺灣檢察官與特別偵查制度」與第七章「結論－美國獨立檢察官制度對臺灣的啟示」。本章「緒論」旨在說明本書的研究動機、研究問題與研究方法，至於第二章至第七章各章的節次安排，說明如下：

第二章「權力分立原則下的檢察官制度」將以「權力分立原則」為立論基礎，探討檢察官制度在當代民主法治國家權力分立架構下的定位。本章共分為四節，在第一節「美國權力分立原則的理論與實務」中，將介紹美國憲法「權力分立原則」的理論與結構，以及美國聯邦最高法院關於「權力分立原則」判例的解釋途徑。第二節「檢察官制度的創設與演進」則介紹法國、德國、英國、日本等世界重要民主國家的檢察官制度概況。第三節「美國的檢察官制度」則將焦點放在美國，探討美國檢察官制度的起源與發展、該國檢察官的屬性，以及該國特有的大陪審團制度。第四節「檢察一體 vs.檢察獨立」則從「檢察一體」的內涵、檢察官的獨立性與「檢察一體」的制約等三個面向，探討當代民主法治國家檢察官制度的基本原則。

第三章「美國獨立檢察官制度的法制化」將從歷史研究的角度，分析美國「水門案」的始末與前因後果，以及「水門案」促成獨立檢察官制度法制化的過程。本章共分為三節，第一節「美國獨立檢察官法制度化前的機制與運作」介紹獨立檢察官法制化前高官行政不當行為的案例與處置方式。第二節「水門案與美國獨立檢察官制度的法制化」介紹「水門案」的調查過程，以及「水門案」促成獨立檢察官制度法制化的立法環境與社會

背景。第三節「美國獨立檢察官制度的內容析論」則介紹美國獨立檢察官制度的法源《政府倫理法》最終版本所規範之獨立檢察官制度的梗概。

在第四章「美國獨立檢察官制度之實踐與修法」中，筆者擬探討美國自 1978 年制定《政府倫理法》創設獨立檢察官制度以來，歷經 1983 年、1987 年、1994 年三次國會授權展期並修法，以至 1999 年該法屆期失效而導致獨立檢察官制度終結的過程。本章共分為六節，其中第一節至第四節分別詳細介紹《政府倫理法》在不同時期（1978 年、1983 年、1987 年、1994 年）對獨立檢察官制度的規範內容，除了 1978 年《政府倫理法》初次制定的背景已在前一章詳述之外，第一節至第四節對於不同時期獨立檢察官制度的探討，皆會先揭示《政府倫理法》修正的背景，而後介紹該法在不同時期的主要立法內容，並詳述該法施行在不同時期所發生的實際案例，這些實際案例總計有 20 件。第五節「1999 年美國獨立檢察官的終結」則剖析美國國會不再授權《政府倫理法》而導致獨立檢察官制度終結的原因。第六節「1999 年後的美國特別檢察官制度」則介紹美國獨立檢察官制度於 1999 年終結後實施至今的特別檢察官制度。

在第五章「美國特別檢察制度的檢討與析論」中，筆者擬探究美國獨立檢察官制度進行多面向的評析。本章共分為五節，第一節「美國獨立檢察官制度的合憲性問題」將從美國聯邦各級法院所審理之重要案件的判決見解，探討獨立檢察官制度在美國三權分立架構下是否合憲的憲法爭議。第二節「司法部部長面臨的利益衝突問題」將觀察《政府倫理法》施行以來歷任司法部部長的實際經驗，探討對於獨立檢察官具有發動任命權的司法部部長，在面臨利益衝突時如何行使相關的裁量權。第三節「美國獨立檢察官與各政府部門的關係」則從獨立檢察官與司法部、特別法庭、國會與白宮等機構的互動關係，評析獨立檢察官的獨立性與課責性。第四節「美國特別檢察制度的比較分析」，則就美國 1978 年以前的特別檢察官制度、1978 年至 1999 年的獨立檢察官制度，以及 1999 年至今特別檢察官等不同階段的特別檢察制度，進行比較分析。第五節「獨立檢察官制度的改革與建議」則對美國特別檢察制度的未來興革，提出若干修正意見。

　　經過以上各章詳細探討了美國獨立檢察制度之後，本書第六章「臺灣
檢察官與特別偵查制度」則將焦點由美國轉至我國，探討我國檢察官制度
與特別偵查制度，以將美國經驗作為臺灣未來相關制度設計的實務參考。
本章共分為四節，第一節「臺灣的檢察官制度」剖析我國檢察制度的演
進、檢察官的職權與定位、檢察機關的組織與運作，以及檢察總長與政治
權力的關係。第二節「臺灣特別偵查制度的發軔與法制化」回顧我國過去
「特別偵查組」設置的緣起與背景。第三節「臺灣特別偵查制度的運作」
探討過去特偵組的制度內涵，包括人員的來源、任命與任期、組織與編
制、管轄範圍與作業流程，以及特偵組偵查涉及總統犯罪和特偵組偵查的
重要案件等。第四節「美國獨立檢察官 vs.臺灣特偵組」則將美國獨立檢
察官制度與我國過去的特別偵查制度進行對照分析。

　　本書第七章「結論－美國獨立檢察官制度對臺灣的啟示」則總結本書
的研究發現，並指出美國獨立檢察官制度對我國偵辦高官不法之制度設計
的啟示。

第二章

權力分立原則下的檢察官制度

今日多數國家採行的民主法治體制，基於西方政治哲學思想之「權力分立原則」（Principles of Separation of Powers），而將政府權力分為行政權、立法權與司法權，使司法權得以從專制政體的統治工具，轉而獨立出來，形成與行政權、立法權三權相互制衡運作的現代政府權力體制與架構。檢察官制度的建立，則始自訴訟上的分權原則，而將獨攬追訴與審判大權的法官糾問制度分割而有專司追訴偵查的檢察官制度產生。由於檢察官制度的權限係具有國家權力之屬性，[1]為國家對重大犯罪行為有效偵查之落實國家刑罰權的重要工具。然而檢察機關在受制於「行政一體」、「檢察一體」，乃至民主政治的責任政治拘束下，如何面對「上命下從」的上級長官之行使監督課責的指令權能下辦案，也都考驗著現代的檢察官制度。本章茲就：一、美國權力分立原則下的理論與實務；二、檢察官制度的創設與演進；三、「檢察一體 vs.檢察獨立」等三個節次予以討論。

第一節　美國權力分立原則下的理論與實務

美國為世界上第一個制定成文憲法的國家，也是世界上第一個根據三權分立原則創建「總統制」（presidentialism）的國家，其「權力分立原則」一方面源自歐陸思想家的啟發，但也有其制憲先賢者的巧思創見。而美國的檢察官制度從殖民時期源自英國的私人追訴制度，逐漸演變至二十世紀初，才明確地將之歸屬於總統行政權的控制。本節茲就一、美國憲法「權力分立原則」的理論與結構；二、美國聯邦最高法院對「權力分立原

---

[1] 鄭逸哲，〈檢察官與法治國〉，《華岡法粹》，第 24 期，1996 年 10 月，頁 153。

則」重要判例的解釋途徑兩個層面加以闡述。

一、美國憲法權力分立原則的理論與結構

（一）權力分立原則的理論

美國立國之初的制憲者基於對政府的不信任，爲防止專權暴政，而在創建憲法有關政府體制中確立了分權和制衡的原則。分權思想早在古希臘亞里斯多德（Aristotle, 384-322 B.C.）的《政治學》（*The Politics*）書中，將政府公職人員描述爲執政官（magistrates）、思辨官（deliberators）和司法官（judicial functionaries）等三種分權的區分，即被認爲是最早分權理論的開端。[2]至約翰·洛克（John Locke, 1632-1704）於 1689 年、1690 年先後提出《政府論二篇》（*Two Treatises of Government*）、《人類相關認識論》（*An Essay Concerning Human Understanding*）兩篇知名著作，將國家權力分割爲立法權（Legislative）、行政權（Executive）和聯邦權（Federative），國家權力分別隸屬於不同的政府部門，旨在專業分工和防止專權暴政。[3]孟德斯鳩（Charles Louis de Montesquieu, 1689-1755）則在 1788 年《論法的精神》（*De l'esprit des Lois, The Spirit of the Laws*）一書中提出：爲防止專權暴政，保存被統治者的自由，應將國家權力分爲立法權、行政權和司法權，並認爲這些權力「如果由一個人或重要人物、貴族或平民所組成的相同機關去行使制定法律、執行公共決議和裁判個人之犯罪或訴訟，那麼這一切就完了」。孟德斯鳩因而論斷：一切有權力的人都容易濫用權力，必須以權力制約權力，將這三種國家權力分別賦予三個不同國家機關執掌，以期既可各自保持自我權限，又可相互制約以臻平衡，

---

[2]　Aristotle, *Aristotle: Politics*, trans., H. Rackham (London: William Heinemann Ltd. & Cambridge. Massachusetts: Harvard University Press, 1959); Malcolm P. Sharp, "The Classical American Doctrine of the Separation of Powers," *University of Chicago Law Review*, Vol. 2, No. 3, 1935, p. 387.

[3]　J. Locke, *Two Treaties of Government* (New York: Cambridge University Press, 1965), pp. 146-148, 159.

這就是著名之原始「三權分立原則」理論。[4]

依照尚雅克‧盧梭（Jean-Jacques Rousseau, 1712-1778）《社會契約論》（Social contract）的理念，人民將其自然法的權利委由國家來執行，同時對自身的一部分自由權利加以制約，以期國家能代為依法執行。惟法律大都語意模糊不明而難有具體明確的定義，為防執法的公務員有濫權之虞，深受孟德斯鳩分權思想影響的美國憲法之父麥迪遜（James Madison, 1751-1836）在《聯邦黨人文集》（The Federalist Papers）的第五十一篇中即闡明：「野心必須用野心來對抗……，如果人是天使，就不需要組織政府了。而如果由天使來統治人們，那麼政府就不需要有任何外來或內在的控制了。但是在建構一個由人來管理人的憲法時，最大的困難就在於：必須要先讓政府可以控制被統治者，接著則是如何使政府能夠控制自己」。麥迪遜提出：為防止各權力集中在同一部門，應賦予各個權力部門以必要的憲法手段，來抵抗其他權力部門的侵犯；在各方同意下，將權力適切歸屬於某一部門，其他部門則不應直接而完全地行使。[5]

在人性本惡的假設，乃至對政府不信任的政治傳統下，美國制憲者精心設計了一套分權與制衡原理的政府體制，認為人民賴於依存的首要，無疑的就是要對政府有所控制，經驗告訴人們建立輔助預防措施之必要性，以期確立沒有任何個人或團體能夠完全操控政府而違背公眾的利益。而在政府各部門的相互競爭和監督下，人民的公共利益才會因此而被保護下來。[6]

從美國制憲先賢們所設計憲法的分權與制衡原則，這種不把一個部門的全部權力，賦予另一個部門完全掌握行使的「分而不絕」、「既分又合」、「相互制衡」的權力分立概念，大法官湯德宗認為：制憲先賢們（尤

4　Lawrence C. Wanlass, *History of Political Thought* (London, UK: George Allen & Unwin Ltd, 1956), p. 251.

5　James Madison, Alexander Hamilton, and John Jay, *The Federalist Papers*, ed. Clinton Rossiter. (New York: New American Library, 1961), pp. 304-325.

6　Katy J. Harriger, *The Special Prosecutor in American Politics* (2nd ed. Rev.) (Lawrence, KS: University Press of Kansas, 2000), p. 1.

其麥迪遜的觀點）彈性的權力分立觀點，提供了聯邦最高法院日後在憲法解釋上的寬闊舞台與空間。相對地，這種強調制衡的「權力分立原則」，也使美國憲法上的權力行使變得相對複雜許多。[7]在接下來的美國憲法權力分立之結構闡述中，會更清楚凸顯這樣彈性分權與制衡的原則思維。

（二）美國憲法權力分立原則的結構

美國政府體制爲三權分立的聯邦制（Federalism），其中之分權與制衡原理，表現在縱向面上，憲法賦予聯邦政府明確權限，以及明文規定這些權力中所引伸出的「隱含權力」（implied powers），至於憲法未明確授予聯邦政府且又未禁止各州行使之權力則爲餘留權（residual powers），該餘留權一律爲各州所有。這樣的聯邦制度設計目的，旨在藉由聯邦政府和州政府的分權，達到中央與地方相互的牽制，以避免任何一方權力獨大。另一方面，分權制衡表現在橫向面上，則爲憲法設有以總統爲首的行政權、以國會爲首的立法權和聯邦最高法院爲首的司法權，三權各司其職，卻又保有相互制衡的互動關係。[8]

美國憲法在權力分立卻又相互制衡的原則下，所建構政府體制的立法權、行政權和司法權，研究美國總統領導統御能力的學者理查德・諾伊斯塔特（Richard E. Neustadt）認爲：憲法在實際的運作爲「在分立的不同部門行使共享權力的原則」（the principle of separated branches excercising shared powers）。[9]以美國憲法第一條至第三條對立法權、行政權和司法權的規範爲：聯邦國會的參議院和眾議院、聯邦美利堅合眾國總統以及聯邦最高法院和國會嗣後所設立之各下級法院。[10]而這些握有憲法權力者的產

7　湯德宗，〈美國權力分立的理論與實務－我國採行總統制可行性的初步考察〉，《憲法結構與動態平衡（卷一）》（臺北：天宏，2014），頁 439-440。

8　Edward S. Corwin & J. W. Peltason 著，廖天美譯，《美國憲法釋義》（Understanding the Constitution）（臺北：結構群，1992），頁 29-42。

9　Richard E. Neustadt, *Presidential Power: The Politics of Leadership with Reflections on Johnson and Nixon* (New York: John Wiley & Sons, 1976), pp. 101, 324.

10　U.S. Constitution: Art. I-§1, Art. II-§1, & Art. III-§1.

生，卻又來自於不同的選舉、不同的選民以及不同的任期。參議院代表著州的權益，每州各有兩名參議員，任期六年，每兩年改選其中三分之一。[11]眾議院代表人民的權益，每州按人口比例分配名額，由各州人民普選產生，任期兩年。[12]總統和副總統則以選舉人團（electoral college）的538 票之過半數的多數選舉產生，[13]總統和副總統任期爲四年，連選得連任一次。國會議員在任期內不得擔任聯邦官員。聯邦最高法院的大法官爲總統提名，經參議員三分之二的多數同意任命之，除非其有行爲不檢者，大法官大抵皆可享有終身職。各聯邦法院法官亦爲總統提名，經參議員三分之二的多數同意任命之。[14]

依美國憲法之文義，一般認爲制憲先賢們確有「權力分立原則」的觀念，而在憲法中明白列舉了立法、行政與司法三權，但並未對三權予以確切之定義，[15]例如對於聯邦的行政機關或各部門官員的各項權利，僅經由「必要暨適當」（necessary and proper clause）條款之規範，而授予國會兩院以法律訂之；又如對於司法權的定義，爲籠統之限於「案件與爭議」（cases and controversies）的裁決。憲法這種定義三權的既模糊分權、又交錯混權的規範，表現在美國政府體制的設計上，諸如：總統有權任命閣員、部長以及聯邦法官人選，並對外締結條約，但皆必須徵得國會參議院三分之二多數之同意後行之；[16]總統對國會通過的法案有拒絕簽署的否決權（veto power），但若經國會參、眾兩院復以各三分之二多數反否決

11　U.S. Constitution: Art. I-§3, cl. 1.

12　U.S. Constitution: Art. I-§2, cl.3; 1929 年美國立法通過將眾議員名額固定在 435 名，另在 1941 年恢復以相等比例的計算方法，允許在一定範圍內對原定的 435 名酌予增減。

13　U.S. Constitution: Art. II-§1, cl.2 & 3; 選舉人團票數爲各州選派與州之參議員和眾議員名額總數，作爲該州的選舉人，50 州共計有 535 名選舉人，再加上華盛頓特區的 3 名選舉人，總計爲 538 張選舉人團票。如果沒有任何一組總統候選人獲得過半數之選舉人團票，則改由眾議員選舉總統，參議員選舉副總統，美國立國至今尚未發生這種情況。

14　U.S. Constitution: Art. II-§1; U.S. Constitution: Art. II-§2, cl. 2 and Art. III-§1.

15　Gerhard Casper, "An Essay in Separation of Powers: Some Early Versions and Practices," *William & Mary Law Review*, Vol. 30, No. 2, 1989, p. 212.

16　U.S. Constitution: Art. I-§8, cl.8; Art. I, II, §III and I-§2, cl. 2.

（overturn）總統之否決而維持原議，則毋需再經由總統簽署，該案就自動成爲法律。[17]又如：法院有權解釋憲法，而總統可任命聯邦最高法院大法官，但需經參議院三分之二多數議員同意任命之；而爲終身職的大法官，則有宣告政府行政命令和國會立法違憲的「司法審查權」（judicial review），[18]以拒絕執行他們認爲與憲法相牴觸的法律或行政命令。總統和國會皆須服從法院的判決；國會對於行政不當、怠忽職守的政府官員以及犯罪的法官可以提出彈劾，以令其去職。其中眾議院有權對總統提出彈劾權，並由參議院予以審判，該審判會議的主席則爲聯邦最高法院院長擔任。[19]而總統則可藉提名權、參議院藉任命同意權，牽制聯邦最高法院。另外，在宣布戰爭、公共預算的使用與撥款，或制定公共法律等，則皆不是政府任何單一部門可爲之行動。[20]上述美國憲法「權力分立原則」下的政府體制結構，其各種分權與制衡之既分又合的交錯設計目的，使得政府須在某種程度的一致協力行動下才能行事。[21]

美國這種分權制衡憲政設計，誠如麥迪遜所論述：惟有將權力分散，讓沒有任何個人或團體能夠單一控制政府，那麼人民的公共利益，則會在其各部門相互妥協和制衡中獲得保障。[22]同時這樣分權的政府體制也需要各部門的相互合作，以避免形成政治僵局（deadlock）。換言之，透過使政府各部門向各個不同團體負責，在體系中各部門間透過相互競爭、反映與維護各自利益的過程中，以確保在社會上的多數聯盟絕少出現，而使各方

17　U.S. Constitution. Art: I-§7, cl. 2; 最常被引用之反否決案例，爲 1973 年的《戰爭權力法案》（*The 1973 War Powers Act*），即國會通過對總統軍事用兵權制約，對總統用兵權限縮在調動軍隊後 48 小時內，須向國會報告並護得批准，否則軍事行動必須在 60 天內停止，該法案爲當時之尼克森總統拒絕簽署，法案送回參眾兩院，嗣經兩院各以三分之二多數反否決，法案則直接成爲法律；廖天美譯（1992），頁 148-149.

18　Marbury v. Madison, 5U.S.(1 Cranch) 137(1803), pp. 27-31; 廖天美譯（1992），頁 42-45。

19　U.S. Constitution. Art. I-§2, cl.5; Art. I-§3, cl.7.

20　U.S. Constitution. Art. I-§8, cl.11; Art. II-§2, cl.1.

21　Louis Fisher, *Constitutional Conflicts between Congress and the President* (4th ed. Rev.) (Kansas City, KS: University Press of Kansas, 1997), pp. 1-14.

22　James Madison, Alexander Hamilton, and John Jay (1961), p. 322.

利益從中獲得平衡和發展。[23]

（三）美國的第四權政府

　　一般而言，美國憲法對於三權分立的上層結構間之互動關係規定，大致還算明確，即國會制定法律、總統負責執行法律以及聯邦最高法院及聯邦各級法院依據法律解決爭執。但是對於有關三權的下層組織間互動關係，由於憲法係授予國會在「必要暨適當」的條款規範下，予以訂定法律的建構與塑造，而在國會立法的建構過程中，勢必引發其他兩權的檢視與反應，甚至造成緊張與對立，這種情況又以行政權爲多。

　　行政權的憲法本質爲法律的執行，在「依法行政」下，行政機關的首長本就負有監督所屬機關之確實執行法律的職責，這種行政首長指揮監督之權，爲該官僚機關施政負責所不可或缺的要件，此爲貫徹責任政治應有之組織設計。然而，當遇到國會在「必要暨適當」的條款規範下創設行政機關時，有可能因該機關的任務需要或屬性定位不同，而「干預」或「侵犯」到行政部門首長的總統指揮、監督權力。

　　美國自 1930 年代羅斯福（Franklin D. Roosevelt）總統執政時期爲因應經濟大蕭條的衝擊，推行各項「新政」（The New Deal）改革計畫，因而有國會以法律新設立一些負起新政計畫與經營責任的獨立管制機關。例如 1934 年成立的「證券交易委員會」（The Securities and Exchange Commission, SEC）、「聯邦通訊委員會」（Federal Communication Commission, FCC）以及 1935 年「全國勞工關係委員會」（The National Labor Relations Board, NLRB）等獨立管制機關。這種由政府公權力推動各項管制改革計畫，以期達到國家經濟復甦和穩定目標的「主動政府」（activist government）之概念逐漸確立，美國針對聯邦行政機關的管制與裁量權的程序，國會在 1946 年制定《行政程序法》（Administrative Procedures Act, APA），以建立聯邦行政機關的行政程序通則。至七〇、八

23　James Madison, Alexander Hamilton, and John Jay (1961), p. 325.

○年代，為因應複雜而多元社會發展，由國會以法律創設的聯邦行政機關急速增加，使行政機關的結構和形態呈現多樣化。這類機關中有不少為相對獨立於總統之外、獨立行使職權的「獨立管制委員會」（independent regulatory commissions），其實際管制與決策責任，散置於獨立管制機關與其他行政機關。值得注意的是：這些獨立聯邦機關兼具有立法、行政與司法三種權能，不但難加以歸類為原來三權的任一權，同時亦因這類獨立機關業務往往涉有高度專業性，使其委員會成員或主管之任期，乃至於所擁有廣泛的裁量權，皆較其他行政機關享有更多獨立自主空間，使得總統、國會或法院皆不得不加以相當地尊重。[24]

有學者將這類獨立行政機關統稱為「第四權政府」或「第四部門」（The Fourth Branch of Government），由於該第四權的機關和組織發展相當快速而龐大，已超逾原本的傳統三權下的機關和組織，而且其所頒定的行政規則和裁決的數量，亦皆超越國會的立法和法院的裁判，這種為因應聯邦政府職能和權力的不斷擴張，使行政組職和運作大幅而明顯成長，而以行政程序進行國家政策事實的現代「行政國」（administrative state）崛起，[25]自然會引發典型的三權尋求將第四權機關和組織興起過程中的監督和控制，納入其管制與節制，因而也產生了這類行政機關諸多三權之間權力分立爭議的訴訟。[26]

---

[24] 湯德宗（2014），頁 327-334；Peter L. Strauss, "The Place of Agencies in Government: Separation of Powers and the Fourth Branch," *Columbia Law Review*, Vol. 84, No. 3, 1984, pp. 573-587.

[25] Dwight Waldo, *The Administrative State: A Study of the Political Theory of American Public Administration* (2nd ed.) (New York: Holmes & Meier, 1984); Fritz Morstein Marx, *The Administrative State: An Introduction to Bureaucracy* (Chicago, IL: University of Chicago Press, 1957); J. O. Freedman, *Crisis and Legitimacy: The Administrative Process and American Government* (New York: Cambridge University Press, 1978).

[26] 林子儀，〈美國總統的行政首長權與獨立行政管制委員會〉，翁岳生教授六秩誕辰祝壽論文集編輯委員會編，《當代公法理論：翁岳生教授六秩誕辰祝壽論文集》（臺北：月旦，1997），頁 123-144；林子儀，《權力分立與憲政發展》（臺北：元照，1993），頁 122-141；Peter L. Strauss, "Formal and Functional Approaches to Separation-of- Powers Questions: A Foolish Inconsistency?" *Cornell Law Review*, Vol. 72, No. 3, 1987, p. 488。

　　由於美國國會對於前述的類似獨立管制委員會的行政機關之組織設計，在立法上為維護其專業性和獨立性，大抵在委員會選任上，規定隸屬同一政黨的委員人數不得超過全體委員人數的一半；在職權上，擁有廣泛制頒法規命令權限，使其負責某一特定產業和業務的全部管制事項；並掌有調查權以及向法院提起訴訟，以強制貫徹其管制任務的權限。換言之，大多數的管制委員會本身，即具有初級司法裁決權，委員皆有一定任期，其在職期間，除有法定事由者，總統是不得任意免除其職務。[27]由此可見，這種集行政、立法和司法三個權限於一身的行政機關，任一政黨皆無法單獨掌控，其任期和身分之保障的組織設計，使其能獨立於總統的監督。有研究批評這種近乎無人領導的第四權設立，既毋需負有政治責任，也未必需要與其他機關充分協調合作，有違反美國憲法三權分立制衡原則，是一具有危險性的組織塑建。然而，亦有研究指出：因應美國社會變遷，乃至現代「行政國」的快速發展，該類獨立管制委員會的行政機關，不但使行政決策在專業人士制定與施行下，避免了單一政黨的影響以及行政機關的循私操控，同時在政策的實務運作執行與延續上，較具有一致性。[28]

　　正因為美國總統對這類行政機關無法在任命權和免職權上，行使完全的行政首長權，甚至有些這類機關的預算案係逕送交國會，以減少總統藉由預算編列作為控制手段，因此而曾多次引發憲法「權力分立原則」的合憲性爭議與訴訟。這些合憲性爭議，聚焦在行政權之首的總統之任命權和免職權。在任命權方面，美國聯邦憲法第二條第二款之第二項規定：總統對聯邦政府的高級官員任命有提名權，並經參議院的同意任命之，可見總統具有憲法賦予之「高級官員」的提名暨任命權限。[29]但第四權行政機關

27　林子儀（1997），頁 123-124；林子儀（1993），頁 127；Louis Fisher, *The Politics of Shared Power: Congress and the Executive* (Washington, D. C.: Congressional Quarterly Press, 1981), pp. 152-153。

28　林子儀（1993），頁 128。

29　同條文中另規定：國會若認為適當，得制定法律將「下級官員」的任命權賦予總統、法院或各行政部門首長。

官員的任命權，國會立法予以制約在該機關組織中之同一政黨委員人數不得逾越半數以上的要求，使總統對之無法行使其對其他行政機關首長所得行使之提名暨任命權限。

在免職權方面，為了統一事權、貫徹政令，以建立行政一體的效率行政以及落實責任政治理念下，行政權在本質上，需要賦予行政首長的總統藉由免職權的行使，而對行政機關有所指揮與監督。但是聯邦憲法第二條第四項規定公務員被彈劾定讞而予以免職，除此之外並無其他免職權。而依聯邦憲法第一條第二項和第三項的規定，彈劾案之提起與判定皆為國會參議院、眾議院的權限。換言之，美國聯邦憲法並沒有明文規定賦予總統對行政官員的免職權，而是在 1926 年藉由「麥爾斯訴美國案」（Myers v. United States）中，聯邦最高法院的裁決確立了總統具有廣泛的免職權。[30] 由於美國聯邦獨立行政管制委員會的機構獨立性保障，主要來自國會透過立法限制總統在這類職位不能任意免職，惟有在法律所規定的法定事由發生下，總統才得以依法行使免職權，因此引發了國會是否可以立法限制總統在一定條件下，方能行使免職權的合憲性爭議。

上述有關第四權行政機關的大量出現，所引發聯邦憲法的「權力分立原則」運作情況，乃至其是否對原來傳統的三權之間產生變化，皆有一些重要的判例。而 1978 年《政府倫理法》所建置獨立檢察官的機制，也被列為類似第四權的獨立機關組織。上述這些類型的機關組織之相關判例，皆與聯邦最高法院對《政府倫理法》中獨立檢察官設置是否合憲有重要的關聯性，而相關案例在第五章第一節「美國獨立檢察官制度的合憲性問題」中會有詳細討論。

誠如麥迪遜在《聯邦黨人文集》告訴我們分權的原則是彈性的，它允許各部門在相互合作間去追求公共的善治。這樣的原則在美國已實際運作了兩百多年，而被廣泛地接受彈性的分權原則。這種彈性分權的原則，根

---

[30] "Myers v. United States," 272 U. S. 52 (1926). 該案裁定：當總統免職行政部門官員時，即使該官員之任命係經參議院同意任命，但總統亦可不經參議院同意而逕自為之，亦即總統具有廣泛的免職權。

據不同事件的特殊性、何人在位，以及整個政治環境的差異，自會產生總統與國會之間權力的跌盪與流動。

綜合上述可知：美國的制憲者主張「權力分立原則」的主要目的，是爲了要防止專權暴政，而「權力分立原則」的重點不在於將權力如何地截然劃分，而在於如何地相互制衡。不過，美國當初制憲先賢們對於「權力分立原則」的內涵和應用，存有許多岐見，尤其對於立法部門和行政部門之間的權力、組織，乃至兩者之間的權力混合（blending）或重疊（overlap）的程度爲何，皆有不同的爭論。[31]正因爲這樣的歧見，使美國聯邦最高法院面對憲法「權力分立原則」下之三權下層組織間在實務運作上，所可能遇到的不確定狀態與爭議之判定和解釋，出現了兩種不同的解釋途徑，究竟聯邦最高法院對權力分立重要判例解釋的途徑爲何？此皆關係到判定這些重要案例的「權力分立原則」立場和論點。茲進一步說明美國聯邦最高法院對權力分立重要判例的解釋途徑。

二、美國聯邦最高法院對權力分立原則判例的解釋途徑

聯邦最高法院自 1803 年在「馬布瑞訴麥迪遜案」（Marbury v. Madison）時確立了其具有「司法審查權」後，即在憲法「權力分立原則」下針對聯邦政府相關上層權力間的互動關係，乃至下層組織的建構等爭議，裁定了一些重要而決定性的判例。面對憲法模糊分權中卻又有著相互交錯的混合權力之設計，聯邦最高法院有著兩種不同的思維途徑，一爲「形式主義途徑」（formalism approach）與另一爲「功能主義途徑」（functionalist approach）。[32]

「形式主義途徑」強調以憲法所明定的三權之間的「分立」爲主，儘量將三權之間的界限劃清，而傾向主張不要有太多三權之間的混合與交錯。當初美國制憲先賢們對於這種嚴格的三權分立說，曾在制憲會議中有

31　湯德宗（2014），頁 442；Malcolm P. Sharp (1935), pp. 411-415。
32　Peter L. Strauss (1987), p. 488; Malcolm P. Sharp (1935), pp. 411-414.

過激辯。制憲先賢詹姆斯・威爾遜（James Wilson）主張三權分立的界限，應該嚴格而機械性地剛性劃分清楚，以免因任何程度的混淆而造成權力部門間的干預與侵犯，而使權力行使變得複雜。這種「新古典論」（the neoclassical approach）者認爲憲法的「權力分立原則」目的，並不在於強調政府的效率或便利，而是在保障人民的基本權利。[33]

「功能主義途徑」則是強調在不危及三權各自核心權力的前提下，爲能對三權之間有所制衡，應可容忍三權之間的相互混合與交錯，使之相互依存（interdependency），在交相互動（interaction）中，以保有權力間的靈活和彈性，亦有將之稱爲「實用途徑」（the pragmatic approach）。這種因應社會變遷而在實際運作上，允許既分又合的彈性互動關係，以利維持政府體制的行政效率，是無法以絕對權力分立之區分爲基礎。[34]如同制憲先賢的麥迪遜所強調：三權之間的彈性互動關係，可藉之適度調整權力間的緊張關係，以因應不可避免的權力衝突和權力消長，其可使三權之間的制衡更爲精緻而有效率，以確實防止專權的產生。[35]

檢視聯邦最高法院對於相關判決「權力分立原則」的解釋，發現其始終在「形式主義途徑」與「功能主義途徑」之間隨機擺盪，亦有兼採兩者的解釋途徑，以致有大法官在裁決書中提出不同意見書以及一些法律學者評論認爲：若干判例裁決的詮釋觀點，相互矛盾而未能一以貫之。實則，聯邦最高法院對於選擇案件解釋的途徑有所擺盪，並不表示該院在個案中的決定必然是錯誤，或因此而認定隨機擺盪的途徑選擇，代表著聯邦最高法院的裁決沒有一以貫之的道理。[36]

---

[33]　林子儀，〈憲政體制與機關爭議之釋憲方法之應用－美國聯邦最高法院審理權力分立案件之解釋方法〉，《憲政時代》，第 27 卷第 4 期，2002，頁 32-65；林子儀（1993），頁 45-54。

[34]　林子儀（1993），頁 137；Malcolm P. Sharp (1935), pp. 411-414.

[35]　湯德宗（2014），頁 445；James Madison, Alexander Hamilton, and John Jay (1961), p. 304; Peter L. Strauss (1987), pp. 488-493; Geoffrey P. Miller, "Independent Agencies." *The Supreme Court Review*, Vol. 1986, No. 1, 1986, pp. 30-46.

[36]　湯德宗（2014），頁 446；Dean Alfange, Jr. "The Supreme Court and the Separation of Powers: A Welcome Return to Normalcy?" *George Washington Law Review*, Vol. 58, No. 4, 1990, p. 758.

　　究竟聯邦最高法院的判決依據爲何？一般而言，聯邦最高法院對相關爭議案件的判決，其檢驗爭議案件的合憲性，大抵取決於其對三權在憲法文本上明文賦予的既有權力與隱含權力等之考量，同時檢視過去的相關法院判例，並認知在每一權力分立案例中之特殊的政治環境和背景。甚且聯邦最高法院亦有可能會評估其自身的司法權限，以及考量其本身作爲權力分立案件仲裁人的歷史性角色等，而理出其裁決所採行的思維途徑，進而提出其憲法立場與見解。[37]

　　一份在柯林頓總統執政時期由司法部法律諮詢室作成的名爲「總統與國會的權力分立」（The Constitutional Separation of Powers between the President and Congress）研究報告指出：聯邦最高法院對於相關權力分立案件的處理方法，尤其是針對國會立法是否牴觸憲法「權力分立原則」，聯邦最高法院大抵會傾向兼採「形式主義途徑」與「功能主義途徑」。即聯邦最高法院會（一）先檢視是否牴觸憲法明文規定？特別在立法程序是否有經由參、眾兩院通過，並呈總統簽署，以及是否符合憲法第二條之任命條款的程序規定；（二）再依序檢視法律是否牴觸「禁止擴權原則」（The Anti-aggrandizement Principle）？即該國會立法是否有藉之而擴張自己的權力，而以削弱其他部門（行政或司法）之權力爲代價？（三）最後考量國會立法是否有破壞整體政府體制權力平衡和控制？第一項可歸屬於形式論途徑，後兩者的檢查步驟爲偏向功能論的途徑。換言之，當憲法有明文規定可爲依據者，聯邦最高法院應會以傾向文義或憲法原意設定的結構和程序，來作爲解釋依據，但如果憲法規定並非如此明確時，應可容許以較爲彈性的功能來權衡處理。[38]

　　不過，聯邦最高法院對這些案例之判決觀點和途徑思維，並沒有一貫的通則性，即聯邦最高法院的判決會依不同的案例，在不同的歷史時代與

---

[37] Katy J. Harriger (2000), pp. 116-118; Harold J. Krent, "Separating the Strands in Separation of Powers Controversies." *Virginia Law Review*, Vol. 74, 1988, pp. 1253-1256.

[38] 廖元豪，〈「畫虎不成」加「歪打正著」－從美國經驗評真調會與釋字第五八五號解釋〉，《臺灣本土法學雜誌》，第 71 期，2005 年 6 月，頁 46。

環境背景下，而在形式主義和功能主義的途徑思維中隨機擺盪。換言之，聯邦最高法院在裁判有關「權力分立原則」個案的最大問題，在於始終缺乏一個可由法院裁判的一致性原則，以致美國法律界至今仍難以預測聯邦最高法院將採取何種途徑，審查美國聯邦憲法關於「權力分立原則」爭議的案件。[39]

第二節　檢察官制度的創設與演進

　　現代檢察官制度創始於歐陸，經由歷史長河的演化，在各國因其不同之法制特色，產生各國檢察官角色地位的差異，而有檢察官究竟為「行政官」或「司法官」的定位爭辯，但不可否認，檢察官制度已成為現代法治國家不可或缺的一環。參與刑事訴訟之程序，向來為檢察官最主要的權責所在，由於各國的檢察官制度有所不同，所賦予之檢察權限亦有別，此與其國家歷史文化發展有關。專門職司追訴的檢察官制度肇始於法國，後來透過訴訟分權模式，而使檢察官制度得以自「法官糾問制度」分立而出，在偵查、審判兩段分離的結構下，形成了今日法國檢察官為「國家法意志代表」暨「法律守護者」。後來隨著法國拿破崙的征服歐洲大陸，濫觴於法國的檢察官制度，亦隨之如雨後春筍般散播而普行於德國等歐陸其他國家所繼受。

　　本節茲就：一、檢察官制度的創設與演進歷程；二、歐陸地區大陸法系的法國、德國以及英國與亞洲地區的日本等國家的檢察官制度概況，加以闡述，以作為認識檢察官制度的基礎。

一、檢察官制度的創設與演進歷程

　　現代檢察官制度的產生係源自於訴訟程序的分權，其原為十二世紀末在法國為國王或貴族辦理私人權益事務的代理人，被雇來管理其財產，兼

---

[39]　林子儀（2002），頁51；湯德宗（2014），頁456。

執行罰金或犯罪的追訴業務，這些代理人並非政府官吏。後於十四世紀初該代理人成爲國家官吏（Procureur），專責監視國家法律是否被執行。在1789年法國大革命後，被稱爲「革命之子」（Kind der Revolution）及「啓蒙遺產」（Erbe der Aufklärung）的現代檢察官制度，主要源自當時法國對其刑事訴訟有所變革，而於 1808 年拿破崙一世（Napoleon Bnaparte）即位後爲加強政府權力，而在拿破崙治罪法典之《刑事訴訟法》（Code d'instruction criminelle）中創設了檢察官制度。該法將控訴制度和糾問制度綜合，而將訴訟程序分爲偵查、預審、審判等三個階段，並分由國王代理人的公訴官（public prosecutor）負責偵查追訴犯罪，另外的預審法官則負責將犯罪調查證據和結果，作爲之後的審判基礎。[40]

　　當初法國創設檢察官制度的主要目的，係爲了廢除在中古時代歐陸所盛行的糾問制度。該法官糾問制度爲由法官一手單獨包辦自偵查、逮捕、審理、裁判乃至執行等刑事訴訟程序，這種如同我國宋朝包公一條鞭式的集權辦案方式，是一種有效率性的貫徹國家刑罰權之刑事訴訟產物。[41]在檢察官制度的演進上，國家爲了對重大犯罪行爲有效偵查，而以刑罰權作爲國家貫徹統治意志的壟斷獨占權力，而使刑事訴訟的程序和架構，成爲落實國家刑罰權的重要工具。後來國家政體漸由部落演進爲專制集權國家，以公權力介入這種由法官獨攬追訴與審判大權的法官糾問制度，爲當時中古時期盛行於歐陸的刑事訴訟程序。不過，這種由法官自行偵查起訴的糾問制度，易有先入爲主的主觀偏頗判定之虞，同時亦欠缺監督制衡的管道。法官糾問被告的手段大抵採行不計代價、窮追猛打的警察國家調查手法，而使糾問法官與弱勢被告兩者處於不對稱的權力關係，而難有公正客觀之裁判。因此法國創設的檢察官制度，即在透過訴訟分權模式，以法

---

[40] 黃東熊，〈各國檢察制度綜合比較〉，《刑事法雜誌》，第 29 卷第 5 期，1985a，頁 3；朱朝亮，〈從檢察官天職，回首檢改十年〉，《檢察新論》，第 1 期，2007a，頁 53-54；王泰升，〈歷史回顧對檢察法制研究的意義和提示〉，《檢察新論》，第 1 期，2007 年 1 月，頁 3；林山田，《刑事程序法》（臺北：五南，2004），頁 149；黃東熊，《刑事訴訟法研究》（桃園：中央警察大學，1999），頁 556-559。

[41] 林山田，《刑罰學》（臺北：臺灣商務，1993），頁 16-22。

官和檢察官彼此互爲監督節制，確立訴訟上的分權原則，使刑事司法權限的行使能保有客觀性與正確性。[42]

　　現代檢察官制度的建立，將司法權審檢分隸，而形成追訴與審判的任務與執行者非由同一人掌管的刑事訴訟程序，對刑事訴訟程序的架構自是產生相當重大的影響。隨著刑事訴訟程序被拆解成偵查追訴和審判兩階段，其中由檢察官主導偵查的程序，而原具糾問權的法官權力則被縮減爲消極而單純的審判官，使偵查、審判兩段分開的結構下，檢察官的偵查結果只具「暫定」效力，如果檢察官沒有起訴，法官就不能審判裁判，在所謂「不告不理」情況下，檢察官變成了法官裁判入口的把關者角色。

　　由上可知：檢察官制度之創設，係希望能確立訴訟上的分權原則，在監督裁判的進行過程中，以保障刑事司法權限行使之客觀性與正確性，同時亦得以保障人民權利，因此檢察官制度可謂是近代司法分權下的產物。[43]換言之，在犯罪發生後，由檢察機關負責偵查並進行偵查與蒐證，若證據不足或案件具有法定原因者，應爲不起訴處分或緩起訴處分而終結刑事訴訟程序。反之，若檢察機關認爲涉有犯罪之嫌者，則應提起公訴，並交由法院負責審理與裁判。

二、法、德、英、日之檢察官制度概況

　　正因爲檢察官創建之初始構想具有「國家權力的雙重控制」，一方面爲法律守護人，以保護被告免於法官之擅權，另一方面，則爲避免警察恣意而侵害民權，而以其嚴格法律訓練及法律拘束之公正客觀的檢察官署，來控制警察活動的合法性，以保障民權。這種基於法治國保障基本人權的概念下，對被追訴者人權的程序保障，爲具有涵蓋發見真實與保障人權之刑事訴訟程序目的之法治國實現的最終訴訟目標。[44]作爲認識現代檢察官

---

[42]　林鈺雄，《檢察官論》（臺北：學林文化，2000），頁 15-16。
[43]　王泰升（2007），頁 3。
[44]　林鈺雄（2000），頁 14-19；劉秉鈞，〈刑事訴訟法之基本概念〉，黃東熊教授六秩晉五華

制度的基礎，以下茲就法國、德國、英國及日本的檢察官制度簡略說明。

（一）法國檢察官制度

法國檢察官制度係以司法部部長為其指揮命令體系的首長，其握有檢察官的人事任命權限。法國檢察官不是以個別檢察官名義而為獨任之官廳，而係以「檢察長代理人」的名義來執行檢察業務。換言之，法國檢察官在刑事訴訟中係代表國家行使追訴，具有行政權代表人的性格和身分，故其檢察官應具有行政一體性之階級服從關係。[45]

法國刑事訴訟程序分為偵查和預審程序。偵查程序為檢察官指揮司法警察蒐證，乃至決定是否要提起預審的程序，而預審程序則是指預審法官對檢察官蒐集的證據，是否足以作為起訴之事證而進行的相關調查與審理。法國檢察官在偵查程序中可依蒐集的證據決定是否提出預審，其握有對預審與審判相當的控制權。在控制預審方面，必須有檢察官的提出，法官才得以預審。在預審期間，檢察官同時與預審法官會同堪驗與搜查行動，參與預審法官的訊問以及全程聽取證言。同時檢察官得隨時調閱預審法官的調查筆錄，對於其裁定有所不服者，檢察官可提起上訴，並對預審法官終結預審程序後是否提出公判有起訴裁量權。在控制審判方面，檢察官在積極蒞庭論告的同時，也會監督法院判決結果，而使法院判決的結果能符合國家利益和社會公義。

法國檢察官這種具有監督法院預審和審判程序的職務，使法國檢察官不但為「法律看守者」，且具有行政監督司法的優位性格，因此法國檢察官制度可謂世界檢察官制度中較具權威性的檢察制度。[46]

誕祝壽論文集編輯委員會編，《刑事訴訟之運作－黃東熊教授六秩晉五華誕祝壽論文集》（臺北：五南，1997），頁 266-269；陳志龍，〈法治國檢察官之偵查與檢察制度〉，《國立臺灣大學法學論叢》，第 27 卷第 3 期，1998 年 4 月，頁82-83；林山田，〈論刑事程序原則〉，《國立臺灣大學法學論叢》，第 28 卷第 2 期，1999 年 1 月，頁 68-69。
[45] 朱朝亮（2007a），頁 56-57。
[46] 同上註，頁 59。

（二）德國檢察官制度

　　濫觴於法國的檢察官制度，隨著法國拿破崙之征服歐洲大陸，而隨散播普行於德國等歐陸其他國家所採用。當時德意志帝國改造法國檢察官制度所而於 1877 年公布統一其刑事訴訟法和法院組織法，並立法全面採行「法定主義」，目的之一即在防範行政部門對檢察官辦案上下其手。在「法定主義」下，德國檢察官決定是否發動偵查以及是否提起公訴，皆須嚴格依照法律規定行事，而非考慮政治性觀點或屈服於其他無關事由。因此德國的檢察官制度將檢察官定位爲「客觀法律看守人」，檢察官從偵查到上訴，爲發見真實，對於被告不利與有利的證據皆需一併蒐集，以確保被告的權益。檢察官與法官地位平等而爲同質型任務，在偵查階段與審判階段皆擔任負有發見真實義務的司法官。換言之，德國檢察官不是代表政府監督司法審判的行政機關，而是一個身處在行政體系中，擔任追訴職務的司法機關。[47]

　　德國檢察官制度的組織隸屬於司法部部長所管轄，而其司法部部長的頂頭上司又爲行政首長的總理，自是難以去除所謂之「內閣司法」或「黨政司法」的批評。德國個別檢察官並非獨任制官廳，而係以「檢察長的法定代理人」名義行使檢察權，必須服從檢察長的指令，同時檢察長對其並有職務移轉及接管之權。不過，依據「起訴法定主義」原則，德國在刑法中有規定：檢察官若明知有罪卻不使其追訴處罰者，得科處五年有期徒刑之「職務庇護罪」。換言之，即便個別檢察官服從於上命下從的行政官僚體系，檢察官仍可藉此「職務庇護罪」的規定，以制約並對抗上層檢察首長的干預。德國檢察官對於「起訴法定主義」的貫徹，使德國檢察官得以對抗「內閣司法」，而可保有相當的獨立性，以公正客觀地辦案。[48]

---

[47]　朱朝亮（2007a），頁 57-59。
[48]　同上註，頁 58-60；林鈺雄（2000），頁 16-20。

（三）英國檢察官制度

英國自古以來即有私人控訴的傳統，其刑事追訴大抵是以習慣法主義之慣例爲基礎所產生之私訴制。另外，英國有「公訴官」（Public Prosecutors）的設立，英格蘭在 1979 年所成立的公訴檢察官署（The Office of Director of Public Prosecutors），負責重大案件的公訴和提供各治安法院法律事務官、警察局局長有關刑事程序方面的法律諮詢等。實際上在英國一般的犯罪偵查與追訴，大抵皆由警察擔任，警察局局長聘用所謂的「起訴律師」處理公訴工作，由於受僱於警方，其獨立性飽受質疑。尤其在警察大力主導偵查和起訴的角色下，難免會有濫權之嫌。爲了制衡強大警察權，使檢察官能獨立於警方，1985 年英國修正《犯罪追訴法》（Prosecution of Offences Act 1985）整合了警察機關起訴部門而正式成立了「皇家檢察署」（Crown Prosecution Service, CPS），成爲英國今日特有的檢察制度。[49]

英國「皇家檢察署」的檢察官的決策皆須接受《皇家檢察官準則》（Code for Crown Prosecutors）的約束，其準則的內容和目的，旨在確保起訴案件獨立於警方，使檢察官在不受外力干擾下，而能公平、獨立與客觀地行使職權。「皇家檢察署」將檢察官之角色定位爲「追求正義、確保公平者」，明確提及對案件之處遇應秉持嚴謹之態度，在決定是否起訴時，除對證據之審查，還須考量是否符合公共利益。而在檢察官行使裁量權時，該準則明定必須做到公正、獨立、客觀，不得對被告、被害人、證人有種族、地域、性別、年齡、身障、宗教、政治立場、性別認同、性別傾向之偏見而有所影響。更不能受到外界任何不正當之壓力所影響。另外，在尊重每一個人、同事和服務之公眾時，該準則特別強調每一個案件背後的主體是「人」，而要求每一位檢察官皆應嚴格恪守歐洲人權法院的

49　Garry Patten 著，王普、劉生榮編，《英國刑事審判與檢察制度》（The History and Development of Prosecution System in England and Wales）（北京：中國方正出版社，1998 年），頁 47-50；張明偉等，〈從英、美檢察官制度看我國檢察官之定位〉，《法學叢刊》，第 60 卷第 4 期，2015 年 10 月，頁 78-83。

原則（例如：歐洲人權公約或兒童權利公約等）。[50]

由於英國的「皇家檢察署」當初係為了避免警察濫權，而從行政機關獨立出來，因此要求檢察官恪守《皇家檢察官準則》，而揭櫫之使命與價值，即尊重每一個之為「人」的價值，要求檢察官應秉持獨立而公平地行使職權，以有效地起訴犯罪、實現正義。該《皇家檢察官準則》在歷經七次修訂，在「皇家檢察署」運作逾 30 年歲月中，英國的檢察官準則所一向強調的客觀性義務與獨立行使職權從未改變。更重要的是英國《皇家檢察官準則》不是行政命令，而是具有法律性質與效力，為警方和檢方皆得遵守之起訴指導方針，亦可見其檢察官客觀性義務及職權行使的獨立性，因此有謂：英格蘭檢察官應定位為司法官，而不宜定位為行政官。[51]

（四）日本檢察官制度

日本始自明治維新時期，以法國、德國的檢察制度為範本建立其法律的典章制度，因而具有歐洲大陸法系之特色。至第二次世界大戰後，日本受到美國強制的司法改革而導入美國的刑事訴訟制度，使其整個近代的刑事司法制度歷經法、德、美等三國的洗禮，乃屬於大陸法與英美法的混合式檢察制度。日本檢察官的權限包括：處理刑事案件之公訴權的行使，以及以「公益代表人」之地位而請求法之正當適用。不過，為維持社會秩序以實現國家刑罰權的責任，日本檢察官之性質，與各國相較，顯得其警察性的比重遙遙為高。[52]

日本檢察官署為法務省下的行政官廳，和我國一樣，每一位檢察官均被視為獨任官廳，係以自己名義行使獨立的檢察職權，具有類似法官身分及薪資的保障。日本檢察官為偵查程序的主宰，握有公訴獨占之權，由於權力很大，為避免法官產生預斷或偏見，日本採行「起訴狀一本主義」。即特別規定起訴書不得添附任何可能引發法官做出預斷的文書或證據，而

---

[50] 張明偉等（2015），頁 79-81。

[51] 同上註，頁 80-83。

[52] 黃東熊，〈各國檢察官權限之比較〉（上），《軍法專刊》，第 31 卷第 5 期，1985b，頁 9。

檢察官為能有較高程度在起訴上達到確信有罪判決，檢察官在自行蒐證與調查犯罪時，大多會十分認真仔細周密為之，這種精緻偵查的檢察文化使日本檢察官實際掌控偵查、公訴、審判、執行等廣泛刑事程序，為日本刑事司法的總樞鈕。加以日本人集體主義的民族性，在司法文化的實務表現上，常可見全體日本檢察官以同心協力、群策群力的總體戰精神來共同偵辦刑事案件的風氣，使得日本檢察官的向心凝聚力量早已超越所謂的「檢察一體」，而形成日本獨特強而有力的檢察官制度。[53]

　　日本檢察體制以最高檢察廳的檢事總長（檢察總長）為首，其為內閣提名、天皇任命，檢察體制處於上命下從之中央集權式金字塔結構的階級關係，故其行使職權嚴格受「檢察一體」原則拘束。最高檢察廳的檢事總長、高等檢察廳的檢事長、地方檢察廳的檢事長，皆可指定所屬檢察官辦理檢察事務，同時具有職務承繼權及職務移轉權，可親自或移交予其他檢察官辦理檢察業務。[54]日本在經過多次成功打擊高官貪瀆以及企業掏空的重大弊案後，已使日本檢察官成為日本社會推崇尊敬的重要官職。[55]

　　綜上可知，濫觴於法國的檢察官制度傳播移植至其他各國後，現今各主要民主國家隨著政治體制與政治權力關係的演變，其刑事程序的犯罪追訴制度與發展隨之而有所改變。而各國乃按照各自不同的國情、歷史與文化而加以改變修訂之，使得今日各國檢察官制度的組織與職權雖然並不完全相同，但檢察官制度已逐漸發展成為現代法治國家不可或缺的重要國家機關，則是各國皆然。

第三節　美國的檢察官制度

美國檢察官制度係沿襲自英國私人追訴制度，初始並沒有專業的控訴

---

[53] 鍾鳳玲，〈從檢察制度的歷史與比較論我國檢察官之定位與保障〉（臺北：國立政治大學法律學研究所博士論文，2008），頁 178-179；朱朝亮（2007a），頁 62-63。

[54] 鍾鳳玲（2008），頁 182。

[55] 朱朝亮（2007a），頁 63-64。

人制度，一直到 1789 年訂立《司法組織法》（*The Judiciary Act*），才仿效法國之制而設置公訴的檢察官制度，並逐漸普及全美國。[56]本節茲分：一、美國檢察官制度的起源與發展；二、美國檢察官的屬性；三、美國大陪審團制度三部分討論。

一、美國檢察官制度的起源與發展

美國殖民時期的刑事訴訟制度沿襲英國制度，係採私人追訴制度，即委由私人聘請律師提起訴訟，即使警察亦係以私人身分和地位來參與訴訟，所以並無專業控訴人的制度。美國在早期殖民時期的「法律」，以當時維吉尼亞地區來說，係仿效軍法而來，類似軍事命令，在沒有權力分立概念的當時，大抵為同一批人同時負責制定規則、執行規則、處理紛爭以及管理殖民地，並沒有明確的法院。1630 年至 1639 年間，麻薩諸塞灣區的政府與法律歷經許多迂迴曲折的過程，才建立了較為恆久的法院體系，[57]並進而推展至其他地區。而當時的法院則扮演具有社會控制功能的重要治理工具，同時還兼具一些重要的行政功能，例如包括：課稅、興建道路、管理酒館與渡船，甚至處理遺囑認證與不動產等事務。而當時法官也並非法律人，而是地方社區有權勢的鄉紳菁英。[58]

有謂美國最早的檢察制度是在 1643 年形成，當時有類似英國式檢察長職位，但被賦予的職務僅是兼差性質的提供法律諮詢服務。美國殖民時期的地區檢察官設置，大抵係為了維護英王的利益而存在，所以他們在一些直接危害王室利益的犯罪上，會參與調查與起訴的工作。[59]

美國獨立建國之後，曾嚴肅地討論英國國王與其政府既已被推翻了，

---

[56] U. S. Department of Justice, "United States Attorneys-FY 2017 Performance Budget Congressional Submission," in <https://www.justice.gov/jmd/file/821011/download>. Latest update 20 June 2017

[57] Lawrence M. Friedman 著，劉宏恩、王敏銓譯，《美國法律史》（*A History of American Law*）（臺北：聯經，2016），頁 53。

[58] 同上註，頁 55-57。

[59] 張明偉等（2015），頁 67。

國王的法律是否應予以推翻？尤其當時適用的普通法（Common Law）被認為較為封建、粗糙而不文明，當時的律師中有許多為支持英國的反革命人士（Tories），而使習慣法和律師皆被嚴重貶損，於是在對法國大革命之自由主義的嚮往下，美國對於拿破崙法典清晰而有規律的條文視之為典範。在美國獨立過程中法國亦曾給予相當的支持，[60]因而美國於 1789 年訂立《司法組織法》時，就仿效了法國制度設置檢察官（Public Prosecutor）一職，以建立公訴的檢察官制度。之後陸續加入的聯邦各州也隨之效法建置，而使公訴的檢察官制度普及於美國全境。[61]

　　美國由於其為聯邦制國家，其刑事司法制度並沒有一套統一的刑事訴訟法。在聯邦層級的司法制度，國會制定有聯邦刑事訴訟法（Federal Rules of Criminal Procedures），以規範聯邦法院對聯邦犯罪案件的刑事訴訟程序與審理。但在地方層級上，基於地方分權的原則，則 50 個州各有其獨立的刑事訴訟法，欠缺統一性。而 50 個州對公訴的檢察官各有獨立而不同的稱呼。在聯邦係統一稱為「地方檢察官」（District Attorney，簡稱 D.A.），在各州或稱「郡縣檢察官」（County Attorney），或「州檢察官」（State Attorney），或「巡迴檢察官」（Circuit Attorney），或「副檢察長」（Solicitor General）等，不一而足，大抵係以公訴檢察官（Public Prosecutor）一詞概括之。[62]

　　在美國檢察制度中，檢察總長之職原本並未在憲法中有所規範，一直到 1861 年《司法組織法》的修法中才建制了檢察總長，賦有對地方檢察官指揮監督之權，美國現代聯邦層級的檢察官體系才正式有其雛型。1870 年美國司法部成立之後，檢察部門改隸屬於司法部，檢察總長則成為司法部的首長，在司法部部長亦為聯邦檢察總長下，統領司法部並指揮監督全

---

[60] Lawrence M. Friedman（2016），頁 130-131。

[61] William F. McDonald, *The Prosecutor* (Beverly Hills, CA: Sage Publications, 1979), p. 20; 林朝榮，《檢察制度民主化之研究》（臺北：文笙書局，2007），頁 93。

[62] 黃東熊，〈各國檢察官署組織之比較〉，《軍法專刊》，第 29 卷第 2 期，1983 年，頁 17；林朝榮（2007），頁 94。

國之聯邦檢察官（United States Attorneys），而有了現在之美國聯邦檢察官制度。[63]換言之，一直到十九世紀後半期，美國聯邦層級的檢察官才較為成形。而司法部部長不但為最高檢察首長，同時也是政府閣員，自是服從於總統的指揮監督，也就難免在檢察事務上會受到政治的影響。

二、美國檢察官的屬性

由於美國式的民主相當強調來自人民的控制，獨立之初，美國檢察官和法官除由上級指派任命，另有讓選民能夠參與檢察官和法官的選拔制度，透過選舉方式以監督和制衡檢察官和法官。其中密西西比州（Mississippi）為美國第一個以選舉方式產生地方檢察官的州，時至今日美國除了華盛頓特區以及德拉瓦（Delaware）、紐澤西（New Jersey）、羅德島（Rhode Island）及康乃迪克（Connecticut）等四個州外，大抵皆採選舉方式產生地方檢察官，形成美國特有的檢察制度。[64]儘管有批評主張：以選舉方式選出檢察官有可能會選出庸俗的文人，而不是法律專家。但事實證明，美國多數透過競選尋求連任的檢察官，不論其黨派為何，大抵皆能獲得連任。再者，由選舉產生的檢察官確實使檢察官被彈劾的情況減少，可見即使係由選舉產生的檢察官，在美國也能達到人民監督與制衡之功效。[65]

美國刑事訴訟的司法體系，在地區檢察官偵辦階段，有些州係需檢察官在提起正式起訴狀（information）後，經由治安法官（magistrate）的預審（preliminary examination）程序下，決定案件：一、撤銷告訴並釋放被告；二、把案件改列為微罪案件；三、將案件送入完整的審判過程，即將案件移轉至審理重罪的法院。也有一些州則採用大陪審團（grand jury）

63　U. S. Department of Justice, "United States Attorneys-FY 2017 Performance Budget Congressional Submission," in <https://www.justice.gov/jmd/file/ 821011/download>. Latest update 20 June 2017.

64　鍾鳳玲（2008），頁 62-63。

65　劉宏恩、王敏銓譯（2016），頁 420-421。

作爲篩選案件的程序，在大約 15 人至 20 人左右的大陪審團成員數目下，對檢察官所蒐集證據予以決定起訴（indictment）與否，如果大陪審團決定起訴，則案件就會進入重罪審判程序。由上可知，被告的命運掌握在初審法院手中，法官有可能基於職權或檢方不再堅持控訴，而以認罪協商（plea bargaining）方式結束案件審理。[66]

美國的認罪協商制度深具爭議性，有法律界捍衛此制度者，認爲認罪協商是一種在雙方當事人皆各退一步、也各有一些好處的折衷協調下，省去耗費時間和金錢的訴訟程序。另一方面，亦有法治派者認爲：該制度有違美國正當法律程序，而抨擊美國刑事司法體制中之最重要決定，大都是「在檢察官或法官的辦公室私下作成的，形同司法正義竟然全在律師休息室或法院走道間被論斤評兩地交易」。[67]不過，無可否認，自從美國在開始採用認罪協商制度後，絕大部分的案件皆是經由認罪協商而結案，使檢察官在經由介入認罪協商的過程中，得以在刑事訴訟的過程中逐漸擴張權限。

由於美國人民普遍對行政權力的強大有所排斥，故在籌設檢察官之時，未將其檢察官如法國制度之定位爲監督司法的行政官，反而仿英國制度而將之定位爲「政府委任雇用之律師」，或「聯邦或州的追訴代理人」，使其與民間執行辯護人職務的律師地位相同。因而美國檢察官的職責爲法庭公訴業務，而非發見真實，亦非從事偵查的調查業務。加以基於司法民主化，檢察官之產生大抵採民選制度或首長任命、並經國會認可，沒有大陸法系的身分保障，待遇亦不如民間律師的收入，有學者謂「經驗豐富處事幹練的律師大都不願擔任檢察官，反而是剛畢業的年輕人或將屆退休的老人在擔任」，甚至認爲在美國法律界眼中，檢察官並不算是素質最優秀的一群。[68]

---

[66] Lawrence M. Freidman 著，楊佳陵譯，《美國法導論－美國法律與司法制度概述》（*American Law: An Introduction*）（臺北：商周出版，2004），頁 224-225。

[67] 同上註，頁 229。

[68] 朱朝亮（2007a），頁 64-65。

　　由於美國的刑事訴訟制度源自英國普通法的私人追訴之控訴制度，在訴訟制度上其權限大抵自治安警察劃分而來，因此缺乏歐陸檢察官之具有充分偵查權限的預審法官性質與功能，以致有學者認為美國檢察官的司法性格較為薄弱。加以美國地方檢察官大抵透過選舉產生，某種程度為具民選性質的政務官身分。[69]亦有謂由於美國檢察官制度其相關偵查之事務大抵交由警察負責，檢察官的地位則近乎政府律師，具有政治色彩與政黨性格，等同行政部門的公務員身分。

　　美國行政部門的官員，是否可視為司法官？這個問題在美國有所爭論。基本上，在美國聯邦憲法架構下，根據憲法第二條規定，總統有忠誠執行法律的義務，而檢察官為幫助總統忠誠履行法律公正執行，對於違反法律者負有將之繩之以法的義務，而被歸類於行政部門權限，而該行政權概念為屬於總統權限，因此將檢察官歸於行政部門殆無異議。法律學者廖元豪認為：美國現在非常明確地認定，檢察官是行政部門的官員，而且行使的是最核心的行政權，即執行法律。[70]然而美國檢察官在作不起訴決定以及緩起訴決定過程中，並不受法院審查，正因為事後審查的空間有限，因此該決定程序帶有終局性效果，某種程度檢察官在這個程序上扮演了準司法官的角色與特徵。另外，在司法實務上，檢察官之起訴與否的決定，與法官同為適用司法豁免權。而該司法豁免權之適用，則為司法權限的重要特徵與司法制度的重要特色，準此，亦有部份學者謂美國檢察官應是具有司法官屬性。[71]

　　1789 年頒制的《司法組織法》創立聯邦地方法院體系，至今美國共有94 個聯邦地方法院（The United States Attorney's Offices, USAOs），[72]每一個州皆有至少一個聯邦地方法院，入口較多的州，如加州、德州和紐約州

---

[69] 同上註，頁 64。

[70] 廖元豪，2018 年 8 月 17 日訪談記錄。

[71] 張明偉等（2015），頁 69-70。

[72] U. S. Department of Justice, "United States Attorneys-FY 2017 Performance Budget Congressional Submission," in <https://www.justice.gov/jmd/file/821011/download>. Latest update 20 June 2017.

則每州有多至四個聯邦地方法院。自 1870 年，美國聯邦檢察官隸屬在司法部下行使其職權。其中美國檢察系統只有設置地方檢察署，沒有高等檢察署、最高檢察署，即使案件送至最高法院，也是由地檢署檢察官至最高法院蒞庭。每一個聯邦檢察官對檢察官辦公室成員有指揮、監督之權，可直接指揮調度聯邦調查局辦案，其地位相當於我國的檢察長。聯邦檢察官由總統提名，並經參議院三分之二多數議員同意任命之，任期四年。《司法組織法》中規定：應任命專精並嫻熟法律的人士為聯邦檢察官，以追訴其所管轄區域的所有犯罪事項。如前所述，聯邦檢察官在司法部部長暨檢察總長的指揮監督下，擔任國家主要訴訟律師（National principal litigators）職務，為防止犯罪、保護美國人民而執行聯邦法律，以進行國家追訴工作，並有義務確保和支持公平、公正、透明且有效率的司法行政職務。[73]聯邦檢察官辦公室規模和助理檢察官成員數量，則根據該地區案件數量多寡而有所配置。以 2017 年的聯邦地方法院總預算為 20 億 7 千萬美元，在 10,900 多個職位中，檢察官即占有 5,542 位。[74]

在聯邦層級，聯邦檢察總長對聯邦檢察官有指揮、監督之權，為聯邦檢察官的領導首長。在州層級，州檢察長（State Attorney General）由於多半由人民選舉產生，全美有 43 州之檢察長係經由選舉產生，其獨立性相對於來自總統任命之聯邦檢察總長要來得高。有些州的檢察長則為州長任命，為該轄區次於州長的公職。不過，由於州檢察長大抵來自於選舉產生，所以州長對州檢察長的影響十分有限。[75]

至於州層級下的地方檢察官幾乎皆經由選舉產生，為全職的專任檢察官，負責州內刑事案件的追訴與相關民事案件的處理。在實務上，大多數州的地方檢察官均甚少受檢察總長的指揮監督，其地位類似地方政治人

---

[73] 同上註。

[74] U. S. Department of Justice, "Budget and Performance Summary," in <https://www.justice.gov/about/bpp.htm>. Latest update 5 November 2018.

[75] Philip P. Purpura, *Criminal Justice: An Introduction* (Boston, MA: Butterworth-Heinemann, 1997), pp. 215-216.

物，為求競選連任，辦案時往往會以大眾和輿論關切矚目的案件，或討巧而較易成功的案件作為首選追訴案件。同時其對犯罪追訴行為，必須在意選民、輿論和政治上的考量，加以其因選舉而與政黨和政治有千絲萬縷的關係，又可影響對助理檢察官的派任，所以想要擔任地方檢察官，勢必要有政黨與地方派系的支持，因而美國地方檢察官對案件的追訴，總不免讓人有難以與政治黨爭清楚切割之嫌。[76]另外，由於州檢察長和地方檢察官大抵來自不同選舉產生，各自皆具有相當的獨立性，因此州檢察長對其轄內的檢察官，也就鮮有介入案件與行使指揮、監督之權。

三、美國大陪審團制度

美國的大陪審團制度源溯自英國，雖然美國憲法並未將大陪審團納入其中，而被認為大陪審團不屬於行政、立法、司法等憲法所規定的部門，但在美國憲法第五增補條文有關《人權法案》中，有明確保障人民受大陪審團起訴的權利，其可謂介於被告與檢察官署間的緩衝器。大陪審團制度的成立旨在審查檢察官之起訴是否具備相當理由（probable cause），以保護被告免於無理由的追訴，為制衡檢察官濫權起訴的重要制度。[77]

大陪審團由大抵為 15 至 20 位公民以抽籤方式組成。大陪審團獨立行使職權，可主動偵查、傳喚證人、聽取及審酌檢察官所提出的證據，以多數決來決定起訴與否，若證人故意為虛偽陳述或拒絕陳述者，將遭受偽證罪（perjury）或蔑視法庭罪（contempt）的制裁。甚且大陪審團可對公務員之貪瀆行為和與公益攸關之事務進行調查，並提出調查報告，作為失職人員革職或行政處分之建議，可見其對調查、追訴的職權功能，即是在對檢察官濫權與怠忽職務的制衡和節制。[78]

---

[76]　Philip P. Purpura(1997), pp. 215-219.

[77]　Paul James, "Grand Jury System," *Journal of the State Bar of California*, Vol. 39, 1964, p. 257; 鍾鳳玲（2008），頁 87-88。

[78]　同上註。

　　不過，由於陪審團成員大多爲非法律專業人士，素質不一，未必具有偵查能力，因此近年來美國透過大陪審團起訴的案件減少，並在持續衰退中。主要係因當今專業分工日漸精細，刑事司法體系趨向專業化，使該制度趨向式微，大陪審團現也只是審酌檢察官提出的證據是否充足，以決定是否提起公訴的功能了。[79]不過，陪審團具有監督法官的功能，如同憲法之其他機關的制衡機制，代表著美國人民期待維持以一般民眾進行追訴的傳統。有學者認爲大陪審團的存在，某種程度可謂象徵著美國人民對「尋求獨立追訴機關的一種想望」。[80]

　　綜合上述，美國檢察官制度的設計明確將檢察權（prosecutorial power）劃歸於行政權，聯邦檢察官等同行政部門的公務員身分，除了負有刑事追訴工作，也擔任內閣法務的幕僚角色，檢察制度的組織爲金字塔的一條鞭式架構。依美國憲法第二條第一項的規定，行政權力賦予總統，而同條之第三項則規定總統應監督各項法律的確實執行，並有權任命美利堅合眾國的一切官吏。準此，美國總統任命司法部部長暨檢察總長，由其領導司法部，行使聯邦政府的起訴功能，而所有檢察官則皆歸於司法部部長暨檢察總長所管轄。由於司法部部長爲總統可任免之內閣法務首長的政務官，直接向總統負責，因而使總統保有控制檢察體系的權力，這意味著犯罪調查事務是行政機構的權力核心之一。正因爲美國憲法在三權分立原則下，行政權與法律執行權皆掌控在總統法定職權中，而司法部部長在無須任何理由下，即可免職轄下之不受公務員法律程序保障的檢察官，使美國檢察官制度自然難以避免來自政治勢力的影響和干預。[81]

　　另一方面，在美國這些檢察官擁有提起獨占公訴之權，以及擁有相當的起訴與不起訴裁量權，除了受國會監督外，並不受其他部門的干預。基於「權力分立原則」，聯邦最高法院曾釋義對於起訴與否的考量因素，皆

---

[79]　楊佳陵譯（2004），頁231。

[80]　Akhil Reed Amar, *The Constitution and Criminal Procedures* (New Haven, CT: Yale University Press, 1997), pp. 163-167; 鍾鳳玲（2008），頁87-89。

[81]　廖天美譯（1992），頁135、157。

非法院所能承擔並加以分析，因而使檢察官的不起訴處分毋需經由司法審查，不免會使美國檢察官因權限集中，而易有檢察官藉之玩弄、偽證或隱匿證據等之種種不當弊端發生。[82]

第四節　檢察一體vs.檢察獨立

「檢察一體」係指檢察機關內部上下級的權利義務關係，在德國係以「指令權」的概念，來探討檢察官們在何種範圍內應獨立行使職務，在何種範圍內應遵從上級的指示。[83]在美國則因檢察權原本即歸屬在總統的行政權限內，總統負有忠實執行法律的權責，在行政一體與責任政治的原則下，聯邦檢察官自是應服膺遵從上級的指示。無論是「檢察一體」或「行政一體」，其實皆有「上命下從」的內涵在其中。而在「上命下從」的內涵中，檢察官又如何保有其辦案的獨立性，以公正、公平執法來彰顯司法正義？這又與檢察官究為行政官或司法官的屬性有極大的關聯性。本節茲就：一、檢察一體原則；二、檢察官的獨立性；三、檢察一體的制約等三個面向闡述。

一、檢察一體原則

無論是德國的「指令權」或一般所稱「檢察一體」，其實皆與「上命下從」有相同的內涵，為上級長官對於下級屬官在職務事項的指示所行使的指令權能。以公共行政學的觀點，則可以「課責」（accountability）的概念來理解「檢察一體」的原則。「課責」係指為向較高層級的權威「課責者」（accountability holder）負責，「被課責者」被要求有義務透過明確而嚴謹的法規和程序，來說明所執行授權行動的表現與績效。[84]「課責」

---

82 陳瑞仁，〈美國檢察官起訴門檻與裁量權〉，《臺灣本土法學雜誌》，第 36 期，2002 年 7 月，頁 131。

83 林鈺雄（2000），頁 41。

84 K. P. Kearns, *Managing for Accountability: Preserving the Public Trust in Public and Nonprofit*

代表著課責者與被課責者之間的一種「關係」，被課責者因爲「授權」關係，而有說明與課責者對於有關授權行動表現的「法律義務」與受託事項達成之「績效」程度。[85]而「檢察一體」可說是透過指令權的一種對檢察權行使的內部監督課責模式。

　　以德國和我國因皆屬大陸法系國家，其檢察權的功能大抵相似。其指令權有內、外部指令權區分，司法部部長或法務部部長所下達指令爲外部指令；而由檢察首長（檢察總長、檢察長）下達者則稱爲內部指令。其中由於司法部部長（或法務部部長）不具備、亦無需具備檢察官的身分，而部長爲典型的政務官，爲政府政策負責背書，與政府同進退，其行事準則自與檢察官有所不同。基於上述理由，德國的司法部部長乃至我國的法務部部長對於其外部指令權之拘束與限縮，皆比檢察首長之內部指令權來得嚴格。[86]

　　另一方面，在檢察首長的內部指令權涵蓋有「檢察事務」與「檢察行政事務」兩大類，前者係指檢察首長對於檢察官在刑事訴訟過程中所執行的偵查、起訴、不起訴、提起上訴等職務，有行使下達指揮監督命令、職務收取、職務移轉等「檢察事務指令權」。後者係指預算經費的編配、人員任命、考績、升遷與懲戒等人事行政以及其他行政監督事項的司法行政監督權。該「檢察行政事務」的指令權爲身爲檢察行政首長的司法部部長（或法務部部長）權能，而司法部部長或法務部部長對於該項檢察行政事務的行政監督，大抵僅能間接、消極地由外部加以警示注意，其與檢察首長之對檢察事務積極、直接自內部加以介入干預檢察官執行檢察職務，則是有相當的區隔。[87]

Organization (San Francisco, CA: Jossey-Bass, 1996), p. 7; J. M. Shafritz, ed., *International Encyclopedia of Public Policy* (Boulder, CO: Westview Press, 1998), p. 6; O. E. Hughes, *Public Management and Administration: An Introduction* (New York: St. Martin's Press, 1998), p. 238.

85　陳敦源，《民主治理：公共行政與民主政治的制度性調和》（臺北：五南，2012），頁 247-248。

86　林鈺雄（2000），頁 43-44。

87　同上註，頁 44-45。

　　由於檢察機關的組織採行由上而下具層級式的權力結構，在行政機關建構的組織下，上級檢察首長對下級檢察官處理之檢察事務，有人事與職務的指揮監督權、職務收取權與職務移轉權。而下級對於這種指令權則有相應服從與報告的義務，這種「上命下從」的權利義務關係，對檢察官在內部科層組織中的獨立辦案，確實會產生某些外在的節制。[88]

　　在美國則如上節所述，在 1870 年成立司法部之後，其檢察部門改隸屬在司法部下，使檢察總長亦為司法部部長，其在「權力分立原則」下，行政權隸屬於總統權限，總統所任命的司法部部長暨檢察總長為政府閣員，對於司法部管轄下的聯邦地方法院檢察官有指揮監督之權，自有「行政一體」與「檢察一體」的制約。

　　「檢察一體」上命下從的設計原則，始終備受質疑而有所爭議。當初歐陸對「檢察一體」的設計目的之普遍說法主要為：有效打擊犯罪、防範誤斷濫權以及有效統一追訴法令等。在有效打擊犯罪方面，因為檢察官負有落實執行國家刑罰的追訴任務，但是在有限的公務資源下，實際上並不可能任憑各個檢察官無限制地調配有限的警察和調查體系資源以辦案，因此確有必要在檢察體系內部的協調以及警調體系資源分配的機制下，決定優先處理順序的案件等問題，而這些皆涉及到以「檢察一體」的原則來解決。在防範誤斷濫權方面，為了避免各個檢察官追訴裁量的標準不一而造成不公平，亦有必要規範全體檢察官對法律適用與公平的一致性，以統一追訴的標準和法令的解釋。因此透過「檢察一體」的原則，讓各個不同的檢察官在針對同一類型案件時，可藉之而形成某種追訴法令見解的一致性，以避免產生個別檢察官在認定上的歧異，而平等保障人權。[89]

　　實則，為防止檢察官濫用職權或誤斷辦案，乃至避免擁有廣大偵查權力之檢察官恣意濫權，以「檢察一體」的內部監督功能，讓檢察官們在協同辦案下，有效配置並運用資源，迅速而有效率地進行偵查與控訴工作，

---

[88]　同上註，頁 115。

[89]　湯京平、黃宏森，〈民主化與司法獨立：臺灣檢察改革的政治分析〉，《臺灣政治學刊》，第 12 卷第 2 期，2008 年 12 月，頁 78-80。

以打擊犯罪，應爲國家對檢察官辦案的適切要求，檢察權的行使自是應受行政體系的監督。[90]

　　再者，檢察官的刑事司法權行使，稍一失當，即會對人民基本權利固有之侵害性有巨大影響，檢察官的偵查追訴，一方面可主動篩擇挑選偵查追訴的案件，而且其公訴權也同時決定了法院審判部門審理的案件，可謂掌控司法裁判開啓之鑰。[91]由此可見：檢察官的刑事司法權可說是已直接並實質地影響了法院審判部門的權力行使。隨著科技不斷創新、社會關係日益複雜化，犯罪案件型態亦趨向於組織化、多樣化，而使跨轄域、跨國際的案件亦明顯增加，在各國犯罪的偵防人力與資源皆顯不足情況下，係需要以團體協同辦案的方式來提升偵查品質，並經由上級的統合指揮來監督下級，以收團隊合作之功，這些皆非檢察官個別能力所能單獨處理行事的，亦可見「檢察一體」的必要性。

　　由上可知，「檢察一體」爲檢察官司法性格下必要的設計，其與法官審判權的司法性質並不相同。「檢察一體」在組織法上具有上下層級之行政構造，對外不可分，對內則具有一體性，[92]這樣的上下層級行政構造，確有助於有效打擊犯罪、防範誤斷濫權以及統一追訴法令等之功能，皆可見「檢察一體」存在之必要。

二、檢察官的獨立性

　　「檢察一體」的原則，猶如一劍雙刃，固然可達上述之有效運用資源打擊犯罪、防範檢察官的誤斷濫權，以及透過統一追訴標準與法令解釋，達到法律適用的一致性等目的和功能，而達到維護社會秩序、追求司法正義的境地。但另一方面，因爲檢察體系與行政權的密切關係，在實務上又

---

[90] 陳文琪，〈「檢察一體」之實踐〉，《檢察新論》，第 1 期，2007 年 1 月，頁 115-117；林鈺雄（2000），頁 115-117。

[91] 李念祖，〈論憲政體制中檢察機關的政治關係〉，《檢察新論》，第 5 期，2009 年 1 月，頁 69。

[92] 陳文琪（2007），頁 102。

搭配以強大國家警調情治的機器以及可觀的行政資源，使得檢察體系易流於執政者的私人黨派工具，藉之打擊、鏟除政敵或在野反對者，並用以保護自身集團成員非法行徑免受司法追訴，讓檢察體系成爲執政者的政治鬥爭工具，形成法律爲政治服務的流弊。遠至德國納粹時期，當權者曾以行政權濫用檢察指令權而干預刑事司法，予取予求，而造成德國人民的大災難。近至以臺灣在威權時期爲例，執政的國民黨高官曾有「法院是國民黨開的」公然驚人言論，[93]皆凸顯著古今中外當權者的強大政治力，確是無時無刻地始終在深重介入並影響著司法。

在「檢察一體」的原則下，執政者向來都有很強的政治動機要控制檢察體系，以遂行其社會控制與鞏固自我政權之目的，因此在「檢察一體」原則下，自然會有一些制度設計是具有爲當權者服務的特性。諸如「案件指分權」，讓檢察首長得以具有指定心腹或特定之檢察官來承辦特定案件的權力，以俾從中操控案件的偵查結果；又如「立案權」，讓檢察首長有權決定何時、以何人、就何事、何罪加以進行分案。另外，檢察首長皆有所謂「指揮、命令權」，藉之而可要求檢察官遵從其指示辦案；更甚者，其「案件轉移、繼承權」，讓檢察首長可藉之面對不聽其指令與控制的檢察官隨時予以撤換，進而有效控制偵辦的結果。[94]

另外，檢察首長還可藉「結案權」，以「書類審查」方式對檢察官之經辦案件，要求事先核閱判行，否則不給予批准對外公告。對於案件之結論有意見者，檢察首長亦可藉事先核閱而予以退件，令其重新調查，這種檢察首長對案件最終的結案權，勢必嚴重影響刑事正義的實踐。最後，檢察首長對檢察官們的考績、升遷、調動、獎懲等之「人事權」，更具有決定性的影響力，從而會影響檢察官們放棄自我獨立辦案空間，而屈從檢察首長的意志行事。[95]

---

[93] 楊和倫，〈許水德語出驚人：法院也是執政黨開的〉，《新新聞》，第 437 期，1995 年，頁 25。

[94] 朱朝亮（2007a），頁 56-57。

[95] 同上註，頁 35-40；湯京平、黃宏森（2008），頁 80-82。

　　檢察官辦案應依據法律追求公益與正義，自應探求法律真意、公益與正義之所在，此與一般行政權之下級公務員須對上級長官的絕對服從，是不能等同視之。因此，「檢察一體」下之傳統上命下從的檢察制度設計，仍應讓檢察權保有獨立於行政權的正當基礎，否則當案件涉及到重要高層官員的偵辦，檢察權力行使卻受制於上級官署的干預與控制，進而淪為政客與檢察官爭權鬥爭的工具，這種「檢察一體」之濫用，勢必對人民的自由權利有所威脅和挑戰，絕非國家之福。

　　由於檢察權兼具有司法與行政的性質，既要保障其客觀、公正的獨立行使，不受外來不當干預，又要對其檢察職權的主動積極性所具有之侵略性加以節制，因而檢察機關這種具司法與政治雙重性格而存在的「檢察一體」，[96]其上下服從及監督關係，某種程度仍有存在之必要。只是承認檢察權為行政權的一部分，並不能就直接認為檢察權沒有獨立行使的必要。檢察制度的設計，對於檢察職權的行使，尤其對檢察官的個案決策過程，仍應予以獨立的空間，以避免非本質的不當干預。依聯合國之「檢察官角色指引」，國際檢察官協會的「檢察官專業責任標準和基本職責及權利聲明」以及歐洲司法官民主自由聯盟的「檢察官宣言」中，皆有明定「客觀、公正、有效及獨立地行使檢察權」之國際檢察制度準則，因此有必要將司法權獨立之精神推及於檢察權，以符合國際性的檢察官基本要求的準則。[97]

　　準此，那麼檢察權的所謂「獨立行使職權」，究竟其涵蓋範圍和界限為何？基本上應可區分為機關的獨立與檢察官個人決策的獨立，其中機關的獨立，為確保檢察官決策獨立的最大且最有力之保障方式。例如我國的檢察官具有獨任官廳地位，不但在《法院組織法》第 6 條明文規定：「檢察官對於法院，獨立行使職權」，而有檢察官獨立性的法律依據，而且在《刑事訴訟法》上關於檢察官所作起訴、不起訴或緩起訴處分，也皆是以

---

[96] 林麗瑩，〈檢察一體與檢察官獨立性之分際〉，《月旦法學雜誌》，第 124 期，2005 年 9 月，頁 51。

[97] 鍾鳳玲（2008），頁 306-333。

檢察官個人名義爲之的規範，可見我國檢察官在職權行使之具獨立自主性。基此，我國的檢察官可視之爲獨立的官署（獨立官廳）地位，亦即可認知每一位檢察官皆是獨立的「檢察官廳」，其機關獨立性之規範甚爲明確，對每個「檢察署」皆可被視爲數個獨立「檢察官廳」的「聯合辦公處所」。由上所述，亦可認知：我國的檢察官遇有對檢察總長或上級長官犯罪之偵查時，其獨立性某種程度應有其法制上可行性的特別考量。[98]

另外，在檢察官個人決策的獨立性，可謂爲檢察權獨立的核心價值，其不但涉及個案上的獨立審判，還涵蓋檢察官在司法程序的保障與身分的保障。我國憲法第 81 條明文規範「法官爲終身職」，而對法官身分有所保障，其實就等同對於檢察官的身分保障。儘管這樣的等同身分保障，並不能論斷檢察官即是法官。檢察官在刑事訴訟程序中所行使之職權雖歸屬行政權，但卻有司法權的意涵，從我國在大法官會議第 325 號解釋文中謂：「檢察官的偵查與法官的刑事審判，皆爲國家刑罰權之正確行使的重要程序，兩者之密切性，其對外獨立行使職權，應同受保障」，[99]可見檢察官決策獨立的正當性，應來自其權限與刑事司法的密接性。在法制上，亦可見我國檢察官在司法程序與身分等，皆有所根據而獲得應有的保障。

不過以實務面而言，檢察官事務之分配由檢察長決定之、行使職務時須隨時得報告及聽取指示、若與檢察長意見不同得陳述之，如不獲採納仍應服從。還有職務上撰擬之文件及收受判決後上訴或抗告，均應送檢察長核定，加以這些公文若未蓋有上級長官的關防，根本令不出行。更關鍵的是：在相關考績及人事升遷制度下，違抗長官的檢察官，小則個人升遷無望，大則面臨懲處。某種程度，個別檢察官決策的獨立性，在實務面上確實有可能難以抵抗來自上級長官的干預。[100]

---

[98] 陳文琪（2007），頁 103。

[99] 大法官會議釋字 325 號解釋文。

[100] 廖琪瑞、許碧惠、陳怡雯、黃馥萍，〈金權政治下檢察制度的再強化－由美國獨立檢察官制度談起〉，《法律學刊》，第 24 期，1994 年 6 月，頁 122。

三、檢察一體的制約

　　檢察官制度最爲爭議與被批評者，即爲上級首長以「檢察一體」爲名而行濫權之實，要求檢察官作成追訴或不追訴行爲。其中上級首長命令其不起訴而予以簽結處分，又比命令起訴更令人擔憂，因爲若長官命令起訴，尚可在法院審判階段獲有法官對起訴審核的機會，但若爲命令不起訴，則基於檢察官公訴獨占以及法官「不告不理」的原則下，法官無案可審，案件將形同石沈大海，無從見天日。學者林鈺雄即指出在德國文獻中早有多位學者認爲：對檢察首長上命下從的指令權之拘束性，爲檢察官作爲公正客觀法律守護人的基本條件與前提，捨此則「檢察官作爲公正客觀的名號可謂自欺欺人的謊言」。[101]

　　如前所述，法國、德國的檢察官皆係以「檢察長的代理人」名義行使職權，爲避免上級首長以「檢察一體」爲名而成爲不受節制的濫權巨靈，歐陸檢察官制度自始即爲防範「檢察一體」變成濫權撒旦而奮戰，在制度設計上立下重重門檻。例如在刑法、刑事訴訟法上以法律的誡命和禁止等之強制規定，對包括上級檢察首長在內的所有檢察官在檢察權和指令權上的實體限制，以防範其應追訴而不追訴，或相反情形的發生。又如：訂定行使指令權的程序要件，使上級長官的濫行指令直接攤在陽光下受到檢視而有所節制。以德國爲例，其法系中用以拘束檢察官體系的所有上級長官和下級屬官的訴訟監督模式，有違反刑法濫權追訴與不追訴的相關規定。

　　德國起訴之訴訟監督爲由法院來監督檢察官是否有貫徹「起訴法定主義」，即法官不論有利或不利被告，依法皆有查明真相、調查證據的義務，以審查檢察官所起訴案件是否符合足夠犯罪嫌疑的程度，若不足者法官則可予以形式駁回，而重回偵查程序。另外，在不起訴之訴訟監督上，則有「強制起訴程序」的運作，即容許被害告訴人有請求法院審查檢察官所爲之不起訴處分的法律救濟方法，而在必要時法院可強制檢察官起訴。

---

[101] 林鈺雄（2000），頁139。

這種強制起訴程序中的「啓動者」爲私人之被害告訴人，而不是檢察官。該強制起訴程序的設計足以課令檢察官抱持審慎態度偵查而不致濫行不起訴，進而可使上級長官也不敢濫用「檢察一體」的指令權。因爲即便上級違法指令貫徹於檢察體系，亦難逃法院審查監督，而一旦上級長官濫權命令檢察官作出起訴、不起訴或強制之處分，而被法院審查違法而予以糾正，則不但上級長官無以立足，更甚者內閣聲譽將會受損。在德國若因案情違反法定主義而濫訴之情節嚴重者，更有可能招惹牢獄之災。[102]

　　德國這種訴訟監督機制爲動態性，檢察官在實施偵查及終結偵查的重大處分，皆須受到法院的審查與監督。換言之，法院在審查檢察官所起訴的案件時，會檢視案件形式上犯罪嫌疑程度是否足夠，若不足時案件會形式駁回而重回偵查程序，若足夠時才得以正式進入審判程序。德國這種藉由法院審查而使檢察官和法官在動態的訴訟上，受到監督而相互制衡，較能降低對檢察官的不信任，而確實回歸到創設檢察官制度之防範濫權與保障民權的初衷，進而大幅解除對「檢察一體」疑慮。[103]

　　從德國這些對檢察體系的訴訟濫權之監督機制觀之，確實會使德國檢察機關的上級首長不會隨便濫用指令權。事實上，德國的強制起訴程序自施行以來，一直成果斐然，誠如林鈺雄教授所稱：「德國檢察官每年手頭上有數以百萬計的偵查案件，其中，全國一年難得有一兩件係由上級發動指令權介入偵查個案的案例」，可見德國檢察官制度逾兩甲子以來運作順暢，關鍵即在於藉由法院之動態的訴訟監督模式所形成之外部制衡，使德國檢察官制度及刑事司法得以不受上級首長和外力干預而能順暢進行。德國檢察官行使職權向來以保有其獨立性著稱，而被譽爲世界最客觀公正的檢察官制度，德國法制的經驗，確可爲各國之借鑑與學習的典範。[104]

　　瞭解了歐陸大陸法系的德國在監督檢察體系的濫權機制之完備性，而得以有效拘束來自行政或檢察機關之上級首長的不當干預與介入，那麼在

---

[102] 林鈺雄（2000），頁 170-171。
[103] 同上註，頁 159-161。
[104] 同上註，頁 181。

美國，以「權力分立原則」下的檢察權，尤其在面對來自其所隸屬之行政權的總統或司法部部長暨檢察總長等高官涉有不法犯罪時，其制約的機制又爲何？第三章「美國獨立檢察官制度的法制化」提供了一些答案。

第三章

美國獨立檢察官制度的法制化

　　美國獨立檢察官制度為美國歷史上一項極具特色的政治法律制度，亦是美國試圖完善制衡機制的一項重要嘗試。獨立檢察官制度的創建，主要源於對既有之三權分立政府體系的未臻完善而生，也就是為了對付可能濫權而不受節制的行政權，而期待能有獨立的偵查追訴機關，自原屬的行政權內獨立出來，使其在不受行政權干預的情況下，能夠真正落實政府高官權貴犯罪行為之刑責。

　　該制度的法制化起源於 1972 年的「水門案」，在調查當時尼克森總統涉介入水門大廈民主黨全國競選總部被安裝竊聽器的竊盜案過程中，由於政府高層的顢頇、濫權，而使民眾對政府的信任度急遽下降。面對此一嚴重的信任危機，1978 年美國國會立法通過《政府倫理法》，建立一套針對政府高官犯罪的偵查和起訴的程序，設置政府體制外之具獨立性、與執政黨沒有忠誠關係的精通法律人士，擔任檢察官來偵辦高官犯罪，以確保在追訴過程中公正而徹底的釐清案情。

　　美國獨立檢察官制度的建立，繼承之前既有的法院判例，奠定其早期的法理基礎，而之後獨立檢察制度的存在和運作，則是在「水門案」後賦予了其法制建置的實踐機會。然而獨立檢察官能在美國的政治體系中確立也並非一蹴而成，乃是歷經國會參議院、眾議院、行政部門和法院體系等多種政治力量相互角力與妥協，其間經過漫長的五年立法醞釀期，才在艱難的過程中孕育而生。

　　本章對美國獨立檢察官制度法制化之探討，茲安排下列：一、美國獨立檢察官法制化前的機制與運作；二、「水門案」與美國獨立檢察官制度的法制化；三、美國獨立檢察官制的內容析論等三節次，加以闡述。

第一節　美國獨立檢察官法制化前的機制與運作

美國獨立檢察官制度並不是 1978 年的一個創新法制，該制度的建立係有長久的歷史淵源和基礎。在 1838 年的「肯道爾訴美國案」（Kendall v. United States），為聯邦最高法院判決有關分權的先例，可謂為獨立檢察官制度的確立提供了早期的法理基礎。該案主要係於 1835 年威廉·白瑞（William T. Barry）在辭去聯邦郵政局局長一職時，改由阿默斯·肯道爾（Amos Kendall）繼任，但肯道爾就任後卻拒絕履行前任局長與郵遞員所簽訂之薪金合同，引起威廉·史都克斯（William B. Stokes）等幾位郵遞人員的不滿，而轉向國會提出請願。國會則通過法令要求肯道爾按照原來合同給予郵遞員薪金，孰料肯道爾拒絕執行此一法令，以致華盛頓郡的地區法院發布執行令，要求其執行國會決定。肯道爾轉而向哥倫比亞特區上訴法院上訴，主張法院無權干涉行政部門的權力與功能。[1]

當上訴法院以命令狀文件發予肯道爾要求履行該簽訂之薪金合同時，肯道爾則向聯邦最高法院上訴。肯道爾認為法院不應干涉總統在憲法上的行政權力，因為如果總統不滿意郵政局局長對此事的決策，總統大可將之解職或令其辭職，而不是由司法部門的法院來介入行政權。最後聯邦最高法院判決：國會有權藉助司法部門的法院力量，要求行政官員履行應盡職責。[2]而這個聯邦最高法院判例的觀點，則賦予了以立法和司法兩個部門的跨部門合作之合憲性內涵，鋪陳獨立檢察官制度最早的法理基礎。本節茲分：一、高官行政不當行為；二、獨立檢察官法制前之高官行政不當行為案例與處置，加以析論。

---

[1] Kendall v. United States, 37 U.S. 524(1838); Gerald S. Greenberg, *Historical Encyclopedia of US Independent Counsel Investigation* (Westport, CT: Greenwood Press, 2000), pp. 199-220.

[2] 同上註。

一、高官行政不當行為

在探討獨立檢察官制度之前，有必要先瞭解美國政治中的「行政不當行為」（Executive Misconduct），美國憲法對於處理政府官員的不當行為，其中亦包含了犯罪不法的行為。在政治處置上係賦予國會對行政官員和法官的彈劾權，但該彈劾權僅用於「重罪及重大行為不檢者」，對於一般之行政不當行為，基於憲法規定總統忠誠而負責地執行法律，則交付行政部門來執行查處，而總統對於大部分行政不當的案子，大抵會轉由司法部部長暨檢察總長及其部門進行調查。總統指定司法部部長暨檢察總長及其部門行使聯邦政府起訴功能，其檢察體系則由司法部部長和各地聯邦檢察官行使偵查與起訴罪犯之責。而司法部部長和各地聯邦檢察官為總統提名，經參議院同意任命之，各地聯邦檢察官則可選任具有律師資格的專業人員擔任助理檢察官，以協助執行偵查和起訴的工作。

有關針對高級官員構成行政不當行為之認定，並非清晰而易辨。范‧伍沃德（Vann Woodward）曾探討自 1789 年至 1968 年近二百年間有關美國總統被指控行政不當的事件。[3]其研究中指出自喬治‧華盛頓（George Washington, 1789-1797）總統就職以來，美國總統或其所任命官員被指控的瀆職行為，有些案例係源於對憲法或法律基本詮釋見解的不同，這些案例的主要衝突，起於總統、國會或法院對一些事件的爭議：例如安德魯‧傑克遜（Andrew Jackson, 1829-1837）總統執意運用權勢命令要將聯邦政府的存款自國家聯邦銀行挪出至州銀行，而和反對黨多數的參議院槓上；又如約翰‧泰勒（John Tyler, 1841-1845）總統主張其有拒絕提供國會行政文件之行政特權。[4]還有安德魯‧約翰遜（Andrew Johnson, 1865-1869）總統被指控違反《任期法令》及《軍隊撥款法令》，而命令文職及軍職人員上行下效，另有運用權勢拔除行政官員，以及對國會及某些國會議員作出

3　Vann C. Woodward, *Responses of the Presidents to Charges of Misconduct* (New York: Dell Publishing, 1974).

4　同上註，pp. 63-65。

狂妄及有欠莊重的發言、恐嚇與訓斥等，而遭國會以濫用權力予以彈劾。[5]這些議題並不涉及犯罪，凸顯的只是不同部門對憲法將權責授予行政部門，存在著不同的見解。解決這類分歧勢必會涉及到一些政治過程，例如在約翰遜總統案例中國會所進行的憲法彈劾程序，就是希望能藉之讓總統有所退讓，或促使相關部門達成妥協，其目的無非係希望緩解問題或將事件往後推延。

有些被指控的高官行政不當行為，涉及到總統或被任命官員違法或有失倫理道德規範、甚且牽涉到總統或其家人者，例如：門羅（James Monroe, 1817-1825）總統使用 6,000 美元白宮經費購買白宮傢俱，而被國會在 1822 年和 1823 年調查；還有林肯（Abraham Lincoln, 1861-1865）總統的夫人瑪莉・陶德（Mary Todd）被控將機密傳給家族成員，最後是林肯總統親自到國會委員會的祕密會議中說明：「我的家族不可能做出通敵的叛國行為」，而使該事件得以落幕。[6]

二、獨立檢察官法制前之高官不當行為案例與處置

有關政府高官的被指控行政不當行為，憲法並未提供特別而具體針對總統和其所屬行政官員傳統行政失當相關調查與起訴的指示，不過在處置上，極少案例是總統會親自處置之。少部分案件則由國會著手調查，大部分的行政不當案例皆由行政權下的司法部進行調查，而若一般檢察官偵查會產生利益衝突之疑慮者，則會由總統和司法部部長轉交由特別檢察官（special prosecutor）來調查和追訴行政不當行為。

在華盛頓總統執政期間，制定的「威士忌稅」（Whisky Tax）條例，為聯邦政府首次對國內產品徵稅，旨在為因應革命期間造成的戰爭債務而累積收入，後於 1791 年正式成為法律。1794 年針對時任國務卿艾德蒙・

5　Vann C. Woodward (1974), pp. 126-129. 該彈劾於 1867 年 12 月參議院以 57 票贊成、108 票反對而告終，為美國歷史上第一位為國會提出彈劾的總統。

6　同上註，pp. 47-49。

藍道夫（Edmund Randolph）首次於「威士忌叛亂」（Whisky Rebellion）抗稅活動期間，涉有暗藏一些貪腐與叛國罪之文件，華盛頓總統認為藍道夫的解釋不夠明確，因而接受了藍道夫國務卿的辭職。不過，這種直接由白宮接手處理高官行政不當的情況較為罕見，聯邦政府官員被指控行政不當，大抵為國會、行政部門或來自聯邦政府部門所委任的獨立調查委員會或個人來著手進行調查者居多。[7]

　　在由國會著手對高官行政不當行為的調查中，不少係最後迫使行政官員辭職的案例。例如 1962 年約翰·甘乃迪（John F. Kennedy, 1961-1963）政府在與美國通用動力公司有關購買戰鬥轟炸機的 65 億美元合同中，涉有不法的酬金，導致國會於 1963 年對該案展開調查，並指控其酬金涉有重大政治因素干預其中。後來在國會調查下，其海軍部部長（Secretary of the Navy）佛雷德·考斯（Fred Korth）被發現曾否認之與銀行有關係的證據浮現後而辭職。[8]又如 1811 年麥迪遜（James Madison, 1809-1817）總統因軍事法庭庭長詹姆斯·威金森（James Wilkinson）將軍被國會調查出其涉及與西班牙有所牽連，不得不批准其辭職。[9]另如 1872 年尤里西斯·格蘭特（Ulysses S. Grant, 1869-1877）總統在國會的調查下，將副總統史凱勒·科法斯（Schuyler Colfax）自共和黨總統候選人名冊中除名，[10]這些高官所涉行政不當行為的案例，皆是由國會發動調查而迫使總統與行政部門必須處置之案例。

　　大部分的行政不當案例，基於憲法第二條規定總統須忠誠而負責地執行法律，總統大抵會轉交由司法部部長、司法部或信任的政府官員來進行調查。在這些高官行政不當行為的行政調查中有司法部的調查，亦偶爾有總統迴避了司法部部長或司法部，而指派非政府之獨立調查委員會來負

---

[7]　Vann C. Woodward (1974), pp. 13-15.

[8]　同上註，pp. 378-384。

[9]　同上註，pp. 45-46。

[10] Terry Eastland, *Ethics, Politics, and the Independent Counsel: Executive Power, Executive Vice 1789-1989* (Washington, D.C.: National Legal Center for the Public Interest, 1989), pp. 7-16.

責。在若干特別情況下，如果遇有檢察官無法勝任偵查追訴工作，或交由一般檢察官偵查會產生利益衝突之疑慮者，總統和司法部部長則會轉交由特別檢察官來調查和追訴行政不當行為。

　　美國司法部部長和司法部本就負有調查違反國家法律的責任，在1870年成立司法部，當時的詹姆斯‧加菲爾德（James A. Garfield, 1881）總統即命令司法部部長威恩‧麥克維（Wayne MacVeagh）和郵政總長湯瑪斯‧詹姆士（Thomas James）合作，調查郵政部門的貪污事件。當時麥克維部長曾警告加菲爾德總統，案子再查究下去，可能會對總統和共和黨占多數的國會不利，但加菲爾德總統答以「仍將堅持執行法律的誓言，無論衝擊到何人，都要持續調查到底，直到根除」。[11]

　　聯邦檢察官的職權不但可調查聯邦行政官員，甚至更高層級的官員，例如在共和黨籍的檢察官調查下，控告尼克森總統的副總統斯皮諾‧安格紐（Spiro Agnew）涉及在馬里蘭州擔任州長時所涉貪腐不端行為，最後安格紐副總統在 1973 年去職。1976 年司法部在刑事司（Criminal Division）內設立「公共誠信處」（Public Integrity Section），以因應委託調查在聯邦、州和地方層級之民選或任命的官員涉腐敗暨行政不當等相關之調查和起訴工作。

　　有時總統會指派非政府委員會去調查政府官員的行政不當行為，在1841 年約翰‧泰勒（John Tyler）總統即指派「波因德克斯特委員會」（The Pointdexter Commission）去調查紐約海關的貪污事件。該事件雖被調查出有賄賂貪污的證據，但卻因國會要求總統交出調查報告而總統以行政特權拒絕，因而使總統與國會陷入火熱的爭議。1877 年魯瑟福特‧海斯（Rutherford B. Hayes, 1877-1881）總統也曾命令財政部部長約翰‧佘爾曼（John Sherman），委任一個由公民組成之獨立「傑伊委員會」（The Jay Commission）調查類似的紐約海關弊案，而再一次查獲出賄賂貪污情事，雖然若干國會成員有所反對，但是海斯總統最後仍然撤換掉這些被查

11　Vann C. Woodward (1974), p. 178.

出的貪腐官員。[12]

　　當被指控行政不當的對象是司法部部長、檢察總長時，勢必會造成總統的尷尬與爲難，例如葛洛弗・克里夫蘭（Grover Cleveland, 1893-1897）總統執政期間即曾在國會的壓力下，要求內政部部長魯修斯・藍瑪爾（Lucius Q. C. Lamar）去調查司法部部長奧古特斯・加蘭（Augustus H. Garland）的一椿涉及政府百萬美元的專利官司，最後克里夫蘭總統接受司法部部長的說詞而讓其保住官位。其實有些案件大抵是來自國會的壓力，而使總統不得不撤查法辦自己的司法閣員。在二十世紀至少美國就有兩位總統因其司法部官員被查出貪腐的行政不當行爲，而被總統強迫其等辭職。一位是凱爾文・庫立芝（Calvin Coolidge, 1923-1929）總統的司法部部長海瑞・多赫堤（Harry Daugherty），因爲他被參議院調查出司法查案時有意拖延而被總統要求去職。另一則是杜魯門總統（Harry S. Truman, 1945-1953）解除司法刑事部門主管蘭瑪・卡托（T. Lamar Caudle）職位，因其被查獲涉有偏袒賄賂政治敏感性的稅務詐欺案而刻意不予以追訴，並從中涉有收取飛機交易佣金。[13]

　　在 1978 年《政府倫理法》尙未制定前，美國共有四位總統和其司法部部長係探較不尋常之任命特別檢察官方式來調查高官行政不當行爲。這四位總統分別爲格蘭特、羅斯福、庫立芝和杜魯門，他們共任命了五位特別檢察官進行調查。在表 3-1 列出這五位在 1973 年「水門案」之前被任命的特別檢察官及其案例。從這些案例中皆可看出在國會強大的壓力下，迫使總統不得不任命體制外的特別檢察官進行調查，以平息國會之怒。

　　首先在格蘭特總統任內，存有釀酒商人大量逃漏稅現象，在財政部部長調查中發現政府稅收官員勾結釀酒商人的相關事證，而派祕密調查員前去取證時，罪證卻又隱匿不見了。財政部部長發現總統的祕書涉案，並有通風報信之嫌，1875 年格蘭特總統迫於國會壓力，不得不任命特別檢察

12　Vann C. Woodward (1974), pp. 166-169.
13　同上註，pp. 341-345。.

官約翰・漢德遜（John B. Henderson）調查自己的祕書。漢德遜檢察官和當地檢察官共同合作辦案，共起訴了 253 個案子。孰料竟有一總統密友奧瑞・白考克（Orville E. Babcock）將軍亦涉案其中，格蘭特總統認為：漢德遜特別檢察官對其屬下查案太過嚴厲，因而把漢德遜特別檢察官予以免職。但為平息壓力，格蘭特總統又重新任命一位新的特別檢察官以繼續執行調查。由於新的特別檢察官較不熟悉案情，同時在總統和司法部部長的掣肘干預下，總統密友白考克最後終獲判無罪。[14]

老羅斯福總統期間共任命過兩位特別檢察官，其中加州民主黨籍的法蘭西斯・亨尼（Francis J. Heney）特別檢察官，於 1902 年為當時司法部部長諾克斯（Philander Knox）任命，負責調查內政部地政總處（The General Land Office）以禁絕公有土地被盜賣開採的貪污事件，結果起訴多達 146 人，還包括好幾位高階的共和黨國會議員，最終該處領導人賓格・赫爾曼（Binger Hermann）被判有罪並入獄服刑。另一特別檢察官查爾斯・波拿巴特（Charles J. Bonaparte）則是在 1903 年受命調查郵局貪污弊案之證據洩漏予媒體事件，該案共有 44 人涉案，包括前郵政總長約翰・泰納（John Tyner）和助理檢察總長，最後泰納辭職，該案並牽連不少郵局員工被控賄賂貪污罪。[15]

「茶壺堡醜聞」（The Teapot Dome Scandal）則是發生於華倫・哈丁（Warren G. Harding, 1921-1923）總統任內，內政部部長艾伯特・佛爾（Albert Fall）和司法部官員所涉及的政府祕密租讓茶壺堡海軍備油保留地之賄賂醜聞。1923 年秋哈丁總統過世後，在參議院舉辦聽證會才引起媒體和大眾的關注，繼任的庫立芝總統在壓力下，原先要求司法部部長多赫堤找一司法部人員來負責調查此事，但共和黨國會議員警告庫立芝總統為避免爭議，應任命特別檢察官來調查。1925 年庫立芝總統只好任命俄亥俄州前民主黨參議員阿特利・波默林（Atlee Pomerene）和費城的共和

14　Gerald S. Greenberg (2000), pp. 146-147.
15　Vann C. Woodward (1974), pp. 207-208.

黨籍律師歐文・羅伯茲（Owen Roberts）擔任特別檢察官，最後內政部部長佛爾辭職，並在 1931 年入獄服刑。同時，針對司法部部長多赫堤可能出於友情而對該案的拖延和遲疑不決，參議院則展開對司法部的調查和聽證。後經庫立芝總統表示對多赫堤部長個人是否有代表美國利益之能力缺乏信心，多赫堤部長隨即辭職下台。[16]

　　另外，在杜魯門總統任內，因為國會召開對國稅署（The Bureau of Internal Revenue Services）和司法部稅務處（The Tax Division of the Department of Justice）稅務舞弊的聽證會，而在 1951 年共有 66 名稅務署官員被迫離職，甚且有國稅署官員和助理在次年因稅捐詐欺而被判刑。為此，杜魯門總統不得不命令其司法部部長霍華德・麥格羅斯（Howard McGrath）任命來自紐約的共和黨律師紐波德・莫瑞斯（Newbold Morris）為特別檢察官進行調查。[17]

　　莫瑞斯檢察官在預算局的協助下，設計了一套問卷，用來調查公務人員個人收入、花費多少，以期調查蒐集公務員是否有明顯財產不當來源的情況。莫瑞斯檢察官打算推動這份問卷予包括總統和司法部部長在內的全國政府公務員，並擬先自司法部的檢察官調查起。莫瑞斯並建議杜魯門總統可將該問卷用於薪資超過一萬美元以上的聯邦公務員，以期對此類層級公務員建構檔案。此舉引發司法部部長麥格羅斯大怒，而逕行開除了任命僅兩個月的莫瑞斯檢察官，成為史上最短的特別檢察官，而杜魯門總統在獲知情況後接著將司法部部長麥克羅斯開除。該事件蓄積了杜魯門政府腐敗的負面形象，在 1952 年的總統選舉中因而被共和黨拿來作為選舉的攻擊材料，最後該弊案由新任司法部部長詹姆斯・麥格蘭瑞（James P. McGranery）完成追訴程序。[18]

---

[16]　Vann C. Woodward (1974), pp. 284-290.

[17]　同上註，pp. 341-345。

[18]　Katy J. Harriger, *The Special Prosecutor in American Politics* (Lawrence, KS: University Press of Kansas, 2000), pp. 17-18.

表 3-1　1973 年「水門案」前任命的特別檢察官

總統	特別檢察官	調查和結果
葛蘭特 Ulysses S. Grant （1869-1877）	漢德遜 （John B. Henderson）	●格蘭特總統之秘書涉入政府稅收官員勾結釀酒商人逃漏稅案。 ●起訴共 253 個案件中，總統密友白考克（Orville E. Babcock）將軍亦涉其中，葛蘭特總統因而將漢德遜（John B. Henderson）特別檢察官免職，另重新任命新特別檢察官，白考克最後獲判無罪。
羅斯福 Theodore Roosevelt （1901-1909）	亨尼 （Francis J. Heney）	●地政總處公有土地貪污事件。 ●起訴了包括數位高階共和黨國會議員共 146 人，最後地政總處處長赫爾曼（Binger Hermann）被判罪入獄服刑。
	波拿巴特 （Charles J. Bonaparte）	●郵局貪污收賄弊案之證據洩漏予媒體的事件。 ●包括前郵政總長泰納（John Tyner）和助理檢察總長在內共有 44 人涉案其中，最後泰納獲不起訴處分。
庫立芝 Calvin Coolidge （1923-1929）	波米瑞 （Atlee Pomerene） 羅伯茲 （Owen J. Roberts）	●內政部部門、司法部門官員涉及政府租讓茶壺堡海軍儲備油保留地賄賂案。 ●內政部部長艾伯特・佛爾（Albert Fall）辭職，並在 1931 年被判有罪入獄服刑；司法部部長多赫堤（Harry Daugherty）也因總統表示其辦事不力而辭職下台。
杜魯門 Harry S. Truman （1945-1953）	莫瑞斯 （Newbold Morris）	●國稅署暨司法部稅務處之稅務舞弊案。 ●66 名稅務官員被迫辭職，多位國稅署官員和助理因稅捐詐欺被判刑。 ●特別檢察官莫瑞斯和司法部部長麥格羅斯（Howard McGrath）皆被開除。

（作者整理製表）

　　由上可知，在 1978 年獨立檢察官制度法制化前，關於官員的行政不當指控案件，除了極少數爲總統親自處理下，大抵爲國會調查，或交由行政部門的司法部、非政府部門之獨立調查委員會，以及特別檢察官予以調查。而其中交由特別檢察官調查的案件，主要是涉案人爲總統親信或部長級高官，使總統承受重大壓力，而不得不任命特別檢察官偵辦以昭公信。但仍可以看出總統或司法部部長因特別檢察官辦案踰越他們所可以容許的範圍，而隨時可將之開除去職，凸顯美國早期司法部所指派之特別檢察官，其獨立性不足的隱憂和困境。

第二節　水門案與美國獨立檢察官制度法制化

　　美國獨立檢察官制度法制化的緣由，與尼克森政府在 1972 年所發生之「水門案」有直接而重要關鍵的關係。「水門案」之前所指派的特別檢察官，其身分和地位不但缺乏法律保障，而且有隨時被總統和司法部部長任意免職的隱憂。特別檢察官的欠缺獨立性問題，在「水門案」深入的調查過程中因爲引發尼克森總統的不滿，最後透過司法部部長而將特別檢察官阿契鮑德・考克斯（Archibald Cox）免職，特別檢察官的獨立性與機制的法制化問題因而全面曝露出來。獨立檢察官制度法制化不但與「水門案」有直接關鍵的影響，其法制化過程也在行政部門、國會、法院與媒體、利益團體的一番協商、角力互動中，才得以成事。本節茲就：一、「水門案」的調查；二、獨立檢察官制度的法制化等面向，深入探討當時的政治環境和時代背景，以俾瞭解「水門案」的過程始末與美國獨立檢察官法制化之歷程。

一、水門案的調查

　　1972 年正值民主黨的麥高文（George McGovern）和共和黨尼克森競選總統，麥高文的全國競選總部設在華盛頓特區的水門大廈。6 月 17 日

有五位各配帶有竊盜工具、竊聽裝備、照相機和鋼筆型瓦斯槍的竊賊，深夜潛入民主黨全國委員會的水門大廈總部內，試圖安裝竊聽器而被捕。其中一人竟為尼克森總統「競選連任委員會」（The Committee to Reelect the President, CRP）首席安全主任、同時也兼任「共和黨全國委員會」的安全顧問麥考德（James McCord），其他四名皆為古巴的亡命客，除一名為開鎖專家外，查出均和美國中央情報局有牽連。當時在竊賊身上搜出不少連號的百元新鈔，在其持有的文件中列有埃佛里特‧亨特（Everette H. Hunt）的名字，名字後面並註有 W. H.（白宮）的字樣，因而牽連出尼克森總統特別顧問亨特和尼克森總統「競選連任委員會」的財務顧問戈登‧利迪（Gordon Liddy）兩位與政府有關的人士。尼克森總統「競選連任委員會」總幹事、亦為司法部部長的約翰‧米契爾（John Mitchell）宣布麥考德在數月前早就遭解雇，白宮新聞祕書羅納德‧澤格勒（Ronald L. Ziegeler）也宣稱這僅是一樁「三流的竊盜案」（a third- rate burglary attempt）。8 月間尼克森總統則出面表明「白宮與此事毫無牽連」。[19]

　　在 1973 年 1 月水門竊盜案進入審訊期間，已引來人們的普遍猜測：懷疑這應該不是一件普通的竊盜案件，甚至認為白宮的官員參與了民主黨水門總部竊盜案的精心策劃。下列就司法部、國會以及特別檢察官對「水門案」所進行之相關調查過程和背景進行闡述，從中可瞭解美國在權力分立下的政府體制，在面對包括總統在內的高官行政不當的處理艱難過程與困境，也才能理解當時國會堅持《政府倫理法》立法，以創設獨立檢察官機制因應的迫切性與必要性。

（一）司法部的調查

　　最初該刑事案由司法部展開調查，由案件發生所在地之華盛頓哥倫比亞特區的檢察官哈羅德‧提圖斯（Harold Titus）承辦，他指定助理檢察官

---

[19] Stanley I. Kutler, *The Wars of Watergate: The Last Crisis of Richard Nixon* (New York: Knopf, 1990), pp. 217-220.

厄爾‧西爾伯特（Earl J. Silbert）來負責「水門案」的調查工作，隨後又與唐納德‧坎貝爾（Donald E. Campbell）檢察官和華盛頓特區緝查處（D. C. Fraud Investigation Division）處長西摩‧格蘭澤（Seymour Glanzer）組成三人檢察小組展開調查。這期間助理檢察官西爾伯特調查的內容、進度，皆會立即向負責刑事案件的助理檢察總長亨利‧彼得森（Henry Petersen）報告，彼得森助理檢察總長則會向司法部部長理查德‧克萊登斯特（Richard Kleindienst）報告。而自 1973 年 4 月起，助理檢察總長彼得森就直接向尼克森總統報告「水門案」調查的進度。[20]

　　助理檢察官西爾伯特對「水門案」的調查只聚焦在竊盜案之可接受證據（admissible evidences），即使彼得森助理檢察總長和西爾伯特助理檢察官曾報告確實有懷疑該竊盜案可能有來自白宮或尼克森總統「競選連任委員會」成員牽涉其中，但在沒有完整證據證明下，調查重點就只集中在竊賊身上，而不追訴其他可能的違法事項。當時助理檢察官西爾伯特在回答參議員約翰‧滕尼（John Tunney）質疑為何沒有朝可能與其他案件有關的方向來偵辦時，他說：「關於我的調查就只有一件事，那就是有關非法侵入民主黨全國委員會總部的案件，而這案件所牽涉的就只有竊賊和竊聽訊息的罪行」。[21]

　　同時，聯邦調查局亦接手調查水門非法入侵案，由聯邦調查局代理局長派垂克‧格雷（Patrick L. Gray）負責。早期聯邦調查局對該案的調查原始資料和報告，代理局長格雷都會直接呈報予尼克森總統的法律顧問約翰‧迪恩（John W. Dean）參閱。而格雷也曾將迪恩交予聯邦調查局有關從涉案的白宮特別顧問亨特保險櫃取得的證物，予以銷毀，只因迪恩告訴格雷代局長那些證物與水門非法侵入案無關。[22]

　　此外，司法部有一個 23 名成員的龐大聯邦陪審團，在聽取超過 50 名

---

[20] Charles A. Johnson and Danette Brickman, *Independent Counsel: The Law and the Investigation* (Washington D.C.: Congressional Quarterly Press, 2001), p. 25.

[21] 同上註，pp. 26-27。

[22] Stanley I. Kutler (1990), pp. 209-210, 268-271.

證人之證詞後，公布起訴了竊賊巴克（Bernard Barker）、岡薩雷斯（Virgillio Gonzalez）、馬堤內斯（Eugenio Martinez）、斯德基斯（Frank Sturgis）和麥考德（James W. McCord）、亨特（E. Howard Hunt）及利迪（G. Gordon Liddy）等人，稱為「水門七犯」（Watergate Seven）。陪審團即使在後期特別檢察官接手調查時，仍持續調查和「水門案」有關的工作，在二年又五個月期間，陪審團負責開庭審問、督促檢察官進一步地深入調查。

　　事實上，無論是司法部助理檢察官、聯邦調查局或大陪審團的這些調查工作，都面臨到來自白宮高層的策略性干擾，例如：對於聯邦調查局對白宮官員的約談與查問，尼克森總統的法律顧問迪恩堅持他都必須在場；又如當調查持續於 1972 年 7 月至 8 月間進行時，有來自白宮和司法部部長對助理檢察官西爾伯特的施壓，要求他必須於 9 月 1 日前繳出起訴書，意在避免接著的 11 月總統選舉前，出現任何因為政府耽誤起訴的指控，進而影響到總統選舉。還有白宮反對陪審團欲傳喚尼克森「競選連任委員會」的財務長、也是前貿易部部長（Secretary of Commerce）莫里斯·史坦斯（Maurice Stans），尼克森總統的內政事務顧問約翰·艾利希曼（John Ehrlichman）要求助理檢察總長彼得森停止去「騷擾」史坦斯。甚至有人送錢予這些涉及「水門案」的被告，要他們噤聲並直接認罪，以避免案件的持續審理波及到高層官員。[23]

　　儘管《華盛頓郵報》（*Washington Post*）記者鮑伯·伍德沃德（Bob Woodward）和卡爾·伯恩斯坦（Carl Bernstein）在「深喉嚨」（deep throat）的暗中協助下深入追蹤報導，[24]指出白宮內部有高層人士涉入教唆，並持續挖出一些新證據而爆出更多疑點。不過，「水門案」在 1972 年的總統選舉中卻絲毫未影響選情，尼克森仍獲得大勝而連任總統。

23　Charles A. Johnson and Danette Brickman (2001), pp. 27-28.

24　聯合報，〈「深喉嚨」乃當時提供訊息予《華盛頓郵報》兩位記者的祕密人士〉，《聯合報》，2005 年 5 月 31 日，版 1；聯合報，〈前聯邦調查局副局長馬克費爾特（William Mark Felt Sr.）坦承他就是當年的「深喉嚨」〉，《聯合報》，2005 年 6 月 2 日，版 1。

　　1973 年 1 月 10 日華盛頓特區的聯邦地方法院正式審理七名被告，由著名法官約翰・西里卡（John J. Sirica）負責審理。在此同時國會開議，也開始採取行動展開調查。就在 3 月法官審判之前，法官西里卡在法庭公開了一封被告之一麥考德寫給他的信，信中表明「水門案」確實有其他政府高層人士涉案其中，而且試圖隱匿實情，同時有來自政治的壓力要求被告們認罪，甚至要求他們在調查和審判過程中作偽證。1973 年 3 月底至 4 月間，尼克森總統「競選連任委員會」的主管麥格魯德・斯圖爾特（Magzuder Jeb Stuart）承認偽證罪名，並供出前司法部部長、尼克森「競選連任委員會」主席米契爾、總統之法律顧問迪恩皆參與其中。[25]

　　此時，尼克森總統只得對外宣布「水門案」的調查有重大發展，轉而要求白宮官員應自行放棄行政特權，前往國會作證，白宮官員若有被起訴者皆必須自行辭職，一時之間造成白宮幕僚間開始相互諉過，白宮秩序大亂。此時迪恩為求自保而供出白宮幕僚長霍爾德曼（H. R. Haldemen）、尼克森內政事務顧問艾里希曼和尼克森「競選連任委員會」主席米契爾等白宮高層官員皆涉案其中。事到如此，司法部部長克萊登斯特在向尼克森總統報告這一戲劇性的案情轉折後，也因自己在調查過程中涉入太深，而自行請求辭職終致下台。[26]

　　此時尼克森總統則在 4 月底正式宣布其親信哈德曼、艾里希曼、迪恩等辭職，另提名艾略特・理查森（Elliot Richardson）為司法部部長，並發表電視演說，向美國全國人民許下承諾，尼克森總統說：為了要維護白宮的完美無瑕，絕不允許這宗政治事件損及美國在內政和外交領域的表現。在此同時，在國會、媒體和民調等民情輿論的壓力下，迫使尼克森總統責成新的司法部部長理查森必須全權任命一位獨立公正的特別檢察官，徹底調查「水門案」，使其早日水落石出。

25　John J. Sirica, *To Set the Record Straight: The Break-in, The Tapes, the Conspirators, the Pardon* (New York: Norton, 1979), pp. 75-80.

26　同上註，pp. 297-280。

（二）國會的調查

1. 參議院

國會在 1973 年 1 月開議後開始對「水門案」的調查有積極的作爲。1 月間眾議院授權司法委員會展開調查，2 月參議院則以壓倒性的 77 票對零票通過多數黨領袖曼斯菲爾德（Mike Mansfield）參議員提議，成立專責調查「水門案」的「水門事件特別調查委員會」（Senate Selected Watergate Committee）。該「水門事件特別調查委員會」以參議員山姆・艾爾文（Sam Ervin）爲主席，共有四名民主黨和三名共和黨參議員組成，分別爲艾爾文（民主黨-北卡羅萊納州）、赫爾曼・塔爾梅奇（Herman Talmadge-民主黨-喬治亞州）、丹尼爾・伊諾（Daniel Inouye-民主黨-夏威夷州）、約瑟夫・蒙托亞（Joseph Montoya-民主黨-新墨西哥州）、霍華德・貝克（Howard Baker-共和黨-田納西州）、愛德華・格尼（Edward Gurney-共和黨-佛羅里達州）、洛威爾・魏克爾（Lowell Weicker-共和黨-康涅狄克州）等七名委員會成員。該委員會聘請了曾爲費城檢察官、也是喬治城大學（Georgetown University）的法學教授塞繆爾・達希（Samuel Dash）以及佛雷德・湯普森（Fred Thompson）助理檢察官參與調查。兩人調查重點朝向「水門案」是何人爲主要負責者、有哪些人參與行動以及相關資金的流向等三個方向進行。[27]

事實上，在參議院該委員會進行調查的過程中，遇到自己內部一些不同黨派成員的干擾，例如：成員之一的共和黨籍參議員貝克總會阻撓委員會朝深入核心議題調查，又如成員之一的共和黨籍參議員魏克爾會向媒體透露委員會調查的進度與斬獲，達希教授甚至懷疑貝克參議員經常透露該委員會調查過程和內容予白宮高層。國會的調查亦有來自外在的壓力，例如該委員會因爲怕影響到尼克森總統和前蘇聯總書記列昂尼・布列茲涅夫（Leonid Brezhnev）的世紀巨頭高峰會議，而被曼斯菲爾德和修・史考特

---

[27] Samuel Dash, *Chief Counsel: Inside the Ervin Committee-The Untold Story of Watergate* (New York: Random House, 1976), pp. 70-75.

（Hugh Scott）兩位參議員要求將調查進度拖延。[28]尼克森總統更是常藉由司法部的調查，以制約、阻礙參議院「水門事件特別調查委員會」的進一步深入調查。

1973 年 6 月 25 日尼克森總統辦公室顧問迪恩為求自保，而在國會的聽證會中證實：尼克森總統曾要求下屬透過中央情報局，干預阻止聯邦調查局的調查辦案。1973 年 7 月 16 日，尼克森總統的祕書亞歷山大·巴特菲德（Alexander P. Butterfield）在國會聽證會中透露：在白宮的橢圓形辦公室和總統辦公室所在的行政大樓有一套祕密錄音系統，對於總統的任何會議談話以及電話聯絡皆有錄音。當初該錄音方案主要出於尼克森總統在第一任期間，希望能為其執政留下歷史記錄而定。[29]

參議院的「水門事件特別調查委員會」和特別檢察官考克斯深知這些錄音帶的重要性，尤其對於總統貼身顧問迪恩蓄意掩蓋事實、乃至尼克森總統在「水門案」中的涉案程度，皆至關重大。自此總統、國會、特別檢察官乃至法院法官展開一場長達一年的白宮「錄音帶大戰」。直至 1974 年 7 月 24 日聯邦最高法院做出不利尼克森總統之判決，才迫使尼克森總統交出關鍵錄音帶。[30]

2. 眾議院

相對於參議院「水門事件特別調查委員會」調查重點，著力在 1972 年總統選舉的相關非法或違反倫理的行為，眾議院則聚焦在對尼克森總統非法不當行徑所引發彈劾事由的方向調查。眾議院司法委員會由 21 名民主黨人和 17 位共和黨人組成，且大抵都有律師身分背景。委員會對尼克森總統非法不當行為所展開的調查，包括其對國內監控、政治間諜活動、水門大樓入侵及掩飾，個人財務狀況、選舉捐款與行政行為之間的連結，

---

28 同上註，p. 156.

29 Marlyn Aycock, Mercer Cross, and Elder Witt, *Watergate: Chronology of A Crisis* (Washington, D.C.: Congressional Quarterly, 1975), pp. 191-194.

30 同上註。

乃至其他諸如美國秘密轟炸柬埔寨的軍事行動，以及對已構成可予彈劾犯行所作的妨礙司法與行政延滯之行為等，皆為該委員會的調查範圍。

眾議院司法委員會起初是以協商（negotiations）和請求（requests）的方式向白宮索取錄音帶。1974 年 2 月間，該委員會之多數首席顧問共和黨眾議員約翰‧多爾（John M. Doar），向尼克森總統的律師克萊爾（James St. Claire）說明其委員會索取錄音帶證據之必要性，他並允諾會對白宮相關文件的安全處理，但其要求遭到白宮拒絕。[31]

面對尼克森總統的頑強抵抗，持續幾次眾議院司法委員會與尼克森總統律師克萊爾的會議，始終皆以協商失敗告終。1974 年 4 月 4 日該委員會在經由正反雙方相差不遠的投票後，決議要求總統在 4 月 9 日前對該委員會要求作出回應。但總統仍不回應，於是該委員會再以 33 票比 3 票的懸殊比例投票數，通過決議對白宮發出扣押傳票。到了 5 月至 6 月間，眾議院兩黨對此事件的共識逐漸拉近，黨派偏見明顯降低，大約有半數的共和黨議員支持該委員會決議。6 月 24 日眾議院的司法委員會共發出四張扣押傳票，要求白宮交出含有特定對話的錄音帶。[32]

事實上，眾議院司法委員會在 5 月間即意識到尼克森總統有可能顧及面子而拒絕接受傳喚，並拒絕交出證物，所以該委員會先行以 28 票比 10 票通過給予尼克森總統一封信，信中陳述尼克森總統無權決定那些資料是眾議院司法委員會需要的。即尼克森總統不能選擇性地提供資料；委員會成員會自由裁量其拒絕交出證物，是否會對資料衍生實質負向推論，以及告誡其若拒絕交出證物，可能構成遭彈劾之理由等等。不過，眾議院司法委員會排斥參與特別檢察官辦公室對總統拒絕配合調查所發扣押傳票的行動，國會希望其調查能與特別檢察官的調查平行而為。[33]

一直到 1974 年 7 月 24 日，聯邦最高法院對「美國訴尼克森案」（United States vs. Nixon）做出不利尼克森總統所提以「行政特權」的機

---

[31] Marlyn Aycock, Mercer Cross, and Elder Witt (1975), pp. 191-194.

[32] 同上註，pp. 634-675。

[33] Marlyn Aycock, Mercer Cross, and Elder Witt (1975), p. 647.

密維護而抗拒刑事案調查之裁決後，[34]眾議院司法委員會才得以在 7 月 30 日以妨礙司法、濫用職權、違抗委員會傳票等理由，通過對尼克森總統提出彈劾案。委員會的結論是：尼克森總統的所作所為，已經違反其身為總統的託付，並破壞了憲政體制，嚴重妨害法律及司法的公信力，而明顯折損了美國人民對政府的信任，應對尼克森總統的不當行為予以彈劾、審判並免職之。最後尼克森總統在經過深思評估，知其在參議院的彈劾案審查所能獲得支持票不會超過 15 票，而於 1974 年 8 月 9 日黯然辭職下台。[35]

（三）特別檢察官的調查

1. 考克斯檢察官的調查

在民主黨總部被非法侵入的幾天後，在野的民主黨全國委員會主席勞倫斯・歐布萊恩（Lawrence O'Brien）即提出應委任特別檢察官來處理調查此事，1972 年民主黨總統候選人麥高文也提出同樣的要求。在 1972 年 9 月 14 日《紐約時報》（*The New York Times*）的社論，主張尼克森總統應任命一位公正人士來調查此案，或委由一個由兩黨組成的委員會，以代替當時的司法部調查「水門案」。[36]

至 1973 年 4 月，尼克森總統始終主張沒有必要任命特別檢察官調查「水門案」，一直到 1973 年 4 月 30 日，尼克森總統任命了新的司法部部長暨檢察總長理查森，尼克森總統始同意國會請求而派任特別檢察官。為此司法部準備了一份百人名單，篩選後共有 13 名候選人，5 月中旬終於敲定由哈佛大學的法學教授、也曾是副檢察長的考克斯擔任。

對於由司法部部長所任命的特別檢察官，參議院的司法委員會特別關注：究竟這位特別檢察官能擁有多少權力？具有多大的獨立性？以及如何維持其獨立辦案的空間？尤其國會強烈質疑身為司法部部長暨檢察總長的

34 United Stated vs. Nixon 418 U.S. 683 (1974).

35 Marlyn Aycock, Mercer Cross, and Elder Witt (1975), pp. 772-779.

36 Douglas E. Kneeland, "The 1972 Campaign," *The New York Times Archives*, 14 September 1972, p. 42; Stanley I. Kutler (1990), pp. 209-210, 268-271.

理查森仍將保有調查案件最終的決定權，因此在理查森、考克斯和參議員的協商建議下，結論出特別檢察官職權的大致形成輪廓。即在特別檢察官行使權力時，將擁有司法部的權力，有權調查任何與 1972 年總統選舉有關的文件與證據事項；並且對案件中擁有「行政特權」或「拒絕作證特權」（refusal testimonial privilege）的人提出異議，其權力不限於自然人或法人；在調查過程中，司法部部長也無權干涉特別檢察官在辦案中的行動或決定；特別檢察官可向聯邦法院聲請賦予任何證人的豁免權、有權決定起訴任何人或任何團體，以及有權執行起訴、指控與案件相關的其他事宜。還有，特別檢察官可成立組織一個可資完成任務的辦公室，以及特別檢察官可決定何時諮詢司法部部長，決定何時可作調查進度的週期性對外報告。另外，特別檢察官可以決定調查工作何時結束。最重要的是，只有在特別檢察官極度不適任（extraordinary improprieties）時才可以令其去職。這個名為「水門案特別起訴團隊」（Watergate Special Prosecution Force, WSPF）之有關特別檢察官的權限，在 5 月 31 日參議院司法委員會中確立，並視為等同聯邦法規。[37]

　　該為「水門案」而創立的特別檢察官辦公室設在司法部之外，擁有獨立的 280 萬美元的預算，雇有多達 20 位律師群，至 9 月時甚至擴充至 38 位律師和 40 位工作人員，與當時美國共有 94 個聯邦政府的聯邦檢察官辦公室規模相較，考克斯的特別檢察官辦公室規模，係大於其中 88 個美國聯邦政府的檢察官辦公室。其成員大抵為年輕並具有聯邦檢察官相關之起訴經驗的法學院畢業高材生背景、且為民主黨籍或民主黨傾向的法律人。在豐沛的人力物力資源下，考克斯特別檢察官辦公室被媒體稱為「考克斯部隊」（Cox's Army）。[38]

　　1973 年 6 月，考克斯向尼克森總統的律師群里奧納德・葛門

---

[37] Federal Registion: Richardson Establishes a special prosecutor for Watergate, 38 Fed. Reg. 14688 (1973).

[38] James Doyle, *Not Above the Law: The Battles of Watergate Prosecutors Cox and Jaworski: A Behind-the- Scenes Account* (New York: Morrow, 1977), pp. 59-66

（Leonard Garment）、查爾斯・懷特（Charles A. Wright）和弗雷德・布札爾特（Fred Buzhardt）要求有關白宮橢圓辦公室的錄音帶，這也是參議院「水門特別調查委員會」要求索取的物件。爲此，尼克森總統的律師懷特寫給考克斯特別檢察官一封信，信中以憲法之權力分立爲由，指出：「你（考克斯）僅是一位普通的檢察官，是行政部門以及法庭一份子而已，應受制於包括總統在內的上司指示，只有在總統認爲合適提供時，你才可以要求接觸總統文件」。[39]

在多次要求被尼克森總統拒絕後，8 月參議院和特別檢察官考克斯皆不約而同地向哥倫比亞特區聯邦地方法院聲請扣押傳票，要求尼克森總統交出談話錄音帶，此乃美國 166 年來歷屆總統所從未面臨的挑戰。此舉引發尼克森總統的律師群抗議，他們主張總統身分可享有豁免權，提出基於總統的「行政特權」以及國家安全，不應扣押白宮錄音帶。考克斯則認爲，大陪審團需要證據，且法院有權決定對「行政特權」的認定程度。[40]

在此同時，西里卡法官做出一個對特別檢察官考克斯有利的決定，即判決尼克森總統應該將錄音帶交給地方法院審查，再決定是否准許特別檢察官取得該錄音帶。尼克森總統則拒絕西里卡法官的裁決，並上訴華盛頓特區的上訴法院。10 月 12 日上訴法院以五比二的多數票裁定駁回尼克森總統的上訴，裁定尼克森總統須依照西里卡法官之令交出錄音帶。[41]10 月 19 日尼克森總統表示僅願意提供錄音帶的「節略」（abbreviated parts），並請參議員斯坦尼斯（J. Stennis）居間核對節略的正確性，但考克斯檢察官公開拒絕該妥協方案。

至此，尼克森總統召見司法部部長理查森、白宮幕僚長亞歷山大・海格（Alexander Haig）等人，尼克森總統堅持限制特別檢察官考克斯繼續調查的範圍，否則將要開除他。儘管司法部部長理查森力勸此舉將違反國會對公眾的承諾，也會引發總統嚴重的政治危機，但尼克森總統給予理查

39　同上註，pp. 92-102。

40　同上註。

41　Nixon v. Sirica, 487 F. 2d 700 (D.C. Cir. 1973).

森部長一封公函，令其對考克斯的特別檢察官辦公室要求不得再有任何進一步的司法程序和行動，去獲取有關總統的錄音帶、紀要和相關的談話資料。面對尼克森總統的頑強抵抗，考克斯檢察官則表示將會訴諸媒體，因為這些命令已違反當初任命時的協議。就在考克斯檢察官召開新聞記者會20分鐘後，白宮幕僚長海格電告司法部部長理查森應開除考克斯，因為他已違背了總統的命令。理查森部長則認為開除考克斯，有違當初他在國會聽證會中對特別檢察官的認定與承諾，而拒絕解雇考克斯，並決定自行辭職下台。接著司法部副部長魯克休斯（W. P. Ruckelshaus）也以同樣理由拒絕開除考克斯檢察官，因而也被尼克森總統予以免職。直至代理檢察總長羅伯特・博克（Robert Bork）終於在 10 月 20 日遵從尼克森總統指令，開除了考克斯檢察官。一個晚上白宮連續開除三位要員，這即為史上著名的「週六夜大屠殺」（The Saturday Night Massacre）。[42]

2. 賈沃斯基檢察官的調查

此「週六夜大屠殺」事件，隨後成為國會積極發展設置獨立檢察官的最直接而具決定性之影響因素。尼克森總統在這個事件上，顯然是錯估了公眾的反應和當時的情勢，因為在考克斯檢察官被解職的當晚，來自美國全國各地湧入華盛頓特區的抗議電報數量高達 15 萬份，是當時美國有史以來記錄最多的。另有一萬份是寄去白宮抗議，其餘則是傳送到國會山莊和檢察機關抗議。在十天內華盛頓特區更遽增至 45 萬個電報，《紐約時報》則首次發表社論，力主尼克森總統應辭去總統職務，《時代週刊》50年來也第一次發表社論要求尼克森總統下台。而根據美國蓋洛普（Gallup Poll）民意調查結果顯示，當時尼克森總統的支持度下滑至 26%的空前低點，迫使國會快速而果斷地採取行動，而決定必須要建立一個更獨立的特別檢察官制度。[43]

由於輿論譁然，民意普遍對尼克森總統濫權不滿與不信任，於是參議

---

[42]　Marlyn Aycock, Mercer Cross, and Elder Witt (1975), pp. 353-375.

[43]　Katy J. Harriger (2000), p. 43.

院司法委員會 10 月 29 日舉辦聽證會，大多數議員皆主張獨立於司法部和總統的調查仍應該要持續下去，國會兩院也同時會商，由眾議院司法委員會著手準備彈劾總統的程序。司法部的代理檢察總長博克則在尼克森總統的指示下，任命了與民主黨有密切關係的律師利昂・賈沃斯基（Leon Jaworski）接替考克斯，擔任「水門案」的第二位特別檢察官。博克同時保證新任的特別檢察官保有完整而獨立的偵查權限，授權其在調查上可以挑戰總統的「行政特權」，並明確勾勒出免職程序，即在沒有國會的同意下，總統不得將賈沃斯基檢察官免職，以保障特別檢察官職位。[44]

　　賈沃斯基檢察官在 11 月 5 日上任後延續考克斯未完的偵查工作，即應否扣押白宮辦公室關鍵錄音帶的訟爭上。為平息眾怒，同時也害怕國會彈劾成為事實，尼克森總統宣布接受法院的命令，會釋出部分錄音帶，但釋出的錄音帶卻有十分鐘的空白，總統的私人秘書則向西里卡法官供稱錄音帶的「重要部分」，是她不小心洗掉的。[45]事實上，尼克森總統面對賈沃斯基檢察官會同法院所發出的扣押令，要求尼克森總統交出 64 卷錄音帶，尼克森總統在 1974 年 4 月 29 日以電視演說回應他將提供錄音帶譯文，但其譯文卻已被重新編輯過，因而引發特別檢察官的懷疑。賈沃斯基認為譯文並不能當作法庭證據，而再次要求扣押錄音帶物件。[46]

　　尼克森總統的律師群則主張總統有「行政特權」，且錄音帶並不能構成法庭所需的證據，這使得賈沃斯基檢察官在無從選擇的情況下，將大陪審團認定尼克森總統為共謀者（co-conspirator）之決議公諸於眾，而使得錄音帶成為必須在法庭上作為呈供的證據。[47]尼克森的律師群則再次重申：特別檢察官作為行政部門的一份子，既為行政官，則缺乏立場去控訴其頂頭上司的總統。賈沃斯基檢察官回以這樣的主張完全違反當初和總統

44　Leon Jaworski, *The Right and the Power: The Prosecution of Watergate* (New York: Reader's Digest Press, 1976), pp. 5-7.
45　Donald C. Smaltz, "The Independent Counsel: A View from Inside," *Georgetown Law Journal*, Vol. 86, No. 6, July 1998, p. 2307.
46　Leon Jaworski (1976), pp. 124-127.
47　同上註，pp. 134-136。

的協議以及特別檢察官辦公室設置的初衷意旨。參議院司法委員會還爲此投票通過對賈沃斯基檢察官的論述，以示支持特別檢察官的行動。1974年5月，當西里卡法官做出不利尼克森總統裁決起訴時，總統律師克萊爾向上訴法院提出上訴，而賈沃斯基檢察官則是向美國聯邦最高法院提交迅速審查此案件之動議來予以反制。就在此時，眾議院也開始展開對尼克森總統的彈劾聽證。[48]

聯邦最高法院審查此「美國訴尼克森案」之重點聚焦在：（1）特別檢察官是否有權介入行政部門內部爭議？特別檢察官可否偵辦行政部門內部組織間之爭議？以及法院是否有權去裁決處置？（2）總統對外談話是否可藉口以其享有「行政特權」而隱匿爲機密？（3）若所涉問題可以審處，且「行政特權」要求並非絕對，同時特別檢察官對扣押錄音帶之需求又足以證顯，那麼總統保密的要求是否該有所退讓等之議題。[49]

1974年7月24日，聯邦最高法院針對上列問題作出對特別檢察官有利之一致性裁決，認爲行政部門已訂定特別檢察官辦公室法規，亦賦予該辦公室清楚明確的權力去抗衡「行政特權」，因此只要該法規效力依舊存在，行政部門即應受其拘束。再者，總統的「行政特權」也非絕對，聯邦最高法院在裁決中表示：在刑事審判中，當「行政特權」就傳訊資料所主張理由，僅基於一般泛泛保密利益時，則不可逾越刑事司法之正當法律程序的根本要求，此一般泛泛的特權主張必須就未決之刑事審判案件所需證據論證、具體需求等作出讓步。[50]聯邦最高法院認定：特別檢察官已經充分證明了錄音帶作爲證據的必要性，總統不得以「行政特權」爲由而隱匿、妨害有關犯罪之證據，因此聯邦最高法院確認了西里卡法官可依循影視（in camera）審查錄音帶證據資料之決議，同時西里卡法官也據此而扣押相關錄音帶。[51]

---

[48]　同上註，pp. 161-163。

[49]　*United States vs. Nixon*, 418 U.S. 683 (1974).

[50]　同上註。

[51]　Charles A. Johnson, and Danette Brickman (2001), pp. 64-65.

尼克森總統在聯邦最高法院判決後，1974 年 8 月 5 日被迫公開 64 卷錄音帶，而在非法入侵水門大樓事件第六天（1972 年 6 月 23 日）的其中一個扣押錄音帶中，透露出尼克森總統在白宮總統辦公室和當時白宮幕僚長哈德曼談論聯邦調查局查案，可能涉及其親信人員時，他即依照哈德曼建議，指示中央情報局轉知聯邦調查局不要再進一步調查。這充分顯示他確有掩蓋「水門案」以阻礙司法調查之進行的犯行，一反過去他堅持未涉「水門案」、未干預辦案之辯解，也正符合了國會彈劾案所指控的事項，使得一向支持他的共和黨議員幾乎全部倒戈相向。連他的首席辯護律師克萊爾也認為有被欺瞞的感覺而揚言辭職。而此訊息一經公開，更摧毀了國會和民眾對尼克森總統僅存的一些支持。[52]面對國會即將開始的彈劾程序，尼克森總統自知將無法通過國會的彈劾，而於 1974 年 8 月 9 日自行黯然辭去總統職務下台。

二、獨立檢察官制度的法制化

詳細瞭解了「水門案」中尼克森總統如何運用其龐大權勢及資源，去和包括國會、法院、媒體和特別檢察官鬥法，最終因為「水門案」中的「週六夜大屠殺」，成為促使國會將獨立檢察官列入立法議程的重要關鍵。面對當時「水門案」如此嚴重的憲政危機，美國當時的政治環境可以有多種選項，第一種選擇是對該事件不做任何回應，因為「水門案」的危機並未暴露出需要進行法律修訂，來彌補體制系統上缺失之必要，而且在制約行政權方面，也有其他合乎憲法規範的解決之道，諸如加強國會監督職能以及強大媒體力量與民眾的監督等，皆是制約政府高官權貴行政不當的有效手段。第二種選擇是在行政部門內部進行改革，在不需經由立法部門創立新制或改變舊有規範下，即可授予司法部的刑事單位以更為獨立性的偵查手段，或由總統任命特別檢察官並經參議院確認而使案例成立，以

52　同上註，p. 65。

達到約制行政不當行為的目的。第三種選擇則是以新的立法創建一個獨立於既有機制的新組織。[53]

　　最後美國選擇了第三種的以新的立法來創建具獨立性的獨立檢察官制度，這樣的決策在美國政策制定與立法的過程中，有其現實的政治環境和歷史因素，以下從（一）美國政治體制的缺漏；（二）重塑美國人民對政府的信心；（三）國會的振興；（四）利益團體的影響等四個面向討論，以瞭解當時美國獨立檢察官制度法制化的立法環境與社會背景。

（一）美國政治體制的缺漏

　　在美國三權分立之憲政體制中，總統擁有行政權力而任命司法部部長暨檢察總長，這些重要的司法官員通常與總統有著密切的利益關係，有些為總統所信任的親友或政治顧問，他們大抵和總統為同一政黨，分擔著總統重要的權力。例如甘乃迪總統的司法部部長是他的弟弟、也是競選經理的羅伯特・甘乃迪（Robert Kennedy）；尼克森總統的司法部部長為其競選經理和法律合夥人米契爾；雷根總統的司法部部長則是他的私人律師法倫契史密斯（William French-Smith）。可見總統所任命的司法部部長大抵為效忠總統的親近人士，他們不僅為總統的內閣成員，參與總統政策的制定，同時身為司法部的行政首腦，司法部部長一方面某種程度握有最終決定調查起訴的權力，另一方面，他們也是總統可以隨時開除免職的行政官員，如此與總統關係密切以及具有職務利害關係的司法部部長暨檢察總長，在偵辦涉及總統與高階官員的行政不當或違法行為時，確實難保其辦案的公正性。[54]

　　由於美國的司法體系設有聯邦檢察官和地方檢察官，前者係由總統任命，並經參議院三分之二多數同意任命之，其任期為四年，隸屬於司法部。這些檢察官自會以司法部部長暨檢察總長馬首是瞻，上命下從，遵從

53　Katy J. Harriger (2000), pp. 41-42.
54　Alan M. Dershowitz, *Sexual McCarthyism: Clinton, Starr, and the Emerging Constitutional Crisis* (New York: Basic Books, 1998), p. 9.

其指令權。至於地方檢察官則大抵出自選舉，自當以選民關切的好惡爲其核心考量，也就比較不易受到司法部與行政體系的介入與控制。聯邦檢察官這種服從上級之上命下從的行政化檢察體系，在遇到調查與起訴比自己職務高的官員之刑事案件，甚至是自己的頂頭上司涉行政不當或違法時，就很容易陷入兩難之境，而無法獨立自主辦案。加以聯邦檢察官職務，一向被視爲未來可更上層樓的過渡墊腳石，就注定了他們在偵辦起訴之時很難不受政治的影響。

　　上述這種司法部部長暨檢察總長、聯邦檢察官與當權者之間的千絲萬縷關係，確實使他們在調查乃至起訴高官之際，難以超脫政治之外。再者，在 1978 年之前即便是有迴避利益衝突而任命的特別檢察官，從前文所述歷任美國特別檢察官在實踐過程中所出現的諸多問題，包括他們的身分地位比較脆弱，易爲司法部部長隨意任命和免職。特別檢察官這種身分地位的脆弱性，在「水門案」調查過程中更是完全顯露無疑，使國會認爲確有責任透過立法讓特別檢察官法制化，以正官箴而真正落實司法正義。

（二）重塑美國民眾對政府的信心

　　美國在 1970 年代的民意調查顯示，在「水門案」期間和之後，美國人民對政府的信心指數持續下滑，其中以「美國政治研究中心」（The Center for Political Studies）以及「哈里斯民意調查中心」（The Harris Survey）的調查爲主要數據，以瞭解美國民眾對政府信心的趨勢。[55]「美國政治研究中心」顯示，自 1958 年至 1980 年，認爲政府不能經常做出值得信任的正確選擇之受訪者，從 1958 年的 35%上升至 1980 年的 71%，其中最大增幅發生在 1972 年至 1974 年之間，增幅爲 14%，而這正是「水門案」發生的時期。「哈里斯民意調查中心」追蹤民眾對政府信心的長期趨勢，發現在 1966 年至 1976 年的十年間，美國民眾對行政部門和國會有

55　Gladys E. Lang and Kurt Lang, *The Battle for Public Opinion: The President, the Press, and the Polls, During Watergate* (New York: Columbia University Press, 1983), pp. 241-46.

很大信心者大幅明顯下降。其中對總統的信心從 1966 年的 42%下降至 1976 年的 11%，對國會的信心，更從 42%下降至 9%。[56]

　　「哈里斯民意調查中心」在 1973 年的民意調查顯示，54%的民眾認為他們更相信十年前的政府官員，50%的民眾則認為美國的政治比十年前更為腐敗。[57]1974 年 1 月「哈里斯民意調查中心」顯示，民眾對尼克森總統和國會處理「水門案」的方式皆不滿意，其中對尼克森總統不支持率（disapproval rate）為 82%，國會則為 72%。甚至在「哪個部門較能激發人民對政府的信心」問題調查上，國會所得的支持率為 10%，竟然更低於尼克森總統的 17%。而平均每四名成年美國人中，就大約有三人對國會和總統持以負面而否定的評價。[58]

　　1976 年「哈里斯民意調查中心」對民眾有關政府改革態度的測驗中，發現有 88%的民眾認為「清理腐敗」是國會非常重要的目標，有 78%受訪者認為「不再有水門案的發生，是一件非常重要的事」。此外，76%受訪民眾支持政府應該更加公開化、透明化，57%認為國會應該採取積極的行動，以遏止白宮的濫權。[59]

　　換言之，在國會考慮針對「水門案」展開改革立法期間，這些民意調查釋出一些重要訊息，即民眾因「水門案」而對政府信心度遭受嚴重打擊，而且民眾期待能建立一個更公開透明的政府。以上這些民調訊息皆透露美國人民深刻期待政府的大力改革，其中即包含了政府應建立一個獨立於行政部門的特別檢察機關，以調查來自行政內部的犯罪指控或檢舉，而國會則已深刻感受到民眾的殷切期盼。

56　Katy J. Harriger (2000), p. 45.

57　Jack M. McLeod, Jane D. Brown, and Lee B. Becker, "Watergate and the 1974 Congressional Elections," *The Public Opinion Quarterly*, Vol. 41, No. 2, 1977, p. 184.

58　Katy J. Harriger (2000), p. 45.

59　同上註，p. 46。

（三）國會的振興

　　如前所述，在「水門案」發生時所做的相關民調，顯示美國人民不但對行政部門信心有大幅明顯下降，而且對國會的信心和支持度也同樣低落，甚且比對總統的支持度還低。對獨立檢察官制度法制化的支持，反映國會強化了對行政權力專擅壟斷的抗拒和抵制，學者詹姆斯‧桑基斯特（James Sundguist）在其《衰微與復興的國會》一書中，即把當時的七〇年代稱爲美國國會的振興時期，爲美國國會欲以積極主動的立法作爲，提振人民對政府的信心。[60]1974 年 6 月眾議員約翰‧安德森（John Anderson）曾在眾議院發表聲明，他說：當「水門案」暴露總統行政專擅的濫權時，國會卻自以爲暫時可填補因「水門案」所造成的行政與立法部門之間的權力落差，殊不知民眾對國會的信心在民意調查的反映上，甚且比行政部門還要低落。安德森議員呼籲，面對民眾對國會的信心危機，國會議員應深刻檢討而有所作爲。[61]

　　七〇年代美國國會的振興，主要表現在藉由國會立法和監督的過程，來達到其深遠的意圖。例如在 1973 年國會以反否決而通過對總統指揮作戰權加以制約的「戰爭權力法案」（The War Power Resolution of 1973），即是一個國會對總統權限加以立法監督的重要表現。在國內政策方面，國會在新的立法中納入許多監督條款，而且對於立法否決權的運用則有急遽上升之趨勢。在 1972 年至 1979 年，國會共通過有多達 62 個立法否決條款（Legislative veto provisions），[62]即在顯現國會的積極作爲。而「水門案」暴露了憲法在權力制約上的漏洞，而使總統和行政部門成了不受人民信任的機構。面對如此嚴峻的信任危機，提醒了美國的國會立法者應該採取積極行動，有必要設立在特殊情況下對總統的權力乃至高級行政官員的行爲加以監督的司法機制和程序。

60　James Sundquist, *The Decline and Resurgence of Congress* (Washington, D. C.: Brookings Institute, 1981).

61　Katy J. Harriger (2000), p. 47.

62　同上註, p. 48.

由上可知，國會權力高漲的振興現象，其實即是藉由「水門案」的揭露，而使國會期待透過一系列後水門改革行動，以抑制行政權、提升國會自身地位，並從中重振國會的公共形象。另一方面，國會議員為尋求選舉連任，也必須回應選民所關切的議題，誠如學者大衛‧梅修（David Mayhew）所述：國會議員對政策的制定採取公開聲明立場，儘管這些立場的採取未必會導致政策的結果，但為求選舉回報（election return）所採取政策或立法的立場並予以公開聲明，以贏得選民的支持而獲得選舉連任，即是國會議員所要表現最重要的「政治商品」。換言之，在國會山莊中的政治，再沒有比為了在選舉中得到回報而獲勝選連任更重要的信念和動機了。在國會議員「勝選連任」就是王道的信念下，在接著的 1974 年、1976 年的參眾議員選舉，國會議員們對「水門案」後的改革支持與立場表達，即成為為了獲得選舉回報的重要政治選擇與表態。[63]

在國會的振興氛圍中，如何建置偵辦高官不法的司法機制，為當時國會不分黨派而有所共識的立法任務。國會試圖立法改進特別檢察官調查的困境，其間共經歷了兩個階段的爭論議題：先是國會關切設置特別檢察官是否會違背憲法的分權原則，後則聚焦討論美國究竟需要建立什麼樣的特別檢察官制度，是設立永久性或臨時性特別檢察官？自 1973 年國會即密集召開聽證會，其中 1973 年 10 月參議院司法委員會資深議員伯奇‧貝耶（Birch Bayh, Jr.）提出第 2611 號提案，建議創立一個由哥倫比亞地區法院任命之臨時而非永久性的特別檢察官。[64]另外，1974 年 12 月參議員艾爾文則曾提出第 2803 號法案，主張讓司法部永久獨立於總統的權限之外，而不被行政部門控制，以保有充分的獨立性去公平執行法律。惟該提案在聽證會上遭到不少人質疑與反對，其中包括前司法部部長克萊丁斯特認為將司法部永久獨立於總統權限之外，恐將嚴重違反權力分立之美國政

---

63 David R. Mayhew, *Congress: The Electoral Connection* (New Haven, CT: Yale University Press, 1974), pp. 155-167.

64 Ken Cormley, "An Original Model of the Independent Counsel Statute," *Michigan Law Review*, Vol. 97, No. 3, 1998, p. 609.

府體制的核心價值和原則，對政府的運作勢必造成反效果。[65]紐約州律師委員會也認為：一個獨立的司法部，將會使其脫逸出聯邦政府必要性的民主控制。連曾擔任過「水門案」特別檢察官的考克斯也在聽證會中表示：第 2803 號提案內容是違憲的，因為其試圖剝奪總統在憲法第二條之對於高階行政官員的任免職權。[66]

1975 年參議員亞伯拉罕・瑞比科夫（Abraham Ribicoff）則提出第 495 號的《水門重組和改革法案》（*The Watergate Reorganization and Reform Act of 1975*-§495），並交付予自己擔當主席的「政府行動委員會」（Government Action Committee）審查。該法案主張建立一個由三位退休的上訴法院法官所組成小組，來任命專職常設性的公共檢察官（public prosecutor），並得經由參議院的同意任命之，其任期為五年。該公共檢察官的管轄範圍包括：（1）為行政部門之法規所指控的腐敗事項；（2）為檢察總長所提供之事實或潛在的利益衝突案件；（3）為聯邦選舉委員會所提供之刑事案件；（4）為涉及競選和選舉職位之違反聯邦法律的指控。該法案還要求建立一個國會法律服務機構，專責處理國會與行政部門之間的法律糾紛，同時還包含對於總統、副總統財務的陽光法案、政府公務員參與政治活動的限制，以及對競選獻金的限制等等，該法案可謂已形成建置獨立檢察官機制的雛型。[67]

參議員瑞比科夫、雅克布・賈維茨（Jacob Javits）、約翰・格蘭（John Glenn）、沃特・蒙代爾（Walter Mondale）、查爾斯・珀西（Charles Percy）、霍華德・貝克（Howard Baker）、佛雷德魯尼（Fred B. Rooney）皆大聲疾呼國會應通過該法案，以維護國家政府的正常運作功能，同時也幫助重建公眾對於廉政的信心。不過，不少國會議員對於永久而常設性的

65　U.S. Congress, Senate, Committee on the Judiciary, Removing Politics from the Administration of Justice before the Subcommittee on Separation of Powers, Committee on the Judiciary. 93d Cong., 2d sess. (Washington, D. C.: U.S. Government Printing Office, 1974), p. 71.

66　同上註，p. 208。

67　Charles A. Johnson and Danette Brickman (2001), pp. 86-87.

特別檢察官（permanent special prosecutor）則持保留態度。珀西、貝克參議員在聽證會中呼籲：還是應將偵辦政府犯罪的單位留在司法部內，而不是設立在公共檢察官的辦公室，他們希望能在沒有憲法爭議的情況下，去關注更多公共腐敗的案件。[68]一位參與過調查「水門案」的共和黨人菲利普・拉科瓦拉（Philip A. Lacovara）就提出警告認為：儘管特別檢察制度有助於增強民眾對政府的信心，但並不意味著這樣的功能應被永久性的制度化，因為這樣將會削弱自 1789 年以來所賦予司法部部長的職責。[69]

在 1976 年 3 月《水門重組和改革法案》的聽證會結束後，國會議員普遍的共識是一個常設性的公共檢察官是不需要的。後來參議院根據「美國律師協會」（ABA）的建議，修訂了 495 號法案，改為設置臨時性的特別檢察官，同時將偵辦政府犯罪的機關設在司法部內。孰料當時檢察總長愛德華・列維（Edward Levi）強烈反對由法院的角色來任命特別檢察官，他認為由三位退休之上訴法院法官所組成的小組來任命特別檢察官，將是嚴重的違憲。而對於始終賦有歷史責任感的司法部門，則認為由法院來任命獨立檢察官，應是較為中立、客觀的作法，因此當時的司法部門也隨即積極展開綿密的國會遊說。[70]

最後，福特（Gerald R. Ford, 1974-1977）政府提出一個替代方案：即由總統任命經參議院同意之有三年任期的常設性之特別檢察官。這一修改使總統具有很大程度地控制了特別檢察官的任命，同時還把特別檢察官一職變成行政部門常設官職，並隸屬在司法部，這意味著司法部部長保留了監督和免職特別檢察官的權力。[71]福特總統之對特別檢察官立法的修改，再一次試圖置特別檢察官於沒有身分和地位保障之窘境，因而遭到國會的嚴厲反對和批評，尤其是將特別檢察官置於行政權之下，則難以確保其調

68　同上註，p. 94。

69　Ken Cormley (1998), p. 619; 劉單平，《論美國的獨立檢察官制度》（濟南：山東大學世界史研究所碩士論文，2008），頁 18。

70　Mary Link, "Senate Prepares to Debate Watergate Reform Measure," *Congressional Quarterly Weekly Report*, 17 July 1976, pp. 1903-1904。

71　Ken Cormley (1998), p. 621。

查之公正性，也有違當初國會立法之初衷。

　　當國會對於究由法院任命或由總統任命特別檢察官，以及常設性或臨時性質的特別檢察官等議題有所分歧時，在 1976 年的總統大選中，民主黨的卡特（Jimmy Carter，1977-1981）勝選而重獲對白宮的控制權，同時民主黨也掌控國會的多數席次。1977 年 2 月，瑞比科夫、珀西等 24 位參議員提出了《公職人員誠信法》（*The Public Officials Integrity Act*, §555），即根據「美國律師協會」建議設立非常設性的特別檢察官（temporary special prosecutor）之機制，參議院在 6 月 27 日以 74 票對 5 票審議通過。而眾議院則重新提出相關的後水門案的改革法案（H. R. 9705），並於 1978 年 9 月 27 日通過。不過由於該法案並未涵蓋非常設性的特別檢察官，也沒有專為偵辦政府官員犯罪所設置的辦公室機制。為此，參議院和眾議院的代表者在 10 月 5 日會晤，以俾解決兩院相互間的歧見，參眾兩院協調後的法案最後版本，為採參議院對特別檢察官的非常設性規範，參議院在 10 月 7 日通過後，10 月 12 日眾議院隨即以 370 票對 23 票通過了名為《政府倫理法》的法案。

　　自「水門案」的特別檢察官考克斯被解職以來的五年間，國會振興並積極展開將特別檢察官法制化的制定與審議。幾乎所有國會議員都感受到為了重塑美國民眾對政府的信心、振興國會的信譽以及選舉連任的考量，而必須大力支持特別檢察官制度法制化。

（四）利益團體的影響

　　一項重要改革政策的輸出，係有賴於政治系統中各種角色共同作用的結果，在獨立檢察官法制化的決定過程中，還有其他力量具有推動催化之影響力。國會外部的有影響力之行為者，例如利益團體的建言，也對該項「水門案」後重要改革政策輸出有所影響。在政府外部的重要影響角色中，則以「美國律師協會」（American Bar Association, ABA）以及「共同事業委員會」（The Common Cause Committee）兩個利益集團，對特別檢察官法制化扮演非常重要的角色。「美國律師協會」為美國法界具相當信

譽而有重要影響力的利益團體，特別檢察官的法制化，該協會扮演著啓動機制的重要關鍵者。

在 1973 年 6 月，爲回應「水門案」的調查，「美國律師協會」成立「研究聯邦執法機構特別委員會」（The Special Committee to Study Federal Law Enforcement Agencies），目的在於探討如何通過使執法機構能夠專業地獨立於政治干擾以及黨派的影響。1975 年 10 月該協會提出司法制度改革與建議的報告，1976 年 3 月該協會推出代表出席國會聽證會，「美國律師協會」提出非常設性的特別檢察官，當檢察總長在處理涉及利益衝突的案件時，可由檢察總長或三位資深或退休的聯邦上訴法院法官組成的「特別法庭」（special court）來任命。該非常設之臨時性的特別檢察官除非在「極爲不適當」（extraordinary improprieties）的情況下才能被解雇。而「美國律師協會」的提議，最後則成爲 1978 年國會立法通過特別檢察官法制化的首要基礎。很顯然地該協會的建議在獨立檢察官之立法的產出，有相當重要關鍵的影響角色。「共同事業委員會」則是另一個對督促國會通過具獨立性特別檢察官法案的重要團體，該團體向來專注於競選財政改革與財務透明化的努力。在 1975 年 12 月的聽證會上，「共同事業委員會」的總裁大衛·科恩（David Cohen）表示：其組織支持「美國律師協會」之設立非常設之獨立性特別檢察官的提議，同時他向參議員瑞比科夫保證該組織與參議院站在同一陣線，攜手一起努力達成一個有效率且可行之獨立檢察官的立法。[72]

由上可知：「美國律師協會」和「共同事業委員會」這兩個利益團體對特別檢察官法制化的立法產出，有很關鍵的影響，因爲他們是始終關注特別檢察官立法的兩個重要民間團體。再者，這兩個利益團體向來與國會在相關議題的互動有良好的信譽。更重要的是：「美國律師協會」的提案，提供國會一些立法的見解與手段，去面對特別檢察官法制化的相關合憲性的障礙與爭議。

---

[72]　Katy J. Harriger (2000), p. 64.

此外，還有一些法界與學界著名菁英的建言，也對國會在立法過程中的塑造方案有重要的影響力，例如華盛頓特區著名律師勞艾德‧卡特勒（Lloyd Cutler），他早在一個參與為期五年的國會研究考察中，對於創設某種形式的獨立性檢察官機制，以因應行政部門涉及利益衝突的相關調查案件，有相當深入研究心得。卡特勒在 1974 年就曾交付參議員艾爾文一份類似第 495 號法案內容的草案。[73]

另外，前參議院「水門委員會」律師顧問的喬治城大學法學教授塞繆爾‧達希則一直是創設獨立性特別檢察官的熱心倡議者。他主張以常設性的特別檢察官調查民眾檢舉或指控的行政不法情事，在構成初步案例時即應報請檢察總長處理。若檢察總長拒絕偵辦，則聯邦地方法院在經過聽證會後，可任命特別檢察官。達希認為這種經過法院認可而任命的特別檢察官，也才能要求發出傳票與強迫作證，以達辦案效果。[74]

又如前特別檢察官賈沃斯基和亨利‧儒斯（Henry Ruth）皆在 1975 年 7 月的國會聽證會中針對第 495 號法案，質疑設置常設性特別檢察官的必要性。賈沃斯基認為美國歷史上很少有像「水門案」這樣的醜聞案件發生，以他調查的經驗，國會本身的職權和功能，就足以作為特別檢察官獨立性獲取的重要後盾，實在勿需再去設置一個常設性的特別檢察官。儒斯則以他曾為特別檢察官的親身經驗，認為他當時可以不接受任何人指示，也無需向任命人報告調查進度，更可以濫用權力而不被發現。而儘管「特別法庭」可以監督檢察官的公開行為，但特別檢察官在調查中的自由裁量權，是很容易掩飾那些不公平、專斷、不誠實或主觀的偏見。據此儒斯認為若將特別檢察官設置為常設性機制，將會衍生許多濫權與監督不周的問題。這兩位前特別檢察官作證的意見，則成為 1975 年 10 月國會反對設立常設性特別檢察官的重要依據基礎。

另外，勝選連任的卡特總統支持設立非常設性之具獨立性特別檢察官

---

[73] 同上註，p. 65。
[74] 同上註。

的態度和立場，則是最終在 1978 年國會通過該法案最後臨門一腳的重要關鍵。尤其當「水門案」加劇行政與立法部門之間既存的緊張關係，行政部門持續對於相關立法建議有潛在侵犯行政權限之虞而憂心忡忡，然而在國會若干成員預存關切，並有政府部門以外的專家學者提供了廣泛的折衷協議，確實有減緩行政部門的憂慮與反彈。毫無疑問，如果卡特總統以憲法典型「權力分立原則」的立場而反對特別檢察官的法制化，將會賦予反對者持續去支撐其反對的理由，但是少了總統反對的重要因素，則終將難以撼動最後國會隱然成形之對獨立性特別檢察官創設的意圖。

綜合上述，當初 1978 年《政府倫理法》所設立特別檢察官職位的四點具體理由為：一、可以避免利益衝突或利益衝突被公開化而損害公眾對司法部的信任；二、避免總統或司法部部長在調查高官不法行為的初期階段，可能不願意任命特別檢察官；三、特別檢察官偵查辦案時會有揭露額外罪行的可能性，而使這些罪行不致於被隱匿或不被起訴；四、對創設特別檢察官可望有助於阻止諸如「水門案」和相關阻撓司法之類的高官濫用權力事件的期望。[75]

由上述可知，國會最後採由司法部門任命的非常設之具獨立性的特別檢察官，其立法過程可謂係國會與當時各種體制內部組織、外部環境等力量相互作用與協調的綜整結果。而國會最後在沒有其他可能性的立法安排，是可以滿足所有相關元素的情況下，而以創設特別的檢察官機制來抵擋來自政治的壓力，乃至迴避相關的利益衝突問題，其目的無非就是期望類似「週六夜大屠殺」的憲法危機在未來可以避免之。

第三節　美國獨立檢察官制度的內容析論

由於美國人民對「水門案」的強烈抗議，尤其針對「週六夜大屠殺」中特別檢察官考克斯的解職，乃至兩位司法部的高級官員相繼被總統免

---

[75] 紐約市律師工會聯邦法委員會，劉星紅譯，〈美國《獨立檢察官法》的起源、發展和目前的爭論〉，《外國法譯評》，第 1 期，1999 年，頁 3。

職，爲重新拾回民眾對政府與國會的信心，催化了國會舉辦一系列的聽證會，以期透過制定立法而將偵辦高官不法的若干檢察權從司法部的控制下移轉出來，而賦予新立的特別檢察官，擔保其獨立職能的成文法源。在長達五年的各方持續努力下，國會最終在 1978 年通過並頒布《政府倫理法》，該法規定美國聯邦法典（United States Code）彙編第 28 部（Title 28: Judiciary and Judicial Procedure）第二編（Part II: Department of Justice）第 40 章（Ch.40: Independent Counsel）。其中第 40 章（即本法）規定內容共有 9 條，爲第 591 條至第 599 條，法案中設置具獨立性的特別檢察官（special prosecutor），爲確保該具獨立性格的特別檢察官成文法。

　　新確立的獨立性特別檢察官制度，隨著環境變遷與需求，而有不斷的發展變化。根據《政府倫理法》規定，該特別檢察官享有比原來隸屬於司法部下的聯邦檢察官更多的權限，同時規定國會每五年得對該制度的實際運作情況，作出評價與檢討，以決定相應的修改與存廢。國會對該法前後在 1983 年、1987 年以及 1994 年有所修整，而這樣的修改規定賦予該制度得以與時俱進，並經由不斷地修整以確立其法律的保障。

　　《政府倫理法》的「特別檢察官」（special prosecutor）名稱在 1983 年國會在重新檢討修訂中，改名爲「獨立檢察官」（independent counsel），以特別彰顯其獨立性，並避免和之前偵辦「水門案」時的特別檢察官（special persecutor）有所混淆。換言之，《政府倫理法》在 1978 年至 1982 年間的名稱爲「特別檢察官」，但在 1983 年修改爲「獨立檢察官」名稱後，則一直沿用至該法於 1999 年終結爲止。

　　本節茲先就該法在 1999 年終結前經由多次修訂的最後版本之法條內容（即 1994 年版本，全英文法條見附錄一）臚列說明與評論，再於第四章詳述自 1978 年《政府倫理法》立法以來的修法與施行期間之案例實踐情形。

一、適用對象

該法適用對象分爲強制適用的特定人士與任意適用的其他人員。特定人士包括總統、副總統、總統所任命的行政官員、司法部、中央情報局局長和副局長、賦稅署署長，以及總統競選或連任時的全國競選委員會主席、財務長等，這些與總統、司法部部長及司法部有密切關係，推定具有利益衝突之強制適用者總計共有 70 餘人左右。[76]其他人員則爲司法部部長如認爲有具體事證，且如果依一般程序進行其偵查或追訴時將會導致私人、財務或政治上的利益衝突，而有任命獨立檢察官之必要者，即適用之，這其中也包含國會議員。[77]

二、決定開啟初步調查應審酌之要件

當司法部部長接獲情資告發前述人員有違反聯邦法律犯罪行爲之虞時，應在收到指控情資 30 天內，評估斟酌該情資是否具明確性（specificity）及可信度（credibility）。如果司法部部長認爲該情資不足沒有必要進一步調查，在不需要受到任何司法審查下，即可逕行終結此案。但若司法部部長認爲該情資內容有足以進一步發展的可能性，或司法部部長無法判定情資內容的真實性與可靠性，那麼司法部部長仍然必須進行「初步調查」（Preliminary Investigation）。[78]

另外，有關司法部部長迴避的要件爲：（一）若指控的情資內容涉及司法部部長個人時，則司法部長必須自請迴避，而交由司法部次資深官員代爲行使其職權；（二）若指控的情資牽涉司法部部長個人或財務上有密切關係人時，也必須由司法部次資深官員代爲行使其職權。上述司法部部

---

[76] 28 U.S.C. 591(b); 鍾鳳玲，〈美國獨立檢察官之研究〉，《憲政時代》，第 33 卷第 1 期，2007 年 7 月，頁 109。

[77] 28 U.S.C. 591(c) (1) (2).

[78] 28 U.S.C. 591(d) (1) (2); 28 U.S.C. 591(a) (b) (d) (2); Benjamin J. Priester, Paul G. Rozelle, and Mirah A. Horowitz. "The Independent Counsel Statue: A Legal History," *Law and Contemporary Problems*, Vol. 62, No. 1, Winter 1999, pp. 5-109.

長的迴避應以書面方式通知「特別法庭」。[79]該「特別法庭」設置於華盛頓哥倫比亞特區聯邦上訴法院內，由三位上訴法院法官所組成，他們係由聯邦最高法院首席大法官優先在資深上訴法院法官或退休的大法官中指派。[80]

三、初步調查與獨立檢察官的任命

　　司法部部長有合理之確信認爲被指控者有違法之嫌，而有繼續偵查之必要者，則必須開啓「初步調查」的程序。司法部部長開啓「初步調查」程序的時間爲 90 天，90 天的期限過後，司法部部長得檢附正當理由，向「特別法庭」請求延展 60 天。[81]

　　《政府倫理法》對於司法部部長的「初步調查」規範了一些限制，即在「初步調查」階段，司法部部長不得使用傳喚、召集大陪審團、同意豁免或認罪協商等偵查行爲。司法部部長同時不得以犯罪事實不夠具體明確、資料來源不夠可靠或以被告欠缺主觀犯罪意圖爲由，而作成不繼續偵查的決定。該條文對司法部部長展開「初步調查」權限的若干限制，旨在給予嗣後選任的獨立檢察官接案時，能夠保有完整而不受拘束的偵查空間，使其不受司法部部長「初步調查」時所獲取之證據或證詞的影響，目的即在避免檢察官有先入爲主的觀感。[82]

　　司法部部長在「初步調查」完成後，認爲並沒有必要繼續進行調查者，即可以書面方式載明指控情資內容和「初步調查」結果作成報告，通知「特別法庭」。但若「初步調查」90 天期限已屆滿，司法部部長並未依規定以書面通知「特別法庭」，或「初步調查」完成後，認爲合理而確信有繼續進一步調查之必要者，司法部部長應向「特別法庭」聲請任命獨立

---

[79]　28 U.S.C. 591 (e).

[80]　28 U.S.C. 49.

[81]　28 U.S.C. 592 (a) (3).

[82]　28 U.S.C. 592 (2); 鍾鳳玲（2007），頁 86；Lawrence Walsh, "The Need for Renewal of the Independent Counsel Act," *Georgetown Law Journal*, Vol. 86, No. 6, July 1998, p. 2379.

檢察官。而司法部部長聲請任命獨立檢察官，並不受任何法院的審查。[83]

　　除了司法部部長的主動開啓「初步調查」程序外，國會參、眾兩院之其中任一院的「司法委員會」（The Judicial Committee），或該委員會中之政黨獲有過半數的委員決議，得以書面向司法部部長聲請任命獨立檢察官。[84]而司法部部長在收到國會該書面聲請 30 天內，得以書面並載明理由向該委員會報告是否開啓「初步調查」。如有開啓「初步調查」程序，司法部部長向「特別法庭」提供的所有偵查卷宗文件等資料副本，皆必須提供予國會。[85]司法部部長經「初步調查」後若決定不聲請任命獨立檢察官，也需要對國會書面報告、載明理由，並對國會的逐項問題予以詳細說明。司法部部長所交付國會「司法委員會」的資料，均爲保護偵查中的嫌疑人，不得外洩予任何第三人。[86]

四、獨立檢察官的選任（「特別法庭」的權責）

　　「特別法庭」的任務乃在任命獨立檢察官以及決定其偵查權限的範圍。[87]司法部部長向「特別法庭」聲請指派獨立檢察官，必須檢送足夠的事證，以俾「特別法庭」決定選任獨立檢察官，以及嗣後其偵查起訴的權限範圍。除非該法另有特別規定外，司法部或承辦該案的獨立檢察官所屬之任何人員或受雇人，在未經「特別法庭」許可下，不得將聲請書及其相關內容資料對外洩漏。[88]

　　「特別法庭」選任獨立檢察官須考慮以富有經驗、具責任感以及做事有效率爲要，以期在合理迅速的時間內完成偵查起訴作爲。而受選任者不得爲公務員或業已爲美國政府所委託而行使公權力的人士。「特別法庭」

---

[83]　28 U.S.C. 592(c) (1) & 592(f).

[84]　28 U.S.C. 592(g) (1).

[85]　28 U.S.C. 592(2); 28 U.S.C. 592(g) (3).

[86]　28 U.S.C. 592(g) (3) (4).

[87]　28 U.S.C. 593(b) (1).

[88]　28 U.S.C. 592(d) (e).

對獨立檢察官的偵查起訴範圍包括：司法部部長聲請的案件及相牽連案件以及在偵查中所發現的其他如偽證罪、妨礙司法罪、湮滅證據罪或恐嚇證人罪等之違反聯邦法律的刑事犯罪行爲等。[89]

　　獨立檢察官在偵查案件過程中，若發現或收到事證爲非原承辦案件內，應將該事證提交司法部部長，由司法部部長就移送資料進行爲期 30 天內的「初步調查」後，如果司法部部長認爲該新事證有繼續調查者，則應通知「特別法庭」，「特別法庭」可選擇交予原獨立檢察官繼續擴大偵辦，或另行決定任命一位新的獨立檢察官偵查追訴此一部分犯罪。而「特別法庭」對於上述的權限並沒有主動、片面擴充獨立檢察官的權限，除非經由司法部部長另行提出聲請，「特別法庭」才能行事。[90]

　　獨立檢察官的身分和所偵辦之個案，原則上應予以保密，一旦個案起訴後或歸檔後，則應將檢察官的身分和案情予以公開。若獨立檢察官因辭職、死亡或因故被免職，而有職務出缺情況時，「特別法庭」必須另行指派一名獨立檢察官以完成未竟的工作。若爲因故而被免職者，「特別法庭」得在該免職案的司法調查程序完成前，可以先行指派代理獨立檢察官繼續相關的偵辦工作。[91]

五、獨立檢察官的權責

　　獨立檢察官完全分立且獨立於司法部之外，[92]在「特別法庭」所授予的權限範圍內，獨立檢察官享有司法部部長暨檢察總長所擁有的全部偵查權限，這些權限包括：召集大陪審團、聲請豁免證人罪狀、核發令狀與傳票、實施公訴、參與民刑事訴訟、上訴和抗告、審查證據、爭辯被告主張的特權內涵、爭辯被告所主張之以國家安全爲由的特定機密文件證據之調

---

[89]　28 U.S.C. 593(b) (2) (3).

[90]　28 U.S.C. 593(c) (1) (2).

[91]　28 U.S.C. 593(b) (4) & 593(e).

[92]　28 U.S.C. 593(i).

查，以及向犯罪發生地的聯邦檢察官提出諮詢等等。[93]另外，獨立檢察官所偵查案件如果為其他檢察官所偵辦，除非經獨立檢察官提出請求協助支援，或書面同意其偵查，否則司法部所有人員均不得再對該案件繼續偵查。[94]

六、獨立檢察官辦公室的運作

獨立檢察官的預算由司法部編列支應，在其預算範圍內可雇用包括偵查員、律師及臨時諮詢人員等，而這些受雇人並不具有公務員的身分。而獨立檢察官可請求司法部的協助與支援，司法部不得拒絕，這些支援包括將部內檢察官、行政人員及其他受雇人等商調予該獨立檢察官運用。獨立檢察官的辦公室及其行政資源由聯邦法院行政廳（The Administrative Office of the Federal Court）和總務處（The Office of General Services）提供獨立檢察官的薪資與支援。[95]

另外，對於獨立檢察官的薪資報酬、迴避、辦公室相關開銷及財務暨會計帳冊審核，皆有明文規範。[96]其中審計長（The Comproller General）於每年會計年度所進行之會計財務審核的結果報告，必須在 90 天之內送交參議院的「司法委員會」、「政府事務委員會」（Committee on Government affairs）和「撥款委員會」（Committee on Appropriations），以及眾議院的「司法委員會」、「撥款委員會」與「政府執行委員會」（Committee on Governmental Operations）。[97]

---

93 28 U.S.C. 594(a).

94 28 U.S.C. 597(a).

95 28 U.S.C. 594(d) (1) (2); 28 U.S.C. 594(c); 28 U.S.C. 594(L) (2) (3).

96 28 U.S.C. 594(b) (1) (2) (3); 28 U.S.C. 594(j) (1) (2) (3).

97 28 U.S.C. 596(c) (2).

七、獨立檢察官的監督

　　國會相關委員會對獨立檢察官的職權行使有監督之權，而獨立檢察官有配合之義務。獨立檢察官對其案件的偵查或起訴進度，都必須向國會逐項詳細報告。獨立檢察官向國會的報告中，須向眾議院呈交任何可構成彈劾的具體事證與可信資料，而向眾議院提出是否彈劾的建議。[98]

　　獨立檢察官自任命後，除受國會監督外，每隔六個月都必須向「特別法庭」報告說明所支出費用項目，同時在偵查終結前，也必須以書面方式向「特別法庭」作總結報告。但「特別法庭」對獨立檢察官並無監督權。而司法部部長對獨立檢察官的行使職權，亦無任何監督之權，如同該法第594條第 a 項所載：獨立檢察官就其個案所賦予之偵查權限，享有司法部暨檢察總長的所有完全偵查權限，[99]形同代行司法部部長暨檢察總長之職，自無監督之權。不過，獨立檢察官辦案，仍應遵守司法部的書面行政規定與準則行事。

八、獨立檢察官的免職與職權行使的終止

　　獨立檢察官若遭到彈劾或刑事判決定罪，則必須令其離職。除此之外，司法部部長僅能以身體或心理不適任的事由，或有其他實質妨礙獨立檢察官職權行使的正當理由，才能予以免職。若有上述之獨立檢察官去職的情事發生時，司法部部長應即向「特別法庭」和國會「司法委員會」報告，並具體說明去職之事由。獨立檢察官如果對司法部部長的免職有所不服者，得向哥倫比亞特區之聯邦地方法院提起民事訴訟請求救濟，而「特別法庭」的法官則應迴避，不得參與該民事訴訟案件的審判。在法院審理後，如果認為司法部部長對獨立檢察官的免職命令不當，得判決使獨立檢察官復職或為適當之救濟補償。[100]

---

[98]　28 U.S.C. 595(a) (1) (2); 28 U.S.C. 595(c).
[99]　28 U.S.C. 594(h) (1); 28 U.S.C. 594 (a) (1).
[100] 28 U.S.C. 596(a) (1) (2) (3).

　　當獨立檢察官若自行認為偵查已告一段落，應檢附全部卷證資料向司法部部長提出終結報告。另一則係由「特別法庭」或司法部部長認為相關偵查作為業已終結，而足以讓司法部完成該案件之偵查與起訴作為者，亦得以裁定終止獨立檢察官的職務。還有「特別法庭」在指派獨立檢察官屆滿兩年時，應主動檢視裁定是否應終止獨立檢察官的職權，並在其後每屆滿一年時，再審酌是否裁定終止。在獨立檢察官偵查終結後，應將所有卷證資料送交「國家檔案局」（The Archivist of the United States）。[101]

九、對被偵查之對象的保護

　　若獨立檢察官偵查終結結果，為對被告為不起訴處分，被告可以向「特別法庭」請求其被偵查期間所支付之合理律師費用的相關賠償事宜。該條文訂立主要係由於動用到獨立檢察官偵查的案件，皆是鋪天蓋地大陣仗的偵查，被告在訴訟費上的開銷勢必龐大而可觀，故有必要在《政府倫理法》的條文中訂立特別保護被告的規定。[102]

---

[101] 28 U.S.C. 596(b) (1) (2); 28 U.S.C. 594 (k).
[102] 28 U.S.C. 593(f) (1).

第四章

美國獨立檢察官制度
之實踐與修法

　　吾人制定法律真正的重要核心在於「實際運作的法律」（Law in action），意即探討法律，應自法律與社會生活、法律與文化、法律與政治經濟情勢之間的聯結與互動來研究，因為社會的脈動與政治經濟的條件皆會影響、甚至決定法律的制定與運作。另一方面，法律的制定和運作也會造成社會、政治與經濟層面的影響和衝擊。準此，吾人可知研究法律應從其動態的系統觀點，來探究其間形成的各種要素、影響因素與機制運作的實況和執行結果。[1]

　　在這種動態的法律制度模型中，首要研究在於特定時空的政治、經濟、社會之環境背景下，如何地影響了法律的制定。而這個輸入項（input）進入了法律制定之系統經歷何種複雜過程，乃至如何被運作執行，從其輸出項（output）中則可檢視其影響、衝擊或結果，又是如何再形成新的政治、經濟與社會的條件與環境，從而帶來新的或修訂之法律。而在這樣的法律制度系統歷程中之持續循環下，也才能粹鍊出更為精進而實用的法律制度。

　　其實上述這種系統脈絡的循環觀點，可謂源自政治學研究途徑中大衛・伊斯頓（David Easton）的「政治系統論」（Political System Theory）。伊斯頓將人類政治現象視為國家的政治系統與環境的互動過程。在政治系統與環境的關係中，環境會持續影響政治系統，政治系統也會持續對環境

1　Lawrence M. Friedman 著，劉宏恩、王敏銓譯，《美國法律史》（A History of American Law）（臺北：聯經出版社，2016），頁 10-11。

產生反應。政治系統將輸入轉換成爲輸出，輸出的結果經過環境的回饋成爲新的輸入，又經過政治系統的轉換而形成新的輸出，如此循環不已，形成「輸出→政治系統的轉換→輸出→回饋→輸出……」的不斷循環過程。[2]圖 4-1 爲伊斯頓「政治系統論」的示意圖，而將前述之法律制定過程套入該政治系統模型，亦可將之用在詮釋法律制定與實踐過程中之其間各個元素相互影響與調整的循環歷程。[3]

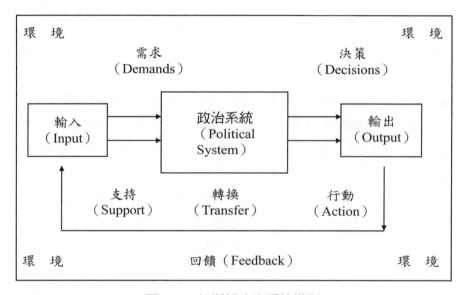

圖 4-1　伊斯頓政治系統模型

資料來源：David Easton, *A Framework for Political Analysis* (Englewood Cliffs, NJ: Prentice Hall, 1965b), p. 112.

2　蘇子喬、沈有忠、胡全威，〈政治學研究途徑〉，王業立編，《政治學與臺灣政治》（臺北：雙葉書廊，2017），頁 24。

3　David Easton, *A System Analysis of Political Life* (Chicago, IL: University of Chicago Press, 1965a), p. 32.

　　實則，類似的理論思想淵源爲實用主義哲學（pragmatism）與法律現實主義（legal realism），[4]爲現代美國法學發展的基礎與特色之一。其論點強調法律應爲「現實的活法」，是脫離不了現實的政治、經濟與社會的現況，法律現實主義的發展就是法學的實用主義。美國法官在判決時一向重視政策考量與社會的影響，因此真理必須被兌換成經驗描述的呈現。誠如美國法律現實主義的重要先驅、美國聯邦最高法院大法官奧利佛・霍姆斯（Oliver W. Holmes, Jr.）所言：「法律的生命力不曾是邏輯，向來是經驗」（The life of the law has not been logic: It has been experience），[5]研究法律必須與社會科學研究方法和理論相互連結、整合，從經驗事實、法律的實際運作實踐過程的角度，來探索和理解法律。

　　美國 1978 年《政府倫理法》立法而創設獨立檢察官制度，作爲偵辦政府高官之行政不當行爲的機制，其間歷經 1983 年、1987 年兩次因應案件運作的過程而有所修訂，並獲重新授權展期。1992 年至 1993 年國會短暫中止該制度之法源，又於 1994 年國會再經由案件經驗的檢討而加以修訂，同時重新恢復施行該制。但該法於 1999 年 6 月 30 日國會決定將之落日失效，另以一既存已久之司法部部長固有權限可行的特別檢察官機制行之至今。

　　從上述法律的經驗法則核心價值的重要性，吾人在研究探討美國《政府倫理法》，自當從其實際之案例實踐經驗中，去理解該法律運作過程的演進，因此本章聚焦在探討《政府倫理法》的運作與案例實踐情形，乃至檢討該法運作施行過程中所遇到的不同階段性缺失和困境，進而加以修訂改善的制度發展與變遷過程。

　　茲就本章共分：一、1978 年《政府倫理法》的內容與實踐；二、1983 年《政府倫理法》的修訂與實踐；三、1987 年《政府倫理法》的修

---

[4]　劉宏恩、王敏銓譯（2016），頁 10-11。

[5]　J. O. Freedman, *Crisis and Legitimacy: The Administrative Process and American Government* (New York: Cambridge University Press, 1978), p. 2; Oliver W. Holmes, *The Common Law-1881* (London: MacMillan & Co., 1882); 劉宏恩、王敏銓譯（2016），頁 11。

訂與實踐；四、1994 年《政府倫理法》的修訂與實踐；五、1999 年美國獨立檢察官的終結；六、1999 年後的美國特別檢察官制度等六節次論述。其中在第一、二、三、四節次中所討論之不同時期《政府倫理法》的內容與實踐，會先揭示其版本之主要立法內容，再進一步輔以偵辦案例加以說明，以期充分理解不同時期之法條內容與經驗案例的歷程。

第一節　1978年《政府倫理法》的內容與實踐

一、1978 年《政府倫理法》的主要立法內容

（一）規範該法適用範圍的人與事

司法部部長在接到有關該法管轄的包括總統與副總統在內的任何高級官員，違反輕罪之外的任何聯邦刑事法律的「明確情報」（specific information）後，應進行「初步調查」。[6]

（二）規範聲請特別檢察官的程序

司法部部長有 90 天的調查期，之後司法部部長應向哥倫比亞特區聯邦上訴法院（The U.S. Court of Appeals in the District of Columbia）「特別法庭」報告，並提交一份備忘錄，說明為何相關的指控無實證證明且無進一步的調查或起訴必要；或說明有進一步調查的根據與理由，而要求任命特別檢察官。[7]司法部部長要求任命特別檢察官的報告應具充實具體資訊，以使「特別法庭」能夠任命一位合適的人來擔任特別檢察官，並適當規定其管轄權。若司法部部長的「初步調查」在 90 天內未能達成，致使該情事失證而無法確保進一步調查或起訴，則司法部部長仍應尋求任命一名特別檢察官。[8]

6　*Ethics in Government Act of 1978*, §591(a) (b).
7　*Ethics in Government Act of 1978*, §592 (a) & §592 (b)(1).
8　*Ethics in Government Act of 1978*, §592 (c) (1), 592(c)(2) & 592(d)(a).

（三）規範國會議員亦可聲請任命特別檢察官的條件

即共和黨或民主黨任何一黨在眾議院或參議院「司法委員會」的成員，皆可通過多數決議而要求司法部部長尋求任命一名特別檢察官。若司法部部長拒絕該等要求，則應向國會提交一份載明理由的詳盡報告。[9]

（四）規範特別檢察官權限

特別檢察官一經任命，即享有調查其管轄權範圍內事項的充分而獨立權力，包括召集大陪審團、發出傳票、賦予證人豁免權、審查稅務申報單，以及反駁以某種特權或國家安全因素為理由，拒絕提供證據之主張的權力。[10]

（五）規範司法部與獨立檢察官的關係

司法部應以能夠使特別檢察官接觸到資料來源和檔案的方式，向特別檢察官提供支援。在調查期間，特別檢察官若發現與案件相關之事項，則可要求司法部部長賦予其額外的管轄權，或接受司法部部長分派的相關事項。[11]

（六）規範特別檢察官的免職要件

特別檢察官只能因其行為的「極度不適當」（extraordinary impropriety）、「精神或身體障礙」（mental incapacity or physical disability），才能被司法部部長免職。這種免職的決定須受司法審查。[12]

（七）規範國會與法院對特別檢察官的制衡監督機制

特別檢察官應定期向國會提交報告，向眾議院提供任何實質性、可信

9　*Ethics in Government Act of 1978*, §595 (c), 595 (d) & 595(e).

10　*Ethics in Government Act of 1978*, §594 (a).

11　*Ethics in Government Act of 1978*, §594 (d) .

12　*Ethics in Government Act of 1978*, §596 (a) (1).

賴及可能構成彈劾理由的證據；在調查結束時，「特別法庭」得要求特別檢察官提交報告，充分描述所完成的工作、所有案件的處理結果，以及對其管轄權內的工作事項作出不起訴決定的理由。[13]

（八）規範若干訊息的保密

只有應司法部部長的請求並根據「特別法庭」的命令，特別檢察官的任命、身分和管轄權才得以對外公開。此外，亦有嚴格限制之規定對於有關司法部部長之「初步調查」和特別檢察官之調查訊息的洩漏；除非經法院的許可，否則在「特別法庭」卷宗的資料不得以對外公開。

（九）訂定落日條款

除非經重新頒布，該法有關獨立檢察官的條款於 1983 年失效。[14]

二、1978 年《政府倫理法》的實踐

從 1978 年至 1983 年，司法部共進行了 12 項「初步調查」，其中有三個案件聲請任命特別檢察官，但最終並未起訴任何人。茲就 1978 年至 1983 年間特別檢察官偵辦的案件說明如下：

（一）喬登吸毒案

1979 年 11 月 29 日，卡特總統的司法部部長班傑明·西維萊蒂（Benjamin Civiletti）任命亞瑟·克里斯蒂（Arthur H. Christy）為第一位《政府倫理法》特別檢察官，主要偵辦卡特總統的白宮辦公室主任（White House Chief of Staff）漢密爾頓·喬登（Hamilton Jordon），其被指控在紐約市迪斯可歌廳（Studio 54）中涉嫌服用毒品可卡因

---

13 *Ethics in Government Act of 1978*, §595(a), 595(b)(1).

14 *Ethics in Government Act of 1978*, §598; 紐約市律師工會聯邦法委員會，劉星紅譯，〈美國《獨立檢察官法》的起源、發展和目前的爭論〉，《外國法譯評》，第 1 期，1999，頁 2-14。

（cocaine）。克里斯蒂檢察官爲調查此案，在 1980 年 3 月召集了 19 次大陪審團會議，共聽取了 33 位證人證詞，最後因調查未發現喬登有任何犯罪行爲，而以證據不足結案。[15]

（二）克拉夫特吸毒案

1980 年 9 月 14 日，傑若德‧加林豪斯（Gerald J. Gallinghouse）被任命爲《政府倫理法》第二位特別檢察官，其主要偵辦卡特總統的白宮助理、競選經理堤莫西‧克拉夫特（Timothy Kraft）。和喬登案例類似，克拉夫特被指控在 1978 年訪問紐奧爾良市（New Orleans）及在舊金山的宴會中服用可卡因。

該案之所以重要，係因當時克拉夫特的訴訟律師提出對《政府倫理法》合憲性質疑的民事訴訟（Civil Litigation: Kraft v. Gallinghouse）。[16]訴文中質疑特別檢察官加林豪斯所行使之檢察權力違反美國憲法「權力分立原則」，因爲該檢察官係由法院干預下，任命賦予具所有司法部部長暨檢察總長權力的一位「次級官員」（inferior official）來擔任特別檢察官。而以作爲執法推定，乃至只有在該檢察官極端不適任情況下才能移除其職位，顯然限制了憲法賦予行政部門免職的權限。這份訴訟旨在對特別檢察官採取初步禁令，在經過六個月的調查，1981 年 3 月 25 日，特別檢察官以證據不足而結束了調查，克拉夫特最後也撤回其對《政府倫理法》合憲性的訴訟。[17]

1981 年新任司法部部長暨檢察總長威廉‧史密斯（William F. Smith，1981~1985）爲《政府倫理法》的堅決反對者，他上臺後隨即提出該法的合憲性問題。史密斯部長在給予參議院法律顧問的一封公函中提及：該法基本上和憲法的「權力分立原則」相牴觸，未來若再有相關訴訟，司法部

---

[15]　Gerald S. Greenberg, ed., *Historical Encyclopedia of U.S. Independent Counsel Investigations* (Westport, CT: Greenwood Press, 2000), pp. 51, 54.

[16]　Kraft v. Gallinghouse, CA No. 80-2952(D. D. C., 1980).

[17]　Gerald S. Greenberg (2000), pp. 200-201.

將會秉持上述的立場和態度。[18]參議院在 1981 年舉辦《政府倫理法》重新授權的聽證會時，絕大多數的參與人士也都認為應對該法有所修訂，特別是考慮司法部部長史密斯的陳述意見，以及在維持該特別檢察官某些獨立性機制之餘所應顧慮的合憲性問題。[19]

（三）唐諾文弊案

時至雷根政府時期，1981 年及 1982 年因其勞工部部長雷蒙·唐諾文（Raymond Donovan）有數項行政不當事項被指控，包括在 1977 年唐諾文部長擔任營造公司副總裁時曾向工會官員行賄、1980 年在雷根競選總統期間向紐約一家小報行賄而涉違反聯邦選舉法、以高額回扣行賄紐澤西郡官員以獲取該郡數百萬美元之公共設施合約，以及其營造公司與組織犯罪集團涉有密切關係等。當時任命了里昂·西爾佛曼（Leon Silverman）為特別檢察官展開調查。西爾佛曼針對 1981 年的相關指控，在長達九個月、約談超過 200 人的調查後，提出證據不足的結案報告。另對 1982 年的相關指控，檢察官也在近九個月、約談數百位證人的調查，乃至在大陪審團前後數次的作證會中，最後亦因證據不足而不予起訴。[20]

上述三個有聲請特別檢察官的案件中，有關對於喬登和克拉夫特服用可卡因的指控，司法部部長原本就認為沒有調查之必要，但司法部部長卻無權根據自我判斷來決定調查與否，而必須依《政府倫理法》所規定的程序，在其收到對高官的相關指控與告發，而該高官又確為《政府倫理法》的調查範圍之內者，司法部部長就必須進行「初步調查」，任命特別檢察官進行耗時、耗資的調查。從 1978 年立法完成頒布施行後，司法部部長共收到 12 項相關的指控，但司法部部長卻須基於《政府倫理法》，一旦收

18　Katy J. Harriger, *The Special Prosecutor in American Politics* (Lawrence, KS: University Press of Kansas, 2000), pp. 76, 322-324.

19　Gerald S. Greenberg (2000), pp. 322-324.

20　Charles A. Johnson and Danette Brickman, *Independent Counsel: The Law and the Investigation* (Washington D.C.: Congressional Quarterly Press, 2001), pp. 149-151; Gerald S. Greenberg (2000), pp. 104-107, 314-316.

到相關的指控，只要其符合《政府倫理法》的規範者，無一例外而皆須自動開啓「初步調查」。可見 1978 年的《政府倫理法》版本賦予司法部部長在應否進行「初步調查」的自由裁量權很小。

當初國會立法時將特別檢察官設置爲非常設性質，意謂需要動用到任命特別檢察官的案件，在美國歷史上應該會很少發生，而且只有在極度特別的情況下，才需要任命特別檢察官。而喬登和克拉夫特的服用可卡因事件，應屬於個人的不良行爲，有評論指出吸食可卡因非關行政不當，但卻小題大作地啓動了處理非常案件的特別檢察官偵辦，似乎有違當初立法初衷。

前司法部部長西維萊蒂（在 1979 年至 1981 年擔任司法部部長）在喬登使用可卡因案件結案之前，即曾在 1980 年 2 月被國會強迫要求指派特別檢察官，調查財政部部長威廉・米勒（G. William Miller）在 1971 年至 1978 年間擔任名爲「泰克斯壯」（Textron）公司總裁時，是否曾賄賂 540 萬美元予 11 個外國公司，以俾順利買賣直昇機之事件，而向國會作了僞證。當時西維萊蒂部長即透過司法部內部調查，認爲無須再聲請指派特別檢察官，而被國會議員批評他的決定是出於政治動機。西維萊蒂部長當時即曾表示：針對動輒啓動特別檢察官機制的缺失，他將致力於對該法有關任命特別檢察官過程的改革，因爲開啓任命特別檢察官的標準過於寬鬆，以致太容易啓動而嚴重侷限了司法部部長應有的裁量權，進而強迫性地使司法部部長在不該任命特別檢察官的案件中，卻浮濫地任命了檢察官。[21]

第二節　1983年《政府倫理法》的修訂與實踐

一、1983 年《政府倫理法》修正的背景

從 1978 年至 1982 年間，還有若干其他案件，雖然沒有啓動《政府倫

21　Katy J. Harriger (2000), p. 75; Gerald S. Greenberg (2000), pp. 54-56；劉單平，《論美國的獨立檢察官制度》（濟南：山東大學世界史研究所碩士論文，2008），頁 30。

理法》的程序，但卻激起公眾對這些事件的爭論，而影響國會嗣後對該法的修訂。這些事件如下：

（一）卡特總統家族貸款案

　　1979 年 3 月 10 日由司法部部長葛里芬・貝爾（Griffin Bell）依據司法部部長固有權限而任命了保羅・卡倫（Paul Curran）爲特別檢察官[因爲係由司法部部長內部所指派，故該特別檢察官（special prosecutor）並不是《政府倫理法》所設立的由「特別法庭」外部指派之「特別檢察官」（英文名稱則皆相同，special prosecutor），調查有關對卡特家族落花生事業與喬治亞國民銀行之間有可疑的貸款交易的指控，以及以家族花生批發基金的貸款所借資金，涉及可能非法轉移至 1976 年-卡特競選總統活動的指控。

　　當時司法部及司法部部長明知該指控直指總統及其家人，確實在調查中存有明顯的利益關係與衝突，而應考慮尋求《政府倫理法》中之特別檢察官來偵辦，以彰顯調查的公正性。但是在面臨國會共和黨人打算聲請任命《政府倫理法》的特別檢察官進行調查時，司法部部長搶先決定任命由部內所指派的特別檢察官來調查。同時還明確限制該由其指派之特別檢察官的權力，要求卡倫檢察官在沒有司法部的同意前不得起訴。[22]

　　後來卡倫檢察官在作出起訴的決定時，起初還收到了司法部部長貝爾的要求審查，但經由新聞媒體報導所激發的公眾批評後，才迫使司法部部長貝爾接受了卡倫檢察官的獨立見解。經過六個月的調查，最後卡倫檢察官公布的 239 頁報告，洗刷了卡特總統及其兄弟存在任何非法活動的嫌疑。[23]

　　不過該事件中由於司法部部長拒絕任命當時甫新立之《政府倫理法》中的特別檢察官，而爲參議院議員所批評。參議院認爲：此案件若不任命

22　Katy J. Harriger (2000), p. 128; Gerald S. Greenberg (2000), p. 80.
23　Gerald S. Greenberg (2000), p. 81.

新立法的特別檢察官,則類似水門醜聞的情況還會重演。當時參議院多數黨領袖羅伯特‧伯德(Robert Byrd)則表示,他對司法部不任命新立法的特別檢察官感到失望,並催促司法部部長給予部內所任命之卡倫檢察官有不被任意免職的保證。[24]

但另一方面,亦有評論認為卡倫檢察官雖非《政府倫理法》中的特別檢察官身分,但整體的調查方式皆比照偵辦「水門案」模式。不但鉅細靡遺地偵查每一項金流,同時還包括與卡特總統進行長達四小時的直接訊問,整體偵辦過程周延、偵辦時間合理且報告完整,為當時美國人民可接受的過程和結果。[25]

(二)比利‧卡特非法交易案

1980 年司法部部長調查有關卡特總統的兄弟比利‧卡特(Billy Carter)與利比亞政府進行非法交易的指控。當時比利‧卡特透露他曾經從利比亞政府獲有 22 萬美元貸款,而在隨後參議院調查中顯示,比利‧卡特和利比亞穆阿邁‧格達費(Muammar Qaddafi)政府自 1978 年即有密切的聯繫,顯示利比亞政府想藉由通過與總統胞弟之關係來影響美國的政策,同時亦直指比利‧卡特企圖成為販賣利比亞原油的中間商。

當時司法部部長西維萊蒂的態度卻刻意隱瞞司法部調查所得知的相關訊息,中央情報局局長也對聯邦調查局的調查有所保留。當時有媒體猜測可能是卡特政府想藉比利‧卡特的影響力,去搭救在伊朗被綁架的美國人質,該事件被稱為「比利門案」。對該事件最後司法部未建議指派特別檢察官,並決定不提起公訴。[26]

上述兩個事件雖皆未啟動《政府倫理法》的特別檢察官進行調查,但

---

[24] John F. Berry and Ted Gup, "Independence Guarantee Urged for Special Counsel," *Washington Post*, 22 March 1979, A16.

[25] Gerald S. Greenberg (2000), p. 81.

[26] 同上註, p. 44; 京昕,〈比利事件怎麼了?〉,《世界知識雜誌》,第 17 期,1980,頁 13-14。

卻讓國會議員意識到司法部在調查總統家人的犯罪行為時，也會存在著利益關係與衝突，因而在 1983 年重新授權與修訂時開始考慮將總統的家人、密友和生意合夥人等皆納入《政府倫理法》的調查範圍。另一方面，國會為了緩和行政部門對該法合憲性問題的質疑和抵制，國會也開始慎重思考對特別檢察官權力的限制。

1981 年共和黨的雷根入主白宮，當時雷根總統提倡削減大政府的計畫，企圖削減聯邦政府官僚體系的一些組織單位，以節省龐大的聯邦預算。然而 1978 年的《政府倫理法》卻將大量政府官員皆納入其調查範圍，加以特別檢察官可動用全國龐大的資源，對涉違法之高官進行耗費人力、財力的調查，確與雷根政府削減聯邦政府開支的政策相違悖，因而《政府倫理法》成為雷根政府政策的絆腳石。

自 1980 年共和黨人即控制了參議院，因此在總統與參議院皆為共和黨控制的情況下，雷根政府推動對特別檢察官權力的限縮主張，獲得了參議院支持。另一方面，眾議院當時雖為民主黨所控制，而且民主黨也向來是《政府倫理法》制定的支持者，但由於該法自 1978 年立法通過後所進行的幾項重要調查案件，皆發生在民主黨執政時期，且調查對象皆為民主黨人，使民主黨國會議員對《政府倫理法》在實踐過程中所存在的制度缺陷是深有體會，因而在一定程度上也支持在 1983 年重新授權與修法時，應對特別檢察官的權力有所限制。[27]

二、1983 年《政府倫理法》的修正版本內容[28]

國會於 1981 年開始修訂該法，最後於 1983 年 1 月 3 日由雷根總統簽署而成為法律。修正內容如下：

（一）將 1978 年法版本中之「特別檢察官」的職稱改為「獨立檢察官」（Independent Counsel），以避免和 1978 年之前即有存在的特別檢察官

27　劉單平（2008），頁 28-30。
28　紐約市律師工會聯邦法委員會（1999），頁 4-5。

相互混淆。

（二）調整了調查可涵蓋的官員數量：1978 年《政府倫理法》授權任命特別檢察官調查約有 120 名各級官員，其中 93 名為行政部門官員。120 名中有許多人是行政部門的中級官員，他們通常並不為公眾所知，亦遠離司法部與總統。國會修法認為：司法部對其中一些人的調查將不會產生重大的利益衝突，因此國會將調查可涵蓋的官員數量削減到 70 人，其中 36 人是行政部門官員。另外，國會也削減了受該法管轄的民選官員的數量。[29]

（三）增加允許司法部部長調查有關不為該法所明示管轄對象範圍的利益衝突之條款：由於調查「比利門案」和卡特家族貸款案，讓國會擔心司法部對總統的家庭、密友或生意合夥人進行調查時，會導致實際的或表面的利益衝突，因此國會修法允許司法部部長在其確認司法部對該法管轄範圍之外的人進行調查，即當此人可能衍生個人的、財務的或政治的利益衝突時，則司法部部長可要求任命獨立檢察官加以調查。[30]

（四）修改開啟「初步調查」程序的標準：1978 年的《政府倫理法》要求司法部部長在收到該法所管轄的官員，從事了涉及犯罪行為的「明確情報」時，即應進行「初步調查」。國會在 1983 年版本中修改了該標準，要求司法部部長在收到「構成初步調查之理由的充分情報」時進行「初步調查」，這項修正使司法部部長得以對其所收到情報的特定性程度與情報來源之可信度，有加以審查與裁量的權限。[31]

（五）明文規定限制司法部部長在調查期間對調查手段的使用：1978 年的《政府倫理法》的立法歷史表明，國會原本的意圖是禁止司法部部長在「初步調查」期間，使用召集大陪審團、抗辯協商、賦予豁免權或發出傳票等這些手段，但是這些限制在 1978 年版本的條款中並未有明文規範。因此國會在 1983 年的修正版本中，新增了條文明示了這些限制，藉

---

[29] 同上註。

[30] *The Ethics in Government Act Amendments of 1983*: 28 U.S.C §591(b) (c).

[31] *The Ethics in Government Act Amendments of 1983*: 28 U.S.C §592 (a) (1).

以阻止司法部部長透過「初步調查」階段，造成僭取獨立檢察官職權的作用。[32]

（六）增加司法部部長的裁量權，使司法部對於應否進一步調查或起訴的理由具體化：1978 年的《政府倫理法》要求司法部部長須尋求任命特別檢察官，除非他能夠向「特別法庭」說明所指控的罪名是非實質性的，不需要進行進一步的調查或提起公訴。如果按司法部自己的指導方針，原本應不會對喬登和克拉夫特的使用可卡因案件提起公訴，因為司法部對提起公訴的方針原則，為要求考慮對案件提起公訴中的聯邦利益、違法的性質與嚴重性、當事人所應受懲罰性和過去的記錄等等。因此 1983 年國會修正為：要求司法部部長只有在他發現有合理的理由（reasonable grounds），而確信有進一步的調查或提起公訴之必要時，才尋求任命獨立檢察官。

（七）限制獨立檢察官濫用權力：國會出於對獨立檢察官可能會為宣傳目的、個人發洩私憤或政治利益而不適當地延長調查的考量，在下列三個方面修改了 1978 年的版本。其一，要求獨立檢察官在情況需要而符合司法部政策的一貫性，則有權以速決而駁回案件；其二，要求獨立檢察官應遵循司法部的政策，除非能證明其背離司法部政策的合理性；[33]其三，授權獨立檢察官諮詢所指控的犯罪行為發生地之地區聯邦檢察官，並與他們合作。同時修改原本須「極度不適當」（extraordinary impropriety）的標準始可免職獨立檢察官，在 1983 年版本改為司法部部長在「正當理由」（good cause）下允許其可免職獨立檢察官。[34]

（八）允許補償律師費：國會注意到，喬登在調查中為請律師為自己辯護，共花費了六位數字的律師費用，而調查結果對其提起公訴，但最後則為不起訴處分。國會在修法中賦予「特別法庭」裁量權，給予被調查而

---

[32] *The Ethics in Government Act Amendments of 1983*: 28 U.S.C §592(a) (2).

[33] *The Ethics in Government Act Amendments of 1983*: 28 U.S.C §594(g) (f).

[34] *The Ethics in Government Act Amendments of 1983*: 28 U.S.C §596(a) (1).

最後未被起訴者，對其律師費予以適度補償。[35]

（九）重新授權通過了該法的五年展期：該法在五年後的 1987 年會失效，除非屆時國會再重新授權通過。[36]

三、1983 年《政府倫理法》的實踐

自 1983 年至 1987 年，司法部根據《政府倫理法》處理了 36 起案件，其中 25 件在司法部部長開始「初步調查」前即結案。這 25 件中有 20 件是因為缺乏充分的情資而結案，有五件涉及的是不受該法管轄的人士。[37]

司法部部長在其餘的 11 個案件中進行了「初步調查」，其中有以下六件任命了獨立檢察官，其中包括兩次對司法部部長暨檢察總長艾德文·米斯（Edwin Meese）的調查、對雷根總統的兩位高級助理麥可·迪瓦（Michael Deaver）和林恩·諾夫西格（Lynn Nofziger）的調查，以及「伊朗門案」（Iran-Contra Affairs），乃至於涉及聯邦最高法院所判決有關《政府倫理法》合憲性問題的「莫瑞森訴歐森案」（Morrison v. Olson）。在此期間這些案件的調查，顯示確實有任命獨立檢察官之必要，一些上訴法院的關鍵判決也影響著該法的實際施行，不但考驗著獨立檢察官在偵辦調查司法部部長暨檢察總長的行政不當之職權運作，同時也凸顯了獨立檢察官在實踐過程中有關合憲性問題的憲法挑戰。更甚者，立法部門與司法部門兩者之領導地位有了重大改變，影響了兩者間的互動關係。茲就這六個案件的調查始末和結果闡述如下：

---

[35] *The Ethics in Government Act Amendments of 1983*: 28 U.S.C §598.

[36] 紐約市律師公會聯邦法委員會（1999），頁 4-5；*The Ethics in Government Act Amendments of 1983*: 28 U.S.C.

[37] Charles A. Johnson and Danette Brickman (2001), p. 115.

（一）米斯財務行為不當案

　　此案為 1984 年 4 月至 9 月對司法部長米斯的調查。1984 年 1 月當雷根總統任命白宮顧問米斯為司法部部長暨檢察總長時，參議院在展開人事任命聽證會時，媒體即大肆報載米斯的財務狀況有問題，尤其是一筆未曝光的銀行貸款與聯邦人事任命有關，且每天都有媒體對米斯部長涉及不法的新聞爆料。在當時司法部部長史密斯與聯邦調查局的「初步調查」下，認為有合理的理由確信有必要任命獨立檢察官展開調查，因而任命了雅克伯‧史坦因（Jacob A. Strein）為獨立檢察官展開調查。

　　史坦因檢察官調查重點在於米斯涉有一筆 15,000 美元貸款以及他的妻子持有之「生技資本公司」（Biotech Capital Corporation）的股票交易皆未依法申報；米斯夫婦一項對聖地牙哥市美國銀行（Great American Bank in San Diego）的貸款延遲繳費，而該銀行卻同意接受遲繳之情事，因而涉及到米斯在聯邦政府對該銀行人事任命的利益關聯性；米斯夫婦是否有自政府職位中獲取來自商業機構之財務上利益；米斯以其後備軍人退休身分，卻能晉升至軍方高階職位；米斯未曝光的旅遊核銷之不實申報；米斯收受來自「政權轉移信託基金會」（The Presidential Transition Trust Foundation）的資金；米斯收取南韓政府餽贈的禮物，超過美國法律規定的金額限制；他的妻子收受來自威廉‧莫斯研究院（William Moss Institute）資金；以及米斯獲有來自佩伯達因大學（Pepperdine University）及美利堅大學（American University）的聯邦補助的利益關聯性等等。

　　最後，在約談超過 200 位證人，並在大陪審團前檢視證詞後，這些指控皆在證據不足情況下而對米斯不予起訴。最後米斯部長於 1985 年 2 月 25 日經參議院聽證會確認，宣誓為雷根總統的新任司法部部長暨檢察總長。[38]

---

[38]　Gerald S. Greenberg (2000), pp. 225-228.

（二）歐森妨礙國會調查案

此案為 1986 年 5 月至 1989 年 3 月對司法部助理檢察總長希歐多·歐森（Theodore B. Olson）的調查。1982 年 9 月，兩位重量級的民主黨眾議員艾略特·列維塔斯（Elliot Levitas）[眾議院「公共工程與運輸委員會」和「監督與調查委員會（Committee on Oversight & Investigation）」召集人]、約翰·丁格爾（John Dingell）[眾議院「能源與商業委員會」（Energy and Commerce Committee）召集人]兩人對「環境保護署」（Environmental Protection Agency, EPA）監督「超額危險廢物場地清理使用基金」之規定及執行，是否有浪費基金之嫌而有所審視，因而發函要求調閱「環境保護署」有關超額基金經費的公文。[39]

雷根總統在司法部「法律顧問辦公室」（The Office of Legal Counsel）的助理檢察總長歐森建議下簽署了「行政特權」的命令，賦予「環境保護署」主管安妮·菠福特（Anne M. Burford）可拒絕提供涉有機密性質的文件。國會則認為菠福特有藐視國會之嫌，於是 1985 年 12 月眾議院「司法委員會」要求司法部部長米斯任命獨立檢察官展開調查。

兩位眾議員在 3000 多頁要求任命獨立檢察官的報告中指出：副檢察總長愛德華·施默茲（Edward C. Shmults）扣住司法部的手寫資料而未繳出，涉有阻礙眾議院的調查；而負責「土地和自然資源局」法務事項的助理檢察總長卡羅·丁金斯（Carol E. Dinkins）和白宮顧問（Deputy White House Counsel）理查德·豪瑟（Richard Hauser）也同樣以「行政特權」理由而扣住若干公文；另外國會對歐森則是指控他在 1983 年 3 月的證詞中，以「環境保護署」具有相關公文的「行政特權」為由，而有誤導並向眾議院作不實陳述之嫌。

司法部的「公共誠信處」建議請求任命獨立檢察官，對施默茲、丁金斯、歐森和豪瑟等人有關涉及行政不當指控展開調查。但司法部負責「刑事犯罪科」（The Criminal Division）和負責襄助司法部部長展開「初步調

---

[39] 同上註。

查」的幕僚助理兩方，對於獨立檢察官的調查人選範圍有歧見，最後司法部部長米斯於 1986 年 4 月向獨立檢察官詹姆斯・麥凱（James McKay）只提出對助理檢察總長歐森一人的指控，而要求展開調查。不過，曾爲美國聯邦助理檢察官的麥凱由於其所屬公司與此調查案可能涉有利益衝突，而在任命一個月後請辭，改由莫瑞森（Alexia Morrison）接手偵辦該案的獨立檢察官。[40]

莫瑞森獨立檢察官依 1983 年施行的新法，而引用可能的利益衝突條款，要求司法部部長米斯對該案件調查的參與應有所克制，同時「特別法庭」同意莫瑞森檢察官可以調查助理檢察總長歐森是否與其他人有參與違法不當行爲。換言之，莫瑞森檢察官的調查爲「特別法庭」授權允許擴展延伸至與歐森相關的其他人，於是在 1987 年 5 月莫瑞森檢察官辦公室發予歐森、施默茲和丁金斯等三位司法部高官傳票，以俾進一步調查。此三位司法部的重要官員則轉向哥倫比亞特區的地方法院提出《政府倫理法》不合憲的訴求。[41]

1987 年 7 月 20 日該地方法院作出裁決：認爲《政府倫理法》並不違憲，而駁回歐森等人之廢除傳票請求。歐森等三人在不服判決下，轉而向上訴法院上訴。上訴法院在 1988 年 1 月 22 日判決：《政府倫理法》是不合憲的。[42]莫瑞森檢察官則轉而向聯邦最高法院提出加快程序之審議訴求，聯邦最高法院則於 1988 年 6 月 29 日扭轉上訴法院的見解，以七比一的投票比數撤銷上訴法院的裁定，支持《政府倫理法》的合憲性。[43]最後獨立檢察官莫瑞森以助理檢察總長歐森並未有妨礙眾議院「司法委員會」調查的任何隱匿與陰謀的證據，而予以不起訴處分。據估計，該案的調查

---

[40] Gerald S. Greenberg (2000), pp. 225-228.

[41] 同上註。

[42] *Morrison v. Olson*, 487 U.S. 654 (1988)；鍾鳳玲，《美國獨立檢察官之研究》，《憲政時代》，第 33 卷第 1 期，2007 年，頁 78-79；Charles A. Johnson and Danette Brickman (2001), p. 158。

[43] Morrison V. Olson, 487U.S. 654 (1988); Gerald S. Greenberg(2000), pp. 235-239.

共耗費了 200 多萬美元。[44]有關各級法院對「莫瑞森訴歐森案」（Morrison v. Olson）的判例，於第五章第二節「獨立檢察官制度的合憲性」中有詳細討論。

（三）迪瓦違法遊說案

此案為 1986 年 3 月至 1989 年 6 月對迪瓦（Deaver）的調查。迪瓦為雷根總統的前任副幕僚長（Deputy Chief of Staff）和特別助理，迪瓦因長期和雷根總統的密切友好關係，在他去職離開公職後，卻仍保有自由出入白宮的特權，因而吸引了許多富豪請他代為向政府利益遊說。

迪瓦被指控的一些負面遊說包括：涉嫌和預算局局長詹姆斯‧米勒（James Miller）會面所協商與「羅克威爾國際公司」（Rockwell International）購買 B1 轟炸機，向國會提供偽證；代表美國「菲利普‧莫里斯菸草公司」（Philip Morris）向南韓政府遊說，最後卻又反成南韓政府的代表；試圖影響財政部第 936 條稅法（Internal Revenue Code）的立場，而導致可能對美國企業在波多黎各（Puerto Rico）的商業貿易賦稅造成負面影響；在迪瓦辭去美國白宮職位後，他曾代表加拿大政府與美國政府進行酸雨議題的談判，但他在白宮工作時即從事與該項議題相關的業務，而有利益關聯性。其他尚有不當地向波音公司遊說以取代「空軍一號」（Air Force One）的合約；代表哥倫比亞電視公司（Columbia Broadcasting Station, CBS）向美國「聯邦通訊傳播委員會」（The Federal Communication Commission, FCC）不當遊說；代表沙烏地阿拉伯向美國政府不當遊說有關軍售事宜；幫助「跨世界航空公司」（Trans-World Airlines, TWA）向美國交通部遊說，以抵禦敵意性收購；以及代表華盛頓特區的棒球委員會，向雷根總統遊說等。[45]

1986 年 5 月惠妮‧西茉（Whitney North Seymour Jr.）被任命為獨立

44　Gerald S. Greenberg (2000), pp. 235-239.
45　同上註, pp. 88-91.

檢察官負責該案的調查，其間迪瓦在 1987 年曾向哥倫比亞特區地方法院申請強制命令，以阻止西茉檢察官對他的偽證罪嫌作出起訴行動，不過被法院拒絕。[46]原本迪瓦面臨可能 15 年的有期徒刑，不過 1988 年 9 月法院針對迪瓦的其中三個指控案各判處三年有期徒刑，並罰款 10 萬美元之判決，最後則判予緩刑三年，期間不得進行與聯邦政府相關的遊說活動，並有 150 小時的社區服務。估計該案之調查亦花費共 150 萬美元。[47]

（四）華萊斯逃稅案

1986 年 12 月 18 日《華盛頓郵報》報導一件由獨立檢察官卡爾・若爾（Carl Rauh）祕密偵辦的案件，主要偵辦雷根政府的助理檢察總長勞倫斯・華萊斯（Lawrence Wallace）所涉已有兩年未申報個人所得稅。1987 年 3 月華萊斯助理檢察總長因違反司法部規範之利益衝突而被迫辭職。之後另一位亞特蘭大的稅務律師詹姆斯・哈伯（James Harper）接手為獨立檢察官持續調查，最後查出華萊斯未申報聯邦所得稅，已經違反法律規定且涉犯罪。華萊斯因而提交申報且繳交那些未申報年度的稅款。1987 年 12 月哈伯檢察官的結案報告中認為：該案並未招致政府的損害，而未對之提起公訴。[48]

（五）諾斯與波因戴斯特「伊朗門案」

此案即為始於 1986 年 12 月、持續八年多的「伊朗門案」。「伊朗門案」起於 1970 年代至 1980 年代間的美國、伊朗兩國交惡，以致常有美國人在伊朗遭到綁架，1985 年有六名美國公民遭到黎巴嫩「真主黨」

46　Deaver v. Seymour, 656 F. Supp. 900 (D.D.C. 1987).

47　Charles A. Johnson and Danette Brickman (2001), pp. 160-163；紐約市律師公會聯邦法委員會（1999），頁 5；迪瓦因為始終與共和黨人保持良好關係，1991 年還幫卸任的雷根總統籌設「雷根圖書館」。

48　Howard Kurtz, "2 Independent Counsels Are Secretly Appointed," *Washington Post,* 18 December 1986, A10; Gerald S. Greenberg (2000), p. 278; Ruth Marcus, "Justice Official Won't Be Charged in Tax Case," *Washington Post,* 19 December 1987, A3.

（Hezbollah in Lebanon）武裝綁架。當時雷根政府為使被綁架的美國公民能安全獲釋，有高級官員祕密與伊朗國內的溫和派政治勢力接觸，雙方並達成以軍售武器予伊朗的交易，作為交換人質條件的協議。而伊朗國內的溫和派則利用對真主黨的政治影響力，以敦促黎巴嫩的真主黨能釋放美國人質作為回報。由於當時美國法律係禁止向伊朗軍售武器，該交易係透過以色列的協助下，秘密進行武器買賣交易。而軍售所得的款項，則轉用於資助尼加拉瓜反抗軍的武裝力量，以對抗當時反美的尼加拉瓜桑定政府。該項作為實已違反美國國會自 1985 年以來，所決議嚴格限制美國政府對尼加拉瓜反抗軍的資助。[49]

1986 年 11 月經由媒體報導的一系列非法祕密交易新聞曝光後，該「伊朗門案」若屬實，將會直接衝擊美國的政策和法律，使雷根總統、司法部部長以及多位國家安全的高級行政官員捲入嚴重的政治危機。當時白宮辦公室對外發布沒有任何美國政府官員涉及不法的活動，其間雷根總統會晤司法部部長米斯，還要求米斯擬定一份對外較為一致性的事件摘要與報告，以昭公信。

米斯部長在「初步調查」中發現若干指控確有其事，因而導致國家安全會議成員波因戴斯特（John Pointdexter）的辭職，以及國家安全會議官員奧利佛・諾斯（Oliver North）中校被調職。最後米斯指示聯邦調查局介入調查，並據該局的調查報告，促使米斯向「特別法庭」提出任命獨立檢察官的聲請。[50]

1986 年 12 月 19 日共和黨的前副檢察總長、也是前美國聯邦法官的勞倫斯・華施（Lawrence E. Walsh）被任命為獨立檢察官，負責調查「伊朗門案」。[51]在華施全力追查有關「伊朗門案」所牽涉的資金流向、組

---

[49] Gerald S. Greenberg (2000), pp. 183-188;〈1986 年 11 月 2 日美國伊朗門事件被披露〉,《人民網》, 2003 年 11 月 2 日, 取自<http://www.people.com.cn/GB/historic/1102/5163.html>。（檢閱日期：2017/10/13）

[50] North v. Walsh, 656 F. Supp. 414 (D.D.C. 1987); Gerald S. Greenberg (2000), pp. 252-256.

[51] Gerald S. Greenberg (2000), pp. 183-188, 252-256.

織、政府官員和經手人等事項的同時，國會也同步成立「伊朗門委員會」
（the Select Iran-Contra Committees）展開調查。1987 年 2 月，國家安全
會議官員諾斯中校則正式以法律訴訟，挑戰《政府倫理法》的合憲性問
題，以阻礙獨立檢察官的進一步調查。華施檢察官在瑞士銀行的記錄中，
確認了對諾斯、奧伯特·漢金（Albert Hakim）（一位伊朗出生的商人，負
責將軍售資金轉至尼國反抗軍帳戶）和理查德·賽考德（Richard V.
Secord）（一位退休空軍官員）等不利的證據。在華施檢察官約談了包括
雷根總統在內的數百位證人後，大陪審團接受華施檢察官的控訴。[52]

在 1992 年美國總統選舉的前四天，華施檢察官提出包括國防部部長
卡斯普·溫伯格（Caspar W. Weinberger）在內的幾位國防部、中央情報局
和國務院的官員不實陳述與偽證的控訴，甚至直指當時的共和黨總統參選
人喬治·布希（George Bush）就「伊朗門案」的作證涉有偽證之嫌。華
施甚至在 1993 年 1 月質疑布希總統是否利用憲法賦予的特權，赦免一些
之前的親信，以避免「伊朗門案」更進一步被揭露，這些皆引發當時共和
黨國會議員強烈質疑華施辦案的政治動機。[53]

1993 年 8 月華施檢察官的結論報告中指出：1985 年軍售武器予伊
朗，違反武器輸出控制法案，該事項為包括雷根總統在內的行政高官所知
曉，雷根政府的一些官員們在「伊朗門案」上，共同串聯欺騙國會和大
眾；諾斯中校對「伊朗門案」的行為是受到中央情報局、國防部和國務院
高級官員的指使與支持；布希總統、國務卿喬治·舒爾茲（George P.
Shultz）、國防部部長溫伯格等均知曉伊朗武器販售的詳情。公眾對於這份
結案報告知悉甚少，因調查拖延時日已久，不少醜聞事件主要人物已離
職，對諾斯和波因戴斯特的起訴，因賦予赦免而在上訴中翻轉，對國防部
部長溫伯格所起訴的謊證（perjury）和偽證（false statements）也因布希
總統的赦免而停止。甚且有人批判華施檢察官係在主導一個摧毀共和黨的

52　同上註；North v. Walsh 656 F. Supp. 414 (D.D.C. 1987).

53　North v. Walsh 656 F. Supp. 414 (D.D.C. 1987); Charles A. Johnson and Danette Brickman (2001),
　　p. 167.

巫術行徑，尤其他選在 1992 年總統選舉幾天前，指控國防部部長溫伯格扣留證據不呈交國會的指控，顯然別有一番不良的政治動機。[54]因為對華施檢察官負面的認知觀感，導致共和黨國會議員在 1992 年 12 月杯葛國會重新授權展期《政府倫理法》，因而影響並導致該法在 1992 年的暫時中止。

（六）諾夫茲格非法遊說案

此案為 1987 年 2 月至 1989 年 10 月對白宮前新聞聯絡主任（Communication Director）法蘭克林‧諾夫茲格（Franklyn C. Nofziger）的調查。1987 年 2 月詹姆斯‧麥凱（James McKay）被任命為獨立檢察官，調查諾夫茲格為紐約一家精緻電子設備製造公司「威泰克」（Well-built Electronic Die Corporation, Wedtech）向白宮遊說爭取一份 3,200 萬美元的美國陸軍實驗計畫訂單和約，涉及違反美國聯邦法典相關法令之規定：官員在任期中不得向任一政府部門做有關個人利益之遊說；官員不得為自身曾經服務過的政府單位在去職後一年內，進行對與其利益或潛在利益有關的遊說。[55]

「特別法庭」任命並授權麥凱檢察官調查與此案相關的其他涉嫌人，是否違反憲法或聯邦法令事項的權限。麥凱檢察官根據該授權，也對司法部部長米斯涉及與該非法遊說案有關的行政不當行為展開調查。原來當時紐約南區聯邦檢察官調查相關「威泰克」公司案時獲有情資，謂「威泰克」公司商業與法律顧問羅伯特‧沃萊克（Robert E. Wallach）與司法部部長米斯過從甚密，甚至有證據直指米斯幫忙沃萊克去取得美國陸軍合約。

另外米斯部長也與一家名為「法蘭克林欽」（Franklyn Chinn）的國際財務管理公司有良好關係，而該公司正好也是「威泰克」公司財務管理顧

54　Gerald, S. Greenberg (2000), p. 187.

55　同上註，pp. 251-252; Debra Beinstein, "Making the case against Nofziger," *The American Lawyer*, September 1987, p. 117.

問，而涉及米斯有否因而收受不當的有價物品。而米斯透過「法蘭克林欽」財務管理公司在「AT&T 電信公司」和「區域貝爾營運公司」（Regional Bell Operating Companies, RBOCs）等電信集團的股票獲利，亦違反美國聯邦法典有關公職人員利益衝突等法律規範。麥凱檢察官甚至接觸米斯的報稅記錄，而發現有申報不實。另外，麥凱檢察官也查出米斯的案外案，即涉及一英國公司計畫興建自伊拉克科庫克（Kirkuk）至約旦的原油輸出管方案，米斯涉嫌贈與有價物品予外國政黨且從中獲益而違反《外國貪腐行為法》（The Foreign Corrupt Practice Act）相關規定。[56]

最後諾夫茲格所涉案件在初審法院被判有罪，卻在華盛頓特區上訴法院以違反聯邦法典法令之事證模糊，而撤銷先前判決；而米斯涉及的所有指控案件，則皆以證據不足而獲不起訴結案。事後米斯在閱讀完麥凱檢察官的結案報告時，曾嚴厲地批判麥凱檢察官的整個調查過程、花費乃至結論。米斯部長認為：麥凱檢察官的調查過程誤導法院和大眾的視聽，不但逾越獨立檢察官應有的職權，同時也指出獨立檢察官並不具有憲法的法律基礎。[57]

第三節　1987年《政府倫理法》的修訂與實踐

一、1987 年《政府倫理法》修正的背景

《政府倫理法》在 1983 年至 1987 年的共五年運作施行下，出現一些新的問題和情況，使國會在 1987 年重新授權展期時有了新的考量。國會對於 1987 年《政府倫理法》的修訂與授權展期的考量，主要建構在司法部對於當時變化性之政治與法律的實際運作經驗下，司法部對於該法的相關詮釋與執行狀況。而這些問題和情況則主要環繞在司法部部長與獨立檢察官兩者之間的權力消長。其中一個很重要的影響因素，為雷根總統

56　Gerald S. Greenberg (2000), p. 227.

57　同上註。

1985 年所任命之司法部部長暨檢察總長的米斯，他不但在 1983 年至 1987 年《政府倫理法》施行間，兩次爲獨立檢察官所調查，而且他個人擔任司法部部長期間，深刻認爲獨立檢察官制度篡奪了行政部門的權力，係違反憲法的「權力分立原則」。同時他充分利用 1983 年《政府倫理法》賦予司法部部長的自由裁量權，盡其所能地將之發揮到極致，藉以制約並影響獨立檢察官的調查。這些司法部部長對於《政府倫理法》的態度和立場，乃至所採取的行動，皆是國會對獨立檢察官制度發展的重要觀察。

以「薇特莉案」（The Faith Whitterley Allegations）爲例，薇特莉爲當時美國駐瑞士大使，是米斯部長的私人朋友。她在 1986 年因職務上的多項涉及行政不當行爲而被指控，包括：不當使用大使館的基金，去爲司法部部長米斯和同仁開宴會款待，並提供工作予捐贈者之子；她也被指控曾恐嚇大使館的特派任務團副團長，威脅其如果配合司法調查，將會予以免職。米斯部長在調查後認爲：薇特莉大使並沒有違法使用資金的動機，而且薇特莉大使的行爲也沒有引起任何國家利益的傷害，所以毋需繼續調查，也沒有必要聲請任命獨立檢察官調查。

「薇特莉案」顯示在指控最早期階段，司法部部長對於開啓獨立檢察官展開調查，具有很大的裁量權。因爲在 1983 年至 1987 年間，司法部根據《政府倫理法》處理了 36 起案件，其中就有 25 件（超過三分之二）是在司法部部長展開「初步調查」前即告結案。原因即在司法部部長在「初步調查」之前精心設計了一個大約爲期兩個半月的「門檻調查」（threshold inquires）之查訪，從中司法部部長可決定是否有足夠證據去啓動「初步調查」。而司法部部長決定是否展開「初步調查」的根據，則爲涉嫌人「是否有犯罪動機」，而這樣的認定又完全操控在司法部部長的裁量權中。誠如參議院「政府事務委員會」的一份報告中所言，國會懷疑司法部部長的「門檻調查」的設計，意在規避法定的「初步調查」之必須向「特別法庭」正式報告，以期對於涉及行政不當之調查的主導權，能轉

由司法部部長先發制人地決定。[58]

　　另一影響國會立法考量的案件為 1986 年的「歐森案」，有關眾議院在質疑「環境保護署」對清除有害物質暨基金運用有否浪費等事項，要求索取相關公文時，該署因聽從司法部官員建議其可依「行政特權」，而拒絕提供文件予國會，因而遭眾議院以「藐視國會」為由，要求司法部啟動對司法部官員歐森、施默茲和丁金斯等三人進行調查。司法部部長米斯以施默茲、丁金斯兩人缺乏「足夠明顯的犯罪意圖」為由，而認為不需要尋求任命獨立檢察官。可見司法部部長對於是否要展開「初步調查」，有相當大的自由裁量權，使國會在 1987 年重新授權《政府倫理法》時，慎重地考慮應該要限縮司法部部長的權力。事實上，參議員卡爾・萊文（Carl Levin）在 1987 年國會重新授權《政府倫理法》時認為，自 1982 年以來，在司法部部長拒絕任命獨立檢察官的案子中，有 50%根本不是以「明確性」和「可信度」來評估案件。萊文參議員在該法重新授權展期的聽證會中，指控司法部部長在試圖以一個「走後門」的取巧方式，破壞《政府倫理法》的規範。[59]

　　另外，國會對 1987 年修訂的《政府倫理法》版本，更加關注在提高獨立檢察官的權力，其原因在於：一向對獨立檢察官制度持反對態度的雷根總統，雖然在 1984 年競選連任成功，但其共和黨在 1986 年國會期中選舉中失去了在參議院多數席位的優勢。這意味著國會的委員會主席群將有所更動，而且國會管轄有關《政府倫理法》的委員會成員亦會有所改變，這些政治環境的變化，使行政部門對國會重新授權的抵制力和影響力降低。再加上司法部部長米斯和國會許多議員關係緊張，其中民主黨參議員萊文自擔任國會中監督《政府倫理法》執行之「政府事務管理監督小組委員會」（Government Affairs Management Supervision Subcommittee）主席後，更是和行政部門關係處於對立狀態，使得雷根政府在該法修訂授權的

58　Katy J. Harriger (2000), p. 134.
59　同上註, pp. 84, 137-138.

影響力大爲減弱。更重要的是，經由聯邦最高法院對「莫瑞森訴歐森案」（Morrison v. Olson），判決確立獨立檢察官制度的合憲性，也提供有利的依據，促使國會對擴大獨立檢察官權力形成共識。[60]

二、1987 年《政府倫理法》的修正版本內容[61]

國會針對是否重新通過《政府倫理法》進行了六個月的審查，包括與司法部官員、「特別法庭」成員以及前任和現任獨立檢察官等進行了聽證與會談。最後國會對《政府倫理法》做了如下修正，並重新授權通過該法。

（一）限縮司法部部長在進行「初步調查」時的自由裁量權：爲避免司法部部長在「初步調查」之前進行精心設計的「門檻調查」，以規避須向「特別法庭」報告的要求，國會縮小了司法部部長「門檻調查」的自由裁量權。新法要求司法部部長的「門檻調查」不可超過 15 天（原本爲兩個半月），期間即使發現無法確定情資是否具體而可靠時，仍然需要展開「初步調查」，主要目的即在制約司法部部長在「門檻調查」的裁量，以避免司法部部長在最初調查階段「吃案」。[62]

之前《政府倫理法》規範司法部部長在收到該法所管轄的官員「可能涉犯聯邦刑法罪」之情資時，應展開進行「初步調查」，1987 年該法修正爲要求司法部部長在收到有關該法所管轄的官員「可能違反」聯邦刑法之情資時，即應進行「初步調查」。換言之，新法降低司法部部長採取法定行動的標準，同時國會在該法中並要求司法部部長在決定是否進行「初步調查」時，除非其掌握有「明確且具說服力」的證據（clear and convincing evidence），否則僅應注重所收到情資之「明確性」和「可信度」，而完全排除掉「犯罪動機」的考量。另外，1987 年修訂版本也禁止

60　同上註。

61　紐約市律師工會聯邦法委員會（1999），頁 5-6。

62　*The Independent Counsel Reauthorization Act of 1987*: §591(d) (1)(2).

司法部部長以「缺乏犯罪動機」（state of mind）為理由，而決定不任命獨立檢察官。[63]

　　新法縮減了司法部部長在決定是否任命獨立檢察官問題上的自由裁量權，國會修正為要求司法部部長在其有「合理理由相信進一步調查確有必要時」（reasonable grounds to believe that further investigation is warranted），就必須尋求任命獨立檢察官。[64]國會修法的理由係認為：在調查的早期階段，對於難以評估的「犯罪意圖」，不應由司法部部長來判定，因為司法部部長在調查中並沒有傳喚證人或召集大陪審團的權力，在缺乏判斷調查對象是否有犯罪意圖的有力工具下，自是修法禁止司法部部長故技重施以所謂「缺乏犯罪動機」而放水。[65]

　　（二）明確規定獨立檢察官在收入和任職後的限制等問題上，毋需遵守司法部行為準則：在此之前司法部一直堅持獨立檢察官及其工作成員，皆應遵守司法部對檢察人員的種種限制，因而導致了一名獨立檢察官和其整個工作成員的辭職。1987 年國會的修正支持了獨立檢察官在這個問題上的立場。[66]

　　（三）增加要求司法部部長自我迴避的條款：由於司法部部長米斯兩次成為獨立檢察官的調查對象，加深國會對司法部部長在獨立檢察官調查時的利益關係與衝突之考量。國會修正該法要求司法部部長在每一件涉及高級官員的案件中，凡與司法部部長或與司法部部長現在或近來有私人或財務上之利益關係者，皆需考慮自我迴避。而司法部部長就自我迴避問題，應向「特別法庭」提交書面報告，說明其在做出決定時所考慮的事實

---

[63] *The Independent Counsel Reauthorization Act of 1987*:§591 (c) (1), §591 (d) (1) (2) & §592(a) (1) (2).

[64] 紐約市律師工會聯邦法委員會（1999），頁 5-6；*The Independent Counsel Reauthorization Act of 1987*: §592(a) (2) (B) (ii).

[65] Katy J. Harriger (2000), pp. 137-138; *The Independent Counsel Reauthorization Act of 1987*: §591(c) (1) (2), §592(2) (A).

[66] 紐約市律師工會聯邦法委員會（1999），頁 5-6。

和理由。[67]

（四）修改了尋求擴大獨立檢察官之管轄權的程序，賦予司法部部長在決策過程中的重要作用，以維護該法律的合憲性：根據 1987 年修正之前的《政府倫理法》，獨立檢察官請求司法部部長或「特別法庭」擴大其管轄權，若司法部部長拒絕這種請求時，「特別法庭」則會裁決未被授權擴大該管轄權。經國會修改後規定：獨立檢察官只能向司法部部長要求擴大其管轄權，司法部部長必須就該事項進行爲期 30 天的「初步調查」，並決定是否同意該請求。如果司法部部長同意請求，則可尋求聲請任命新的獨立檢察官，或交予現任的獨立檢察官擴大偵查。若司法部部長認爲沒有合理理由相信需要進一步擴大調查，則應速通知「特別法庭」，「特別法庭」則無權賦予獨立檢察官，或另任命一獨立檢察官來擴大其管轄權。另外，修正案要求司法部部長對來自現任獨立檢察官的任何建議，應給予「高度重視」。[68]即「特別法庭」對司法部部長拒絕任命獨立檢察官或拒絕擴大現任獨立檢察官之管轄權的任何決定，可要求司法部給予更充分的解釋，以增加司法部部長在作出此等決定時的責任感。[69]

（五）增加明晰而清楚的條文，界定獨立檢察官制度的獨立性：條文中確切地界定獨立檢察官及其成員與司法部之間的分割而獨立的身分。[70]

（六）減少有關獨立檢察官的利益衝突：鑑於過去曾至少有一名獨立檢察官和一名獨立檢察官工作成員，受聘在由另一獨立檢察官進行的調查中擔任辯護律師，而引起輿論譁然。針對這種會引起實際的或表面的利益衝突，該法經國會修正爲以禁止獨立檢察官或其工作成員代理該法程序進行下的任何人。該禁止規定亦適用於獨立檢察官或其工作成員所屬的律師合夥人或律師事務所。[71]

---

[67] 同上註；*The Independent Counsel Reauthorization Act of 1987*: §591(e) (1) (2).

[68] *The Independent Counsel Reauthorization Act of 1987*: §593(c) (1) (2).

[69] 紐約市律師工會聯邦法委員會（1999），頁 5-6；*The Independent Counsel Reauthorization Act of 1987*: §593(d).

[70] *The Independent Counsel Reauthorization Act of 1987*: §594 (i).

[71] 紐約市律師工會聯邦法委員會（1999），頁 6；*The Independent Counsel Reauthorization Act of*

　　（七）規範對獨立檢察官合理費用支出更明晰清楚而緊縮的要求：爲了削減經費，並將支出限制在合理的範圍，經修正的《政府倫理法》，爲獨立檢察官增加規定一系列報告的要求和費用支出的標準。[72]

　　（八）建立更具體的程序和標準，使國會更容易獲得並監督調查的過程和訊息：1983 年的《政府倫理法》規定，除非經「特別法庭」批准，在主要報告及其他報告中有關司法部部長之「初步調查」或獨立檢察官之調查的檔案不應對外公開，因此「特別法庭」大都不願意公開這類檔案。國會修改新的規定，要求「特別法庭」將對負責監督獨立檢察官程序的國會各委員會的請求，給予特別考慮。另外，新法規定對於國會有關要求瞭解「初步調查」的任何狀況時，司法部部長應在 30 天之內告知回應國會，包括已提交予「特別法庭」的任何資料、文件。其目的即在提升對司法部部長有關國會監督任命獨立檢察官的課責性。[73]

　　由上可知，1987 年國會在重新授權對《政府倫理法》展期的政治背景較爲複雜，包括：司法部部長米斯的就任，所引發其對《政府倫理法》執行態度與行爲的爭議、1986 年共和黨在國會期中選舉中喪失參議院的優勢地位，乃至「伊朗門案」的曝露，皆使雷根政府的權威和聲譽下滑，而對國會的影響減弱。加上「歐森案」有關獨立檢察官之合憲性的爭議，使國會在 1987 年的修訂目標，意在加強監督並制約司法部部長可能遇到的利益衝突，同時大幅提高、擴充獨立檢察官的權限，以符合憲法和實際施行的需求。

三、1987 年《政府倫理法》的實踐

　　從 1987 年至 1992 年，司法部根據 1987 年的《政府倫理法》處理了

　　　1987: §594(j) (1) (2) (3) (4).

[72]　紐約市律師工會聯邦法委員會（1999），頁 6；*The Independent Counsel Reauthorization Act of 1987*: §594(j) (1) (2) (3) (4).

[73]　紐約市律師工會聯邦法委員會（1999），頁 6；*The Independent Counsel Reauthorization Act of 1987*: §592(g) (1) (2) (3) (4).

52 個案件。其中 38 個案件在司法部部長的「門檻調查」階段即告結束，原因包括這些案件所涉及的官員不屬於該法管轄範圍，或所提供的情資不具體或不可信賴或兩者兼有之，或所指控的行為並不構成犯罪等。其他14 個案件有到「初步調查」的階段，這之中有五個案件在「初步調查」之後，作為記錄在案的事項而予以結案；另外五個案件在完成整個機密「初步調查」之後結案，最後共有四個案件任命了獨立檢察官。[74]茲就這四個案件的調查始末和結果闡述如下：

（一）西康尼財務行為不當案

此案為 1989 年 5 月對雷根政府的白宮辦公室幕僚長助理詹姆斯・西康尼（James W. Cicconi）違法貸款的調查。該項調查為祕密性質，在1989 年 9 月為《華盛頓郵報》所揭露。當時任命前聯邦檢察官丹・威伯（Dan K. Webb）為獨立檢察官，調查西康尼 1984 年在白宮任職時自巴爾地摩「第一美國房屋抵押公司」（First American Mortgage Company, FAMCO）獲有一筆違反聯邦道德法令的 5,000 元貸款。「第一美國房屋抵押公司」對西康尼的該項貸款不需歸還，目的大抵在為了向白宮任職的西康尼拉關係邀寵。在 1989 年 9 月 6 日，根據《華盛頓郵報》報導指出：威伯檢察官提出結案報告，認為起訴西康尼是毫無根據而予以結案。而根據美國主計處的報告，該案的調查費用約為 15,000 美元。[75]

（二）皮爾斯濫用行政經費案

此案為 1990 年 1 月對雷根政府時期的「住房和城市發展部」部長賽繆爾・皮爾斯（Samuel R. Pierce Jr.）展開其任內有關政府租給低收入戶房屋計畫的核帳效能低落、程序失當之調查。該調查前後任命前美國上訴法院法官阿林・亞當斯（Arlin M. Adams）和前美國聯邦檢察官賴瑞・湯普

---

[74] 紐約市律師工會聯邦法委員會（1999），頁 7。
[75] Charles A. Johnson and Danette Brickman (2001), p. 175.

森（Larry D. Thompson）兩人為獨立檢察官。調查重點在於皮爾斯部長的行政處理是否違反聯邦相關法律、皮爾斯部長是否有作偽證、不當資金運作與流向、妨礙自由、破壞證據以及有否脅迫與該案相關之證人等。

　　檢察官的調查中發現皮爾斯確有輕微涉入其部門相關資金的運作流向，甚至皮爾斯的身邊重要關係人士亦涉嫌行賄、非法挪用資金以及提供不實的證據。1995 年 1 月皮爾斯部長已坦承自己確實應負起整個執行案監督之責，並承認自己身邊幕僚利用該計畫，引進友人和政治盟友以取得修復計畫工程。最後檢察官考量皮爾斯的年紀和健康狀況，以及皮爾斯和其家人並未自該計畫獲取任何利益下，於 1998 年 10 月 27 日提出對皮爾斯部長不予起訴。[76]

（三）簡妮特‧穆林斯竄改資料案

　　此案為 1992 年 12 月至 1996 年 6 月期間，對 1992 年 10 月媒體在總統選舉前一個月報導柯林頓（Bill Clinton）有關國籍資料的護照檔案外洩之調查。針對 1992 年 10 月《新聞週刊》（*News Week*）和《美國新聞與世界報導》（*U. S. News & World Report*）陸續刊登當時參選總統的民主黨候選人柯林頓的護照檔案資訊，文中質疑並影射柯林頓在 1960 年越戰時期，在英國牛津大學擔任羅茲（Rhodes）學者時曾反越戰，且企圖放棄美國國籍。國務院監察總長（State Department Inspector General）佘門‧奉克（Sherman Funk）要求聯邦調查局調查，是否柯林頓護照檔案遭到竄改以及政府部門不當洩漏個資。同年 12 月，前美國聯邦檢察官約瑟夫‧迪杰諾瓦（Joseph E. diGenova）被任命為獨立檢察官，調查為布希（George Bush）總統政治助理的簡妮特‧穆林斯（Janet G. Mullins）是否在面對監察總長奉克或聯邦調查局調查時，提供捏造不實的陳述或試圖妨礙、干涉與影響柯林頓的總統選舉。[77]

---

[76] Gerald S. Greenberg (2000), pp. 2-3, 267-269, 337-338.

[77] 同上註，pp. 97-99, 372-373。

迪杰諾瓦檢察官調查期間還動用了九個聯邦調查局的辦事處，包括負責分析白宮大約 200 台電腦的電腦分析專家，迪杰諾瓦檢察官發現有不少國務院的人員涉及柯林頓的護照檔案事件，包括負責領事事務的國務院助理部長伊莉莎白·坦波西（Elizabeth Tamposi）是否違反《個人隱私法》（The Privacy Act），而洩漏柯林頓的護照檔案予《時代週刊》（Times Weekly）。甚至迪杰諾瓦檢察官在調查中，也想探知當時共和黨的白宮幕僚長詹姆斯·貝克（James Baker），在搜尋柯林頓護照檔案事件中扮演什麼角色，以及其是否涉有任何相關的犯罪。[78]

1995 年 4 月 7 日迪杰諾瓦檢察官結案報告出爐，他認為並無任何證據支持對穆林斯或其他白宮、國務院人員的指控，但究竟是誰洩漏了柯林頓被竄改的護照檔案與相關資料，至今仍然未解。1996 年 1 月在迪杰諾瓦檢察官辭職後，麥克·澤爾丁（Michael F. Zeldin）被任命取代之，直至同年 6 月止。根據迪杰諾瓦檢察官所述，該調查共花費超過 280 萬美元。[79]

（四）被封存的秘密調查

1998 年 8 月 17 日，《法律時報》（Legal Times）報導由一前美國聯邦檢察官唐納德·巴克林（Donald T. Bucklin）和肯尼斯·斯塔爾（Kenneth Starr）為獨立檢察官在 1991 年和 1992 年展開一項祕密調查。該調查之官方記錄被封存，除僅知其調查費用為 93,000 美元以及最後未能成案外，其他資訊一無所知。[80]

四、《政府倫理法》兩年的暫時失效（1992~1993）

在 1992 年，一些國會議員提議對《政府倫理法》進行修正，以增加

---

[78] 同上註。
[79] 同上註。
[80] Charles A. Johnson and Danette Brickman (2001), p. 180.

對獨立檢察官額外財務與管理的限制，並擬重新通過授權該法。然而，由於如前所述獨立檢察官華施在 1986 年調查「伊朗門案」，選擇在 1992 年總統大選前四天起訴了國防部部長溫伯格，以及指控當時共和黨總統參選人布希在就「伊朗門案」國會有作偽證之嫌疑，認為布希總統對「伊朗門案」的實際知情，遠比他在國會聽證會中承認得多。該指控不但影響共和黨總統參選人布希的公眾形象，也給民主黨總統參選人柯林頓競選中的攻擊藉口，因而引發共和黨人的憤慨和不滿，認為華施檢察官的調查目的是在摧毀共和黨，因而導致國會的共和黨議員積極阻擾《政府倫理法》的重新授權展期。當時包括參議院共和黨領袖鮑伯・道爾（Bob Dole）在內的 28 位參議員即曾預告他們將會在國會以「拖死板」（Filibuster）的冗長發言，阻礙《政府倫理法》的重新授權展期。可見獨立檢察官華施調查的「伊朗門案」，使國會成員開始關注到獨立檢察官制度的缺陷，國會支持該法的態度和立場隨之而有所轉變。[81]

另一方面，1992 年正值總統選舉年，而獨立檢察官設立的目的，正是為了調查包括總統在內的高級行政官員涉及行政不當之違法行為，在國會成員未確定何人何黨將入主白宮之際，自是對獨立檢察官應否再予授權展期的態度趨向不明朗。過去民主黨人一向是支持獨立檢察官的制度，但當時為眾議院居多數黨的民主黨，在眾議院的若干民主黨議員因濫用銀行資金而被調查，當時相關提議擬修訂將國會議員亦納入獨立檢察官的調查範圍內，確實令民主黨人擔心該法的重新授權展期，有可能會讓自己惹禍上身，因而在態度上趨於消極與觀望。

再者，當時有國會議員反對在國會休會前批准重新授權法案，因而使該法自 1992 年 12 月起失效，不過所有正在進行的調查案，則可繼續進行至結束為止。在《政府倫理法》失效期間，遇有柯林頓總統夫婦所涉捲入白水發展公司（Whitewater Development Corporation）破產案（簡稱「白

81　Helen Dewar, "GOP Filibuster Threat Kills Independent Counsel Bill," *Washington Post,* 30 September 1992, A11.

水案」）之政治醜聞，由於缺乏立法授權任命獨立檢察官的情況下，1994年1月20日改由司法部部長珍妮特‧雷諾（Janet Reno）據其司法部部長固有權限，任命了曾爲紐約地區聯邦檢察官的羅伯特‧費斯克（Robert B. Fiske Jr.）爲特別檢察官（special prosecutor），對柯林頓總統夫婦的「白水案」展開調查。當《政府倫理法》於 1994 年 6 月重新通過國會授權並頒布施行時，費斯克檢察官對「白水案」的調查仍然繼續進行。有關「白水案」的調查，則在第四節有關 1994 年《政府倫理法》的實踐案例中詳加探討。

第四節　1994年《政府倫理法》的修訂與實踐

一、1994 年《政府倫理法》修正的背景

　　1992 年和 1994 年當國會在考慮重新授權展期《政府倫理法》時，面對環境的巨大變化，包括：獨立檢察官的調查有著高度合憲性的爭議、行政部門和國會部門的不當行爲案例亦有新狀況，以及新選出來的柯林頓總統對司法部有關獨立檢察官法律分歧觀點之態度和立場的轉變等等，使支持與反對的意見相互拉鋸。尤其聯邦最高法院在「莫瑞森訴歐森案」明確判定《政府倫理法》沒有違憲，阻卻了一些反對者難以再主張法院（即「特別法庭」）所任命的檢察官違反憲法之「權力分立原則」，或認爲《政府倫理法》是對行政部門課以不符合憲法拘束的一種特權。

　　一些國會議員對於華施檢察官在 1986 年起爲時六年、花費超過 4,000萬美元的「伊朗門案」調查，認爲其帶有政治動機辦案。當時的《華盛頓郵報》、《紐約時報》皆曾報導揭露華施檢察官是「惡意地」起訴前國防部部長溫伯格，以致有 28 位共和黨參議員極力反對《政府倫理法》的重新授權展期，並預告他們將會以「阻撓議事」之接力發言方式拖延杯葛該法的通過。最後在民主黨參議員不願意挑戰共和黨參議員的接力發言，而使該法案在 1992 年暫時失效。

在第一個起訴前國防部部長溫伯格的案子已爲法院平反之後，華施檢察官選擇在 1992 年總統選舉前四天，再發布對溫伯格前部長的第二個起訴，起訴時機不但讓共和黨的布希政府難堪，同時也打擊了布希總統的尋求連任之路。1992 年 11 月民主黨的柯林頓一當選上總統，即有四位共和黨參議員正式要求司法部部長威廉・巴爾（William Barr）任命獨立檢察官，調查華施獨立檢察官的宣布起訴前國防部部長溫伯格的時間，是否有政治動機和企圖，但爲巴爾部長所拒絕。[82]

巴爾部長雖然並未任命獨立檢察官，但是有將之轉由司法部的刑事部門來調查華施檢察官，否則勢將形成獨立檢察官調查另一位獨立檢察官的狀況。巴爾部長的這項決定，某種程度意味著：獨立檢察官不能被任命去調查另一位獨立檢察官，獨立檢察官並非《政府倫理法》的調查對象範圍。布希總統卸任前赦免了「伊朗門案」被起訴的包括前國防部部長溫伯格在內共七位前雷根政府時期的高官，則使華施檢察官憤怒地宣布，將會擴大調查布希總統在「伊朗門案」的角色。[83]

另外還有一宗爭議引發成爲對支持重新授權展期《政府倫理法》的理由，爲司法部部長巴爾斷然拒絕了民主黨議員要求任命獨立檢察官，調查布希總統是否在伊拉克（Iraq）入侵科威特（Kuwait）前，曾支持伊拉克的行爲而違反法律。司法部部長避開聲請獨立檢察官的途徑，而是以其固有概括權限而內部任命佛瑞德・萊西（Frederick B. Lacey）爲特別檢察官（special prosecutor）調查。萊西檢察官爲一共和黨籍退休的聯邦法官，在經過其七個星期調查後出爐的報告，則洗清對行政官員的指控。民主黨人對該調查結果甚爲不滿，因此新當選的柯林頓總統誓言會支持《政府倫理法》的重新授權展期，而且無論該案是否會交至獨立檢察官手中偵辦，他都會調查到底。[84]

82　Gerald S. Greenberg (2000), pp. 16-19.

83　Walter Pincus, "Bush Pardons Weinberger in Iran-Contra Affairs; 5 Others Also Cleared; Angry Walsh Indicates a Focus on President," *Washington Post,* 25 December 1992, A1.

84　Ronald J. Ostrow, "William Barr: A 'Caretaker' Attorney General Proves Agenda-Setting

此外，正當有些對《政府倫理法》的支持者，主張應將國會議員和聯邦司法官也列入該法的適用範圍之際，1992 年有一些國會議員涉及不當超貸眾議院銀行的濫用特權行爲，而一些反對恢復該法的人士表示，若要重新修法，則應將國會議員的行爲，也列入施行對象的範圍。而當哥倫比亞特區的聯邦檢察官開始調查國會議員濫用特權向國會銀行超貸案時，司法部部長巴爾則內部任命一特別檢察官（special prosecutor）麥克姆·威基（Malcom R. Wilkey）展開調查。儘管調查中透露了確有議員超貸國會銀行的款項，但是威基檢察官的報告，卻駁回了絕大部分涉案議員的刑事指控，即司法部所任命的特別檢察官調查，反而洗清對涉案國會議員的刑事控訴。[85]

另一方面，即將卸任的布希總統和司法部對《政府倫理法》的授權展期，持強烈反對立場。在參議院有關該法授權展期的聽證會上，代表行政部門的副司法部部長喬治·特威利瑟（George J. Terwilliser III）認爲該法集中了許多實權賦予獨立檢察官，但卻沒有適當地予以有效課責和審視，而那些對獨立檢察官免職的規範是沒有效用的，也沒有機制能夠對其行動有所課責。特威利瑟副部長認爲：獨立檢察官大抵只針對明確的個人，而且其所配置與使用的資源，實質上也未有限制。他在聽證會中以「伊朗門案」的調查爲例，自 1986 年 12 月至 1992 年 6 月間，超過 70%以上與《政府倫理法》直接有關的花費約有 3,200 萬，皆全部爲單一獨立檢察官華施所耗費。相較於聯邦檢察官，其被賦予法定的檢察權皆必須接受司法部政策的制約與監督，但《政府倫理法》中的獨立檢察官卻不受司法部的相關監督和拘束。獨立檢察官的存在，某種程度就是對聯邦檢察官的一種「冒犯」和「侮辱」。[86]

Conservative," *Los Angeles Times,* 21 June 1992, Sec. M. p. 3; Sharon LaFraniere and R. Jeffrey Smith, "BNL Special Counsel Unneeded, Re-Consider Inquiry into Bank Case Involving Iraq," *New York Times*, 11 December 1992, A32.

85　Stuart Taylor, Jr., "The Great House Bank Holdup Scandal Is Phony and the Inquiry Is Suspect," *San Diego Union-Tribune,* 31 May 1992, sec. C. p. 3.

86　Charles A. Johnson and Danette Brickman (2001), pp. 125-127.

　　司法部副部長特威利瑟認爲有關偵辦高官之行政不當行爲，也未必一定需要《政府倫理法》才可行。特威利瑟表示，司法部自 1970 年成立以來，已有超過 6,600 名聯邦工作人員，以其廉潔公正程序偵辦高官行政不當事項，在過去本就有良好的績效和記錄。因此對於司法部在偵辦高官行政不當的案件上，不應被抨擊與批評而另立它法以取代。特威利瑟強調：獨立檢察官未如正常的政府部門有一定的財務控管與課責性規範，將會使獨立檢察官的調查成本，有可能超過最後的獲益。[87]

　　司法部對《政府倫理法》的反對態度，在民主黨柯林頓總統 1993 年 1 月就任後有了翻轉與改變。新任司法部部長雷諾在 1993 年 5 月出席參議院「政府事務委員會」會議時，提出她支持《政府倫理法》再通過的一些理由，包括：該機制使美國公眾對於政府體系在偵辦高官行政不當行爲的能力恢復了信心，因爲這些調查係由來自獨立而公正的政府外部人士所調查與審視。以「伊朗門案」爲例，絕非出自司法部部長的監督下所做的調查，因此其結果可以讓民眾對政府有信心，並相信其偵辦過程是嚴謹而公正的。

　　同時雷諾部長相對也提出再通過該法的其他新的建議，包括：增加對獨立檢察官在財政上的課責；賦予獨立檢察官適用的倫理道德標準；希望將司法部部長的「門檻調查」自 15 日擴延至 30 日；以及讓司法部部長可以「犯罪意圖」來評估是否應展開「初步調查」。雷諾部長還建議：獨立檢察官調查範圍可限制在高官違反之涉重罪部分，至於有關高官嚴重的品行不當，則交由司法部正常調查即可；賦予司法部可使用傳票，以俾在「初步調查」時可以獲取相關文件。雷諾部長同時提議國會亦可考慮，賦予最後未被起訴者一些律師費用的補償。[88]

　　不過當時參議院的聽證會中仍有不少人對《政府倫理法》持反對觀點，例如前司法部部長尼可拉斯・卡森巴赫（Nicholas Katzenbach）表

---

[87] 同上註。
[88] 同上註，p. 128。

示：國會不應該因為假定司法部部長無法公平處理政治性的敏感案件而不被信任，就通過另外的法律取代，這樣的假定和推測，形同在摧毀公眾對政府部門廉潔公正的信心，也置司法部於不堪的境地。共和黨參議員羅伯特・道爾（Robert Dole）也以「嚴重失控」一語指出他對華施檢察官調查「伊朗門案」的嚴厲批評，並主張務必加強對獨立檢察官經費控管、辦案期限規範以及放寬對獨立檢察官免職的標準。[89]

就在國會考慮《政府倫理法》重新修法通過時，1993 年 11 月柯林頓總統夫婦的「白水案」被媒體報導出來，乃至柯林頓總統的副白宮顧問文森・福斯特（Vincent Foster）自殺後所持有的相關「白水案」文件，在聯邦調查局偵查前被白宮助理先一步取走。這些疑雲讓「白水案」更形複雜化，使原本對華施檢察官調查「伊朗門案」大力抨擊的共和黨人見獵心喜，認為當下時機通過《政府倫理法》會有政治利益可圖。而且共和黨的議員也認為若非由法院所任命的檢察官，恐怕任何調查皆難有功效並為人民所信任。

「白水案」自 1993 年 11 月至 1994 年 1 月間輾轉換了三個檢察單位偵辦。最初係由阿肯色州的聯邦檢察官主導偵辦，但不久即因檢察官的迴避，而轉由司法部刑事犯罪局主管任命三人為組合的團隊接手調查，後則由司法部部長雷諾任命一位職權功能類似當年偵辦「水門案」的特別檢察官展開獨立調查。但是參眾兩院除了在委員會中開會調查「白水案」，也給司法部部長雷諾壓力，要求她展開一個真正具有獨立性的調查。最後的轉折，則是柯林頓總統翻轉了先前的爭議與司法部的歧見，而要求司法部部長雷諾聲請任命獨立檢察官，調查自己所涉的「白水案」。最後在兩黨不約而同皆以多數投票同意下，《政府倫理法》獲得了國會兩院的修訂授權通過，柯林頓總統則在 1994 年 6 月 30 日簽署該法案。

儘管 1992 年《政府倫理法》暫時失效，但 1993 年民主黨的柯林頓總統捲入「白水案」，促使國會共和黨人興起支持對《政府倫理法》進行重

---

[89]　同上註。

新授權的態度。尤其當時的司法部部長雷諾為民主黨籍，一些共和黨國會議員認為費斯克係由司法部部長以其固有之權限內部任命的特別檢察官，由他來調查柯林頓總統夫婦的「白水案」，立場可能不夠中立，因為儘管費斯克檢察官為溫和派共和黨人，但費斯克檢察官在偵辦柯林頓夫婦「白水案」時，竟然曾要求國會放棄調查一些對柯林頓總統相關的指控，使國會倡導恢復《政府倫理法》的氣候成形。[90]

　　再者，柯林頓總統是繼卡特總統之後，另一位支持獨立檢察官制度的總統。他曾宣誓要建立美國成為一個高道德標準的國家，而獨立檢察官制度則可視為建立高道德標準的重要表徵，因為當初《政府倫理法》的通過，即在奠定政府和人民之間相互信任的基石，而無論哪個政黨控制行政部門或立法部門，在獨立檢察官制度下皆能確保法律之前人人平等，官員們皆能正直行事。另一方面，司法部部長雷諾在 1993 年的國會聽證會中，也曾表達支持的態度，她說：「獨立檢察官制度確保公眾相信司法調查為公正性和徹底性的手段，其能夠消除在調查政府高官時所存在的利益關係」。[91]另外，1993 年同一時間的國會聽證會中，「美國律師協會」和「共同事業委員會」等利益團體紛紛作證表態，以積極態度和立場支持對《政府倫理法》的重新授權展期。

　　在上述各種因素的驅動下，重新頒布《政府倫理法》的議案於 1993 年 1 月被再度提出，在柯林頓政府支持該法重新頒布的立場下，促使該法修正，並於 1994 年 7 月再次展期。

二、1994 年《政府倫理法》的修正版本內容[92]

　　《政府倫理法》經由 1987 年至 1994 年（中間 1992 年至 1993 年失效

90　Katy J. Harriger (2000), p. 92.

91　John Gibeaut, "In Whitewater's Wake: Lurid Details Aside, Is it a Crime?" *A.B.A. Journal,* Vol. 848, No. 41, November 1998, p. 36; Katy J. Harriger (2000), p. 92.

92　紐約市律師工會聯邦法委員會（1999），頁 7-8。

而告暫停）獨立檢察官調查案件的實踐經驗下，引導出 1994 年修訂《政府倫理法》的重點，在於增加獨立檢察官調查的透明度，包括經費的支出與工作人員的任用，以期能和聯邦其他檢察官的支出相符。另外，則是該法管轄範圍擴及國會議員。雖然在 1978 年該法立法的首要目的係為抑制行政部門的腐敗，以期確保特別而獨立的檢察官能公正地偵辦行政高官之不法。但是之後在九〇年代，國會也開始出現了大量的腐敗行為，因而1994 年修訂將國會議員納入適用範圍，以正行政與國會部門之官箴。茲對 1994 年的修法重點說明如下：

（一）進一步對獨立檢察官經費支出加以限制，使其經費支出與其他聯邦檢察官的支出相符：1994 年的法律賦予獨立檢察官在調查時全部原先具有之裁量權，但基於華施檢察官調查「伊朗門案」的經驗，新修條款對獨立檢察官的財政與行政支出，課以一些嚴格的新要求，以俾控制。例如要求獨立檢察官任命一名特別工作人員專責檢視，以及證明獨立檢察官所花費的每一筆支出均是合理合法的，使獨立檢察官的花費在可能的範圍內，符合司法部的支出政策與該法的宗旨。新法同時要求獨立檢察官所任命之工作成員的薪資給付比率，不得超過與之相當地位的哥倫比亞特區聯邦檢察官辦公室成員。[93]

另外，規定獨立檢察官除了每半年需向「特別法庭」提交費用支出報告外，還應向國會提交年度調查進展與費用支出報告；新條款還增加有關審計長（Controller General）每半年審視獨立檢察官支出決算的詳細要求，包括主導獨立檢察官半年財報的審查，以及在 90 天內向國會「司法委員會」、「政府事務委員會」及「撥款委員會」等報告審查結果。[94]同時可以要求獨立檢察官通過答覆被調查人所提出的償付律師費的請求，來證明其支出的合理性，以俾在最後若終結不起訴處分時，可酌情補償。

（二）加強司法部部長的裁量權與課責性：在 1994 年重新授權的

93　United States Codes (U.S.C.) & Sections (1994 Reauthorization:594(c).

94　United States Codes (U.S.C.) & Sections (1994 Reauthorization:595(a) (2), 596(c) (1) (2).

《政府倫理法》中，國會拒絕了司法部部長雷諾在聽證會中所期望擴大司法部部長可以「缺乏犯罪意圖」，作為不擬展開「初步調查」理由的裁量權。同時國會也拒絕了司法部部長雷諾所建議：賦予司法部部長在「初步調查」時可擁有使用傳票、大陪審團以及其他調查工具，以獲取資訊。[95]但新法相對闡明授予司法部部長一些裁量權，新法明確放寬司法部部長進行的「門檻調查」期限從 15 天延長到 30 天；增加司法部部長和政府倫理辦公室（Office of Government Ethics）主管對獨立檢察官和其組員執行職務時，應符合法律規範之權力。如果相關情資顯示司法部部長捲入某個案件時，他必須自動迴避，由司法部次高層級官員來執行該法授予司法部部長的職責。司法部部長在向司法部之外的人士公開檔案之前，只要這種公開「為實施法律所必要」，則無需尋求「特別法庭」的同意。[96]

（三）對所管轄官員的範圍進行調整：規定該法擴及適用於國會成員，即當司法部部長基於公共利益（public interest），則可決定展開對國會議員的「初步調查」。[97]

（四）訂定落日條款：除非經國會重新展期，否則 1994 年《獨立檢察官法》定於 1999 年 6 月 30 日失效。[98]

三、1994 年《政府倫理法》的實踐[99]

（一）白水案

1994 年 8 月，就在《政府倫理法》經上述修正重新頒布後不久，「特別法庭」拒絕重新任命之前為司法部部長雷諾所任命的特別檢察官費斯克

95　United States Codes (U.S.C.) & Sections (1994 Reauthorization:592(a) (2) (4).

96　United States Codes (U.S.C.) & Sections (1994 Reauthorization): 591(a) (2), 594(j) (5), 594(c), 591(e) (1) (A).

97　United States Codes (U.S.C.) & Sections (1994 Reauthorization):591(c) (2).

98　United States Codes (U.S.C.) & Sections (1994 Reauthorization):599; 紐約市律師工會聯邦法委員會（1999），頁 8。

99　紐約市律師工會聯邦法委員會（1999），頁 8。

為獨立檢察官，繼續其對「白水案」的調查。「特別法庭」注意到其間可能的利益衝突，因為當時正值《政府倫理法》失效期間，因此費斯克檢察官是直接由司法部部長雷諾所任命，而非依據《政府倫理法》經由外部「特別法庭」的三名法官所任命。為此，「特別法庭」另行任命了斯塔爾為獨立檢察官，接替費斯克對「白水案」的調查。斯塔爾檢察官為共和黨籍人士，曾擔任聯邦上訴法院的法官，以及雷根政府與布希政府的司法部副檢察長。

事實上，斯塔爾在 1998 年即曾針對一宗祕密調查案擔任過獨立檢察官。而這回斯塔爾所調查的「白水案」，由於擴大延伸至「白宮旅行辦公室」的開除案、「檔案門」（Filegate）以及「陸茵斯基的性醜聞案」，其間案情高潮迭起，形同肥皂劇般不斷地發展，終至美國人民察覺獨立檢察官有過大的權限和資源，在不受限制情況下有濫權之虞，最終影響了《政府倫理法》的存廢。故有關獨立檢察官斯塔爾所調查「白水案」暨相關延伸案外案的案件，有必要一一詳述。本文將在下一節次針對「白水案」暨相關延伸之案外案的調查始末與結果加以說明。

（二）艾斯比非法收禮案

1994 年 9 月，任命了獨立檢察官調查農業部部長麥克・艾斯比（Michael Espy）接收不正當禮品的指控。該案在 1994 年 9 月由前聯邦檢察官唐納德・史穆茲（Donald C. Smultz）為獨立檢察官，對農業部部長艾斯比涉嫌不當收受「泰爾森食品公司」（「Tyson Food」）的免費旅遊支票、運動門票和禮物等事項，調查是否雙方有達成利益交換協議。其間史穆茲檢察官還試圖擴充調查權限，擴及於柯林頓總統和「泰爾森食品公司」的聯結關係以及農業部部長艾斯比周邊的人員。[100]

歷經 1996 年、1997 年和 1998 年的開庭審議，地方法院於 1998 年 10 月 1 日對艾斯比部長的不當犯罪行為認定，即艾斯比部長身為一高層公務

---

[100] Gerald S. Greenberg (2000), pp. 109-112, 188-192.

官員，不應該以直接或間接方式收取集團有價物品的饋贈，違反公務人員倫理道德規範；未依法令申報所得，有意圖掩蓋獲取利益的事實；以不實供詞和更改過的文件意圖誤導聯邦調查局人員，以掩蓋自我犯罪事實。不過到 12 月陪審團卻作出不一的認定，認為艾斯比部長並未違反任何法令。換言之，自案發至結案歷時近五年的調查審訊，最終農業部部長艾斯比全身而退，毋需負有任何的法律責任。[101]

（三）西斯內羅斯偽證案

1995 年 2 月，任命獨立檢察官調查「住宅暨都市發展部」部長亨利‧西斯內羅斯（Henry G. Cisneros）是否在一項背景調查中，向聯邦調查局作了虛假陳述。該案件始於琳達‧瓊斯（Linda M. Jones）和「住宅暨都市發展部」部長西斯內羅斯有持續長達兩年的男女關係。分手後，西斯內羅斯部長承諾提供瓊斯金錢上的援助，但在 1993 年卻停止支付該金援，瓊斯因而對西斯內羅斯部長提告其食言，並上電視節目中揭穿西斯內羅斯部長在聯邦調查局審查其背景時，對有關支付她的金錢數目上做了虛假的陳述。瓊斯並提供了 14 卷她和西斯內羅斯部長的秘密錄音檔給該電視節目。司法部因而展開「初步調查」，任命了前助理檢察官大衛‧巴雷特（David Barrett）為獨立檢察官，調查西斯內羅斯部長是否犯了聯邦重罪。[102]

在調查過程中，瓊斯卻因提供竄改過的不實錄音帶，誤導大陪審團以及國稅局，而被檢察官以詐欺、洗錢和阻礙司法罪名起訴，被判三年半徒刑。西斯內羅斯部長則因在付予瓊斯金錢款項上說謊，而被以密謀欺騙政府以獲取國家安全機密以及阻礙官方調查而被起訴，因為在 1990 年至 1993 年間，西斯內羅斯部長其實共付予瓊斯超過 25 萬美元，作為兩人關係的封口費，超過他所申報的每年一萬美元。1999 年西斯內羅斯在認罪

---

101 同上註，pp. 109-112。
102 Tamara Jones, "Henry and Linda," *Washington Post*, 22 Feburary 1998, magazine section, sec. W, p. 10.

協商下，被判對聯邦調查局調查其支付多少金錢款項予瓊斯的事件上欺騙說謊，而被罰款一萬美元。該案自司法部調查至案件結束，歷時長達五年。[103]

（四）布朗財務行為不當案

1995 年 7 月任命獨立檢察官丹尼爾・皮爾森（Daniel S. Pearson）調查商業部部長羅納德・布朗（Ronald H. Brown）的不當之商業交易行為。1995 年 2 月媒體持續報導揭發布朗部長與「第一國際公司」的共同所有人諾藍達・希爾（Nolanda Hill）之間的不當金融交易活動，但布朗部長始終未曾出面澄清。司法部部長雷諾在經由「初步調查」後，於同年 7 月請求由「特別法庭」任命皮爾森為獨立檢察官，調查布朗部長是否有違反聯邦刑法，包括是否有接受希爾或其公司的有價物品，調查其呈報的財務狀況以及其抵押購屋的關聯性等。獨立檢察官的該項調查共發出 260 張傳票、蒐集超過一百萬頁數的記錄，以及約談了超過一百人。不過該案件在 1996 年 4 月布朗部長於一墜機事件中身亡後，被重新評估應否再繼續調查下去。皮爾森檢察官鑑於調查未臻完成，同時對最後布朗部長的可能刑事指控之公正性考慮，因而結束該案。[104]

（五）西格爾不當籌款案

1996 年 11 月獨立檢察官調查關於柯林頓總統的「全國暨社區服務法人團體」（Corporation for National and Community Services, CNCS）前負責人埃利・西格爾（Eli J. Segal）在競選活動中有不正當籌款行為的指控。1996 年「全國暨社區服務法人團體」的稽查長向雷諾部長提出：西格爾當年在負責該法人團體時，建置並啟動一非政府部門的非營利組織「全國服務伙伴」（The Partnership for National Service, PNS），以俾在柯林頓-高

---

[103] 同上註。
[104] Jerry Knight, "Renold Brown Probe Widens," *Washington Post*, 30 March 1996, sec. C, p. 1.

爾 1992 年競選座談時，從中募款入帳至「全國暨社區服務法人團體」中，涉及利益衝突而違反相關刑法規範。[105]

雖然在 1996 年時西格爾並非當時《政府倫理法》的調查範圍，但由於他曾是 1992 年柯林頓競選總統委員會的參謀長，因此也被列為總統在任的調查範圍對象。「特別法庭」任命了前華盛頓特區高等法院法官柯蒂斯‧卡恩（Curtis Emery Von Kann）為獨立檢察官展開調查。[106]

在經由超過一萬頁文件以及包括西格爾在內的十位人士約談，卡恩檢察官認為：西格爾有理由確信「全國服務伙伴」的組織是合法且是以正當方式，去為柯林頓競選之「全國暨社區服務法人團體」奉獻。甚至西格爾和其他社團涉及到「全國服務伙伴」組織的人士也認為：該組織和「全國暨社區服務法人團體」並非分開的實體，「全國服務伙伴」可視為「全國暨社區服務法人團體」的左右手。因此卡恩檢察官在 1997 年 8 月的報告結論認為：他並未發現任何西格爾受益於其自身任何行動的證據以及其有故意欺瞞的企圖，同時亦無任何證據支持其違反利益衝突，終而予以結案。[107]

（六）巴比特偽證案

1998 年 3 月，任命獨立檢察官調查內政部部長布魯斯‧巴比特（Bruce Babbitt），就其在對威斯康辛州印地安人博弈賭場之設置建議中的作用，向國會說謊的指控。美國內政部根據 1934 年《印地安組織再造法》和 1988 年《印地安博弈條款法案》，可允許保留地由印地安部落信託與作為賭場使用。內政部雖核准大約一半有關這方面的請求，但地方社區反對勢力卻否決這類請求，其中有三個部落向地方法院提訴訟要求審查內政部的這項決策。1995 年該三個印第安部落拒絕內政部提出的保留地作為賭場之事項，並對於巴比特部長的否認保留地作為賭場的申請，提出巴

---

[105] 同上註。

[106] Charles A. Johnson and Danette Brickman (2001), pp. 211-212.

[107] Gerald S. Greenberg (2000), p. 351.

比特部長在向國會說明的解釋上有互相矛盾之處，而引起司法部高度質疑。[108]

在 1998 年，司法部部長雷諾任命獨立檢察官卡羅爾・布魯斯（Carol E. Bruce），調查巴比特部長是否有向國會撒謊、否認其讓印第安部落獲得賭場執照，並藉以換取政治捐款。而在布魯斯檢察官調查約兩年後，斷定其證據不足而無法證明該刑事訴訟的正當性。布魯斯檢察官的結案報告中指出：雖然印地安博弈賭場的貪腐化，致使相關聚會活動已涉及違反刑法，但是充其量也僅能認為是適當遊說活動的呈現，最終巴比特部長全身而退而結束 此案。

（七）赫爾曼違法政治獻金案

1998 年 5 月任命獨立檢察官調查針對勞動部部長亞萊克西斯・赫爾曼（Alexis Herman）是否有運用權勢為朋友謀利以及募集不合法的選舉獻金等指控。勞動部部長赫爾曼於 1997 年利用其影響力暗助企業運作投資，並從中獲取資金交付予民主黨。同年 11 月 10 日司法部接獲情資指赫爾曼部長在她擔任白宮助手期間，利用影響力自其友人凡妮莎・韋佛（Vanessa Weaver）和旅美經商的喀麥隆國民勞倫特・葉奈（Laurent J. Yéné）兩人共同擁有的「國際投資暨商業開發公司」（International Investments and Business Development, IIBD）獲有 10%利益。當初的合夥人葉奈指控赫爾曼部長指使韋佛自「國際投資暨商業開發公司」客戶群中獲取選舉獻金，交付民主黨全國委員會。[109]

12 月 10 日司法部部長雷諾向「特別法庭」提報司法部展開對此指控案進行「初步調查」，至 1998 年 3 月 10 日要求並獲延期 60 天來完成該「初步調查」。其間司法部花費了相當多的時間評估葉奈指控的可信度，並建構證據基礎於：赫爾曼部長是否從「國際投資暨商業開發公司」直接

---

[108] 同上註，pp. 37-38。

[109] Paul Leavitt, Tom Squiteri, and Bill Nichols, "Maine Lawyer Appointed to Investigate Herman," *USA Today*, 27 May 1998, sec. A, p. 6.

獲取或協助獲取金錢及其他補償；是否有採取任何直接、間接行動來扶助
「國際投資暨商業開發公司」業務；以及是否在與韋佛或其相關客戶向民
主黨提供非法競選獻金中扮演任何角色。雷諾部長於 5 月 11 日任命獨立
檢察官菈夫‧蘭卡斯特（Ralph I. Lancaster）調查此案，在持續調查兩年
後，蘭卡斯特檢察官發現赫爾曼並沒有任何違法之情事，因而結束
該案。[110]

四、白水案及相關案件的調查

（一）白水案的調查

　　「白水案」自 1994 年 1 月至 2000 年 9 月偵辦期間，分別由費斯克特
別檢察官以及斯塔爾和羅伯特‧瑞伊（Robert Ray）等獨立檢察官調查，
該案導致 12 名被告定罪，不過其相關證據，最後皆不足以證明柯林頓總
統夫婦參與了任何犯罪的行為。[111]

　　1989 年阿肯色州一家名為「麥迪遜儲蓄貸款擔保公司」（Madison
Guaranty Savings & Loan）倒閉，而這家財務金融機構的負責人詹姆斯‧
麥克杜格爾（James McDougal）為柯林頓夫婦老友，當柯林頓為第一任阿
肯色州州長時，麥克杜格爾被高升為阿肯色州政府有關經濟發展的高級財
政官員，麥克杜格爾和柯林頓夫婦並共同擁有一家「白水房地產開發公
司」。在柯林頓當州長時，希拉蕊和「紅玫瑰法律事務所」（The Rose Law
Firm）為「麥迪遜儲蓄貸款擔保公司」的代表人，另外也是「紅玫瑰法律
事務所」合夥人的福斯特（Foster）（在柯林頓入主白宮後，福斯特被拔擢
為副白宮顧問），他在當時則為麥迪遜公司的代表人。針對麥迪遜財務金
融公司倒閉一事，當時「聯邦存款保險公司」（The Federal Deposit
Insurance Corporation, FDI）曾委託當時為小岩城律師韋伯斯特‧赫貝爾

---

[110] 同上註。
[111] Ben Miller, "Probe of Clinton's Land Deal Is Closed," *Washington Post,* 21 September 2000, A1;
　　　Charles A. Johnson and Danette Brickman (2001), p. 200.

（Webster Hubbell）向麥迪遜公司提出訴訟，而赫貝爾律師後來卻成爲柯林頓政府的副檢察總長（1993-1994）。[112]另外，由國會所成立的一個暫時性的「裁決信託公司」（The Resolution Trust Corporation, RTC）爲儲蓄與貸款監控的聯邦機構，於 1993 年開始調查「麥迪遜儲蓄貸款擔保公司」的存款人資金，可能被不當轉至「白水房地產開發公司」，最後這些資金涉嫌進到柯林頓 1984 年州長競選帳戶。

同時，司法部及其「公共誠信處」也在 1993 年開始調查第一夫人希拉蕊有否涉及「白宮旅行辦公室」七名員工被開除的事件，以及調查「紅玫瑰法律事務所」合夥人福斯特在涉及「白宮旅行辦公室」開除事件而自殺後，其相關筆記中提及「聯邦調查局對有關『白宮旅行辦公室』調查事項，有對司法部部長雷諾女士說謊」的記錄資料。司法部擬調查該紀錄資料有可能被白宮顧問伯納德・努斯鮑姆（Bernard Nussbaum）主導的搜尋福斯特辦公室行動中給拿走，並轉至柯林頓總統私人律師戴衛・肯道爾（David E. Kendall）手中。[113]

當時眾議員吉姆・利契（Jim Leach）要求司法部部長雷諾應任命獨立檢察官，以接管原先司法部「公共誠信處」的調查。1994 年 1 月柯林頓總統也要求司法部部長應聲請任命獨立檢察官偵辦該案。但由於當時國會正在討論新修訂的《政府倫理法》階段，爲該法的真空期，以致當時並無獨立檢察官的法律可引，因此轉而由司法部部長雷諾全權任命特別檢察官，並賦予其權限偵辦。[114]當時白宮要求該特別檢察官的權限範圍應僅止於「白水案」，但司法部卻賦予特別檢察官的權限，涵蓋了所有相關的調查，誠如當時《華盛頓郵報》所報導認爲，這將有打開潘朵拉盒子的可能。[115]

1994 年 1 月雷諾部長任命了前聯邦檢察官費斯克爲特別檢察官，而

---

[112] Gerald S. Greenberg (2000), pp. 168-170.
[113] 同上註，pp. 125-128, 259-260, 362-264。
[114] 同上註，p. 282。
[115] 同上註，pp. 63-66。

國會也在 3 月同步展開對「白水案」的調查。就在此時，媒體卻曝出柯林頓總統一樁民事案，即 4 月 11 日《華盛頓郵報》報導一名資深阿肯色州警官聲稱：阿肯色州警察會爲柯林頓州長招募女性隨扈。5 月，一位在柯林頓任州長期間於州首府小岩城「州長質量管理會議」擔任記錄員的寶菈‧瓊斯（Paula Jones Corbin）出面控訴柯林頓擔任州長時，曾與她在小岩城旅館開房間要求她口交。[116] 面對這樁民事訴訟，當時柯林頓總統的律師群提出現職總統應享有民事豁免權，並以「總統公務繁忙」，要求法院將該民事案延至柯林頓總統任期結束後再審。該案上訴到聯邦最高法院，聯邦最高法院於 1997 年 5 月 27 日以九比零一致通過裁決：該民事訴訟案應照常進行。[117]

瓊斯的這項「白水案」的民事案外案，在 1997 年 6 月由獨立檢察官斯塔爾展開關於柯林頓總統性不當行爲指控的調查。當時柯林頓總統的律師肯道爾認爲獨立檢察官竟然調查到總統私人的性生活，是一項不可思議的濫權行爲。肯道爾律師對斯塔爾檢察官毫無節制的調查，痛批沒有任何一個人的私生活，可以被檢察官以無限制的資源，鋪天蓋地地無盡挖掘。[118]

1998 年 11 月柯林頓總統在既未承認有罪、也未道歉的情況下，同意支付瓊斯 85 萬美元，使其撤案。不過，聯邦法官蘇姍‧賴特（Susan W. Wright）發現柯林頓總統曾在瓊斯案上，作了有關對陸茵斯基案的僞證，即柯林頓總統在作證中聲稱自己並未和陸茵斯基有任何性關係。因此在 1999 年 7 月間，聯邦法官賴特依據瓊斯在案中所付律師費用，命令柯林頓總統支付約 9 萬美元予瓊斯的辯護律師，作爲對其於瓊斯案中作僞證之藐視法庭的懲罰。[119]

1994 年 6 月 30 日當新的《政府倫理法》再次經國會授權立法通過

---

116 同上註，pp. 192-194。
117 Clinton v. Jones, 520 U.S. 681(1997); Gerald S. Greenberg (2000), pp. 192-194, 210.
118 Gerald S. Greenberg (2000), pp. 192-194, 210.
119 同上註。

時，司法部部長雷諾仍維持推薦費斯克擔任獨立檢察官，但「特別法庭」認爲費斯克係由司法部部長雷諾所內部任命，明顯可能有利益衝突。「特別法庭」更換由前司法部副部長斯塔爾爲獨立檢察官。[120]斯塔爾上任後即展開調查有關麥克杜格爾、柯林頓、希拉蕊、「麥迪遜儲蓄貸款擔保公司」以及「白水房地產開發公司」等案件，有否包括僞證、妨礙司法、損壞證據及威嚇證人等違反聯邦刑法的罪證。[121]

另外，在斯塔爾檢察官著手開始調查一連串案件時，柯林頓的律師以此案已有黨派之爭的跡象，而要求共和黨籍的獨立檢察官斯塔爾應立即辭職。斯塔爾公開和白宮顧問羅艾德・卡特勒（Lloyd N. Cutler）辯論有關總統的豁免權，而且考慮提交一份有利於瓊斯的法庭答辯短片。當時即有包括「美國律師協會」、民主黨國會議員和媒體關切並質疑「特別法庭」任命斯塔爾的公正性與客觀性。《華盛頓郵報》在 1994 年 11 月 2 日報導：任命獨立檢察官的「特別法庭」之其中一名法官大衛・森泰爾（David B. Sentelle）在見過兩位一向和柯林頓總統死對頭的共和黨參議員傑斯・海姆斯（Jesse Helms）和勞克・斐爾克勞斯（Lauch Faircloth）之後，即任命了斯塔爾爲獨立檢察官。[122]

誠如《華盛頓郵報》所揭露，斯塔爾獨立檢察官爲了調查柯林頓夫婦是否違法的證據，不斷擴大調查範圍，包括多次調查而迫使與「白水案」有相當牽連之柯林頓政府的前副檢察總長赫貝爾（Hubbell）及其太太，在假帳、逃稅、詐欺、僞證以及僞造支出等犯行上承認有罪；另外也對小岩城地產商羅伯特・帕莫（Robert W. Palmer）對「麥迪遜儲蓄貸款擔保公司」的僞造評價犯行，逼迫其承認有罪。斯塔爾檢察官的目的，皆是欲逼迫這些人從認罪協商中，交換和他合作調查柯林頓夫婦的「白水案」。

實則在 1998 年 7 月，地方法院法官詹姆斯・羅伯森（James Robertson）即以斯塔爾檢察官追查赫貝爾夫婦因柯林頓總統的介紹而在某

---

[120] 同上註，pp. 125-128; Charles A. Johnson and Danette Brickman (2001), p. 220.
[121] 同上註，pp. 362-364。
[122] Charles A. Johnson and Danette Brickman (2001), pp. 196, 220.

公司任職，獲益超過 50 萬美元所涉的逃稅事項，認為這些皆已超出斯塔爾檢察官對「白水案」的調查範圍，羅伯森法官裁決斯塔爾檢察官對赫貝爾夫婦的起訴不適當，而不予受理。當 1998 年 11 月赫貝爾再次遭到斯塔爾檢察官指控詐欺、偽證等，而逼迫赫貝爾承認有罪時，聯邦地方法院在 1999 年亦裁定拒絕受理。對此，斯塔爾檢察官則提出上訴反制。在 2000 年 2 月，當事人雙方在美國聯邦最高法院為各自的立場爭辯，2000 年 6 月 5 日聯邦最高法院達成既免除對赫貝爾的稅務項定罪，同時也譴責斯塔爾檢察官以豁免權為餌，而從赫貝爾處取得記錄、文件而為不當成案。[123]

斯塔爾檢察官以調查柯林頓夫婦周邊朋友之相關事證，再以認罪協商作為交換調查合作協議的策略作為，還擴及到一位管理「白水房地產公司」資產的阿肯色州地產商克里斯‧韋德（Chris Wade），及一位阿肯色銀行家納爾‧艾雷（Neil Ainley）。另外，斯塔爾檢察官在阿肯色州也對柯林頓和繼任阿肯色州州長吉姆‧塔克（Jim Guy Tucker）之間財務交易關係、其與麥克杜格爾的「麥迪遜儲蓄貸款擔保公司」間的相關債務、房地產交易狀況等展開調查。當 1995 年 7 月阿肯色州州長塔克被指控以密謀欺騙國稅局、偽造資料、假交易以及詐欺說謊等罪行時，斯塔爾檢察官也試圖說服塔克的律師，以認罪協商作為調查柯林頓「白水案」的合作交換條件。當時聯邦法官亨利‧伍茲（Henry Woods）審理時撤銷了斯塔爾檢察官對塔克相關稅款詐欺和陰謀的起訴，伍茲法官認為：斯塔爾檢察官已經超越他應有的權限，塔克的律師也陳述其稅務詐欺的起訴和「白水案」的調查毫無關聯。斯塔爾檢察官對此也是提出上訴，並指稱伍茲法官蓄意禁止調查「白水案」有更進一步的行動，係因為伍茲是希拉蕊的老友。[124]

在 1996 年 3 月聯邦上訴法庭裁決：伍茲法官不能撤銷先前對塔克州長的一些指控，致使柯林頓總統必須為麥克杜格爾和塔克案子提供證

---

[123] Gerald S. Greenberg (2000), pp. 168-169, 259.
[124] Charles A. Johnson and Danette Brickman (2001), pp. 198-199.

詞。[125]當時地方法官喬治・霍華德（George Howard）於是裁定：法庭可以提供錄影方式代替柯林頓總統親自出庭作證，就此迫使柯林頓總統必須接受法庭的（錄影）審訊。

　　2000 年 9 月 20 日，繼任斯塔爾的獨立檢察官瑞伊結束「白水案」在阿肯色州的相關調查，共有 12 位被告定罪。但所有相關證據，則皆不足以證明柯林頓夫婦參與了任何犯罪行為。

（二）白水案之案外案

1. 白宮旅行辦公室開除案

　　該案主要係於 1993 年 5 月 19 日「白宮旅行辦公室」的七名成員被開除，儘管該辦公室成員的去留，本就取決於總統個人的決定，但是國會不滿該次開除行動，轉而質疑該開除事件的本質與真相，而指向第一夫人希拉蕊是否有施壓並介入白宮人事。該案並關聯到前白宮顧問、也是曾在阿肯色州小岩城和希拉蕊共組「紅玫瑰律師事務所」合夥人的福斯特，其捲入「白宮旅行辦公室開除案」而於 1993 年自殺。於是眾議院、司法部和主計處在後來的兩年主導了許多對該事件的調查。1996 年 1 月前白宮負責管理公文資料的大衛・沃特金斯（David Watkins）為白宮作了一份備忘錄，陳述希拉蕊對「白宮旅行辦公室」開除事件有興趣和有意關切。但希拉蕊否認並未和沃特金斯討論過該開除事件，希拉蕊也否認在開除事件的決定過程中有扮演任何角色。[126]針對白宮所呈之沃特金斯的備忘錄，斯塔爾檢察官提出要求並獲有司法部部長同意其擴大調查範圍的權限，進而調查在「白宮旅行辦公室」的開除事件中沃特金斯是否說謊、希拉蕊是否涉及對主計處做虛假陳述、妨礙司法以及向國會做偽證等之違反刑法行為，[127]而對希拉蕊窮追猛查。

---

[125] United States v. Tucker, 78F. 3d. 1313(8th Cir. 1996); Gerald S. Greenberg (2000), pp. 347-348.

[126] Gerald S. Greenberg (2000), pp. 133-134, 259.

[127] 同上註，pp. 342-344。

大陪審團在該案件共傳喚了 125 位證人，最後以證據不足以起訴而結案。但斯塔爾檢察官在 2000 年 6 月 22 日的結案報告結論中卻指出：相關不當行為的證據是壓倒性的，希拉蕊確實對該事件有投入與沃特金斯和白宮幕僚長麥克・賴瑞（Mac McLarry）互通訊息，只是大陪審團認為現有可接受之證據，不足以合理懷疑並證實第一夫人有故作虛假陳述罷了。[128]

2. 檔案門案

1996 年 6 月 5 日，眾議院調查有關柯林頓總統曾蒐集調閱聯邦調查局對雷根和布希兩位總統時期著名共和黨前任官員之個人背景資料的祕密檔案。儘管白宮聲稱第二天就已將這些檔案歸返聯邦調查局，而該調閱完全是一宗「官僚烏龍」（bureaucratic blunder）的意外事件。但國會仍有所質疑，導致一些安全部門、特務機構、聯邦調查局和白宮人員連帶去職。國會的調查是想瞭解白宮「人資安全部」（The White House Office of Personal Security, OPS）主管克瑞格・利溫斯頓（Craig Livingstone）何以會延攬陸軍犯罪調查部門的調查員安東尼・馬瑟卡（Anthony Marceca）進入該安全部，來執行調閱前朝人事個資的工作。另外，利溫斯頓則是因其曾與柯林頓總統的秘書克里絲汀・華妮（Christine Varney）共事，透過華妮的介紹，利溫斯頓得以認識白宮法律顧問契若・繆斯（Cheryl Mills），而獲得「人資安全部」的主管職。國會質疑希拉蕊是否有透過白宮法律顧問伯納德・納斯保穆（Bernard Nussbaum）而介入這些政府的雇佣關係。[129]

在國會獲有納斯保穆之從未有向希拉蕊透露該人事決定之相關矛盾的證詞後，由司法部部長雷諾向「特別法庭」提出授權，擴充獨立檢察官斯塔爾的調查範圍權限，以俾調查白宮法律顧問納斯保穆是否對眾議院作違法的不實陳述，以及「人資安全部」馬瑟卡的調閱前朝重要人事資料行為有否違法。2000 年 3 月獨立檢察官瑞伊宣布馬瑟卡沒有從事透過欺詐手

---

[128] Charles A. Johnson and Danette Brickman (2001), p. 201.
[129] Gerald S. Greenberg (2000), pp. 124-125.

段，獲取針對白宮官員之貶損訊息的犯罪行為，同時也沒有可信證據證明白宮法律顧問納斯保穆作偽證，而第一夫人希拉蕊和其他白宮高階官員，皆未有透過欺騙手段而毀損前白宮人員資料，[130]而使「檔案門案」（Filegate）得以落幕。

3. 陸茵斯基性醜聞案

　　1998 年 1 月 21 日媒體報導了獨立檢察官斯塔爾正在調查柯林頓總統是否與白宮實習生陸茵斯基有曖昧關係，而且柯林頓總統正試圖掩蓋。實則，陸茵斯基在瓊斯的民事案中即曾被傳喚，並在一個宣稱她並沒有和總統有性關係的文件上簽字。1998 年 1 月 15 日斯塔爾檢察官初步調查陸茵斯基的報告，並提交予司法部部長雷諾，當時雷諾部長即要求「特別法庭」擴大獨立檢察官的調查範圍權限，而使斯塔爾檢察官得以積極著手調查柯林頓總統是否有要求陸茵斯基否認與他的性關係，而涉嫌妨礙司法調查之犯行。[131]

　　陸茵斯基事件主要始於一位前白宮助理林達·崔普（Linda R. Tripp）所提供陸茵斯基對她詳述與柯林頓總統曖昧情事細節的電話錄音帶，而這並不是崔普第一次提供關於柯林頓總統的私密訊息。在 1997 年夏天崔普就曾向《新聞週刊》（Newsweek）透露她曾看見一名衣衫不整的婦女從總統橢圓辦公室出來，崔普聲稱這位名為凱瑟琳·威莉（Kathleen Willey）的白宮助理告訴她，她剛剛和柯林頓總統有性關係。威莉在「瓊斯案」中也曾被傳喚，並證實柯林頓總統確有對她上下其手。[132]

　　另外，柯林頓總統的律師朋友佛倫·喬丹（Vernon E. Jordan）也被指控，以幫陸茵斯基白宮實習生安排工作，作為交換陸茵斯基對該性醜聞事件的保持緘默。該事件所傳喚作證人士包括：總統貼身秘書貝蒂·秋瑞（Betty Currie）、陸茵斯基的母親、各種祕密特務機構以及崔普、威莉

---

130 同上註, pp. 124-125; William Safire, "Unclosed Filegate," *New York Times,* 23 July 1998, sec. A. p. 25.

131 Gerald S. Greenberg (2000), pp. 210-211.

132 同上註, p. 210.

等。1998 年 1 月 26 日柯林頓總統對電視公開說：「我沒有和那位叫陸茵斯基的女人有性關係，我也從來沒有叫任何人說謊，一次都沒有，從來也沒有過」。

另一方面，斯塔爾檢察官則以同意免起訴陸茵斯基，作為交換其出庭在大陪審團前作證。之後斯塔爾檢察官向眾議院提交有關陸茵斯基案的報告，包括柯林頓總統後來在大陪審團前的錄影帶證詞中，承認與陸茵斯基有不適當的性關係，以及對所有有關偽證、竄改證據或妨礙司法等指控一概否認的說詞。斯塔爾檢察官在報告中提出柯林頓總統之不當作為，已構成國會對之彈劾的行動。因而眾議院在 1998 年 12 月 19 日舉行對柯林頓總統四個彈劾項目的表決投票，其中投票以 228 票對 206 票通過第一項條款有關柯林頓對陸茵斯基的偽證控訴，205 票比 229 票未通過第二項有關柯林頓總統對瓊斯證詞的偽證，221 票比 212 票通過第三項有關對柯林頓總統妨礙司法的控訴，最後 148 票對 285 票未通過第四項之有關對柯林頓總統濫權的控訴。[133]

1999 年 1 月，眾議院將所通過之對柯林頓總統提出彈劾案的兩項條款，送交參議院審議。當時西維吉尼亞州的民主黨參議員羅伯特‧拜爾德（Robert Byrd）在總統辯護期間，則提案建議解除這些對柯林頓總統的指控，該提案以 44 票對 56 票宣告失敗，但從中已可窺知在參議院中有至少 44 位參議員，是投票反對對柯林頓總統的指控。也許是因為參議院未必有多數會通過該案，柯林頓總統並未如若干外界所猜測其可能步當年尼克森總統後塵而提前辭職下台。在 2 月 12 日參議院正式投票表決時，100 位參議員全員到齊，45 位民主黨參議員，外加 10 位共和黨參議員，以 55 反對票對 45 贊成票就第一項彈劾條款指控未通過彈劾案；在第二項彈劾條款的投票表決時，則有五位共和黨參議員加入 45 位民主黨參議員陣營，以 50 票比 50 票就第二項彈劾條款亦未通過，主持的大法官仁奎斯特

---

[133] Bob Woodward, *Shadow: Five Presidents and the Legacy of Watergate* (New York: Simon & Schuster, 1999), p. 512.

（William Rehnquist）宣布柯林頓總統被指控的兩項彈劾均告無罪。[134]

　　當柯林頓彈總統劾案在參議院審理時，司法部反過來展開一項對斯塔爾檢察官的詢問，即斯塔爾檢察官是否在著手請求調查陸茵斯基案時，在可能的利益衝突上誤導了司法部部長，以尋求擴大權限調查，尤其斯塔爾檢察官辦公室是否透露了其與瓊斯的律師私下有所接觸，而有私下互通之嫌。爲此，當初任命斯塔爾檢察官的「特別法庭」則介入調解斯塔爾與司法部的爭端，並交由一家保守色彩的維吉尼亞「公共利益法律事務基金會」（Landmark Legal Foundation）提出法律報告。該報告認爲：司法部缺乏權限去調查獨立檢察官，而建議「特別法庭」應阻止司法部部長雷諾調查斯塔爾。而司法部和斯塔爾檢察官則皆認爲：「特別法庭」的角色不應去阻礙調查。[135]甚至有媒體報導，司法部打算在斯塔爾提出辭職之時，對他展開調查其所涉及不當的行爲。就在媒體紛紛猜測斯塔爾檢察官當初辦案的動機意圖、何時提出結案報告，乃至臆測是否有可能另行任命一位獨立檢察官以完成最後調查程序時，斯塔爾檢察官也釋放了辭職的訊息。1999 年 10 月「特別法庭」任命了瑞伊獨立檢察官接手斯塔爾，完成該案最後的工作。

　　2001 年 1 月，柯林頓總統就其所被調查事項和獨立檢察官瑞伊達成協議，即柯林頓總統公開承認他在法庭的宣誓中，對與陸茵斯基之間的關係說了謊。他的律師執照將被吊銷五年，以及支付 25,000 美元的罰款，以換取瑞伊檢察官不予起訴柯林頓總統，該協議並經由阿肯色州最高法院「職業操守委員會」（Professional Ethics Committee）之批准而完成。[136]

第五節　1999年美國獨立檢察官的終結

　　因爲「水門案」的重大爭議，1978 年國會透過立法程序而新設置獨

---

[134] Charles A. Johnson and Danette Brickman (2001), pp. 204-205; Bob Woodward (1999), p. 512.

[135] Charles A. Johnson and Danette Brickman(2001), p. 206.

[136] 同上註，pp. 206-208。

立檢察官辦公室，歷經 1983 年、1987 年及 1994 年的修法，其中除了 1992 年暫時終止《政府倫理法》外，國會皆有重新授權通過《政府倫理法》展期而持續運作。但在 1999 年 6 月國會卻不再授權法律予以通過展期，這意味著《政府倫理法》的終止，而將不會再任命新的獨立檢察官。司法部為了不使法律的執行有所中斷，因而另行訂定《特別檢察官規則》（Office of Special Counsel Regulations）來進行偵辦高官行政不當與不法的獨立調查工作，即由司法部部長任命特別檢察官（Special Counsel），來負責偵辦高官不法，其調查的發動、經過和結果皆須向司法部部長報告，並由司法部部長來決定其去留。

其實、當時美國國會和行政部門對於《政府倫理法》皆有一些共識的氛圍，認為獨立檢察官並沒有善盡職責。有些人認為該法先天上本就帶有制度性的缺陷，另有一些論述主張這些法律的瑕疵，是因為司法部本身沒有忠實執行法律，亦有一些人批判獨立檢察官根本是在進行一些似是而非的調查。儘管也有不少人並不同意這樣的論述，但是這些譴責的說詞嚴重影響了 1999 年所另訂的《特別檢察官規則》的施行，因為該規則係由司法部部長任命特別檢察官，被認為有裁判兼球員之嫌，以致幾乎沒有人認為未來美國聯邦政府會去偵辦有關指控高官行政不當的案子，尤其是那些涉及到總統、副總統或檢察總長等高官的不端行為。

本節從：一、國會再授權《政府倫理法》的考量；二、獨立檢察官斯塔爾調查「白水案」的濫權；三、司法部部長雷諾的角色和態度等三個層面，來深入剖析何以國會不再授權《政府倫理法》。

一、國會再授權《政府倫理法》的考量

其實在 1994 年國會重新授權通過《政府倫理法》展期時，即有許多國會議員關切該法及其執行狀況。1996 年眾議院在比爾‧麥考勒（Bill McCollum）主持的「犯罪小組委員會」（The House of Subcommittee on Crimes）中認為：可以考慮眾議員傑伊‧迪基（Jay Dickey）所提的《獨

立檢察官之課責與改革法》（ *Independent Counsel Accountability and Reform Act* ）。該法規範限制獨立檢察官的調查範圍和調查時間；規範獨立檢察官應聚焦在調查「有違反聯邦法的證據」為主，以此作為提高司法部部長「初步調查」的門檻；限縮獨立檢察官調查範圍在違法事項或個人涉直接違法的部分；限縮資助獨立檢察官經費以兩年為限；限制獨立檢察官任期為兩年，並要求「特別法庭」其後以每兩年的周期重新任命之；允許被調查對象請求「特別法庭」終止調查等。[137]

　　事實上，眾議員迪基提出對這些法條的修整部分，正是在 1999 年擬重新授權該法時被大家批判最多的部分。不少人士在國會聽證會中作證時表示：獨立檢察官在執行調查時往往是失控的。眾議員迪基尤其對經費有所批評，他舉 1996 年調查「白水案」為例，每個月要花費 97,800 美元，在「伊朗門案」則共花費了 4,700 萬美元。前白宮顧問、聯邦法官和國會議員身分的埃布勒・彌克瓦（Abner J. Mikva）在國會聽證會作證時指出：獨立檢察官任命的門檻太低，而司法部又可以主導一些調查案件，還有太多調查案件拖太長而逾越了原本的司法管轄權限，這些都是《政府倫理法》的制度缺失。又如曾被獨立檢察官調查過的歐森和前獨立檢察官迪杰諾瓦，他們在國會聽證會中批評：獨立檢察官的調查缺乏外部之機制抗衡與課責。歐森說：獨立檢察官的權力是複合性的，他們挾著無限的時間、無限的預算、無限的資源，與司法部擁有一樣大的權力，去對個別特定人展開鋪天蓋地的調查，卻又未如一般聯邦檢察官一樣受到司法部的約束，形同一權力巨獸。迪杰諾瓦則認為：司法部應該施加與聯邦檢察官相同的權限與監督標準在獨立檢察官身上，但是設若以一般檢察官之權限標準施加於獨立檢察官，則又牴觸到「完全獨立」的理念，因為有任何對獨立檢察官權力的制約，將會損及原始立法之「獨立」的理念。[138]

　　另外，1999 年 3 月曾偵辦「水門案」的前特別檢察官考克斯在《紐

---

[137] Ken Germley, "An Original Model of the Independent Counsel Statute" *Michigan Law Review*, Vol. 97, No. 3, 1998, pp. 631-633.

[138] 同上註。

約時報》撰文建議：應排除由司法部部長暨檢察總長起訴與總統、副總統、司法部部長和其他高階官員有關的案件，他建議應授予助理檢察總長有關刑事犯罪的權限。考克斯認為：這位助理檢察總長與司法部「公正誠信處」合作共事的官員，在決定是否進行獨立調查前，也應與前期調查小組進行諮詢。這樣方式的程序進行時，也應要求助理檢察總長及調查小組提出公開聲明，以確保對其課責性的達成。[139]

　　1999 年由參議員阿勒・斯派特（Arlen Specter）、萊文（Levin）、約瑟夫・萊伯曼（Joseph Lieberman）、蘇珊・考林斯（Susan Collins）等，將有關對獨立檢察官的課責回歸至司法部的意見匯集編入《1999 年獨立檢察官改革法》（*The Independent Counsel Reform Act of 1999*）。這些改革重點包括：調查範圍限縮至只適用於總統、副總統、內閣閣員和總統的幕僚長；授予司法部部長有權力於「初步調查」時可召集大陪審團及發出傳票；任命獨立檢察官的標準從「合理的理由」（reasonable grounds）改為有「實質的理由」（substantial grounds），以確保調查的正當性；改以抽籤方式產生三位法官所組成的「特別法庭」，以代替原本由美國首席大法官來任命三位法官人選；禁止獨立檢察官擴張、超越其原先被授予的管轄權範圍，以及限制獨立檢察官擴張調查的權力；要求獨立檢察官須遵循司法部的政策；如果被調查者認為獨立檢察官已未能遵守司法部政策，則他們可以向司法部部長上訴。如有必要，司法部部長可尋求和解，並將未遵守司法部政策的獨立檢察官予以免職；要求獨立檢察官提交年度預算報告；予獨立檢察官兩年的任期；刪除獨立檢察官可要求向國會報告任何實際且可信的關於受調查者彈劾之可能理由的訊息。[140]

　　由於該改革方案仍然讓許多國會議員認為：這些改革仍不足以克服《政府倫理法》被廣為批評之處，且只有極為少數國會議員是期待此方案或任何其他擬議改革方案能夠被採用。另一方面，國會議員鑑於司法部部

---

[139] Archibald Cox and Philip B. Heymann, "After the Counsel Law," *New York Times*, 10 March 1999, p. 19.

[140] Charles A. Johnson and Danette Brickman(2001), p. 225.

長雷諾多次拒絕聲請任命獨立檢察官，而不希望司法部部長是被迫或在強大壓力下去任命獨立檢察官。這些考量，皆使司法部最後放棄在 1999 年向國會提出《政府倫理法》的授權展延。

二、獨立檢察官斯塔爾調查白水案的濫權

　　如同獨立檢察官華施在調查「伊朗門案」的衝擊，進而實質影響並反映在 1992 年國會暫時中止《政府倫理法》一樣，斯塔爾檢察官鋪天蓋地、窮追猛打對柯林頓總統「白水案」的調查，確實深深影響國會在 1999 年對於《政府倫理法》應否更新和再予授權通過的討論。許多國會議員認為：斯塔爾檢察官面對眾議院「司法委員會」，並不是一位只是提交柯林頓總統涉違法資料的角色，斯塔爾檢察官的調查報告內容與對柯林頓總統極盡抨擊的積極態度，皆顯現他是一位對柯林頓總統彈劾的「倡導者」，而這已經超過他作為獨立檢察官角色所應有的權限與分際。即便曾為斯塔爾「道德顧問」（ethics advisor）的塞繆爾・達什（Samuel Dash）亦認為：根據《政府倫理法》，斯塔爾檢察官告知國會這些調查有可能導致彈劾行為，已違規而逾越了獨立檢察官應有的責任權力。[141]

　　在 1998 年 4 月斯塔爾檢察官在參議院「政府事務委員會」的聽證會中，作證有關他作為獨立檢察官的經驗時，斯塔爾即建議《政府倫理法》不應被再予以授權展期。他的理由是獨立檢察官從來就沒有真正從司法部獨立出來，但同時也從未真正為其行動負起真正的責任。依斯塔爾的觀點和經驗，他認為《政府倫理法》是試圖將獨立檢察官組織從原本隸屬在「三權分立」的組織，變成「四權分立」下的獨立管制機構，結果便是造成獨立檢察官自身結構上的不健全，以及在憲法層面上的疑點，使其機構上的獨立性程度，顯得過於誇大而不真實。[142]

---

[141] Don. Van Natta, "Testing of a President: Tactics, Highlights of Criticism and Defense of Starr," *New York Times,* 20 November 1998, p. 28.

[142] Kenneth Starr, "The Future of the Independent Counsel Act," Hearings, Senate Committee on

　　換言之，斯塔爾對柯林頓總統「白水案」及其衍生案件窮追猛打的極盡手段和表現，不但國會和司法部皆有所質疑，連斯塔爾自己也認為獨立檢察官的本身組織結構有問題。更重要的是：美國人民受夠了一場類似肥皂劇調查過程，而對獨立檢察官無所制約的辦案有所反感。

三、司法部部長雷諾的角色與態度

　　司法部部長雷諾原本對《政府倫理法》一向是持支持的立場和態度，自 1993 年雷諾部長就職不久即建議通過《政府倫理法》，她在 1996 年之前共有五次主導要求任命獨立檢察官展開調查。在 1996 年國會聽證會中，雷諾部長也表明司法部會持續支持《政府倫理法》。但在 1996 年後，於柯林頓政府期間，雷諾部長就不太回應有關涉及行政不當的任命獨立檢察官的要求。自 1996 年 11 月至 1999 年 6 月《政府倫理法》終止，雷諾部長更是堅拒來自公共利益團體、媒體、司法部內部、甚至國會有力議員的壓力，拒絕對於有關柯林頓和高爾競選經費募集涉不法之指控的調查。

　　在 1996 年當總統選舉近尾聲時，公共利益團體檢舉柯林頓和高爾競選經費涉違法，而要求司法部部長任命獨立檢察官調查。但雷諾部長在「門檻調查」結論上認為：這項指控實際上並未有任何可信的有關觸及獨立檢察官管轄範圍下之犯法情事。當司法部本身也建議：可以考慮提交至該部新成立的專責調查競選經費的財務單位來調查，但雷諾部長仍不為所動。後來共和黨參議員約翰・麥凱恩（John McCain）乃至參議院「司法委員會」主席、共和黨的奧林・漢曲（Orrin Hatch）前後皆曾向雷諾部長提出該案可能涉有不法政治獻金，建議任命獨立檢察官調查。但雷諾部長的「初步調查」中所得結論大抵是：她不會建議任命獨立檢察官，理由是這些證據無論是柯林頓總統或高爾副總統，皆「缺乏犯罪意圖和動機」，而且這些指控的行為並未為相關聯邦法律所涵蓋。雷諾部長甚至也拒絕聯

Governmental Affairs, 10th Cong., 1st sess., 14 April 1999, pp. 424-425.

邦調查局以及司法部專責調查競選財務單位的建議，最後招致國會嚴重抗議。國會為此召開好幾個聽證會，咸認雷諾部長已忽視利益衝突和曲解獨立檢察官的規範，甚至眾議院「政府改革委員會」投票揭示：雷諾部長因未能釋出聯邦調查局和司法部專責調查競選財務單位所建議之任命獨立檢察官，以調查柯林頓和高爾競選經費涉違法的備忘錄，而有藐視國會之嫌。[143]

　　共和黨國會議員強烈質疑雷諾部長，有否忠誠執行《政府倫理法》。在 1999 年 1 月，雷諾部長關於另外一樁白宮助理哈羅德‧伊克斯（Harold M. Ickes）在參議院委員會中的有關競選資金情事作證中說謊之事，仍然不願意要求任命獨立檢察官進行偵辦。司法部部長雷諾多次被指控未能忠實執行《政府倫理法》，確實影響了國會在 1999 年重新考量對《政府倫理法》的授權展期。共和黨參議員弗雷德‧湯普森（Fred Thompson）則諷刺地提出：《政府倫理法》若在 1999 年終止，應會是雷諾部長任內「最顯著的成就」。而共和黨眾議員丹‧伯頓（Dan Burton）則譴責：雷諾部長實已違反《政府倫理法》精神和信念，她已經不適合領導司法部了。[144]

　　何以雷諾部長對執行《政府倫理法》有立場和態度的轉變呢？一些評論指出：鑑於 1996 年之前所任命獨立檢察官的麻煩經驗，而使雷諾部長對於柯林頓和高爾所涉競選經費不法情事是否調查之態度有所轉變。在 1999 年 3 月雷諾部長出席參議院「政府事務委員會」作證時，即顯露其轉變態度，她說：「站在司法部的立場，《政府倫理法》有結構上的缺陷（structurally flawed），而那些瑕疵在當今憲法架構上是無法被矯正的」。雷諾部長認為政治不能介入影響偵辦高官的調查，這是當初創設《政府倫理法》最基本的理由之一。由於「水門案」而使國會通過該法，當初目的旨在說服大眾當政府在偵辦高官時，不會再有掩護或不適當政治影響加諸

---

[143] Stephen Labaton, "Experience Sours a Once-Enthusiastic Reno on Applying the Indepent Counsel Law," *New York Times*, 29 November 1997, p. 12.

[144] 同上註。

在調查上。但而今法律並未能實現這個諾言，因爲法律要求由司法部部長定奪是否決定或開啓「初步調查」，以及是否建議任命獨立檢察官，而這些指控大抵牽涉高階官員，且高能見度而易引發輿論和大眾廣大的爭論，因此任何司法部部長的決定，皆將被視爲泛政治化。雷諾部長說：「《政府倫理法》置司法部部長在一個永遠無法取勝的格局，不論做什麼決定都不免遭遇批判。同樣的情況也適用在獨立檢察官上，而這些批判只會弱化公眾對調查和起訴的信心」。[145]

雷諾部長在參議院聽證會中表示：《政府倫理法》爲了彰顯其獨立性，卻歪曲了正規的程序，實際上所有其他的檢察官在有限的時間、預算、資源以及許多實質或潛在的目標下，可以有所選擇，例如就最重要的案件或對最重要的指控做出判斷，同時可以集結資深檢察官的集體經驗，來對案例發展出具一致性的起訴決定。但《政府倫理法》卻讓獨立檢察官在沒有時間和預算的限制下，也毋需負擔公眾責任以及決定如何分配稀有的資源，更不需要被要求考慮司法部傳統起訴的要件，就完全可以集所有精力、心思和資源於一個大抵只調查一個人的個案上，這些皆是有違正規的司法程序。[146]

雷諾部長在這場參議院的聽證會中表示：因爲獨立檢察官所調查的案件，通常皆會引起媒體和大眾的注意，以致人們預期會起訴或認爲有罪，這將驅使獨立檢察官去做人爲性的起訴行爲，以符合公眾的期待。雷諾部長認爲：課責向來是美國憲法的核心價值，一個好的制度應該提供所需的課責，而獨立檢察官卻被賦予太多偵查起訴的權力，但卻又相對給予極少的課責。因此雷諾部長在聽證會中建議：國會對現行《政府倫理法》不應再予以授權展期，而相關對行政不當行爲的調查，則應回歸到由司法部負責，除非出現特殊案例確實需要獨立的調查，才賦予任命獨立檢察官或特別檢察官的機制調查。雷諾部長提出若國會考慮對該法重新授權展期，

---

[145] Charles A. Johnson and Danette Brickman (2001), pp. 231-232.
[146] 同上註，pp. 232-233。

則該法適用範圍應予以縮減,並授予司法部部長啓動調查的裁量權之機制,以及應賦予審愼評量告發情資來源之可信性以及考慮犯罪的意圖(criminal intent)等等。[147]

　　雷諾部長在國會的這一席話,正說明了《政府倫理法》的困境所在。雷諾部長認爲:法律結構性的瑕疵雖未能根本解決,但這些修法建議至少可以讓壞的法律變得好些。儘管如此,參議院成員還是就雷諾部長所解釋和執行法律的方式不以爲然,甚至還加以譴責。除了參議院「政府事務委員會」主席湯普森質疑她拒絕任命獨立檢察官調查柯林頓-高爾競選經費事件的決定,更多參議員則關切是否應直接廢止該法律,同時也考慮將原本賦予司法部部長雷諾有關偵辦行政不當的調查,和安排獨立檢察官等之權力予以收回。雷諾部長在國會聽證會中對《政府倫理法》所表現的角色與態度,深重地影響了國會在 1999 年不再對該法授權展期的態度和立場。[148]

　　綜合以上,從《政府倫理法》的實踐施行案例中,尤其是斯塔爾之偵辦「白水案」的濫權,乃至司法部部長雷諾對該法所持立場與態度的轉變,讓大家更爲關注獨立檢察官制度之獨立性與課責性兩者間適當平衡性的重要,而成爲國會在 1999 年重新對《政府倫理法》授權展期的重要考量。

第六節　1999年後的美國特別檢察官制度

　　由於國會和司法部雙方對於終止《政府倫理法》和建立新規章以取代該法,並無異議,爲因應《政府倫理法》於 1999 年 7 月 1 日落日失效,司法部依據美國聯邦法典第 5 部(Title)之第 301 條有關司法部部長權力(5U.S.C.§301)以及第 28 部(Title)第 509 條、第 510 條、第 515 條、

---

[147] Dan Morgan, "Senate Coalition May Save Independent Counsel Law; Reno Favors Letting Statute Expire; Key Panel Members Wary," *Washington Post*, 18 March 1999, A2.

[148] Dan Morgan (1999), A2.

第 519 條等（28U.S.C.509-510-515-519）相關賦予司法部部長的固有之概括權規定，在 1999 年 4 月擬定了《特別檢察官規則》，並於同年 7 月 1 日生效。該規則授權司法部部長在特別狀況下，透過司法部內部的行政規則，可在外部任命檢察官偵辦調查高官的犯罪。在認知沒有兩全其美的解決方法下，該規則期望所任命之外部檢察官，能在某些敏感的調查中，尋求在獨立性與課責性之間的平衡。根據該規則在名為特別檢察官獨立進行調查時，最終的責任及調查過程的掌握，皆回歸並控制在司法部部長手中。

茲歸納美國司法部 1999 年 7 月 1 日所訂定施行的《特別檢察官規則》（28C.F.R. Part 600）之相關重點規範說明如下：[149]（見附錄三）

（一）任命特別檢察官的條件

當司法部部長認為：在聯邦檢察官進行調查或起訴上與司法部或其他特別狀況有利益衝突時，及在特殊狀況下派任外部特別檢察官調查較能符合公共利益的情況下，皆得任命外部的檢察官，並批准其調查。

（二）採取行動的過程

當事件符合這個規則所規定的範圍時，司法部部長可立即直接任命特別檢察官；在決定是否任命特別檢察官之前，可主導進行一初步性的調查，包括事實的審訊與法律的研究，以俾司法部部長能獲致正確的決定處理之；或當涉嫌事件的狀況，以司法部正常程序調查會不符合公共利益時，則可由司法部指派適當人員處理該涉嫌事件。而司法部部長為求減少利益衝突，可指示適當措施，例如要求特定官員的迴避。

換言之，在涉嫌事實的狀況有實質衝突或緊急狀況時，司法部部長即

---

[149] 黃謀信，〈美國特別偵查組織－獨立檢察官與特別檢察官〉，《檢察新論》，第 5 期，2009 年 1 月，頁 40-43；Regulations Published at 28 CFR 600.1-10, *Federal Register,* July 9, 1999 (Vol. 64 No.131), 37038-37044 (April 17, 2001), in <http://www.usdoj.gov/criminal/publications/specialcounselreg.htm.> Latest update 10 October 2018.

應任命特別檢察官，有些狀況則是在先行之初步調查涉嫌事實或法律研究時，也是應適當報告司法部部長知悉，以期部長能做出正確決定。該規則即在因應涉嫌事實，無論是有明顯利益衝突或在先行的初步調查上，司法部部長皆有明確而多樣性途徑以採取行動。另外，該規則規範對象除「特定人」外，亦涵蓋「涉嫌事實」。與《政府倫理法》設定為「特定人」為對象之規定，則該規則在即使未知涉嫌人情況下，即可啓動相關涉嫌事實的調查，為較具機動性與時效性的機制。

（三）特別檢察官的資格

司法部部長應自美國政府外部之非聯邦政府官員中選任特別檢察官，此人應為具正直廉潔與公正聲譽，並有適當的經驗去確保調查工作可敏捷迅速而徹底地執行，以及能在調查過程中，理解並尊重刑事法律與司法部政策的檢察官來擔任之。特別檢察官應認同其身為特別檢察官應以其專業作為其最優先的責任；必要時特別檢察官依其調查案件的複雜性和階段性，須全職專注在調查工作上。司法部部長應諮詢掌管行政業務的助理司法部部長，以確保適當的任命方式程序，以及對特別檢察官適當之背景調查和詳細倫理與利益衝突事件的審查。

（四）特別檢察官的管轄權

特別檢察官的原始管轄權由司法部部長指定，司法部部長會提供相關具體之涉嫌事實。該管轄權限包括有權調查和追訴所提供之聯邦犯罪的涉嫌事實，以及該案件所衍生之意圖妨礙特別檢察官的調查，例如偽證、妨礙司法、湮滅證據、恐嚇證人以及提出上訴等。另外，如果新的資訊顯示需要額外的管轄權，則特別檢察官在與司法部部長諮詢協商後，司法部部長可決定是否擴充其管轄權，或賦予該事件有關的其他更進一步的調查。如果特別檢察官認為以行政救濟、民事制裁或其他刑事系統外的作為較為適當者，則應諮商司法部部長而由適當人員去進行必要的行動。不過在沒

有司法部部長特別的授權下，特別檢察官不具有對民事或政府行政上的任何權限。

　　該規則內容明確指出：特別檢察官的管轄權為一具體涉嫌事實（specific facts）的調查，而為解決各種不同狀況的管轄事項，在特別檢察官遇有相關或新事項之際而欲擴充額外管轄權時，應向司法部部長報告後，由司法部部長做是否授予擴充管轄權之決定。該規則意在闡明特別檢察官的管轄權，除非為司法部部長具體授予其他額外管轄權限，否則將只涵蓋在調查事件的犯罪層面上。

（五）特別檢察官辦公室的配備人員和預算

　　特別檢察官得請求司法部分派其成員參與協助調查，以期能與司法部進行最大程度的合作。特別檢察官也可要求雇用額外人員或從司法部外調用聘雇人力。司法部將提供予特別檢察官所有適當的資源，在任命後的60天內，特別檢察官應提出一份包括人事需求的預算予司法部部長檢視審查與同意批准。在每年會計年度之前的90天，特別檢察官必須提交調查進度報告和下年度預算需求，司法部部長必須據此決定是否繼續調查和相關預算的編列。

　　該規則在於提供分配特別檢察官辦案時所需要來自聯邦調查局的調查資源，同時預備絕大部分提供予特別檢察官的人力，並提供必要時的司法部以外之人力雇用。

（六）特別檢察官的權限

　　除了下列所列第600.7、第600.8和第600.9等相關條文所列限制外，特別檢察官將擁有和美國聯邦檢察官一樣完整而獨立的調查和起訴之權力與功能。除了規則中所限制規定外，特別檢察官可以就調查事宜和司法部部長或其他司法部人員商討與諮詢其職責。

（七）特別檢察官的行為與課責

特別檢察官必須遵循司法部的政策和相關的行政程序與規定，並與司法部官員諮詢。如果特別檢察官認為某種特別情況會違背司法部的必要審視與程序，則應直接諮詢司法部部長。

特別檢察官不會受到司法部每日的監督，但司法部部長可以要求其解釋任何調查與追訴的行動。如果司法部部長認為該項行動是不適當或未能遵守司法部的程序與規範，則司法部部長可以決定該行動不應該繼續下去。在這些情況下，司法部部長應該重視特別檢察官的論點，但如果司法部部長認為特別檢察官已提議的行動不應繼續進行時，則必須向國會報告。

特別檢察官和工作人員必須為其行為不當和違反道德義務，接受司法部調查與紀律懲戒。相關之行為不當與違反道德義務乃至懲戒之認定標準，皆與司法部的官員相同，而該項處置皆須經由司法部部長的同意。只有司法部部長可令特別檢察官解除職務，司法部部長必須以書面方式載明解職的理由，以通知特別檢察官。這些理由包括不當行為（misconduct）、怠忽職守（dereliction of duty）、失能（incapacity）、利益衝突（conflict of interest）或違反司法部政策等其他合理事由者。

審視與批准追訴的程序，為司法部在面對特別檢察官在追訴過程中，最為敏感性的法律與政策事項。因為這些事項要處理者，通常非法令的實質條文，而是司法部認知這些法律與政策事項，大抵是最有爭議或處於危險之調查追訴的異常狀況，因而上述的條款在於提供特別檢察官，在採取行動前之多樣性層面的司法部審視與批准。這些負責執行審批者，大抵為對司法部事務有實質歷練的長期資深官員，同時對於特別情況，可允許特別檢察官跳過司法部層層審批，而直接諮詢司法部部長，某種程度提供特別檢察官實質決策的課責性。另外，解除特別檢察官職務，司法部部長須在正當事由、並以書面載明具體理由下行之。

（八）重大事件的通知和特別檢察官報告

　　遇有特別重大事件，特別檢察官應根據司法部有關「緊急報告」
（urgent reports）的規定通知司法部部長。在調查結束時，特別檢察官應
提交一份祕密的偵結報告予司法部部長，報告中應敘明起訴或不起訴的決
定和理由。另外，該規則揭示特別檢察官在特別重大情況下所採取行動的
標準，與其他聯邦檢察官一樣，須通知司法部部長。這些重大追訴狀況，
往往有可能是敏感而具政治性，設下這道「緊急報告」司法部部長的機
制，讓司法部部長得以審視相關調查行動的妥適性。

（九）司法部部長的通知與報告

　　當特別檢察官被任命或去職，以及司法部部長認爲特別檢察官的行動
是不適當或違反司法部政策，而認爲不應繼續進行時，則司法部部長應通
知國會「司法委員會」。如果對隱私的關切需要保有機密性，則司法部部
長在有關任命特別檢察官之事宜，可延遲告知國會。司法部部長可在符合
司法部的政策以及公共利益情形下，公開發布相關訊息和報告。所有司法
部以及特別檢察官辦公室所發布訊息，皆應受制於司法部有關公共評論刑
事調查的指南和政策行事。該規則課以司法部部長在任命特別檢察官、解
職特別檢察官、乃至特別檢察官任務完成、甚至涵蓋特別檢察官的行動違
反司法部相關政策等之狀況下，皆應向國會「司法委員會」提出報告，以
確保國會和公眾對調查過程之廉潔公正有所信任。

　　有關 1999 年司法部所訂定施行的《特別檢察官規則》，其由司法部部
長任命的特別檢察官偵辦案件之獨立性爲何？1999 年春天由前參議員道
爾（Bob Dole）和米契爾（George Mitchell）在向「美國企業機構」（The
American Enterprise Institute, AEI）和「布魯金斯機構」（The Brookings
Institute）的相關研究報告中即指出：該《特別檢察官規則》並未賦予特
別檢察官充分的獨立性或對其主導獨立性調查的保護。當時的助理檢察總
長詹姆斯·羅賓遜（James K. Robinson）在國會聽證辯護時認爲：當司法

部部長要求特別檢察官提出解釋說明的場合，大多是在極特殊的情境下發生，這種狀況並非經常性的，實際上特別檢察官是具有實質性的控制調查權限，而保有其辦案的獨立性。羅賓遜助理檢察總長表示：從《政府倫理法》的實際運作經驗中，告誡了賦予具有無限制自由裁量權的獨立檢察官，而不受制於監督與課責是不明智的，因此對於執行聯邦刑事法所作決定的最終課責，仍然有必要回歸到負責此類事務的司法部部長手中。可見司法部自始即主張：該規則所規範檢察官雖為具有實質性之控制調查權限，但同時也受到司法部課責與監督。[150]

喬治‧吉卡斯（George Gekas）眾議員關切《特別檢察官規則》允許司法部部長可以壓制特別檢察官的規範。林賽‧格蘭（Lindsey Graham）眾議員則提出當司法部部長需要調查他們的頂頭上司，如總統或其他內閣高官時，而這些人不但控制特別檢察官辦公室經費、撥款和配備人員，還控制調查是否終止或結束的程序，這些皆使特別檢察官辦案的獨立性堪憂。格蘭議員認為在《政府倫理法》中係以三人法官小組的「特別法庭」，來提供對獨立檢察官之外在監督的資源，而這樣的外部監督正是《特別檢察官規則》所欠缺的[151]。

不只參議員道爾、米契爾的報告中抨擊《特別檢察官規則》以及司法部的指導綱領，皆將會操控特別檢察官的調查，一位「布魯克林研究中心」的訪問研究員麥克‧戴維森（Michael Davison）亦指出：在司法部的起訴手冊中，列有顯著的對特別檢察官的控制規範，例如：特別檢察官對於需要搜尋在國外之文件所要發出的傳票，以及於國會前申請豁免權和偽證起訴權，皆需先獲有司法部事先批准。手冊中亦指出副檢察總長控制著特別檢察官向上訴法院和聯邦最高法院的上訴。[152]從上述的意見中顯示：特別檢察官確實是深受司法部的壓制，其辦案的獨立性無法與獨立檢察官

---

[150] *Special Counsel Act of 1999*, "Hearings, House Subcommittee on Commerical and Administrative Law," 106th Cong., 1st sess, 15 September 1999, pp. 18, 23.

[151] 同上註，pp. 27, 33。

[152] 同上註，pp. 61-62, 65。

相比擬。

　　總結本章的探討，自「白水案」以來，美國偵辦調查高官的行政不當，已隨不同階段而採行不同的方式。在「水門案」之前，調查官員的行政不當之責任，主要建立在司法部和司法部部長暨檢察總長，「水門案」時則回歸到使用外在的特別檢察官，來調查和起訴高官行政不當的行為，尤其當調查對象層級上到總統或司法部部長。但當尼克森總統開除特別檢察官考克斯時，接下來繼任的特別檢察官賈沃斯基則對政府不當行徑，強制地採取了替代方案的調查。

　　至 1978 年，《政府倫理法》建立了一套針對高官行政不當與違法之獨立檢察官的調查機制。而隨著美國政府執政權的更迭，自 1978 年立法後，歷經 1983 年、1987 年和 1994 年的進一步調整與改革，使該法更能符合實際運作需求與實質功效。但在柯林頓政府時期，因為來自共和黨的獨立檢察官斯塔爾的濫權，引發世人嚴重質疑獨立檢察官是否具有自制的能力與智慧。最後在斯塔爾的濫權下將獨立檢察官的調查職權，淪為政黨政治的鬥爭工具，以致公眾和國會對該法的支持度減低，終致於 1999 年 6 月底國會停止授權，而使該法終止而失效。

　　如同不滿獨立檢察官華施調查「伊朗門案」而導致國會讓《政府倫理法》在 1992 年短暫停擺，斯塔爾檢察官調查柯林頓總統「白水案」的濫權，也直接導致國會在 1999 年未能對該法再予以授權展期。另一方面，司法部部長雷諾拒絕任命獨立檢察官對柯林頓與高爾競選經費事件展開調查，同樣也引發國會質疑該法是否有必要持續執行的問題。最後，雷諾乃至斯塔爾以及之前所任命的一些獨立檢察官，皆異口同聲地表達了不支持該法的再授權，最後使《政府倫理法》因而終止失效。

　　為因應 1999 年 7 月 1 日《政府倫理法》的落日失效，司法部所另行訂定的《特別檢察官規則》，則因為其任命、擴充管轄權與免職權等，皆完全操之於司法部部長手中，而且須配合遵守司法部政策和司法部部長的指令，使該特別檢察官較為欠缺獨立性，而被視為只是司法部的一部分。

表4-1 美國獨立檢察官調查總統及行政高官涉案列表（1979～2000）

任職總統	獨立檢察官	最初調查對象	最初起訴罪名	耗資經費	結果
卡特（Carter）[民主黨]（1977│1981）	1. 克里斯蒂（Arthur H. Christy）	1. 喬登（Hamilton Jordan）	■吸毒	$182,000	不起訴
	2. 加林豪斯（Gerald J. Gallinghouse）	2. 克拉夫特（Timothy Kraft）	■吸毒	$3,300	不起訴
雷根（Reagan）[共和黨]（1981│1989）	1. 西爾佛曼（Leon Silverman）	1. 唐諾文（Raymond Donovan）	■不當支付聯邦官員	$326,000	不起訴
	2. 史坦因（Jacob A. Stein）	2. 米斯（Edwin Meese）	■財務行為不當	$312,000	不起訴
	3. 麥凱（James C. McKay）、莫瑞森（Alexia Morrison）	3. 歐森（Theodore Olson）	■故意妨礙國會委員會調查	$2,141,000	不起訴
	4. 西莫（Whitney Seymour）	4. 迪瓦（Michael Deaver）	■遊說行為違反政府倫理法則	$1,552,000	有罪判決
	5. 若爾（Carl Rauh）/哈伯（James Harper）	5. 華萊斯（Lawrence Wallace）	■蓄意不繳個人所得稅	$50.000	緩刑三年 不起訴
	6. 華施（Lawrence Walsh）	6. 諾斯（Oliver North）/波因戴斯特（John Poindexter）	■涉入「伊朗門案」	$47,865,000 （共計14項起訴）	起訴但獲救免
	7. 麥凱（James McKay）	7. 諾夫茲格（Franklyn C. Nofziger）	■遊說行為違反政府倫理法則	$2,796,000	起訴
布希（Bush）[共和黨]（1989│1993）	1. 威伯（Dan K. Webb）	1. 西康尼（James W. Cicconi）	■財務行為不當	$15,000	不起訴
	2. 亞當斯（Arlin M. Adams）/湯普遜（Larry D. Thompson）	2. 皮爾斯（Samuel Pierce）	■濫用住屋都市開發經費	$29,236,218	不起訴
	3. 巴克林（Donald Bucklin）/斯塔爾（Kenneth Starr）	3. 被封存	■未成案	$93,000	未成案

表 4-1　美國獨立檢察官調查總統及行政高官涉案列表（1979~2000）（續）

任職總統	獨立檢察官	最初調查對象	最初起訴罪名	耗資經費	結果
布希（Bush）	4.迪杰諾瓦（Joseph E. diGenova）/ 澤爾丁（Michael F. Zeldin）	4.穆林斯（Janet G. Mullins）	■篡改柯林頓護照檔案	$2,866,082	不起訴
柯林頓（Clinton）[民主黨]（1993—2001）	1.史穆兹（Donald C. Smaltz）	1.艾斯比（Michael Espy）	■收取非法禮物	$21,466,619	不起訴
	2.斯塔爾（Kenneth Starr）/ 羅伯特·瑞伊（Robert Ray）	2.柯林頓（William J. Clinton）	■涉及「白水案」	$59,718,055	不起訴
	3.巴雷特（David M. Barrett）	3.西斯內羅斯（H. G. Cisneros）	■涉偽證罪	$12,926,295	起訴
	4.皮爾森（Daniel S. Pearson）	4.布朗（Ronald H. Brown）	■財務行為不當	$3,336,510	身故、不予起訴
	5.卡恩（Curtis E. Von Kann）	5.西格爾（Eli J. Segal）	■違反利益衝突法	$516,534	不起訴
	6.布魯斯（Carol E. Bruce）	6.巴比特（B. Babbitt）	■涉偽證罪	$6,097,759	不起訴
	7.蘭卡斯特（Ralph I. Lancaster）	7.赫爾曼（Alexis Herman）	■收取非法付款招攬非法競選捐款	$4,604,047	不起訴

（作者整理製表）

第五章

美國特別檢察制度的檢討與析論

《政府倫理法》自 1978 年立法設置了獨立檢察官制度，以專門偵辦對政府高官行政不當的指控。歷經 1983 年、1987 年和 1994 年的三次修訂以及 20 個案例的實踐，其間獨立檢察官所凸顯的獨立性和司法部部長在面對案例中涉及利益衝突所運作之裁量權，曾引發了 1988 年合憲性的憲政爭議；在 1994 年斯塔爾檢察官偵辦柯林頓總統「白水案」的擴權濫權與浪費公帑，則直接導致了 1999 年該獨立檢察官制度的終止。

本章針對美國特別檢察制度做深入檢討與析論，除了檢視《政府倫理法》之獨立檢察官制度的合憲性問題與在相關案例中司法部部長所面臨的利益衝突問題，同時從獨立檢察官與各政府部門的關係評析獨立檢察官制度的獨立性與課責性。同時並對 1978 年前特別檢察官（special prosecutor）、1978 年制定的獨立檢察官（independent counsel）制度，乃至 1999 年另訂定的特別檢察官（special counsel）制度等美國不同時期所制定的特別檢察制度進行比較分析，以俾完整瞭解美國所建構之偵辦高官不法之司法機制的全貌。最後則對美國獨立檢察官制度的改革，提出若干建議，希冀該制度確有存在之必要下，能更臻至完善，而能在未來再被考慮恢復，以正高官權貴之官箴。

第一節　美國獨立檢察官制度的合憲性問題

《政府倫理法》在通過的第一個十年中，始終被憲法正當性的問題所困擾。在雷根政府時期因為對該法的敵意，增添獨立檢察官制度一些不確定性，無可避免的，法院必須要面對獨立檢察官制度合憲性問題。這些有關《政府倫理法》合憲性問題的案件，有三個案子為獨立檢察官調查後認

為有違刑事之犯罪而被起訴，分別為前雷根總統副幕僚長迪瓦（Deaver）的不當遊說與偽證案、諾夫茲格（Nofziger）案和「伊朗門案」，另外還有「莫瑞森訴歐森案」（Morrison v. Olson）這個涉及獨立檢察官可否擴充其管轄權去調查其他相關行政不當案子，該案也是最後一個對於獨立檢察官之合憲性議題具有關鍵性釋義的重要案件。

在幾個有關《政府倫理法》合憲性爭議案件的檢視與討論中，最重要就是 1988 年聯邦最高法院對「莫瑞森訴歐森案」的判決。該案的合憲性先是在華盛頓特區的地方法院得到支持，認為《政府倫理法》並未違憲。但在華盛頓特區的上訴法院中認為不合憲而予以駁回，最後卻又峰迴路轉於聯邦最高法院中裁定《政府倫理法》中之獨立檢察官制度符合憲法規範。

本節茲探討：一、「莫瑞森訴歐森案」之前有關《政府倫理法》合憲性的案件；二、各級法院對「莫瑞森訴歐森案」的析論，以期清楚地觀察各級法院對《政府倫理法》合憲性的兩種截然不同觀點和論述。

一、「莫瑞森訴歐森案」之前有關《政府倫理法》合憲性的案件

早期有一些訴訟案要求法院詮釋《政府倫理法》，例如：「德勒姆斯訴史密斯案」（Dellums v. Smith）、「班札夫訴史密斯案」（Banzhaf v. Smith）和「奈森訴檢察總長案」（Nathan v. Attorney General）[1]等案件。

---

[1]　Dellums v. Smith, 797 F. 2d 817 (9th Cir., 1986)，1983 年民主黨眾議員德勒姆斯（Ron Dellums）針對雷根政府遲遲不對「伊朗門案」展開調查，而對司法部部長史密斯訴訟，要求史密斯部長應針對「伊朗門案」聲請開啟《政府倫理法》的獨立檢察官機制；Banzhaf v. Smith, 588 F. Supp. 1498 (D.D.C. 1984)，1983 年華盛頓大學法學教授班札夫（John F. Banzhaf）對雷根總統競選團隊成員涉非法竊取卡特總統 1980 年在白宮的重要辯論摘要文件，而向司法部部長史密斯提出訴訟，要求其應開啟任命獨立檢察官機制調查；Nathan v. Attorney General, 737 F. 2d 1069, 1079 (D.C. Cir., 1984)，1983 年奈森（Nathan）向司法部部長史密斯的訴訟中，要求史密斯應對 1982 年一場在北卡羅萊納州一些合法示威遊行者卻在遊行中被槍殺或受傷，其間所涉聯邦官員操作而剝奪示威者公民權益事件，展開啟動《政府倫理法》調查加州民主黨眾議員德勒姆斯。

但這些案件並未聚焦在法律的合憲性問題，而是在爭論司法部部長在該法中啟動任命獨立檢察官的裁量權問題。然而無可厚非，這些案件的爭論不免會涉及到合憲性的爭辯。在「班札夫訴史密斯案」中，地方法院法官哈羅德・格林（Harold H. Greene）否決了司法部所謂之強迫司法部部長進行「初步調查」，將會違反憲法「權力分立原則」的主張。格林法官認為《政府倫理法》以法院（即「特別法庭」）來任命檢察官，以及檢察官有權力去偵辦這類行政不當的案件，是適當而合憲的。因此格林法官認為：《政府倫理法》下的司法部部長只是在執行憲法所賦予部長級的權限，其裁量權則應是為憲法所制約，同時法院是可以要求司法部部長去履行其部長層級的職責。[2]對該案的結論，某種程度可視為格林法官賦予了《政府倫理法》合憲性的初始判定。

　　在班札夫和奈森的案例中，華盛頓特區上訴法院從未在其判決中直接觸及《政府倫理法》的合憲性問題而做對於司法部有利的觀點。不過，有一些法官確實對行政部門所在意的特別檢察機制，抱持同情的態度。法官在判定兩個案件時，皆對司法部部長在《政府倫理法》中的執法裁量權給予正面的評價。羅伯特・博克（Robert Bork）法官還特別宣示：他認為行政部門在該法律的執行權限是不容易被分割的，因此所有執行法律權限皆應歸屬於行政部門。[3]這些案例一方面承認司法部部長在啟動任命獨立檢察官時，確實具有很重要的角色，支撐了贊同該特別檢察機制不會嚴重威脅到行政權的論述。但相對地，這些案例也為《政府倫理法》特別規範賦予司法部部長的廣泛執法權限，以確保行政部門得以忠誠地執行法律之觀點而背書。而這樣的觀點卻也連帶支撐了對該法反對者認為：該法之特別賦予司法部部長的廣泛執法權限，印證了該特別檢察機制，確是一個入侵行政部門執行法律的制度，也因此才會要特別賦予司法部部長廣泛執法權

2　Banzhaf v. Smith, 588 F. Supp. 1498 (D.D.C. 1984); Gerald S. Greenberg (2000), pp. 14-16.

3　Nathan v. Attorney General, 737 F. 2d 1069, 1079 (D.C. Cir., 1984); 博克法官即為 1973 年擔任代理司法部長暨檢察總長時開除了偵辦「水門案」的特別檢察官考克斯。

限，以保障其行政權的論述。[4]

在「莫瑞森訴歐森案」前，對《政府倫理法》的獨立檢察官機制提出挑戰合憲性最著名的案例爲 1986 年至 1989 年調查前雷根總統副幕僚長迪瓦的不當遊說與僞證案，以及 1986 年至 1994 年期間調查之「伊朗門案」的諾斯僞證案。在 1987 年迪瓦和諾斯不約而同地向華盛頓特區的地方法院訴訟有關獨立檢察官對他們的調查。在「迪瓦訴西茉案」（Deaver v. Seymour）中，迪瓦尋求法院禁令西茉獨立檢察官不得對他起訴僞證罪，迪瓦主張西茉檢察官沒有憲法授予的起訴權限。地方法院的湯瑪斯・傑克森（Thomas P. Jackson）法官作了否決迪瓦訴求之裁定，理由爲迪瓦若被起訴後仍有其他司法救濟之途，獨立檢察官之起訴並非絕對而爲最後終結的過程。傑克森法官對獨立檢察官制度的看法爲：它是一個雖非憲法所原有、也非法院預先立意、但卻具憲法性的混合組織機制（Constitutional hybrid）。傑克森法官認爲：在現存的案例中，並未發現該獨立檢察官機制對憲法有所冒犯。[5]

在「諾斯訴華施案」（North v. Walsh）中，諾斯尋求法院禁令華施獨立檢察官對其在「伊朗門案」的調查，諾斯主張獨立檢察官機制違反了憲法分權原則。爲避免相關「伊朗門案」調查受到憲法的挑戰而延誤，當時司法部部長米斯亦運用其固有概括權任命華施爲特別檢察官（special prosecutor），而使華施具有既是司法部所任命的特別檢察官、也是「特別法庭」任命的獨立檢察官，目的即在不需要因諾斯的訴訟，而中斷或擱置偵辦「伊朗門案」的進程。另外，諾斯也主張司法部部長缺乏聲請任命獨立檢察官權限的正當性，因爲這樣的任命將隨時可被總統撤職，在憲法上是不具效力的，[6]最後地方法院駁回了這個案子。

地方法院法官白瑞頓・帕克（Barrington D. Parker）在該案裁決中指出：有關合憲性問題的重要關聯，在於整個案子的發展還未到要起訴或定

4　Nathan v. Attorney General, 737 F. 2d 1069, 1079 (D.C. Cir., 1984).

5　Deaver v. Seymour, 656 F. Supp. 900 (D.D.C. 1987), pp. 901-902.

6　North v. Walsh, 656 F. Supp. 900 (D.D.C. 1987).

罪階段，法院審視該案合憲性問題，認為還不到討論的成熟時機。同時法院也認為：諾斯未提出足夠實質論證力，以資合理證明該獨立檢察官制度在法院當時審理時機上，是有合憲性問題牽涉。法院認為諾斯的論述，已不僅僅是對獨立檢察官合法性的挑戰，諾斯主觀上所主張的「權力分立」，是要求行政部門應保有其「全部」的追訴權，這樣的要求將使其他有賦予追訴權的聯邦獨立機構也陷入合憲性的問題。[7]

　　帕克法官認為華施獨立檢察官的任命，係根據國會立法並經由總統簽署的法律而行事，這樣的法律即帶有在已知的既定事實上，做合憲性之推定。在帕克法官的判決書中寫著：諾斯所主張要求行政部門應保有其「全部」的法律追訴權之僵化觀點的「權力分立原則」，並不為美國政府的憲法結構所支持。帕克法官並引用了一些面對權力分立問題而採取彈性而靈活途徑的判例輔之，說明了憲法的「權力分立原則」，應有與時俱進的彈性運用與實踐。帕克法官在判決書中，也檢視司法部部長在整個訴追過程中所扮演的重要角色，而認為《政府倫理法》對獨立檢察官的權限是有制約的。[8]華盛頓特區的上訴法庭將案子發回地方法院，最後地方法院依據「水門案」的案例，而結論《政府倫理法》中所規範之司法部部長的行動是適當的，且其執法皆在其應有的權限範圍內。另外，地方法院裁示：獨立檢察官與「特別法庭」的關係是有限制性的，因而結論該案並沒有需要立即性地考量《政府倫理法》的合憲性問題。[9]

　　綜合上述，在 1987 年當「莫瑞森訴歐森案」正逐步在各級法院中挑戰《政府倫理法》的合憲性問題時，先前迪瓦和諾斯的案例，確實有助於美國輿論大眾對《政府倫理法》合憲性的公開辯論之認知和瞭解，也因此當「莫瑞森訴歐森案」爭議時，美國輿論大眾對該案判定過程和結果，投以巨大的關注。

7　North v. Walsh, 656 F. Supp. 900 (D.D.C. 1987), p. 419.

8　同上註，pp. 420-421。

9　Katy J. Harriger (2000), p. 100.

二、法院對「莫瑞森訴歐森案」的判決意見

由於「莫瑞森訴歐森案」關係著《政府倫理法》的存廢，同時也關係著獨立檢察官可否持續辦案的重要關鍵，該案所歷經的各級法院的判決觀點，為提供吾人瞭解該制度是否合乎美國「權力分立原則」之合憲性的經典重要案例，而有必要對各級法院的判決詳加論述。本單元茲分（一）「莫瑞森訴歐森案」爭議事由；（二）華盛頓特區地方法院的判決意見；（三）華盛頓特區上訴法院的判決意見；（四）聯邦最高法院的判決意見；（五）大法官斯卡利亞之不同意見；（六）評析聯邦最高法院的判決等六個部分加以詳述。

（一）「莫瑞森訴歐森案」爭議事由

該案的爭議事由，主要是起於國會和總統間的激烈對峙所致。在1982年不少國會議員認為聯邦政府的「環境保護署」對於監督「超額危險廢棄物場地清理使用基金」之規定與執行，有政治操作而浪費基金之嫌，為此負責監督「環境保護署」的眾議院「司法委員會」發函該署，要求調取相關基金經費的公文和資料，而與「環境保護署」、司法部和總統在釋出若干相關文件上產生法律的爭議。當時雷根總統在司法部「法律顧問辦公室」的助理檢察總長歐森（Olson）建議下，簽署了「行政特權」命令，賦予「環境保護署」主管菠福特（Burford）可拒絕提供涉有機密性質文件的權力，令許多眾議員非常不滿司法部在此「行政特權」事件中所扮演的角色。為此眾議院「司法委員會」在1983年至1985年為「環境保護署」的爭議事項做了廣泛的調查，並發表了一份3000多頁的報告，其中即包括了認為助理檢察總長歐森對國會說謊，以及控訴副檢察總長施默茲（Schmults）和另一位助理檢察總長丁金斯（Dinkins）等扣留相關文件而阻礙國會調查，另外針對「環境保護署」主管菠福特因其拒交若干文件，而控訴其藐視國會。

司法部針對國會的行動，也不甘示弱為其「行政特權」主張而向地方

法院提起訴訟，一時間該案變成國會和司法部的對打訴訟（United States v. House of Representatives）。[10]眾議院「司法委員會」主席彼特‧羅迪諾（Peter Rodino）要求任命獨立檢察官調查有關對司法部的指控。在經由「初步調查」後，司法部「公正誠信處」則建議應將施默茲、丁金斯和歐森等三位司法部高官交予獨立檢察官偵辦調查，意味著這三人應一起接受調查而不可分割。但負責刑事的司法部部長特別助理約翰‧基內（John C. Keeney）卻在審視後，裁定只有歐森一人需要交由獨立檢察官調查。又因該案涉及個人利益而使司法部很多人必須迴避，因而司法部部長另外任命了麻塞諸薩州的聯邦檢察官威廉‧韋爾德（William R. Weld）為特別助理顧問專責處理該事件，韋爾德建議獨立檢察官應調查施默茲和歐森兩人，但不應及於丁金斯。1986 年 4 月，司法部部長米斯最後卻決定只提出助理檢察總長歐森一人接受調查，米斯部長的理由是認為因為歐森對國會說謊，而應交予獨立檢察官調查。

原先「特別法庭」任命麥凱（McKay）為獨立檢察官，後麥凱因涉有利益衝突而迴避請辭，轉而另外任命由聯邦助理檢察官莫瑞森（Morrison）接任調查任務。莫瑞森檢察官在經過調查後強烈認為：該事件若只採用歐森一個人證詞，顯示並不會構成犯罪行為，那麼將會對真正事實有所誤導，因此而主張仍應審查丁金斯和施默茲的證詞，她認為這比對歐森審查來得更有機會去探究事實真相。另一方面，莫瑞森檢察官懷疑歐森有可能扮演一個阻礙國會進一步調查的陰謀策略角色，但卻為米斯部長拒絕了該擴大調查管轄權的聲請。當莫瑞森檢察官轉而向「特別法庭」請求時，司法部則向莫瑞森檢察官表明：司法部將對她的權限提出憲法上的挑戰。在聽證雙方論述後，「特別法庭」裁定莫瑞森檢察官雖沒有權力去推翻司法部部長的決定排除檢察官對丁金斯和施默茲的調查管轄權，但允予莫瑞森檢察官調查歐森是否有從事妨礙國會調查的陰謀，「特別法庭」同時裁定該項安排是合憲的。

10　United States v. House of Representatives, 556 F. Supp. 150 (D.D.C. 1983).

　　莫瑞森檢察官據此而召集了大陪審團，並藉之傳喚了施默茲和丁金斯兩人。司法部的這三位高官轉而向華盛頓特區地方法院提出《政府倫理法》的規定不合憲，應撤銷該傳喚。自此，該案展開了爲時兩年的司法戰。

（二）華盛頓特區地方法院的判決意見

　　1987 年 7 月 20 日華盛頓特區地方法院作出裁定，認爲《政府倫理法》並未違憲。地方法院首席法官奧布雷‧羅賓遜（Aubrey E. Robinson）認爲：國會因應行政部門調查行政不當的問題，爲避免司法部的明顯利益衝突，而選擇以其權限去創設一個保證公正而獨立的犯罪調查之機制，這是一種國會經過衡量之合乎法理的回應。國會透過謹慎的授權而授予法院的功能來達到其目的，可謂是在憲法範圍內解決了國家的需求。羅賓遜法官主要係從憲法的意涵和之前聯邦最高法院的相關判例來支撐其裁定論點，他認爲「特別法庭」以法院任命獨立檢察官的權力，爲憲法第二條的任命規定（the Appointments Clause of the Constitution, Art. II, 2cl. 2）與憲法第三條之相關法院限制規定（The limitations of Article III）所支持。因爲根據憲法第二條、第三條規定賦予國會在法院事項上任命「次要官員」（inferior officer）的任命權，[11] 而該次要官員的權限是受到限制的，所以羅賓遜法官的觀點認爲：獨立檢察官符合憲法第二條所賦予國會在適當時制定法律，而將獨立檢察官這個「次要官員」的任命權賦予法院。在羅賓遜法官的認知：獨立檢察官明確地在憲法任命規範下被視爲「次要官員」。

　　換言之，羅賓遜法官認爲：獨立檢察官並未特別在憲法中被列名爲「主要的官員」（principal officer），正因爲獨立檢察官爲「次要官員」，故由國會透過法院來任命指派是可行的。羅賓遜法官認爲：由法院來任命獨

11　美國聯邦憲法第二條規定：總統對聯邦政府的高級官員有提名權，並經參議院的同意任命之。國會在認爲適當時，得制定法律將「次要官員」的任命權賦予總統、法院或各行政部門首長。

立檢察官，主要在於國會很明確要移除行政部門之利益衝突的意圖，此與法院對於監督獨立檢察官的限制，兩者並無不調和之處。[12]羅賓遜法官並引用「美國訴尼克森案」（United States v. Nixon）、「漢佛萊的執行官訴美國案」（Humphrey's Executor v. United States）和「韋納訴美國案」（Weiner v. United States）等先前聯邦最高法院判例中有關法院對於總統任命權的觀點，[13]指出《政府倫理法》中限制了總統對獨立檢察官免職權力以及使總統對獨立檢察官欠缺監督管理機制，正可辯證國會確實想訂定一個制度，讓檢察官在偵辦高官行政不當的調查時，能保有其獨立性而不受總統乃至行政部門的干預，這種讓檢察官辦案之獨立性受到保障的構思，也正是《政府倫理法》立法的重要核心目的。

當地方法院駁回歐森等人所聲請《政府倫理法》違憲要求撤銷獨立檢察官莫瑞森的傳喚令後，1987 年 8 月歐森等人轉而向華盛頓特區的上訴法院提起上訴，以期翻轉地方法院的判決。

（三）華盛頓特區上訴法院的判決意見

華盛頓特區的上訴法院於 1988 年 1 月 22 日在以三位法官爲組的法庭上，以二比一而裁定《政府倫理法》是違憲的。事後莫瑞森檢察官在接受訪談時表示，當她在法庭口頭辯論時，看到三人法官小組中有兩位爲雷根總統時期所任命的法官，她就認爲她將會輸掉這場官司。[14]而這兩位法官

12　Katy J. Harriger (2000), p. 103; In re Sealed Case, 665 F. Supp. 56, 62 (D.D.C. 1987).

13　United States v. Nixon 418 U.S. 683(1974): 1974 年聯邦最高法院裁決駁回尼克森總統企圖避掉法院對其白宮錄音帶傳喚索取；Humphrey's Executor v. United States, 295 U.S. 602 (1935): 1935 年聯邦最高法院裁決羅斯福總統（Franklin Roosevelt）除非遇有低效率、不盡責或怠忽職守等狀況，才可免職「聯邦貿易委員會」（The Federal Trade Commission, FTC）的漢佛萊委員，而國會則可限制總統僅在上述狀況下才可免職聯邦官員；Wiener v. United States 357 U.S. 349 (1958): 1958 年聯邦最高法院裁決艾森豪總統（Dwight D. Eisenhower）不可隨意以絕對權力免職「戰爭索賠委員會」（The War Claims Commission）的韋納委員。上述三個判例皆凸顯總統的「行政特權」和免職權是有侷限性的；Gerald S. Greenberg (2000), pp. 171-173, 248, 366-367.

14　Katy J. Harriger (2000), p. 103.

分別爲勞倫斯・西伯曼（Lawrence H. Silberman）和史蒂芬・威廉斯（Stephen F. Walliams），而另一位露絲・金斯伯格（Ruth B. Ginsburg）法官則持不同意該爭議法律違憲的論點。

　　爲達成斷案結論，上訴法院繞著一套完善建構之前例，而進行了相當曲折的論述。上訴法院主要提出三個相關問題：第一，獨立檢察官的任命過程有否違反憲法第二條有關總統任命權的規定和憲法第三條有關對法院的限制；第二，對總統在獨立檢察官免職上的限制，是否違反憲法第二條有關賦予總統忠實地執行法律的權力？第三，整體而言，《政府倫理法》是否有剝奪憲法之維護個人的自由，而違反了憲法「權力分立原則」？上訴法院的西伯曼和威廉斯兩位法官對於這三個問題皆認爲：答案是肯定的。[15]

1. 獨立檢察官制度侵犯總統任命權與執行法律之職能

　　首先，在獨立檢察官的任命程序上，上訴法院不以爲獨立檢察官爲政府的「下級官員」，判定的重點在於獨立檢察官在履行其職權時，究竟係爲一個部門的協助和附屬的角色，抑或其依據著具獨立性的權力而置身於領頭官員的身分與角色？上訴法院的認定是：即使司法部部長擁有對獨立檢察官的有限管理監督權限，但獨立檢察官並不是司法部部長的下級官員。因爲獨立檢察官的權力如此之廣泛，證實其應爲領頭的主要官員身分。另外，以其任命在技術上而言，因爲總統乃至司法部部長的權力在這些案例中皆已被移除，以及獨立檢察官所進行的調查皆是相互關聯而有延續性，所以獨立檢察官的任命並不是暫時性質的，是需要經常性的長時間調查的工作性質。[16]準此觀之，獨立檢察官的權力並不爲總統所監督和制約。

　　上訴法院對憲法第二條的探討認爲：追訴權對個人自由是一種潛在危險威脅，憲法制定者在建構政府的追訴權過程中，有必要考慮到需對行政

---

[15]　Gerald S. Greenberg (2000), pp. 312-313.

[16]　In re Sealed Case, 838 F. 2nd 476 (D.C. Cir. 1988).

權的專斷濫權有所制衡，所以在憲政設計上賦予了國會去制定刑事法律的
權力，行政部門負責追訴權力，而法院則賦予法官對行政部門起訴案件的
公正審判權力。上訴法院特別強調了憲法賦予由行政部門啓動或不啓動的
控訴權，而憲法創建單一的行政部門，即在賦予對檢察官的課責性，因爲
沒有任何聯邦政府刑事法律追訴之功能，比維護個人自由更重要而關鍵，
而最終負有對此檢察官課責與監督的官員，就是單一行政部門的首長總
統。[17]但《政府倫理法》之對獨立檢察官的任命過程，卻避掉了可對檢察
官賦予課責性的單一行政部門，而改由法院「特別法庭」行之，不但實質
地違反了憲法第二條所賦予總統的任命權，同時也干擾了憲法賦予單一行
政部門的執行追訴的法律權責。

　　主張駁回地方法院判決的西伯曼法官指出：《政府倫理法》以三種方
式對行政部門執行法律有所干擾。首先該爭議法律移走行政部門的任命
權，干擾了單一行政部門的責任原則，西伯曼法官認爲：賦予行政部門的
任命權，爲維護一個有回應性與課責性的行政權之本質。他舉 1926 年聯
邦最高法院對「邁爾斯訴美國案」（Myers v. United States）的裁決，該判
決指出：總統具有廣泛的免職權，當總統免職行政部門官員時，即使該官
員之任命係經參議院同意而任命，但總統亦可不經參議院同意而逕自予以
免職。換言之，總統的免職權不僅僅爲行政部門的權限，爲了使總統能夠
忠實執行法律，有必要讓總統可以隨意撤職那些純粹具有行政執行功能的
官員。而獨立檢察官的違憲爭議，即在於其非爲單一行政部門所任命，但
卻擺明了具有執行法律的職能，而又不爲總統乃至司法部部長所能直接免
職，最終這種特別機制明顯地對總統任免權有所制約，這是違反「邁爾斯
訴美國案」判例的原則。同時，由於司法部部長在「正當理由」下才允許
其免職獨立檢察官，而這項免職的決定需受司法審查，西伯曼法官認爲：
這形同司法部部長要撤職獨立檢察官還需請示「特別法庭」，同時該免職
獨立檢察官的規定完全消除總統對獨立檢察官的影響，他認爲：《政府倫

17　In re Sealed Case, 838 F. 2nd 476 (D.C. Cir. 1988).

理法》限制總統對獨立檢察官的任免權限，其實是讓國會進一步地挫折了總統對獨立檢察官行為的影響，並深深地打擊了單一行政部門的核心理論和價值。[18]

2. 獨立檢察官制度違反權力分立原則

西伯曼法官指出，《政府倫理法》整體而言，違反了憲法「權力分立原則」，該法的建構嚴重侵犯了行政權力，而不以為該法是必要而有其正當性。西伯曼法官甚至認為在這些案例中並未存有所謂「利益衝突」，因為那些都只是黨派過去對「水門案」的陰影而過度反應。而且該爭議法律賦予國會一個很有力的武器，國會可藉由重複地要求任命獨立檢察官辦案的過程中，去紊亂行政部門與國會之間的正常互動。儘管行政部門與立法部門總難免會存有一些衝突，但西伯曼法官認為該法所賦予之法制的義務，已經影響到政治的均衡，而傾向有利於國會這邊。因而西伯曼法官認為《政府倫理法》以違反憲法的方式入侵行政部門應有的權限，明顯地違反了憲法三權分立的原則。[19]

另外，上訴法院對有關《政府倫理法》違反憲法第三條之規定的主張，其所持的理由為「特別法庭」在任命和監督獨立檢察官的規定，已超出憲法第三條有關限制聯邦法院處理案例和爭議管轄權方面的規定。西伯曼法官認為：界定一個檢察官管轄權的能力，不僅僅是作為部長性質與部長等級的工作，更重要的是還需要對行政部門政策運作有適當的裁量。準此，西伯曼法官對於《政府倫理法》中「特別法庭」之發布詮釋性命令的角色，以及其在審查司法部部長移除獨立檢察官決定的權力，表示質疑。西伯曼法官指出：因為「特別法庭」在獨立檢察官之控制與監督的權限中，實已破壞了司法作為解決人民與政府之間爭端的中立地位和角色。[20]

西伯曼法官聚焦在判例的任免條款和傳統典型「權力分立原則」來作

---

[18] Myers v. United States, 272 U.S. 52 (1926); In re Sealed Case (D.C. Cir. 1988), pp. 497-499.

[19] 同上註。

[20] In re Sealed Case (D.C. Cir. 1988), pp. 518-536.

結論，而認爲《政府倫理法》有嚴重的憲法瑕疵。西伯曼法官始終堅持雷根總統執政時期之「單一行政」（unitary executive）理論的觀點，[21]「莫瑞森訴歐森案」某種程度可以認爲是行政部門期待能夠藉由此案例所堅持的「行政部門應忠實執行法律」的憲法權責上，去鑄模憲法中的「權力分立原則」，以作爲提升行政權力的一種手段。爲此，西伯曼法官舉了聯邦最高法院有關憲法「權力分立原則」的兩個重要判例，其一爲 1983 年的「移民暨歸化署訴查達案」（Immigration- Naturalization Services (INS) v. Chadha），另一案例爲 1986 年的「鮑余爾訴西奈爾案」（Bowsher v. Synar），[22]以說明聯邦最高法院過去已傾向支持採用傳統典型的「權力分立原則」途徑，來判決有關憲法權力分立的爭議，而認爲對「莫瑞森訴歐森案」也將以此傳統的觀點來衡量。

3.「移民暨歸化署訴查達案」與「鮑余爾訴西奈爾案」

　　有關 1983 年「移民暨歸化署訴查達案」，當時該案被告查達（Jagdish Rai Chadha）於 1966 年由肯亞持英國護照入美國求學，在簽證效期屆滿時，爲原告美國聯邦司法部之「移民暨歸化署」（簡稱「移民署」）展開驅逐程序，查達以《移民暨國籍法》（*Immigration and Nationality Act*）之規定，要求暫緩驅逐出境。移民署在向國會報告依《移民暨國籍法》規範，應暫緩該驅逐出境之決定時，眾議院卻通過決議依《移民暨國籍法》的授權而否決司法部該項暫緩驅逐出境的決定，因而移民局得下令驅逐查達出境。查達轉而向聯邦上訴法院主張國會該項「立法否決權」（legislative veto）違憲，而移民署亦向聯邦最高法院提起上訴。聯邦最高法院最後以較爲傳統的「權力分立原則」，判決該案之國會的「立法否決權」違憲。聯邦最高法院主張：國會依《移民暨國籍法》所授權而中止司

---

21 Morton Rosenberg, "Congressional Prerogative over Agencies and Agency Decision Makers: The Rise and Demise of Reagan Administration's Theory of the Unitary Executive," *George Washington Law Review,* Vol. 57, January 1989, pp. 627-703.

22 INS v. Chadha, 462 U.S. 919 (1983); Bowsher v. Synar, 478 U.S. 714 (1986).

法部暫緩驅逐出境的裁決，形同國會以「立法否決權」而對於負責執行法律的官員作某種形式的國會控制，在憲法上是不容許的作法，而判定此舉違憲。[23]

另外，有關 1986 年的「鮑佘爾訴西奈爾案」，該案主要爭議點涉及聯邦審計長（Comptroller General）在削減政府預算赤字過程中扮演的角色，是否違背憲法「權力分立原則」。該案例主要鑑於雷根政府第一任期間政府預算赤字上升，國會通過之《1985 年平衡預算和緊急赤字控制法案》（The Gramm-Rudman- Hollings Deficit Control Act of 1985，俗稱《格蘭姆赤字控制法》），旨在經由限制 1986 年至 1991 年財政年度支出來削減聯邦預算赤字。因此在此法規定下，對於白宮所屬的「預算暨管理辦公室」（the Office of Management and Budget, OMB）和國會所屬的「國會預算辦公室」（Congressional Budget Office, CBO）所每年評估之下一會計年度的預算赤字，若該預算赤字超過最大容許赤字額度，則該法授予聯邦審計長可以其獨立之判斷權力，決定可以削減多少預算，而總統在收到聯邦審計長的報告，則別無選擇而必須發布命令，須依聯邦審計長的報告來進行預算刪減。而該聯邦審計長雖為總統提名，諮詢參議院意見而任命，但在其長達 15 年的任期中，只有在國會主動採取行動或彈劾的情況下，才

---

[23] INS v. Chadha, 462 U.S. 919 (1983); 蔡懷卿等譯，《美國聯邦最高法院憲法判決選譯》，第五輯（司法院編印，2007 年 12 月），頁 249-263；湯德宗，〈三權憲法、四權政府與立法否決權－美國聯邦最高法院 INS v. Chadha 案評譯〉，《憲法結構與動態平衡－權力分立新論（卷一）》（臺北：天宏，2014 年），頁 323-393：該案為 1983 年美國聯邦最高法院於審理一外國人居留權上訴案，作出推翻美國行之 50 年歷史的「立法否決」運作模式。美國憲法明白賦予行政部門有介入立法過程的「總統否決權（presidential veto power），卻無立法權得以干涉行政部門決定之對應條文。在胡佛總統執政期間，為因應 1930 年代經濟大蕭條危機，爭取國會能充分授權以俾進行政府改造計畫而與國會協商，同意國會在授權行政部門制定法規命令時，可保留最終審查和否決權力，此即為國會「立法否決權」。在行之 50 年歷史中，該立法模式逐漸形成各種形式的立法授權慣例，使國會握有對行政部門法規命令生操大權，而造成行政與立法部門間的磨擦，因而雙方藉此案訴諸憲法訴訟解決。而聯邦最高法院最後裁決「立法否決」條款違反憲法關於立法權之程序規定，該程序為憲法權力分立設計下之整體不可或缺的一部分，因此該「立法否決」之規定違憲而無效。

能使之去職，因而國會始終將聯邦審計長視爲隸屬於立法部門的官員。[24]

　　爲此，國會議員西奈爾（Mike Synar）提起訴訟，挑戰《1985 年平衡預算和緊急赤字控制法案》的合憲性，認爲一旦聯邦審計長爲總統任命後，其長達 15 年的任期中只有國會能使之去職，而國會的該項爭議立法，將使國會藉由聯邦審計長對預算刪減權限而實質侵犯了行政權限。聯邦最高法院最後判決：國會該項立法違憲，其理由爲該法賦予聯邦審計長決定可以削減多少預算的權力，而非賦予總統此一執行權力。而國會透過立法的權力，將此削減預算之權力賦予僅能由國會解除職務的官員，實質上國會已經保留予自己對於執行該法的控制權，且以違憲的方式侵越行政權之執行相關預算的功能。聯邦最高法院認爲：憲法的架構並不容許國會執行法律，而國會不得將不屬於國會自己的權力，賦予歸屬國會監督控制的官員去行使。[25]

　　西伯曼法官提出在這兩個判例旨在說明：聯邦最高法院的裁定，顯然是撤回了過去長久以來該院所持之彈性浮動的「權力分立原則」途徑，改爲傾向採用傳統典型的權力分立途徑來判決。首先，在查達案有關「立法否決權」的使用爭議上，聯邦最高法院以七比二的比數宣告國會的「立法否決權」違憲。有七位大法官認爲：對國會的「立法否決權」，被視爲是違反憲法「權力分立原則」。因爲立法部門和行政部門在立法過程中的憲法角色，是清楚而明確地寫在憲法上，即根據憲法第一條之第一項和第七項，一個法案係經由國會參議院、衆議院的兩院審議通過後，並爲總統簽署同意或否決等之兩項程序要件，此爲唯一立法的憲法規範。聯邦最高法院認定國會之「立法否決權」爲一立法性的行動，卻未經由上述之憲法第一條所規範的兩項程序要件行之，即該案《移民暨國籍法》只准許國會兩院中的任一院否決司法部部長暫緩驅逐查達（Chadha）出境的決定，既未經由兩院的審議程序通過，而在國會立法否決後也未送呈總統簽署，以致

---

[24] 劉靜怡等譯，《美國聯邦最高法院憲法判決選譯》，第六輯（臺北：司法院編印，2008 年 1 月），頁 210-218。

[25] Bowsher v. Synar, 478 U.S. 714 (1986)；劉靜怡等譯（2008），頁 210-218。

總統無從行使退回覆議的否決權，無異迴避了憲法上的制衡機制，自非所許。[26]

聯邦最高法院結論：國會「立法否決權」的運作是不合憲的。西伯曼法官認為：這樣的判例顯示聯邦最高法院的大法官們對「權力分立原則」所採取的剛性詮釋。大法官們主張：法律如果為政府認為便利而有效率的權宜之計，但其與憲法本旨文義卻是對立而矛盾的，那麼這樣的法律是無效的，因為一個法律的主要目的或品質標誌，並不是為了使政府便利而有效率。查達的案例顯示：既然憲法已尋求將權力分為行政、立法和司法三個類型的代表權力，以確信每一個部門應制約侷限自我在其被憲法指定賦予的權責中，那麼即使有天大的壓力或極需完成的目標，而去逾越了原本應被憲法制約侷限的權力，仍然有必要加以抗拒。[27]換言之，大法官們認為國會便宜行事的運用「立法否決權」，而否決了司法部部長暫緩驅逐查達出境的決定，是逾越了憲法所指定賦予國會的權限。

另外在「鮑佘爾訴西奈爾案」判例中，聯邦最高法院認為《1985 年平衡預算和緊急赤字控制法》違反了憲法的「權力分立原則」。因為在該法中，國會賦予聯邦審計長在遇到有目標未能達到國會要求時，即有獨立之削減計畫經費的權力。當時多數的大法官認為聯邦審計長這樣做是違憲的。因為該赤字縮減的控制計畫，賦予了國會可授權讓非行政部門的聯邦審計長去行使行政部門的權力。[28]西伯曼法官認為：從這兩個判案可知當時的大法官係採高拘束的權力分立觀點，準此，一些法界人士即有人推論或許聯邦最高法院對「莫瑞森訴歐森案」，似乎有可能以類似的理由來維持上訴法院的判決。

事實上，在「莫瑞森訴歐森案」裡，正反雙方都對獨立檢察官所運作的權力，係來自於行政部門並無異議，問題在於：國會是否可授權所謂的獨立檢察官行使運作這些檢察權力？同時是否國會有權可以拘束限制行政

---

[26]　INS v. Chadha, 462 U.S. 919 (1983), p. 944.

[27]　同上註，p. 951。

[28]　Bowsher v. Synar, 478 U.S. 714 (1986); 劉靜怡等譯（2008），頁 210-218。

部門去控制獨立檢察官？這些關鍵問題成爲聯邦最高法院判決的重要
考量。

(四)聯邦最高法院的判決意見

　　聯邦最高法院對「莫瑞森訴歐森案」最後是以七比一的投票數，判定
該爭訟的立法所規定之獨立檢察官條款與憲法並無牴觸，顯然聯邦最高法
院係採取一個較彈性的途徑，來詮釋憲法「權力分立原則」的意涵。眾議
員巴尼・佛蘭克（Barney Frank）和參議員卡爾・萊文（Carl Levin）認
爲：該判決讓立法部門在處理有關敏感性的跨部門事項時，能有較大的空
間立法，因爲該判決意味著國會沒有必要對各部門之間的關係，持絕對、
完美及原始而傳統的「權力分立原則」。[29]反對者則批評：這樣的判決對
憲法的「權力分立原則」，缺乏一致性的觀點和論述，而且聯邦最高法院
的判決，忽視了該法律對行政部門權力的威脅。[30]

　　有關聯邦最高法院的判決要旨爲：國會將獨立檢察官的任命權授予該
爭議法律所設置的「特別法庭」，並未違反憲法第二條的任命條款；而該
爭議法律所賦予「特別法庭」的相關權限，也沒有違反憲法第三條有關對
司法權的限制規定；至於該爭議法律限制了司法部部長對於獨立檢察官的
免職權，此並非國會自行擴權而干預總統的權限，自不違反憲法之「權力
分立原則」。因此，《政府倫理法》與憲法並無牴觸。[31]

　　從判決書中可知聯邦最高法院聚焦在三個關鍵問題：第一，這樣的以
司法任命（即「特別法庭」）獨立檢察官，有否違反憲法第二條所賦予最
高行政首長之總統的任命條款？第二，「特別法庭」的角色有否違反憲法
第三條有關對司法權的限制規定？第三，釐清該爭議的《政府倫理法》，

29　Nadine Cohodas, "Court Rules against Reagan in Power Clash," *Congressional Quarterly Weekly Report*, 2 July 1988, p. 1791.

30　Stephen Carter, "The Independent Counsel Mess," *Harvard Law Review,* Vol. 102, 1988, p. 105; Terry Eastland, *Ethics, Politics, and the Independent Counsel* (Washington, D.C.: National Legal Center for the Public Interest, 1989); Katy J. Harriger (2000), pp. 108-109.

31　Morrison v. Olson, 487 U.S. 654 (1988).

是否有因不當地干預總統忠實執行法律的權力，違反了憲法之「權力分立原則」，而侵犯了行政權限？分析聯邦最高法院的判決書，其認定《政府倫理法》是被很嚴謹地立法，而足以去面對上述相關憲法的挑戰。茲就這三個關鍵問題分別有下列的論述。

1. 以「特別法庭」任命獨立檢察官有否違反憲法第二條有關總統的任命權限？

　　該判決書的撰寫者為首席大法官仁奎斯特（Rehnquist）執筆，判決書先從憲法第二條的任命條款內容分析，認為行政官員分為主要官員（principal）和次要官員（inferior）兩種，在爭議法律中首要判定的問題即是：獨立檢察官是否屬於憲法任命條款所規定的「次要」官員類型？而在該任命條款內容中，除了規定總統在參議院同意任命下，對於「主要」聯邦官員具有任命權外，同時也規定「國會在認為適當時，得制定法律將次要官員的任命權賦予總統、法院或各行政部門之首長」。而在主要官員和次要官員之間的區別，聯邦最高法院認為在憲法中的界定並不是很清楚，且當初制憲者所能提供的指引也十分有限，因此聯邦最高法院並不擬特別去劃明界限，但聯邦最高法院認為有下列數項理由，足以支撐其認為獨立檢察官屬於「次要」官員的類型。[32]

　　首先，聯邦最高法院認為：依《政府倫理法》的規定，獨立檢察官可以因為另一具有更高階層之行政官員的要求而去職，即該法賦予司法部部長可對獨立檢察官行使免職權，可見獨立檢察官在官階等級與權限上，屬於「次要」官員的地位。其次，聯邦最高法院亦認為：該爭議法律僅賦予獨立檢察官有限的工作任務，即僅限於調查和視需要起訴一些高官涉聯邦犯罪行為，儘管獨立檢察官被賦予司法部所得行使之所有的調查和起訴功能及權限，但很關鍵的是：獨立檢察官並未被賦予政府行政部門內所擁有的政策形成功能之權限，更沒有被賦予上述調查和起訴功能以外的行政責

32　Morrison v. Olson, 487 U.S. 654 (1988).

任。換言之，聯邦最高法院認為：在政府政策形成的層次中，獨立檢察官是被要求必須盡其所能地遵循司法部的政策。再者，獨立檢察官辦公室管轄權的適用範圍，僅限於某些聯邦官員嚴重違反聯邦刑事法律之嫌疑時，且該行使範圍也僅限於「特別法庭」在司法部部長的請求下，而被賦予裁判的管轄權。這些皆顯示獨立檢察官未被賦予形成政策功能權限與偵辦案件以外的任何行政責任，其皆在遵循司法部暨司法部部長政策下行使其管轄權，可見其為「次要」官員。最後，聯邦最高法院認為：獨立檢察官的任期也是有限制的，其任期時間並不確定，其辦公室為因應解決個案為目的而設置，為屬「暫時」的性質，當個案結束後，該辦公室亦會終結運作，或由「特別法庭」宣告終止其運作。[33]

從上述獨立檢察官的任命職責、管轄權與任期等面向，乃至司法部部長握有將之免職的權力，皆意味著獨立檢察官是「次要」官階。聯邦最高法院也特別闡明由國會透過立法授權所設置之「跨部門任命」（inter-branch appointment）的次要官員，並非意味著其權力就可以毫無限制。反而若是此等任命條款可能危及憲法所原本分配予某一部門的權力，而導致可能引發涉及「權力分立原則」之爭議時，例如如果國會將任命權賦予法院行使的結果，反而導致其法院裁判職能和任命權兩者之間，產生不協調和衝突的結果時，則該任命的權限便屬不適當之作法。而聯邦最高法院認為：國會將獨立檢察官的任命權賦予「特別法庭」，並不會導致上述之部門間不協調和衝突的結果，[34]因此聯邦最高法院認為：「特別法庭」任命獨立檢察官，並非不適當之作法。

另一方面，歐森的律師方主張：即使獨立檢察官是屬於「次要」官員，但憲法第二條的任命條款並未授權國會將任命權授與行政權以外的「跨部門任命」（即「特別法庭」），因此這樣的「跨部門任命」是違憲的。但聯邦最高法院認為：憲法第二條的任命條款在用語上，並未限制對

33　Morrison v. Olson, 487 U.S. 654 (1988).
34　劉靜怡等譯（2008），頁223-225; Morrison v. Olson, 487 U.S. 654 (1988).

「次要」官員之跨部門任命，反而是賦予了國會相當程度的裁量權，以決定其如何賦予任命權為適當。例如國會在設計獨立檢察官制度時，即已考量了如果由行政部門來任命獨立檢察官去調查自家的高階行政官員行政不當之犯行，必然會面臨利益衝突的困境，因而考量最合理的方式是由司法部門的「特別法庭」來行使獨立檢察官的任命權。再者，《政府倫理法》也規定「特別法庭」的法官不得參與其所任命之獨立檢察官所從事的任何相關事務的審理工作，聯邦最高法院據此推論：國會賦予由司法部門的「特別法庭」任命獨立檢察官，是一個合於邏輯方式去完成訴追的目的，而不會產生不協調或利益衝突的情況。[35]

2. 「特別法庭」的角色有否違反憲法第三條有關司法權功能的本質？

　　針對歐森律師方所主張：該爭議法律將獨立檢察官的任命權賦予「特別法庭」，違反憲法第三條之「禁止法院掌握執行或掌握行政等非屬司法性質職能與目的」之有關司法權功能的本旨。聯邦最高法院則認為：國會賦予「特別法庭」任命獨立檢察官的權限，並未違反憲法第三條的本旨。

　　聯邦最高法院首先闡明憲法第三條有關司法權的功能，明文規定必須限於該條文所指的案例訟爭性（cases controversy）。根據該規定要求，則不應使依該條文所組成的機關去承擔行政或執行等非屬司法性質的職能，其目的即在確保司法權獨立性，以避免侵犯行政權和立法權的權力範圍，或應轉由更適於承擔義務的其他部門來行之，以維持司法部門和其他部門之間的權力分立狀態。[36]

　　聯邦最高法院在闡明其認知之憲法第三條有關司法權作用的主旨意涵後，聯邦最高法院認為：「特別法庭」任命獨立檢察官的權力來源，出自該《政府倫理法》的任命條款，而該任命條款則是獨立於憲法第三條以外

35　Morrison v. Olson, 487 U.S. 654 (1988); 劉靜怡等譯（2008），頁 223-225；Katy J. Harriger (2000), p. 109.

36　劉靜怡等譯（2008），頁 225-226；Katy J. Harriger (2000), p. 110; Charles A. Johnson and Danette Brickman (2001), p. 318.

的司法權限,即非屬憲法第三條所指案例訟爭性的規定。「特別法庭」基於該任命條款所擁有的權力,則會因案件或事實情況的差異而有不同的授權處置。例如以「特別法庭」所被賦予之界定獨立檢察官的管轄權範圍之權限,「特別法庭」透過任命權賦予獨立檢察官,而使獨立檢察官設立暫時「辦公室」,而該辦公室的本質與義務,則在「特別法庭」行使任命權時,會依據事實情況之差異而有所不同。因此,國會自當授權「特別法庭」去界定其獨立檢察官辦公室的管轄權範圍,以作為達成該任命條款目的之任命權的功能。[37]

同時,「特別法庭」所界定獨立檢察官的管轄權範圍,還必須因應司法部部長對特定案件的不同需要,向「特別法庭」提請任命獨立檢察官時的事實狀況,而來界定獨立檢察官的管轄權。即「特別法庭」所界定之獨立檢察官的管轄權,與司法部部長的意見之間是具有明顯的相關性。[38]由此可知國會賦予「特別法庭」有關獨立檢察官的任命權,為獨立於憲法第三條以外的司法權。

其次,聯邦最高法院認為:憲法第三條的規定並未絕對禁止國會透過《政府倫理法》的規定,去賦予「特別法庭」某些具有混合性意義的權力,而這些「特別法庭」的混合權力,並不會侵犯到行政權的權力範圍與行政功能。例如「特別法庭」的「接收」(receive)來自獨立檢察官或司法部部長所提出的各類報告,這僅僅是「接收」,而非據以採取行動或據之明確地同意或不同意其內容,因此聯邦最高法院認為:「特別法庭」這樣的被動權力並不會侵犯到行政權力的範圍。[39]聯邦最高法院認為:《政府倫理法》賦予「特別法庭」的權力並非先天上的「行政性」權力,而是和那些聯邦法官在其他環境中所行使的司法性權力直接相類似的權力。[40]換言之,聯邦最高法院界定《政府倫理法》中之「特別法庭」的權力,本

---

[37] 劉靜怡等譯(2008),頁225-226;Katy J. Harriger (2000), p. 110.

[38] 同上註。

[39] 同上註,頁226;Morrison v. Olson, 487 U.S. 654 (1988), pp. 219-231.

[40] Morrison v. Olson, 487 U.S. 654 (1988).

質上非爲「行政」性質與職能，並不違反憲法第三條有關司法權功能的本旨。

對於上訴法院所持之「特別法庭」可以其自我的動議，而去終止獨立檢察官辦公室運作的權力，而認爲「特別法庭」這種需要監控獨立檢察官任務執行進度，以及決定獨立檢察官的任務是否完成的權力，某種程度皆帶有「行政」性質。而「特別法庭」去監督和終止獨立檢察官辦公室運作，意味著「特別法庭」是帶有「行政」性質的權限，自是侵害到行政權，或可謂是對獨立檢察官起訴裁量權的一種侵害，致使《政府倫理法》牴觸憲法第三條之規定而無效。關於此觀點，聯邦最高法院則認爲：依據《政府倫理法》的規定，當獨立檢察官的任務完成時，「特別法庭」可以終止獨立檢察官辦公室的運作，但並未賦予「特別法庭」在獨立檢察官進行調查或訴訟程序中，可以將獨立檢察官予以免職。相對的，這樣的免職權限係完全地賦予行政部門的司法部部長行使。[41]準此，並不能就此認爲「特別法庭」的權限帶有「行政」性質。

聯邦最高法院駁斥上訴法院對「特別法庭」的見解，認爲《政府倫理法》並未授予「特別法庭」任何審查獨立檢察官行動或司法部部長之有關獨立檢察官的任何行動的權限，「特別法庭」也沒有影響獨立檢察官的職權行使之權力，也未危及司法權在審判功能上的公正性和獨立性。換言之，當獨立檢察官的任務完成時，「特別法庭」即可終止獨立檢察官辦公室之權力的規範，實已足以達到禁絕其對獨立檢察官的任何訴追行動之審查與控制，而不致於有損及司法權的獨立，因此聯邦最高法院認爲：該爭議法律並未違背憲法第三條關於司法權功能之規定。[42]

事實上，《政府倫理法》禁止「特別法庭」法官參與任何在該法律中獨立檢察官行使職務範圍的有關司法程序，正因爲「特別法庭」的法官成員，被充分地隔離禁絕於獨立檢察官所執行之職務相關的案件，而使獨立

---

[41] 劉靜怡等譯（2008），頁226-227。
[42] 同上註。

檢察官得以不成問題的公正裁決。[43]

3. 《政府倫理法》有否干擾總統執行法律的權力？

　　聯邦最高法院在論述第三個問題，即有關釐清《政府倫理法》是否有因不當地干擾到總統忠實執行法律的權力，而違反憲法「權力分立原則」？對此聯邦最高法院提出兩個問題加以考量，其一為《政府倫理法》所規定之限制司法部部長對獨立檢察官的免職權力，其僅限於以司法部部長所提出之「正當理由」（good cause）而予以免職的情況觀之，是否已經嚴重地干預到總統在憲法上的任免權限而有所違憲？其二為整體來看，《政府倫理法》是否限縮了總統對獨立檢察官所行使之追訴權力的控制？

　　聯邦最高法院就上訴法院所提之「鮑佘爾訴西奈爾案」（Bowsher v. Synar, 1986）和「邁爾斯訴美國案」（Myers v. United States, 1926），[44]說明過去該院曾考量當國會可授權一位政府官員行事，而其去職卻必須只有在國會參與下方才得以行之，國會這樣的「行政權力」是否和憲法的「權力分立原則」有所牴觸？在「鮑佘爾訴西奈爾案」，聯邦最高法院裁定除了彈劾權外，國會是不能對一負責執行法律的官員而保有其對該行政官員的免職權。聯邦最高法院也就上訴法院所舉之在更早之前的「邁爾斯訴美國案」，邁爾斯主張聯邦郵政局局長可在參議院的建議和同意下為總統所免職，是具有聯邦法令的妥適性。然而，這件國會試圖涉入行政官員免職權限的案子，最後為聯邦最高法院裁定其主張無效。聯邦最高法院的判決中指出：憲法排除了國會以其自我權力，去移除或有權去參與及涉入行政官員免職的權力運作，因為國會這樣的做法，將會侵犯憲法對總統任命之行政權限的範圍，而違反憲法「權力分立原則」。換言之，邁爾斯案例裁示了只有總統具有廣泛的免職權，國會不應有權涉入或參與行政官員免職的

43　Morrison v. Olson, 487 U.S. 654 (1988), pp. 683-684.

44　Bowsher v. Synar, 478 U.S. 714 (1986); Myers v. United States, 272 U.S. 52 (1926); Gerald S. Greenberg (2000), pp. 31-33.

權限。[45]

不過，聯邦最高法院認為「莫瑞森訴歐森案」和「鮑佘爾訴西奈爾案」、「邁爾斯訴美國案」的情況不同。在「莫瑞森訴歐森案」國會並未牽涉到除其固有的彈劾和有罪判決之免職權限外，在行政官員的免職權限上，國會有企圖為自己爭取一席角色地位之爭議。反而在「莫瑞森訴歐森案」中，《政府倫理法》是相當明確地將行政官員的免職權劃歸屬於行政權，即將司法部部長之對獨立檢察官的免職權限，限制在司法部部長須能夠提出「正當理由」以證明獨立檢察官應予去職的狀況，而這樣的規定，聯邦最高法院認為：並非屬於嚴重干預總統行使任命權而有違背憲法之虞。[46]

聯邦最高法院承認對於獨立檢察官所執行權限的功能為「行政」性質。然而，誠如之前所述，獨立檢察官為憲法任命條款中的「次要」官員，在有限的管轄權和任期，乃至缺乏政策決定或重要的行政權威規定下，縱使獨立檢察官在執行職務上具有不小的裁量空間，但聯邦最高法院不以為總統多麼需要控制此裁量權，而認定該獨立檢察官的裁量權，應歸屬於總統執行行政權限的核心所在，以致於非得由總統根據己意予以免職獨立檢察官，才算符合憲法的要求。聯邦最高法院也不以為《政府倫理法》以「正當理由」作為限制行政部門之司法部部長對獨立檢察官的免職條款，會構成總統控制或監督獨立檢察官權力的一種不可容許的負擔，「莫瑞森訴歐森案」更不是將免職行政官員的權力，完全從總統手中剝奪，進而造成總統無從確保忠實地執行法律的情況。反而聯邦最高法院認為：因為獨立檢察官在司法部部長基於具有「正當理由」下而被免職，因而使行政部門保留了寬廣的權力，去確保獨立檢察官可忠實執行其法律職務。[47]

聯邦最高法院認為：在「莫瑞森訴歐森案」中，該院並不需要精確地

---

[45] Gerald S. Greenberg (2000), pp. 242-243.

[46] Morrison v. Olson, 487 U.S. 654 (1988), pp. 685-691.

[47] 同上註，pp. 691-693；劉靜怡等譯（2008），頁228。

去決定在該法律有關「正當理由」的辭語定義爲何，但是從有關對獨立檢察官免職條款的國會立法歷程中已明白顯示，司法部部長具有因「行政不當」而將獨立檢察官予以免職的權力。儘管司法部部長的這項權力將受到司法審查，但司法部部長這項個人的免職決策行動，並不需要獲得國會的同意。可見爭議法律所規定之司法部部長在具有「正當理由」方得對獨立檢察官行使免職權，並未不當限縮行政權。從國會當初立法的觀點來看，國會認爲其決定限制司法部部長之對獨立檢察官的免職權限，爲建立獨立檢察官辦公室獨立性所採取的必要手段。聯邦最高法院回顧了過去針對免職權爭議所作的相關案例分析，認爲皆非以總統是否能依其己意而予以免職，來作爲界定與判斷其對官員之任免權限的基準，而是以確保國會不會干預總統行使行政權，以及確保總統能依據憲法第二條忠實執行法律的任命義務來行使之，因此「政府倫理法」並未干擾總統執法之權。[48]

4. 獨立檢察官制度未違反權力分立原則

　　最後，聯邦最高法院檢視的重點在於：《政府倫理法》整體而言，是否有因爲不當干預行政部門的角色，而違反了「權力分立原則」？美國憲法體系將政府權力分爲三個同等的部門，而權力分立與相互制衡原則，爲當初制憲者建造以作爲預防任何一個部門試圖侵犯其他部門或犧牲其他部門，以擴張自己部門權力的一種手段與安排。對於任何違反該原則者，聯邦最高法院一向毫不猶豫去裁決該法律無效。另一方面，聯邦最高法院表明：從未認同憲法需要三個部門以絕對獨立性來運作。因此，聯邦最高法院不認爲「莫瑞森訴歐森案」有牽涉到國會企圖爲擴張自己的權力，而去犧牲行政部門。國會除了彈劾權外，並不會去控制或監督獨立檢察官。[49]

　　聯邦最高法院認爲：儘管《政府倫理法》有賦予某些國會成員提請司法部部長去聲請任命或解職獨立檢察官，司法部部長雖需在限時期間內給予國會回應，但司法部部長卻並沒有義務去配合國會的請求。而且國會在

48　Morrison v. Olson, 487 U.S. 654 (1988), pp. 693-696; 劉靜怡等譯（2008），頁 228。
49　同上註；Charles A. Johnson and Danette Brickman (2001), p. 320.

《政府倫理法》中的角色，僅只侷限在「接收」（receive）報告或其他資訊，以及監督獨立檢察官的活動，一般而言，這些功能係與國會的其他立法功能相同。同樣地，聯邦最高法院認為：《政府倫理法》也未有以任何司法權的角度，去篡奪僭取原本即應屬於行政權職能的功能。如同前述有關任命條款論述中所言：國會賦予「特別法庭」去任命次要官員，而這個任命獨立檢察官為次要官員之權力，以憲法的觀點，其本身權力屬性為非「行政」功能。聯邦最高法院也不以為《政府倫理法》有削弱行政部門的權力，使行政部門無法去完成憲法所賦予的功能，而瓦解了各部門之間協力關係的適度平衡。聯邦最高法院認為：不可否認，該爭議法律縮減了司法部部長、乃至總統有關某些層級官員的指控刑事犯罪行動之調查與起訴的一些控制與監督，例如：司法部部長不被允許依其個人的選擇任命獨立檢察官、司法部部長對獨立檢察官的免職權也受到限制。但《政府倫理法》確有賦予司法部部長一些監督或控制獨立檢察官的手段。[50]

　　更重要的是，司法部部長保有以「正當理由」去免職獨立檢察官的權力，聯邦最高法院認為：這個權力仍可以提供行政部門實質能力，去確保法律為獨立檢察官所忠實執行。另外，若沒有司法部部長明確地聲請，是無法開啟獨立檢察官的任命權。同時，司法部部長若發現沒有「正當理由」去相信有必要再進一步調查，那麼在不需要審查的裁量權下，司法部部長即可決定不聲請任命獨立檢察官。換言之，《政府倫理法》賦予行政部門某些程度的控制權，去使獨立檢察官啟動調查，同時獨立檢察官管轄權的界定，係依據司法部部長所提的事實加以參考而決定，而一旦任命了獨立檢察官，就必須遵循司法部的政策行事。聯邦最高法院以此認定：獨立檢察官的設置，並不會侵犯到行政權限。聯邦最高法院也承認：儘管獨立檢察官相較於其他聯邦檢察官而言，是頗為「獨立」的，而且確有較大程度地不受行政權實質監督。但聯邦最高法院認為：《政府倫理法》仍賦

50　Morrison v. Olson, 487 U.S. 654 (1988), pp. 693-696; Charles A. Johnson and Danette Brickman (2001), p. 321; Katy J. Harriger (2000), p. 112; 劉靜怡等譯（2008），頁228-229。

予行政部門對獨立檢察官充分的控制權力，去確保身為行政首長的總統是可以忠實地執行憲法所賦予的義務和責任。[51]

　　聯邦最高法院綜合上述論點，結論出《政府倫理法》對於國會賦予「特別法庭」任命獨立檢察官之權，沒有違反憲法第二條有關任命條款的規定；而在《政府倫理法》所規範「特別法庭」所運作的權限，也並未違反憲法第三條關於司法權的規定；《政府倫理法》也未違憲干預行政部門的權限功能之行使，而致違反「權力分立原則」，因此聯邦最高法院裁決了上訴法院對「莫瑞森訴歐森案」的判決應予以撤銷。[52]

（五）大法官斯卡利亞之不同意見

　　聯邦最高法院對「莫瑞森訴歐森案」以七比一的投票數，判定《政府倫理法》與憲法並無牴觸。而持不同意見的大法官斯卡利亞（Antonin Scalia）認為：「莫瑞森訴歐森案」的爭議焦點，在於立法部門和行政部門對於國會調查權力的範圍究竟有多廣泛，而有不同見解。雖然聯邦最高法院最後裁示該爭議法律合憲，但是斯卡利亞大法官的不同意見代表著對《政府倫理法》持反對意見者的共同心聲，其所指陳該法的缺失，確也是該制度一些不完善之處，故有必要將斯卡利亞大法官的見解詳述其中，以作為該制度檢討的重要參考。

　　斯卡利亞大法官在其不同意見書中表示：聯邦最高法院的判決書花了許多篇幅，在談憲法中任命條款和免職權的技術性細節問題，卻只在最後的篇幅才簡略地說明有關權力分立的意見。[53]斯卡利亞大法官指出：在憲法第二條的規定為「行政權必須賦予美國總統」，而這指的是「全部」（all）的行政權，而非只限於「部分」（some）行政權。他認為如果要以「權力分立原則」來維持上訴法院判決該爭議法律無效，那麼在回應下列

---

[51] 同上註。

[52] Morrison v. Olson, 487 U.S. 654 (1988), pp. 693-696; 劉靜怡等譯（2008），頁 229；Katy J. Harriger (2000), p. 112。

[53] 同上註。

兩項問題中應持肯定的答案，即：第一，行使犯罪追訴權是否完全純然屬於行政權的範疇？第二，爭議的《政府倫理法》有否剝奪總統獨占性的犯罪追訴權？斯卡利亞大法官表示：「很訝異的是聯邦最高法院對該兩項問題皆持肯定的答案，但卻又迴避了不可避免一定會得到的違憲結論，也就是該法賦予一位不是總統的人士一些純粹的行政權力，這樣的法律就應是無效的」。斯卡利亞大法官還表示：「大家對於獨立檢察官所行使權力的功能，本質上全然屬於行政權的範疇，皆沒有爭議。換言之，大法官們一致認同獨立檢察官被賦予完全的權力和獨立性權威，去行使司法部以及司法部部長的調查和起訴功能及權力，然而這種政府調查和犯罪起訴的權限，本就為最典型的行政權功能和範疇」。[54]

究竟《政府倫理法》有否剝奪總統獨占性的犯罪追訴權？斯卡利亞大法官認為：聯邦最高法院判決中指出由於總統透過其司法部部長擁有「一些」對獨立檢察官的控制權，單就這個只有「一些」控制，就足以讓爭議的《政府倫理法》無效。斯卡利亞大法官批評了聯邦最高法院判決中以司法部部長可以「正當理由」來免職獨立檢察官，而認為因此而使總統握有「一些」控制獨立檢察官的說法，是太誇大那「一些」的控制了。實則該爭議法律以「正當理由」限制行政部門免職權，是對總統控制獨立檢察官的一種阻礙手段，但聯邦最高法院卻認為是確保總統控制的最重要手段。斯卡利亞大法官認為：「一旦聯邦最高法院裁決：第一，《政府倫理法》的爭議權限為純然的行政權功能；第二，這些行政權責和功能已經授予一位其行動並不會完全在總統的控制與監督之下的獨立檢察官，那麼聯邦最高法院根本是在對美國憲法的體系，發動一場改寫憲法哲學的革命」。[55]

斯卡利亞大法官更進一步論述：「決定究竟有多少純粹是屬於行政權功能的職權，讓總統能夠完全控制與監督獨立檢察官，這從來就不是聯邦最高法院能做的決定。更確切地說，憲法所賦予總統的權責，包括保有完

54　Morrison v. Olson, 487 U.S. 654 (1988), pp. 703-707; 劉靜怡等譯（2008），頁323。

55　Charles A. Johnson and Danette Brickman (2001), p. 324.

全控制調查和起訴的權限，在憲法第二條已然清楚而確切地規定了『全部』的行政權，必須賦予在總統的掌控與監督之下。而且總統需要控制官員所須行使的裁量權，這些皆為行政權必須完全掌控的核心功能」。斯卡利亞大法官認為：「權力分立原則」可防止各部門行事的犯錯，以俾確保每一個人不會因而失去自由，而這個欲制衡任何部門濫用其自身的獨占權限，可從兩個層面來觀察，其一為部門所運用其排外的獨占權力作為制衡之舉，例如：國會可對行政部門故意不執行法律，而採取彈劾權以制約，行政部門則可對違憲的法律予以拒絕執行，以及司法部門的法院可以對行政部門惡意的起訴予以駁回。其二，最後終會有一些政治性制衡去取代那些犯了濫權行為的行政部門，例如在 1920 年代的「茶壺堡醜聞」以及 1970 年代的「水門案」，皆在政治的壓力下，而有特別檢察官這種在《政府倫理法》制定前即有存在的政治性機制來加以因應。[56]

斯卡利亞大法官在其不同意見書中表示：「一旦我們偏離了憲法本意，那麼我們應該在哪個偏離之處即刻休止呢？最令人驚訝的是聯邦最高法院根本沒有打算提供這些答案」。斯卡利亞大法官提出「聯邦最高法院只是不帶分析地直接宣告了：對於是否調查或起訴總統最親近的顧問，和甚至是調查或起訴總統本人的這些決策的控制能力，並不是行政部門運作的核心能力，所以在憲法上就不需要要求其必須歸屬總統所控制」。斯卡利亞大法官批評這樣的論述：「根本變成是聯邦最高法院說了算，聯邦最高法院捨棄憲法第二條『行政權』應該歸屬總統的意旨，而不思去建立一個具有正當性的標準以處理眼前的問題，乃至未來可能出現之類似問題。而這樣的行事不但不是憲法所創建之法治政府的作為，也不是一個遵守法治的政府所應有的表現」。斯卡利亞大法官強調：「《政府倫理法》確實剝奪了總統對追訴權的實質控制功能，同時也實質地對各部門之間權力的平衡，造成了相當程度的影響」。[57]

---

[56]　Charles A. Johnson and Danette Brickman (2001), pp. 324-325.

[57]　Morrison v. Olson, 487 U.S. 654 (1988), pp. 703-707; 劉靜怡等譯（2008），頁 231。

　　斯卡利亞大法官在不同意見書中提出：「因為莫瑞森檢察官並非經由總統提名、參議院同意下任命的官員，而是為上訴法院的『特別法庭』所任命，其任命若要能符合憲法的規定，則她必須是依憲法第二條內容意義下的『次要』官員以及國會可以賦予法院任命權等這兩個條件皆成立者，方屬合憲」。斯卡利亞大法官指出：「由於莫瑞森檢察官並不隸屬於任何部門或官員之下，她不是『次要』官員，而且她並非經由總統提名、國會認可同意下所任命，在這兩個條件皆不成立下，其任命並不符合憲法的規定」。[58]

　　斯卡利亞大法官批評「爭議的《政府倫理法》未能賦予行政部門任命以及免職一位純為行政官員之充分裁量權，然而權力分立與均衡的原則，乃至維持單一行政權的目的，不僅在於確保有效能的政府，同時也在保護個人的自由，使其免於不當影響。因此對於那些《政府倫理法》所涵蓋的官員，也應有和一般平民一樣受到保護其應有權益的權力，唯有那些賦有執行法律職務的檢察官，才能夠完全地行使檢察權力和相當的裁量權，去調查和起訴犯罪案件。在美國政府體系中，對於制衡追訴權的濫用是政治性的，因為能夠行使這些裁決權的檢察官，是為人們所信任而選出的總統來任命和免職的，如果這些犯罪的調查和起訴非為合理與公平而行之，那麼總統將會為此付出政治的損傷與代價，終將害人害己地回報到白宮的橢圓型辦公室」。[59]換言之，斯卡利亞大法官強調單一行政權下的檢察權力完整性是不容分割，而必須完全歸屬在憲法第二條所規定之總統執掌的權限中。

　　為此，斯卡利亞大法官在不同意見書中提出警告說：「獨立檢察官為『特別法庭』任命並賦予其權限，設若『特別法庭』法官帶有政治性的黨派色彩，任命了一位鄙視行政部門的獨立檢察官，或因應特殊案件而刻意去任命特定的人士為獨立檢察官，那將是無法有所救濟的，即使最終以具

---

[58]　Morrison v. Olson, 487 U.S. 654 (1988), pp. 715-727.

[59]　同上註。

有政治性的救濟亦無法有所彌補」。斯卡利亞大法官主張：「在『單一行政』體系中，則有額外的優勢，即可以運用法律達到更爲一致性地處理案件標準，或許有時其未必能絕對達成，但最起碼的是『單一行政』體系有其一定的機制可以達成。但是在獨立檢察官制度中，其權限的運作行使是帶著有限的法律規定，但卻有著如此多的運作裁量權，這分明是刻意地切斷了來自『單一行政』體系之司法部所具有的一致性的影響，同時也連帶切斷了對『單一行政』體系所可以賦予之多樣性的課責所提供的期望」。[60]換言之，斯卡利亞大法官認爲：單一行政體系的檢察權較具一致性的標準處理案件。

　　斯卡利亞大法官在不同意見書中寫道：「試想一個專門爲你所任命並組成的獨立檢察官辦公室，什麼事都不做，就只調查你一個人，直到這個調查不再值得進行爲止。而值不值得進行該調查，並非以競爭性的責任作爲關鍵的判斷，而是以獨立檢察官和成員對於你是否有做此事是很糟的、或根本故意的、或足夠提供證明等等的見解和觀感所最終提出的起訴來決定，而這些判斷皆是在毫無比較性的基礎下行之，試想這是多麼令人恐懼的事啊」！斯卡利亞大法官對國會的立場亦有所微言，在不同意見書中指出：他無法想像在國會竟然沒有很多深思熟慮的人，認真地去考量該爭議法律所牽涉利益之重要性，會遠超過其對我們政府制度傷害的影響、甚至傷害到那些當初同意願意到行政部門工作的這些高級公職人員所認知理解的正義本質，因爲這些高級公職人員被擺在一個非具一致性標準之個案機制下被特殊地對待。斯卡利亞大法官理解對國會成員而言，是很難不去投票贊同《政府倫理法》，甚至更難投票去撤回這部有爭議的《政府倫理法》。尤其，如果當國會的多數黨爲非總統所屬之政黨，那麼將具極少誘因去撤回該法案，而若是國會和總統皆爲同一政黨所控制，那麼又更不可能撤回了。[61]

60　同上註。．
61　Charles A. Johnson and Danette Brickman (2001), pp. 328-329.

斯卡利亞大法官擔心：聯邦最高法院支持獨立檢察官的機制與裁定，會永久地為美國設立一個會造成巨大傷害的機構。[62]斯卡利亞大法官在結論中強調：《政府倫理法》的施行是有問題的，總統掌控對其從屬官員的裁量權，為行政部門非常重要的核心功能，總統有必要完全控制之。但是聯邦最高法院對《政府倫理法》爭議的裁示，卻沒有能闡釋其為何不像憲法文本中所要求的那樣、如同當初制憲者所期望的那樣，以及如同聯邦最高法院過去的判例所一致認定的那樣：即「所有純粹的行政權力都必須在總統的控制之下」。[63]可見斯卡利亞大法官堅持：總統擁有並控制全部的行政權力，這是不容分割或退讓，因此非由總統所任命的獨立檢察官，其擁有追訴的純行政權完全不為總統所控制和監督，就是違憲。

（六）評析聯邦最高法院的判決

聯邦最高法院對「莫瑞森訴歐森案」的判決有兩個很重要的意義：其一為對獨立檢察官的程序有特定的影響，其二為其對分析憲法的「權力分立原則」有其通義，該判決對於解決初始設置獨立檢察官之憲法上的不確定性，有其一定的貢獻。在支撐該法律的合憲性上，聯邦最高法院的判決，確保了對當時「歐森案」和「伊朗門案」的持續調查，以及對於當時進行中的迪瓦和諾夫茲格案子的定罪。更進一步說，該判決使反對者所持之獨立檢察官的設置對行政權造成違憲侵犯的論調，變得更加困難成立，進而改變了對於獨立檢察官持續存在之相關爭論的平衡性。聯邦最高法院的裁定顯示其清楚地看到《政府倫理法》對獨立檢察官及「特別法庭」精心謹慎所建構的限制，而任何試圖要改變這些結構性的限制將會遭致攻擊，因此對於《政府倫理法》的任何改革，只能朝向進一步加強行政部門之司法部部長於該法程序中的角色。

62　Morrison v. Olson, 487 U.S. 654 (1988), pp. 727-733.
63　Charles A. Johnson and Danette Brickman (2001), pp. 328-329.

1. 聯邦最高法院採取的權力分立途徑

　　學者海瑞格（Harriger）評析聯邦最高法院所裁示「莫瑞森訴歐森案」，她認為：該案的判定標示著聯邦最高法院對於憲法「權力分立原則」詮釋途徑的重新調整。過去在經由查達（Chadha）和鮑奈爾（Bowsher）判例後，聯邦最高法院可謂表達了對分析「權力分立原則」所秉持的一個新形式主義。但在「莫瑞森訴歐森案」和之後若干的案例，則又意味著聯邦最高法院並不願意循此新形式主義的途徑，來作為這些案例的邏輯結論。[64]聯邦最高法院或許有感於隨著美國社會的變遷，所謂之「單一行政」的理論，亦需要因應現代「行政國」（Administrative State）的快速成長與發展，而進行若干重要的調整。換言之，聯邦最高法院對「莫瑞森訴歐森案」的裁示，從表面上看，似乎對過去一些判例之權力分立的觀點有些矛盾而不一致的，端賴聯邦最高法院在裁定的考量中，究竟是要僵化地擊倒原先的立法、抑或採取彈性的觀點來支撐《政府倫理法》。

　　針對聯邦最高法院究採何種途徑來裁決「莫瑞森訴歐森案」，有學者分析：其實聯邦最高法院偏好既採行形式主義（formalism）、亦兼而運用功能主義（functionalism）之裁決途徑，但聯邦最高法院卻不會賦予太多指引來說明：是什麼引發他們採取某個主義和邏輯的模式及思維來分析、而又何以會用不同論點來處理這些特殊案例。在憲法立場的見解上，本就也存在著聯邦最高法院在面對不同案例時，其所挑選和抉擇中會採行兩種不同的分析，而最後導引至不同方向的兩種結論，但確定的是：聯邦最高法院卻始終不會有明確的原則依據，來告訴我們他們是如何挑選和抉擇的。[65]換言之，聯邦最高法院在裁判有關「權力分立原則」個案，始終沒有一個明確的法院判定之原則，這也是為什麼至今美國法界仍難以預測聯邦最高法院對此類案件的最後結論。

64　Katy J. Harriger (2000), p. 115.
65　Gary Goodpaster, "Rules of the Game: Comments on Three Views of the Independent Counsel Case," *American University Law Review,* Vol. 38, Winter 1989, p. 393.

綜觀析探聯邦最高法院的裁定可以歸納，應該是取決並考量每一個部門在憲法文本賦予的權力和隱含權力，同時認知其在每一個有關權力分立案例中的特殊政治環境和背景，乃至也許聯邦最高法院也會評估其自身的權限，以及聯邦最高法院在作為權力分立的仲裁人之歷史性角色等等，以上這些考量因素皆有可能是大法官們裁定的思維和邏輯。曾為副獨立檢察官的鄂爾・達德利（Earl Dudley, Jr.）在綜合上述聯邦最高法院可能取決的整體考量後，則評論「莫瑞森訴歐森案」的裁定是正確的，他認為聯邦最高法院的裁定並非如斯卡利亞大法官不同意見書中所言，是一個對憲法哲學的革命決定。實則，他認為聯邦最高法院設若採行了斯卡利亞大法官的意見和立場，那麼在美國歷史上，才真的有可能會把政府給革命掉。達德利仔細推敲聯邦最高法院裁定的見解，其所憑藉的是憲法中任命條款的純粹意涵，同時檢視了過去的歷史和相關判例，因而結論了由「特別法庭」來任命獨立檢察官的安排，並不會違反憲法第二條的任命條款，因為其確切地根基在憲法文本以及相關釋憲的先例中。達德利表示，他並不認同斯卡利亞大法官所稱：該案的裁決宣示著法院已然允許讓國會去篡奪行政權。[66]

其實，聯邦最高法院對「莫瑞森訴歐森案」是一個適中合宜的裁定。無論是形式主義者或功能主義者對於聯邦最高法院有關憲法「權力分立原則」的辯論，皆誤解了聯邦最高法院的分析要旨，而且忽略了憲法中潛在邏輯的細緻巧妙之處。聯邦最高法院的裁定有其「看似簡單的原則」，即憲法藉由制約各部門之行事方式來定義各部門的權限，儘管憲法在各部門所劃定的界限是模糊的，但卻也同時很明確地賦予了各部門何時以及如何去行使其權限，這種既非僵化而機械性的觀點，亦非務實而彈性的觀點，就是憲法賦予「權力分立原則」的核心所在。[67]

---

[66] Earl Dudley Jr., "Morrison v. Olson: A Modest Assessment," *American University Law Review,* Vol. 38, Winter 1989, p. 271.

[67] Harold J. Krent, "Separating the Strands in Separation of Powers Controversies," *Virginia Law Review,* Vol. 74, 1988, p. 1256.

學者哈羅德・克荏特（Harold Krent）分析指出：聯邦最高法院係採兩階段過程，來分析憲法對於「權力分立原則」的意涵，先則檢視各部門是否在憲法所原本制約其行事中去付諸行動，如果確有該行動，但由於權力的重疊而造成部門間無可避免的衝突時，那麼聯邦最高法院則得找出什麼才是調解這些部門間重疊權力的最佳方法。而在尋求調解的方法中，聯邦最高法院對於正當化某一部門的採取行動，所引發的另一部門的潛在侵犯或崩解，會加以使之平衡。克荏特認為聯邦最高法院這樣的途徑，不但考量到對各部門權力的形式制約，也兼顧到維繫制度的彈性，使之得以適應憲法所概括的那些模糊而重疊權力。[68]換言之，聯邦最高法院採取的是一個不會造成憲法本身不一致的、且具有實質上合理的途徑，來解析「權力分立原則」。聯邦最高法院在上述諸多的邏輯思考下，詮釋憲法「權力分立原則」，但當各部門間衝突變得無可避免時，那麼聯邦最高法院就得去阻卻那些影響部門間互動關係平衡的因素。

2. 聯邦最高法院的政治考量與其對司法權的角色認知和期許

實則，有評論認為：權力分立的爭議背景，往往來自於高調的政治分歧所致，而使聯邦最高法院的裁決有其必須的政治性考量。在「莫瑞森訴歐森案」有兩個主要的政治問題，阻礙了聯邦最高法院對獨立檢察官的判決，其一為聯邦最高法院認知到其裁決將會形成並影響「行政國」種種作為的有效性意涵。因為在當時對於設置獨立檢察官機制的憲法挑戰，正是雷根政府時期的一個保守既定議程，而聯邦最高法院的多數意見，顯然並不希望去符合雷根政府的立場。聯邦最高法院必須考量：在「單一行政」理論的基礎上，若去阻卻獨立檢察官的制度安排，將是朝行政部門所期待的方向邁進重要一步。而另一個聯邦最高法院的政治考量是：設若將獨立檢察官的機制給予摧毀，勢將會使當時已依該法而定罪的迪瓦和諾夫茲格兩個案子無效，且也勢將中止當時正在進行的「歐森案」調查。甚至，更

---

68 Harold J. Krent (1988), p. 1256.

嚴重的是會致使正在進行多項調查「伊朗門案」的獨立檢察官陷入嚴重的困境。[69]

當初《政府倫理法》在 1978 年為司法部所支持而通過，並在 1983 年和 1987 年在雷根總統簽署下獲得授權展期而成為法律。尤其在 1986 年底時，雷根總統還參與聲請任命獨立檢察官調查「伊朗門案」，在雷根政府主政期間已有一些案例在調查中，而司法部也自始支持著《政府倫理法》，甚至這個行政部門至少曾因「伊朗門案」而自我採行「行政特權」之觀點而陷入兩難。在這樣的情境下，又怎麼能期待聯邦最高法院會去採取一個賦予行政權力最寬廣觀點的裁決、進而去解除雷根政府對該爭議法律態度和觀點上的困境？[70]在相關權力分立爭議的案例中，政治的觀點似乎不可避免勢將形塑聯邦最高法院的裁定結果，就如同聯邦最高法院在其判決「美國訴尼克森案」時，就無法去切割因「水門案」所引發懸而未決的憲法危機。政治因素總是不能被忽視的，而這些政治性的現實，總是會被編織並在權力分立案件結構中被考量。

另外，有一些聯邦最高法院的大法官對權力分立的分析觀點，也會受到其本身認知以及期許司法權的角色而有所影響。在好幾個聯邦最高法院對有關權力分立的裁定中，包括「莫瑞森訴歐森案」，司法權皆與這些爭議是有牽連的。在這種情形下，作為司法權的法院顯示其對「權力分立原則」極有可能會採取彈性途徑的價值和觀點。因為司法部門某種程度會期許自我：從這樣彈性途徑的角度去做「權力分立原則」的釋義，較能彰顯司法權的價值，因為惟有在其「最不危險的部門」手中授予模糊權力，才最不會構成憲政的危機。在美國有不少法界的學者呼應這樣的說法，他們認為：司法部門有感於本身為美國人民所倚重並賦予的歷史責任感，使聯邦最高法院在裁定「莫瑞森訴歐森案」時，願意接受《政府倫理法》中所明確賦予司法部門之「特別法庭」的「司法性」職務，使其能從司法權力

---

[69] Earl Dudley (1989), pp. 255-274.

[70] 同上註，pp. 255-274, 258-267; Katy J. Harriger, "Cues and Miscues in the Constitutional Dialogue," *The Review of Politics*, Vol. 60, No. 3, Summer 1998, pp. 497-524.

行使中，儘量去減少《政府倫理法》過程中對個人或行政部門的威脅與侵犯。

司法部門賦予自我的歷史責任感，從 1989 年「米斯崔塔訴美國」（Mistretta v. United States）案例中亦可獲得印證，該案凸顯了聯邦最高法院確實在意法院在權力分立爭議案中的角色。該判決裁示支持了「美國判決委員會」（The U.S. Sentencing Commission）在憲法上的效力。該委員會因國會通過賦予了聯邦法官有關具有約束力之指引刑事判決的權力，而被質疑其違反憲法「權力分立原則」。挑戰者認爲這樣的安排是將立法權違憲的委任聯邦法官來運作立法權力，違反了憲法第三條有關禁止法院握有非屬司法性質職能之權限的規定。但聯邦最高法院的裁定中駁回了這樣的觀點，甚至對法院的角色，採取了比「莫瑞森訴歐森案」更爲務實而彈性的權力分立途徑詮釋。[71]

在「米斯崔塔訴美國」的案例，聯邦最高法院承認「美國判決委員會」確實是一個「結構和權力上不尋常的混合體」，但是聯邦最高法院也認爲在憲法或「權力分立原則」中，並沒有「禁止國會要求對素有累積智慧與經驗的法院法官，在獨特的事務上去形成政策，因爲法院對於不對稱差距的棘手案件的判決，正可證明對法院授予立法權，使之解決其中的疑難雜症，是再適當不過的方式了」。[72]而對於司法部門這樣的自我信仰價值和歷史責任感，自然也會影響聯邦最高法院對「莫瑞森訴歐森案」的判決。

事實上，聯邦最高法院對於「莫瑞森訴歐森案」的決定是正確的。因爲聯邦最高法院認知到若將獨立檢察官機制予以打破，勢將造成更廣泛的後果，而使聯邦最高法院繼裁定查德和鮑佘爾案例後，更加鞏固其形式主義的思維與法理的邏輯。設若聯邦最高法院對「莫瑞森訴歐森案」也採行這樣的形式主義論述以及斯卡利亞大法官對行政權力的觀點，那麼將會是

---

[71] Mistretta v. United States, 488 U.S. 361 (1989); Gerald S. Greenberg (2000), pp. 228-230; Katy J. Harriger (2000), p. 118.

[72] 同上註。

對尋求發掘行諸多年已久的許多獨立監管機構之所謂第四部門的違憲論調，邁出關鍵的一大步。而這樣的決定勢將會對現代「行政國」發展，乃至爲因應美國日益複雜的社會需求而擴大行政權力所產生的「第四部門」組織，造成巨大的後果與衝擊。[73]

作爲權力分立制度的裁判，聯邦最高法院對「莫瑞森訴歐森案」的裁定，顯示對形式主義與功能主義兩者皆不偏袒。評析聯邦最高法院的做法，是一方面檢視在憲法文義中每一個各別案例的爭議內容，同時平衡爭議部門之間的權力，以及考量每一個案例的政治背景與現實狀況而有所裁決判案。不過，無可否認，聯邦最高法院即便解決了憲法的爭議，也不可能完全解決獨立檢察官在處理案例中，所涉行政官員的那些政治現實的結果。在斯卡利亞大法官的不同意見書中，提出對該《政府倫理法》執行的挑戰，即該爭議法律確實重大地侵犯到行政權力，而即便不同意斯卡利亞大法官的憲法分析，也必須要審慎以對。因爲儘管在《政府倫理法》中對獨立檢察官權限有所限制，但在實際運作上，因爲政治環境使總統或司法部部長在實質上不太可能去控制獨立檢察官，因而某種程度確實造成對獨立檢察官的難以課責之難題。

針對斯卡利亞大法官所提出的總統或司法部部長如何在《政府倫理法》的規範下去與獨立檢察官互動，下節茲從實務案例，觀察司法部部長在獨立檢察官辦案過程中的運作，以瞭解其究竟在獨立檢察官制度中的辦案過程有多少影響力，以及藉此審視獨立檢察官的獨立性與課責性。

第二節　司法部部長面臨的利益衝突問題

由於《政府倫理法》在執行上，存在有由法院的「特別法庭」任命獨立檢察官與行政責任的合憲性問題，所以該法賦予了司法部部長在任命獨立檢察官一個重要的角色，即賦予司法部部長開啓獨立檢察官機制的權

---

[73]　Gary Goodpaster (1989), pp. 383-393.

力。在對某些高級行政官員違反該法規範的指控時，司法部部長有 90 天的時間去針對指控開啓「初步調查」。若司法部部長在期限內認爲該指控無需進一步調查或起訴，則應向「特別法庭」提交一份報告敘明理由。即使司法部部長無法做出是否要啓動「初步調查」或起訴的決定，也應逕向「特別法庭」聲請任命獨立檢察官去進行更進一步調查或起訴。

　　從《政府倫理法》的立法歷史中可知：司法部部長的權限與角色，一向爲國會每五年重新授權時的一個關鍵聚焦議題，而聯邦最高法院在「莫瑞森訴歐森案」中的最後裁決以及斯卡利亞大法官所持的觀點，也皆是國會在 1994 年對《政府倫理法》是否授權展期所關切與考量的重點。聯邦最高法院在「莫瑞森訴歐森案」中主要強調：司法部部長在《政府倫理法》執行過程中，具有約束性的行政影響力，但斯卡利亞大法官卻認爲：司法部部長在《政府倫理法》中的行政裁量權，在該法實際運作過程中是沒有意義的，因爲其啓動的裁量權，在各種政治壓力環境下早就被排除消去。面對這兩種不同論述，欲深入瞭解司法部部長在執行《政府倫理法》過程中的角色，有必要檢視《政府倫理法》在相關案例實務運作中，有關對司法部部長之利益衝突與裁量權的互動與操作。

　　本節茲先就在《政府倫理法》中的「利益衝突」、有關起訴裁量權運作的必要性做一說明，以瞭解司法部部長與裁量權的運作關係；再以該法自施行後之卡特、雷根、布希至柯林頓等歷任總統任期內，其司法部部長在相關案例中所發生利益衝突和裁量權間的運作攻防戰，以從中檢視在《政府倫理法》中司法部部長在其執行過程的角色。

一、利益衝突

　　一般在法律訴訟過程中的所謂「利益衝突」，係指律師在個人或專業上的利益，或律師在訴訟過程中，被認爲會由先前的客戶轉換到另一邊，

或背叛先前客戶的信任。[74]而在《政府倫理法》中之獨立檢察官選派過程中的利益衝突，係源自於政治的利益，換言之，國會在審議《政府倫理法》將行政部門調查其本身官員之政治利益問題作為重要的考量。由於大多數的行政決策，大抵會將黨派的考量列為可理解的組成部分，但是法律的功能卻有必要在行政的執行上保持客觀、中立，以杜絕黨派的偏見。尤其當行政部門在調查乃至起訴其自身高階政府官員的罪行時，行政部門黨派意識的政治利益，終不免會與不具黨派本質的執法過程產生衝突，這種涉及黨派的政治利益衝突，在現實政治中往往是明顯而可見的。[75]

在美國，政治利益衝突，對司法部部長和司法部是一很特殊的問題，因為美國相關法律執行權限、乃至其他相關法制功能，大都集中在司法部，而這樣的集中將置司法部部長於衝突性的壓力中。學者維克托・納瓦斯基（Victor Navasky）在對甘乃迪總統（John F. Kennedy）執政期間，任命其弟羅伯特・甘乃迪（Robert Kennedy）擔任司法部部長時的美國司法部進行相關研究時，說：「法治和政治的考量永遠存在於司法部部長的辦公室中，主要係因為司法部部長一方面有面對法律的義務，另一方面又要對其長官總統以及行政部門同僚輸誠。而這些忠誠的表現，皆會與他作為行政官員的角色相牴觸，而有所衝突」。[76]

學者魯瑟・休斯頓（Luther Huston）在對美國司法部的研究中，檢視了這種「分裂型忠誠」（divided loyalty）。他分析司法部要面對三類要角，一位是創設司法部的國會，另一位是負責監督司法部的法院，最後則為司法部頂頭上司的總統。司法部內的檢察官們都須面對國會、法院和總統這三類要角，一方面司法部必須依循國會所立法的目的和意旨來執法，另一方面他們又必須詮釋和遵守聯邦最高法院所裁定的法規，同時他們還必須不能偏離總統行政政策的法律要求。面對國會、法院和總統，休斯頓確切

74　Lloyd N. Culter, "Conflicts of Interest," *Emory-Law Journal,* Vol. 30, 1987, p. 1017.

75　Frank M. Turkheimer, "The Executive Investigates Itself," *California Law Review,* Vol. 65, 1977, p. 597.

76　Victor Navasky, *Kennedy Justice* (New York: Athenaeum, 1971), p. 379.

地點出了司法部在面對「分裂型忠誠」的難處。[77]

司法部部長作爲總統的貼身顧問，爲總統傳統的「內部內閣」（inner cabinet），因而其可能被要求在遠離其專長的領域中提供總統相關諮詢，並協助總統制定與執行政策。作爲一位內閣成員以及美國法務之首的官員，司法部部長必然和總統有密切的關係，司法部部長在這樣的既定結構情境下，無可避免就是會深陷在行政事務中。尤其作爲總統諮詢者的工作，司法部部長必須關照到法律須被忠誠地執行，這使得這位政府的首席法務官員，無可避免會介入政治的領域，而捲入涉及政治利益衝突的漩渦中。[78]

美國一直到南北戰爭期間，司法部部長才在《司法組織法》（The Judicial Act）的授權下行事，而在戰後，司法部的責任大幅增長，業務也變得更爲龐雜。隨著法務問題的日益增加，國會決定創建司法部負責協調與主事訴訟，以提供整個聯邦政府統一的法律諮詢。其中對於行政部門調查自身官員所涉利益衝突的指控，則逐漸成爲重要問題之所在。如第三章中所述，1870 年代，在格蘭特（Grant）總統執政時期，即發生了第一宗被指涉有關利益衝突的威士忌集團（Whiskey Ring）醜聞案。其涉及總統個人秘書和密友被指控將數十萬美元的聯邦稅收，違法轉移至一群威士忌酒商。由於當時的司法部並未賦予太多關注，加上國會對司法部缺乏信心，該案因而轉由財政部官員主導展開外部的調查。[79]另外，1922 年至 1923 年「茶壺堡事件」的賄賂醜聞案以及 1970 年代「水門案」，司法部皆有任命特別檢察官去調查和起訴相關腐敗的官員。但在每一起案例中，司法部部長不是捲入醜聞中，就是被認爲其有拖延相關刑事指控之嫌。自二次世界大戰以來，美國總統們又傾向任命在競選活動中扮演關鍵角色的人來擔任司法部部長，導致司法部部長持續地爲總統扮演政治暨法律顧問

77　Luther A. Huston, *The Department of Justice* (New York: Frederick A. Praeger, 1967), p. 3.

78　Arthur S. Miller, "The Attorney General as the President's Lawyer," in *Roles of the Attorney General of the United States* (Washington, D.C.: American Enterprise Institute, 1968), p. 41.

79　William S. McFeely, *Grant: A Biography* (New York: W. W. Norton, 1981), pp. 404-416.

的角色，而使司法部部長因而更加容易捲入利益衝突。

　　從上述司法部部長與高層政治密切關係的歷史背景觀之，對獨立檢察官機制的支持者認為：「茶壺堡事件」和「水門案」只是浮在政治水域中的冰山一角，國會確有必要在《政府倫理法》中設立獨立檢察官，以消除司法部乃至司法部部長在調查行政同僚時所存在的利益衝突。

　　實則，司法部部長所面對的「利益衝突」不僅是真實發生的利益衝突，也包括一些表象無法顯示其有利益衝突的情況。進一步言之，司法部部長和屬下皆為總統任命並擔任追訴工作，當他們在調查行政同僚時，即存在著很明顯的政治利益衝突，而這樣的衝突很容易致使其刻意予以起訴或阻礙可能被起訴。換言之，這兩種起訴和不起訴的作為，是無法顯現出有否利益衝突的行為，但卻皆會招致公眾對司法部的不信任，連帶地對司法行政失去信心。有學者認為：「水門案」的調查，雖然已讓民眾恢復與維繫對政府的信心，但卻不足以彌補司法部對高級官員起訴過程中所衍生的實質利益衝突問題，故有必要去消除司法部不當之起訴或不起訴的利益衝突問題。[80]

　　然而自司法部去移除真實和外表未能顯示之起訴或不起訴的利益衝突，其實是十分艱鉅的任務，而設置獨立檢察官是否就能有效地解決這個問題，則始終是被質疑的。有評論認為：《政府倫理法》允許司法部部長去啟動任命獨立檢察官的程序，就注定不可能移除官官相護的利益衝突，惟有將司法部部長從整個獨立檢察官的運作過程中移除，才能真正解決利益衝突的問題。實則從《政府倫理法》的相關案例看來，司法部部長所涉的利益衝突問題，確實無法在其制度安排下得到解決。不過，圍繞在《政府倫理法》立法過程中，基於對獨立檢察官合憲性的考量，使國會也只能在立法中選擇於《政府倫理法》的早期階段和過程中，將司法部部長的行政角色涵蓋其中，以避免被批評不符憲法分權原則，也因此而有由司法部

80　Donald J. Simon, "The Constitutionality of the Special Prosecutor Law," *University of Michigan Journal of Law Reform,* Vol.16, 1982, p. 53; Lloyd N. Culter (1981), p. 1020.

部長開啓聲請任命獨立檢察官的規定，此爲當初國會立法者不得不然的作法。

　　在「莫瑞森訴歐森案」的合憲問題爭議後，獨立檢察官的運作過程中，爲了使其合憲，而仍得維持行政部門之司法部部長的若干角色。然而在實務操作上，司法部部長無可避免就會持續影響著整個獨立檢察官的運作過程。不過，有關司法部部長的角色問題，當初立法者對《政府倫理法》在這方面確有留意與預作防範。事實上，國會當初立法主要防範表現在《政府倫理法》中，包括要求經「初步調查」後，若決定不聲請任命獨立檢察官，則司法部部長須對國會書面報告，課以司法部部長在案件決定上有必須解釋說明的義務。而對司法部部長聲請任命獨立檢察官這樣的裁量權課責，雖然不受任何法院的審查，但至少仍能多少對司法部部長有一些行動上的政治檢視作用。

二、起訴裁量權

　　「利益衝突」通常是行政部門在執法時，所具備之必要裁量的要素，而爲平衡對利益衝突的裁量，美國司法部訂有「聯邦起訴的原則」（The Principles of Federal Prosecution）作爲聯邦起訴決策的指導準則。該指導準則指出：在聯邦司法制度中，檢察官在確定何時、爲何人以及如何、甚至是否去起訴明顯違反聯邦刑法的行爲時，確有其廣泛的自主權。該指導準則在認知有聯邦刑法適用的一致性期待的同時，也需要在行使行政正義下，維繫起訴裁量權相關責任的追究。儘管不同的官員面對不同的狀況而有不同的需求，該指導準則強調：有必要允許在執法上的彈性運用。[81]有學者對行政部門執法的「裁量權正義」（Discretionary Justice）下了注解，認爲「裁量權是正義個人化不可或缺的工具，因爲當今史上所有的政府，皆是法律與人所組成，若單憑徒有訂定規則，而無酌情實質裁量，將無法

81　U.S. Department of Justice, *The Principles of Federal Prosecution* (Washington, D.C.: U.S. Department of Justice, 1980), pp. 1-3.

因應現代政府與現代司法的複雜性」。[82]

　　另外，亦有法律學者提出：起訴裁量權在憲法上的基礎，爲法院認定其爲忠實執行法律的行政責任。法院的理由係認知：司法部部長和其他聯邦檢察官皆爲行政官員，這種裁量權本爲行政權力的本質所在，因此這個起訴裁量權的原則，也爲憲法的權力分立理念所支撐。[83]這種爲法院所認可之行政部門執法的裁量權，主張司法部部長作爲輔佐美國總統忠實執行法律的總統左右手，有義務責任主導、控制法律訴訟，使之符合美國的利益。但另一方面，法院也認知：在憲法的「權力分立原則」下，並不容許司法部部長強迫檢察官在執行法律過程中，去達成某些不當的作用。換言之，過於廣泛的裁量權並不被普遍地背書與認可，尤其未受控制的裁量權，將形同惡性癌細胞，會形成法制中諸多不正義的溫床。準此司法部部長不應擁有無限制性的權力，去決定任何起訴的法律認定。不過，從一些法院判例中，仍可以看出美國聯邦檢察官擁有廣泛起訴裁量權，而聯邦法院並不會去干涉在法律執行時之行政裁量權的運作。[84]

　　實則在美國有很大部分的案例，是支持檢察官和司法部部長擁有廣泛裁量權。尤其是國會在試圖消弭因行政調查而衍生的利益衝突時，國會必須考量去平衡起訴裁量權和法律的執行，而這樣的平衡並不容易達成。《政府倫理法》的利益衝突根源來自於司法部部長是否對自己同僚追究指控，作出酌情決定的能力，該決定的判斷和能力的性質，即爲《政府倫理法》起訴裁量權和利益衝突的核心所在。在 1980 年代的《政府倫理法》所執行的不少案例，皆凸顯了起訴裁量權和利益衝突問題的嚴重性。例如：在 1980 年代史密斯擔任司法部部長期間，在有關對司法部部長裁量權相關案例中，上訴法院對「奈森訴檢察總長案」（Nathan v. Attorney

---

82　Kenneth C. Davis, *Discretionary Justice: A Preliminary Inquiry* (Baton Rouge, LA: Louisiana State University Press, 1969), p. 25.

83　Robert E. Palmer, "The Confrontation of the Legislative and Executive Branches: An Examination of the Constitutional Balance of Powers and the Role of the Attorney General," *Pepperdine Law Review,* Vol. 11, 1984, p. 353.

84　Kenneth C. Davis (1969), p. 25; Robert E. Palmer (1984), p. 354.

General）、「班札夫訴史密斯案」（Banzhaf v. Smith）以及「德勒姆斯訴史密斯案」（Dellums v. Smith）等特定案例中，所作相關裁定的大部分結論皆認為：並沒有任何法律手段可以強迫司法部部長在特定案件中去執行《政府倫理法》的法規，即使國會、法院皆無法猜測到司法部部長在啓動調查或任命獨立檢察官之前的任何決定，意即司法部部長在《政府倫理法》中是具有其一定的裁量權。當司法部部長認定毋需聲請獨立檢察官調查，他須向「特別法庭」提出解釋，而「特別法庭」若不同意其作法和解說，卻也無計可施而可資改變司法部部長的裁量決定。在這種情況下，唯有施以政治壓力，才能強迫司法部部長去開啓聲請任命獨立檢察官調查。[85]

　　以「莫瑞森訴歐森案」為例，可看出「特別法庭」在早期階段對司法部部長的裁量權並沒有加以審查，「特別法庭」也拒絕駁回司法部部長米斯將獨立檢察官的管轄範圍限制在只對歐森調查的決定。而聯邦最高法院在裁定「莫瑞森訴歐森案」中，也並未對米斯部長只對歐森一人調查的決定，有任何的反駁意見，某種程度進一步強化了司法部部長具有裁量權這樣的論述。換言之，法院對於監督司法部部長裁量權的過程中，所能做的詮釋權力是狹窄而有限的。[86]下列幾位司法部部長在《政府倫理法》執行過程中，對有關的案例所涉及的裁量權運作，可看出「特別法庭」在《政府倫理法》施行運作的早期過程中，確實對司法部部長的裁量權有所背書而扮演重要的角色。

三、司法部部長行使裁量權的實際情況

　　究竟司法部部長在實務執行《政府倫理法》時，扮演了何種實質角色與影響力？1994 年為了該法重新授權展期，參議院根據司法部和「特別法庭」相關報告的資料中，得有一份正式的統計，即自 1978 年至 1992 年

85　Nathan v. Attorney General, 557 F. Supp. 1186 (D.D.C. 1983); Banzhaf v. Smith, 737 F. 2d 1167 (D.C. Cir, 1984); Dellums v. Smith, 797 F. 2d 817 (9th Cir., 1986).

86　Morrison v. Olson, 487 U.S. 654 (1988).

共有 37 個案件啓動了司法部的「初步調查」程序，有 13 個案件未獲「初步調查」，司法部部長需要向「特別法庭」提出報告。在該法施行的前七年，大約有將近一百件對所轄範圍官員的指控，大抵爲輕率缺乏具體事證而不足以啓動「初步調查」。而在 1982 年至 1987 年間，司法部處理的 36 宗官員被檢舉指控案件中，僅 11 件啓動「初步調查」，8 件則有委任獨立檢察官展開調查。[87]從這些數據中可得之：《政府倫理法》中有關由司法部部長過濾指控之機制是可取的，至少司法部部長這樣的裁量，某種程度確實消除了對公職人員輕率而缺乏根據的情資指控。

不過，從 1996 年司法部部長雷諾以其裁量權多次堅拒來自國會、公共利益團體、媒體以及司法部內部，對於有關柯林頓和高爾競選經費募集涉不法之指控拒絕聲請任命獨立檢察官調查觀之，亦可窺見《政府倫理法》中對於司法部部長角色安排的兩難之處。尤其設若司法部部長在公共關注的議題之外，於《政府倫理法》的執行過程中持續運用大量的裁量權，那麼勢將會賦予製造利益衝突的機會。

以下就《政府倫理法》施行期間，歷任司法部部長在相關案例上所行使之裁量權加以析探，分別有卡特總統時期的貝爾（Bell）、雷根總統時期的史密斯（Smith）和米斯（Meese）、布希總統時期的巴爾（Barr）和柯林頓總統時期的雷諾（Reno）等，以俾瞭解司法部部長面臨的利益衝突和裁量權問題，乃至所牽涉之獨立檢察官獨立性等議題。

（一）卡特總統期間的司法部部長貝爾

首先在卡特總統執政期間（1977~1981），其司法部部長貝爾任內發生卡特總統家族落花生企業向喬治亞國家銀行的貸款，被指控涉不當轉入1976 年卡特競選總統時的庫房。1979 年 3 月貝爾部長面臨是否進行調查的敏感時刻，當時國會共和黨人強力施壓，要求貝爾部長應任命獨立檢察官展開調查。貝爾部長雖然認爲司法部在涉及總統或其家人的問題，應秉

---

87 Katy J. Harriger (2000), pp. 127-128.

持公正的態度，但另一方面，他也反對將該案交予部外人士或單位處理。因而貝爾部長在同年 3 月 20 日以其固有權限宣佈任命紐約市的共和黨籍律師卡倫（Curran）爲特別檢察官（special prosecutor）負責偵辦此案，以取代賦予卡倫依《政府倫理法》所規範之獨立檢察官權力，司法部的理由爲該項不當行爲和相關調查皆在《政府倫理法》通過前發生，故不適用該法律，因此卡倫檢察官所立的起訴書或證人豁免權，一律皆被要求須經由司法部「刑事犯罪處」助理檢察總長費利普・海曼（Philip Heymann）同意與批准。[88]在參議院「司法委員會」的共和黨議員大肆批評，以及部分民主黨人士也呼籲應予卡倫檢察官更多獨立辦案權力和空間之後，貝爾部長最後才讓步而授予卡倫具「全『水門案』型式」的檢察權力，包括擁有司法部的權力、有對「行政特權」者提出異議、聲請賦予證人豁免權，乃至有權執行起訴、指控與案件相關的其他事宜，貝爾部長並且同意不會去干涉或反制任何卡倫檢察官的決定。

貝爾部長對於涉及卡特總統不當貸款資金一案的裁量權，主要是受到媒體和國會共和黨人的黨派政治壓力之制約而決策轉彎。然而從貝爾部長初始可以迴避《政府倫理法》的規範，將任命檢察官之權從「特別法庭」轉移至自己的手中，亦可見司法部部長裁量權的主導力。

另一起案件爲 1978 年 11 月聯邦調查局收到指控，指出卡特總統與副總統華特・孟岱爾（Walter Mondale）共同出席一場爲知名企業家所舉辦的白宮募款午餐會，募款資金涉嫌拿來償付民主黨 1976 年競選債務之用，因而違反美國聯邦法典之有關禁止政府官員在公共官署接收政治獻金的規定。當時《紐約雜誌》甚至還指出：同日還有眾多參與此次祕密餐會的富豪，提供政治獻金予民主黨。[89]

司法部針對該項指控啓動了「初步調查」，調查報告顯示總統只出現

88　Charles Babcock and Ted Gup, "Special Counsel is Appointed in Carter Warehouse Probe," *The Washington Post*, 21 March 1979, p. A1.

89　Jeff Gerth, "A Secret White House Meeting: Carter's Fat Cats," *New York Magazine*, 13 November 1978, pp. 15-18.

於餐宴場合一小時，且也僅是感謝金主們「過去」的捐獻，另外孟岱爾副
總統當時人在加拿大，並未與會。司法部部長貝爾認爲該指控沒有根據，
亦無進一步調查或起訴的必要，而不需要聲請任命獨立檢察官。貝爾部長
的報告中還詮釋了聯邦法典之禁止官員在公共官署收受政治獻金的規定，
旨在防範從一般聯邦雇員中去收取政治獻金，此與檢舉指控案件所呈現的
情境並不相同，因此沒有必要啓動任命獨立檢察官。[90]顯然司法部部長在
該案所做的裁量決策，已超越而至詮釋聯邦法典相關條款內容，顯示司法
部有能力去決定一部特殊法律是否適用於被指控的犯罪行爲，同時也宣示
司法部部長在這些類似案例上保有相當的裁量權力。

（二）雷根總統期間的司法部部長史密斯

至雷根總統執政（1981~1989），在 1982 年《政府倫理法》修訂時，
有關賦予司法部部長在啓動該法的裁量程序，確實有所改變。主要是在
1981 年 11 月 21 日《華盛頓郵報》一篇文章揭露了好幾個對國家安全顧
問理查德‧艾倫（Richard Allen）的指控，謂其收受日本記者餽贈的兩只
金錶，以換取能對雷根總統夫人南希（Nancy D. Reagan）進行訪問。該指
控涉及違反美國聯邦法典第 18 章第 201 條有關禁止公職官員接收任何有
價物品去換取官方行爲。在經由「初步調查」後，司法部部長史密斯認
爲：這些指控並不需要再進一步調查或起訴，因爲完全沒有足夠的證據顯
示必須依聯邦法典的相關條款中去起訴艾倫。而且史密斯部長結論的根基
在於艾倫沒有犯罪的意圖，因爲艾倫合理地相信兩只手錶是私下餽贈的禮
物，未與任何官方行爲有關聯。[91]

在餽贈手錶指控事件三天後，《華盛頓郵報》又揭露艾倫另一樁有關
財務公開報告不實的新聞。因爲艾倫在接受雷根政府相關職位後，隱匿而
未申報其出售私人諮詢顧問公司的正確日期。在聯邦調查局介入調查後，

90　Gerald S. Greenberg (2000), p. 231.

91　Lee Lescaze and Patrick E. Tyler, "Allen Accepted Interviewers' Two Watches, Japanese Paper Says," *The Washington Post*, 21 November 1981, p. 2.

司法部部長史密斯認定這些指控不需要啓動《政府倫理法》的「初步調查」。史密斯部長對外公布他何以不對艾倫調查的報告中指出：他認爲《華盛頓郵報》所指控有關美國聯邦法典中所禁止之「明知而故意」僞造的公布形式，對艾倫的例子並不適用，因爲艾倫的未申報形式並非出自於「明知而故意」。再者，史密斯部長主張《政府倫理法》的啓動，只在司法部接到聯邦刑事犯罪之「具體資訊」（specific information），而且有關刑事法規所指的犯罪爲「明知而故意僞造」，但是以艾倫的案例看來，史密斯部長認爲：並非「明知而故意」僞造。[92]

　　從艾倫的案例，可知司法部部長的裁量權，在詮釋法律上具有相當主導性。史密斯部長在該案例的裁量決定，有助於進一步奠定司法部部長在《政府倫理法》執行過程中的核心地位。儘管史密斯部長因爲這番法律的詮釋而被國會批評，但不可否認，他確實成功地保全了司法部部長在啓動《政府倫理法》中的裁量特權。

（三）雷根總統期間的司法部部長米斯

　　雷根政府時期的另一宗彰顯司法部部長裁量權問題的案例，爲米斯司法部部長任內的「薇特莉案」（The Faith Whittesley Allegations）。米斯部長面臨比任何前任司法部部長更多的質疑與監督，因爲當他自己入閣時即面臨涉違反《政府倫理法》規範的問題，以及國會基於監督責任而與之對立的緊張關係，這些皆使米斯部長承受比先前部長更多的壓力。尤其在「薇特莉案」中，因爲米斯部長極大化釋法裁量權，而被國會批評是企圖摧毀《政府倫理法》，因而影響了國會在 1987 年對《政府倫理法》重新授權的考量。

　　如第四章第三節所述：薇特莉爲當時美國駐瑞士大使，也是米斯部長的私人朋友，在 1986 年她因職務上的行政不當而被指控，包括不當使用捐贈大使館的基金，爲米斯部長和同仁宴會款待、提供工作機會予捐贈者

---

[92] 同上註。

之子等等。米斯部長在調查後認為在司法部部長的裁量下，其所呈現之證據並不足以達到啓動《政府倫理法》的標準，而薇特莉大使也沒有違法使用基金的動機，以及薇特莉大使的行為並不構成國家任何傷害，因而決定毋需進一步調查以及聲請獨立檢察官。

　　針對米斯部長的此項裁量，前特別檢察官考克斯在 1987 年國會有關重新授權修訂《政府倫理法》的聽證會中指出：米斯部長違反了數項《政府倫理法》的規範。[93]根據該法，有「確實而可信」（specific and credible）證據者，應啓動「初步調查」，並將調查結果向「特別法庭」報告。但米斯部長對起初司法部內部調查薇特莉大使有關濫用基金的指控，並沒有向「特別法庭」報告，直到有關調查薇特莉其他指控事項結果出來，在受到媒體與公眾關注後，米斯部長才發布他早前的報告。

　　從「薇特莉案」凸顯出司法部部長在《政府倫理法》最早期階段的指控官員期間，擁有相當的裁量權和影響力。如果不是媒體的報導引發國會監督壓力而啓動「初步調查」，實無從得知司法部會如何處理該案件，以及如何決定所涉之事實與法律的詮釋。事實上，國會在考慮重新授權展期《政府倫理法》時，即發現自 1982 年以來，司法部在相關指控的「初步調查」前，已關閉了超過三分之二（36 件指控案中之 25 件）涉及指控之官員的案件，因而避開了其對「特別法庭」的正式報告。國會在報告中歸因於：司法部部長為使自己能完全操控早期那些被檢舉指控的案件，在該法正式「初步調查」前，精心設計了司法部內為期兩個半月的「門檻調查」，使司法部部長可從中決定是否有足夠證據去啓動正式「初步調查」，藉以規避對「特別法庭」的正式報告，而先發制人地在早期過程中，即將涉有行政不當的調查主導權，轉操之於司法部部長手中。

　　即使後來司法部有對「薇特莉案」展開「初步調查」，米斯部長也以薇特莉大使的行為並未造成國家的傷害，而主張若聲請任命獨立檢察官，

93　Archibald Cox, "The Independent Counsel Provisions of the Ethics in Government Act," The Subcommittee on Administrative Law and Governmental Relations of the House Judicial Committee (Washington, D.C.: U.S. Government Printing Office, 23 April 1987), p. 14.

對薇特莉大使並不公平，再一次地顯現米斯部長以他的認知方式來詮釋裁量權的決定。針對司法部部長對「薇特莉案」的裁量權，前「水門案」特別檢察官考克斯在國會證詞中即說：「以司法部部長和薇特莉大使兩人曾在白宮共事過，而且還在瑞士被大使招待過，任何人在部長這種深涉敏感利益衝突的情況下，他對薇特莉大使之具有同情心的決策，可以就此認為米斯部長毫無個人和政治方面的聯想嗎？」[94]有國會議員也指出，「薇特莉案」顯示《政府倫理法》在執行過程中的一大缺陷，因為我們一方面得相信司法部部長在該法中的啟動判斷，但另一方面卻又無法得知他是如何判斷，以及他是否真的會去啟動《政府倫理法》的調查程序，而這些皆掌控在司法部部長裁量權之手。

在米斯部長任內持續發生司法部部長在《政府倫理法》執行過程中之運用裁量權而影響偵辦的發展，1981 年至 1982 年「環境保護署」所監督的「超額危險廢物場地清理使用基金」的規定與執行有否浪費基金之嫌的「歐森案」，即是一宗司法部部長運用其裁量權對獨立檢察官的管轄權，發揮主要關鍵作用的重大案例，該案例並引發了聯邦最高法院對獨立檢察官設置合憲性的重要裁決。在該案中，國會認定司法部助理檢察總長歐森、副檢察總長施默茲和助理檢察總長丁金斯等三位高官在「環境保護署」事件中對國會說謊，皆應以「藐視國會」為由，而要求司法部啟動對這三人指控的調查。同時司法部的「公共誠信處」也認為有必要將三人送交查處。

米斯部長面對自己司法部三名高層同僚的被指控，卻以施默茲和丁金斯兩人缺乏「足夠而明顯的犯罪意圖」，而只同意對歐森的指控展開調查。但是只調查歐森一人將使獨立檢察官在偵辦該案的能力有所制約，即司法部部長擴大其司法管轄權，明確地限制了獨立檢察官的執法能力。承辦該案的獨立檢察官莫瑞森的其中一位副手達德利（Dudley）形容「這如同要求我們綁手綁腳地進行調查」。而相較過去所偵辦的案件，莫瑞森檢

94　同上註，pp. 18-19。

察官在一項訪談中表示：因為司法部部長裁量只允予獨立檢察官對歐森一人的偵辦調查，將使其管轄權受限，讓她覺得在她過去擔任助理檢察官的權力，都比當時擔任獨立檢察官的權力要大得多了。[95]

　　米斯部長的該項裁量權決策備受國會的批評，使國會在 1987 年重新授權《政府倫理法》時，國會認為司法部部長的裁量往往係依賴衝突性的證詞和模糊的證據，而考慮對司法部部長的裁量權限加以限制；再者，犯罪之意圖在調查的早期階段是極難評估的，它經常是根據一獨立決策者的主觀判斷。正因如此，對於 1987 年《政府倫理法》的再次授權展期，國會決定修訂相關規範，以制約司法部部長的裁量權限。

（四）布希總統期間的司法部部長巴爾

　　在布希（George H. W. Bush）政府期間（1989~1993），司法部部長巴爾也曾抗拒國會要求聲請任命獨立檢察官的壓力。1992 年 7 月 9 日，國會中的民主黨人士寄給巴爾部長一封信，催促其聲請任命獨立檢察官，調查布希政府之對伊拉克政策錯誤的指控。民主黨議員認為這個為巴結伊拉克海珊（Saddam Hussein）政權，而浪費了數十億美元的農業貸款擔保政策所涉變造輸出文件，是個不合法行為。民主黨人同時也批評司法部在調查一家義大利銀行的美國分行涉嫌被指控在美國支持下，有未授權的貸款給予伊拉克，而司法部卻刻意延誤了超過一年的時間起訴。當時承辦該案的法官馬文·舒伯（Marvin H. Shoob）以白宮介入該案，而要求聲請任命獨立檢察官。

　　巴爾部長在 8 月 10 日回了一封長達 14 頁的強烈措辭信中，告知國會他不打算聲請任命獨立檢察官。理由為國會所提的指控太過模糊不清，並不符合《政府倫理法》所訂的「明確而可信之資訊」。至於法官所提白宮介入該案情事，巴爾部長認為並沒有發現任何具有政治動機的干涉。巴爾部長一封信抵擋了包括來自國會議員、法官和媒體的強力批評，而拒絕對

95　Katy J. Harriger (2000), p. 137.

該指控聲請任命獨立檢察官。最後，爲了平息眾怒，巴爾部長則是以其固有權限，任命了退休法官佛列德‧萊西（Frederick Lacey）爲特別檢察官（special prosecutor）調查相關的指控。[96]

在巴爾部長任內，還有一宗司法部被指控非法撥款予一家製造生產電腦配件公司的案件，巴爾部長也是只任命特別檢察官以替代使用《政府倫理法》而任命獨立檢察官。巴爾部長和前任的貝爾部長一樣，面對這些涉及利益衝突的指控案件，他們都藉由自己固有權限內部任命特別檢察官，取代向「特別法庭」聲請任命獨立檢察官，以維持其對調查案件的全盤控制。再一次凸顯了司法部部長在《政府倫理法》執行過程中之裁量權的影響力。

（五）柯林頓總統期間的司法部部長雷諾

在柯林頓政府期間（1993~2001），雷諾擔任了長達兩屆任期共八年的司法部部長，卻一方面被批評她在《政府倫理法》中的裁量權持太過狹隘的觀點，以致於她所聲請任命的獨立檢察官人次超過她應有的職權範圍；另一方面，她也被批評因爲她擁有過於廣泛的裁量權，而嚴峻地抗拒了來自國會、媒體、司法部內及民間團體對於 1996 年柯林頓－高爾競選總統經費醜聞的調查。

雷諾部長的第一個四年任期中，在 1993 年至 1996 年，雷諾部長要求在「白水案」、商業部部長布朗（Brown）、農業部部長艾斯比（Espy）、住宅暨都市發展部部長西斯內羅斯（Cisneros）和柯林頓總統之一法人團體負責人西格爾（Segal）的案子中任命獨立檢察官。同時雷諾部長好幾次擴張了斯塔爾在「白水案」的管轄權，而要求對白宮進行額外指控的調查。一些包括其行政部門同仁在內的批評咸認：雷諾部長在若干案件聲請任命獨立檢察官，是不必要的。[97]

96　Gerald S. Greenberg (2000), pp. 16-18.

97　Jeffrey Goldberg, "What is Janet Reno Thinking?" *New York Times Magazine*, 6 July 1997, p. 20.

　　另一方面，面對排山倒海來的批評和壓力，雷諾部長對於聲請任命獨立檢察官調查 1996 年有關柯林頓總統和高爾副總統的競選經費違法的指控，卻又堅定拒絕不聲請任命獨立檢察官。雷諾部長對該案確有進行為期90 天的「初步調查」，但「初步調查」結果，對於總統柯林頓、副總統高爾、前白宮參謀長伊克斯（Ickes）、海鄒‧歐利瑞（Hazel O'Leary）等之指控，皆不擬聲請獨立檢察官。只有在 1997 年有關對內政部部長巴比特（Babbitt）涉偽證罪的指控，雷諾部長確實有聲請獨立檢察官展開調查。

　　雷諾部長運用其對《政府倫理法》和相關競選財務法規的理解，去判斷這些指控是否有犯罪的意圖，她認為即便有些案例涉及技術性違法行為，若在正常刑事判定是不會起訴，那麼在《政府倫理法》下也應當比照而不予起訴。例如：「初步調查」有關對總統和副總統自白宮打出電話，以誘募競選基金，雷諾部長認為儘管這些電話是打了，但並不構成違反聯邦法律的行為。對於在柯林頓總統自白宮住處打的電話，雷諾部長詮釋：禁止招募聯邦財產的刑法規定，並沒有涵蓋自白宮住處的募款行為，她說：這一向是自 1979 年司法部所秉持的立場。雷諾部長更進一步詮釋，所有的捐獻皆是存入「民主黨全國代表大會」的軟錢（soft money）帳戶中，這意味著這些行為並不在法律所禁止的範圍，因為刑法只單純禁止對硬錢（hard money）[98]的募集行為。

　　雷諾部長認為：同樣，高爾副總統也是自白宮辦公室電話募集軟錢，而非硬錢，並不構成違法。雖然有人指控一些募集的軟錢，最後卻都流向硬錢的帳戶，但雷諾部長認為：並沒有任何證據顯示高爾副總統知道「民主黨全國代表大會」在操作上，會將大量支票分存入軟錢與硬錢的帳戶中。即便高爾副總統有違反競選財務的相關法律，司法部部長明確表明：並不會以聯邦法典的規範條文來起訴，除非該行為存在有某些加重的因

98　「硬錢」與「軟錢」是用來稱呼美國政治獻金的兩大類別。「硬錢」是指受法律拘束，符合美國聯邦選舉委員會限額規定並接受其監管的政治獻金，而「軟錢」是指不受法律拘束，繞過該委員會監管而用於影響競選的政治獻金。根據美國相關法律規定，「軟錢」不得用來直接支持競選聯邦職務的候選人，但可用來作為政黨黨務建設活動的經費。

素，例如脅迫、明知卻又無視法律的存在、實質屢次違法或對政府功能有嚴重的干擾。而雷諾部長認為：在調查中皆未發現有關這方面的明確證據，因而不擬聲請任命獨立檢察官。

　　雷諾部長的這番結論，為共和黨和媒體嚴厲的批評，這些批評主要集中在雷諾部長詮釋《政府倫理法》的方式，她被指責係以一種切割醜聞方式的裁量辯解，聚焦在瑣碎如針的事務，以取代對整個指控所提出大方向的真正違法問題做處理。有評論者指出：因為雷諾部長把事件限縮在柯林頓和高爾打電話的合法性上，這樣自我限縮指控的範圍，已實際模糊了發生事件的真相。[99]

　　參議院在 1998 年公開了對該案相關指控的調查報告，最主要在討論雷諾部長的處理策略，指出雷諾部長將「民主黨全國代表大會」和柯林頓－高爾競選事件，從有關涉及聯邦基金募款的法律中給切割剝除掉，因而從中大大降低了白宮、關鍵的行政辦公室以及總統本身成為募款工具的角色。而且 1998 年雷諾部長又再一次考量以特殊的辯解，來對抗來自對柯林頓總統、高爾副總統和前白宮參謀長伊克斯的相關指控，在「初步調查」後，雷諾部長仍然做了不聲請獨立檢察官的決定。[100]參議院「政府事務委員會」主席湯普森（Freddie D. Thompson）議員批判雷諾部長關注在狹窄和特定的指控，而非委員會報告中所概述的有關競選財務的濫用上，短視地聚焦在柯林頓和高爾打電話這件事，其實真正目的是欲紊亂真正的事實真相，而避開聲請獨立檢察官的決定。在 1999 年《政府倫理法》授權展期的國會聽證會中，湯普森議員即以雷諾部長在這樁競選財務的醜聞中拒絕聲請任命獨立檢察官，作為《政府倫理法》不適合再展期的證據。在聽證會中，湯普森議員對司法部部長的裁量權，問道：「當有全權裁量

---

[99] Neil A. Lewis, "Republicans React Quickly and Angrily to Reno Move," *New York Times*, 3 December 1997, A19; David Johnston, "Looking for A Needle, Can't Find the Haystack," *New York Times*, 7 December 1997, A4.

[100] Roberto Suro, "Reno Plans Not to Investigate Clinton Campaign Donations," *The Washington Post*, 8 December 1998, p. 2.

權的司法部部長對此事件竟然拒絕聲請任命獨立檢察官，那麼設計制定這個法律所為何來？當司法部部長關閉了對總統和總統身旁密友同僚的調查，那麼公眾的觀感和公眾對政府的信心又何在？」[101]

　　從上述相關司法部部長對《政府倫理法》案例中涉及的利益衝突所使用的裁量權，尤其對於如何移除案例中的利益衝突，給了我們很重要的啟示。換言之，即使制定有《政府倫理法》，但控制大多數對高層行政官員的指控，卻如同《政府倫理法》制定前，仍然都掌控在司法部部長手中的裁量權。而司法部部長的裁量權又不被司法審查，因此即便有《政府倫理法》的機制，類似「水門案」的潛在利益衝突仍然都會存在，因為在《政府倫理法》中，司法部部長絕不會只是一個法律點綴而無實質作用的角色。

　　《政府倫理法》的制定者當初是在非常重視以公平正義的司法，來作為恢復公眾對政府信心的象徵性目標下，而認為凸顯獨立檢察官的獨立性，應為該法創設的必要組成部分，以確保該獨立性能夠解決利益衝突的問題。但是在實際執行《政府倫理法》過程時，卻有很大一部分為司法部和司法部部長所控制，同時司法部也持續不斷釋放出對該法不以為然的態度和立場。諸如在 1981 年和 1982 年，司法部成功地遊說了國會修訂該法，而擴充司法部部長的裁量權；接著司法部參與「莫瑞森訴歐森案」有關該法合憲性的訴訟挑戰，也有助於其在國會 1987 年的影響修法之方向。事實上，司法部在爭取該法有關開啟獨立檢察官調查的裁量權和形塑獨立檢察官的管轄權方面，皆獲得了勝利。這些皆使司法部部長得以控有開啟該法的執行過程，乃至允許司法部部長操控起訴裁量權，以極小化《政府倫理法》對司法部權限的侵犯和干擾。

---

[101] U. S. Congress, "Senate, Committee on Government Affairs," *The Future of the Independent Counsel Act* (Washington, D.C.: U.S. Government Printing Office, 1999).

第三節　美國獨立檢察官與各政府部門的關係

獨立檢察官如何對辦案負責，一直都是設置該特別檢察機制的核心議題。在現代政府中，課責的價值備受重視，而這樣的核心政治價值，卻經常是這些獨立性機構易招致批評之處，而美國獨立檢察官的設置也不例外。對獨立檢察官制度的批評者認為：即使在《政府倫理法》中賦予司法部部長對獨立檢察官有限的免職權，但這樣的權力在政治上是沒有意義的。大法官斯卡利亞就認為獨立檢察官猶如是設置在《政府倫理法》之外，且不向任何人負責，即便總統亦對之無法掌控，因為即使獨立檢察官拒絕順從來自總統的直接命令，卻也不能因此而將之免職。很多獨立檢察官所偵辦案件的辯護律師也認為：這些獨立檢察官的調查人員完全不受限制，他們可以恣意橫越過這些被指控人士的生命中，尋找其任何可能犯錯的證據。甚至形容這樣的機制，簡直就是剝奪個人在憲法權利的最壞手段與工具。

為了獨立檢察官制度的合憲性問題，而提起訴訟的前司法部助理檢察總長歐森在一次訪問中回憶道：成為獨立檢察官調查的對象，這個經驗根本就是一場創傷性的災難與經歷，自己像砧板上的魚肉任人宰割，是他人生中所發生過最具毀滅性的可怕事件。歐森認為這樣的經驗並非他所獨有，而是原生於《政府倫理法》的制度瑕疵所致。因為在沒有時間和資源限制下的獨立檢察官，自然會鼓勵他們鋪天蓋地的在無理而不當情境下，進行無窮盡的追訴與行事。[102]

實則，這樣的批評是很嚴重的，因為獨立檢察官制度標榜它是確保公正和具公眾信心的制度，但是建置這樣的制度相對需要付出什麼樣的代價？這些答案或許可以從政治和法制的系統中去尋找，因為在美國有許多的研究指出：檢察官的起訴行為，總是被政治系統所形塑。在《政府倫理法》中的獨立檢察官雖然取代正規檢察官，但其行事仍在原先的政治和法

---

[102] Julie O'Sullivan, "Independent Counsel Statute: Bad Law, Bad Policy," *American Criminal Law Review*, Vol. 33, 1996, pp. 463-509.

制系統中，並與之互動。究竟獨立檢察官與其他相關行爲者的互動關係爲何？其調查資源與起訴決策又是何種狀況？其裁量的限制爲何？遇有公眾感興趣的高能見度案例，是否會影響其決策的過程？這些皆有必要去檢視獨立檢察官和聯邦政府體系中各個相關行爲者的互動關係。儘管若干案例揭露了《政府倫理法》下獨立檢察官辦案的一些問題，但持平而論，大多數的獨立檢察官還是被認爲是有所制約而且負責任的。很多被指責濫權的獨立檢察官和那些正規的檢察官所運作的權力，其實並無太大差異。真正不同之處在於大眾和媒體對獨立檢察官辦案行動，總是用放大鏡去細究，其中最具爭議而被放大細加審視的兩個案例爲「伊朗門案」和「白水案」。但若探究其他獨立檢察官的調查案例，則有很多證據顯示：獨立檢察官在實際辦案上，其權力仍是有所制約的。

從獨立檢察官的立法史觀之，當初國會一方面想建立獨立檢察官的獨立性與恢復公眾對政府信心的象徵目標；另一方面，也務實地認知在建構特別檢察官的過程中，仍須允許一些控制性的組織機構存在，並與之互動其中，因此國會在立法上努力地在這兩者之間求取平衡。從 1980 年代兩次重新授權展期與修訂的《政府倫理法》中，可以觀察到修訂案中，一方面有盡力推動獨立檢察官之獨立性的立法傾向，另一方面也同時認知到獨立檢察官制度應該和各相關體系行爲者，保有互相依賴的關係。這些元素促使獨立檢察官制度既具有獨立性的安排，也兼具課責性的要求。以下檢視《政府倫理法》之獨立檢察官與司法部、法院、乃至包括白宮與國會在內的政治行爲者的互動關係，以從中瞭解獨立檢察官在《政府倫理法》施行過程中所具備的獨立性與課責性。

一、獨立檢察官與司法部的關係

從《政府倫理法》中可看出，國會期待解除司法部部長對傳統檢察官偵辦公共貪腐案件的監督，因此可以看到《政府倫理法》中有關正式分割司法部部長和獨立檢察官之間關係的規範。例如：由三名法官組成的「特

別法庭」，取代以司法部部長任命獨立檢察官；賦予獨立檢察官全權的司法部部長暨檢察總長、乃至整個司法部的權力，使之具有偵辦調查和起訴的權限與功能；允予獨立檢察官選取其辦公室成員及其經費預算；[103]禁止其聘用任何在聯邦政府及司法部的工作人員，[104]以及要求任何正在司法部進行調查的案件，若為獨立檢察官的管轄範圍，除非獨立檢察官允其繼續調查，否則必須擱置並停止調查。[105]以上這些規範，皆可看出國會將司法部和獨立檢察官制度切割的立法方向和意圖，目的無非是讓獨立檢察官具獨立性，而降低來自司法部的制約。

　　另一方面，《政府倫理法》中亦存有司法部、司法部部長和獨立檢察官之間互動的立法安排，例如：由司法部部長開啟聲請任命獨立檢察官；允許獨立檢察官諮詢案發地區的聯邦檢察官；獨立檢察官得向司法部要求資源、人力和資訊等支援和協助；獨立檢察官應遵從司法部的相關刑事政策；以及司法部部長有權以「正當理由」將獨立檢察官免職等。[106]1983年的《政府倫理法》，則朝向鼓勵獨立檢察官能與司法部有更多接觸和諮詢的立法方向，以期獨立檢察官在執法上能有更趨於一致性的標準。另外在 1994 年的修法中，也允許獨立檢察官僱用司法部人員協助辦案。

　　不過，基本上《政府倫理法》還是強調獨立檢察官和司法部之間需保持距離，大部分的獨立檢察官也都能嚴謹而精確地避免和司法部有過多的接觸。而避免和司法部接觸的程度，端視獨立檢察官個別認知其與司法部接觸，是否會威脅或影響到其辦案行事的獨立性。當《政府倫理法》面臨合憲性的挑戰時，就有兩位檢察官拒絕了由司法部部長依其固有權限內部任命其為特別檢察官（special prosecutor），他們分別為西茉和莫瑞森，因為他們認為由司法部內部形成任命，將會折損與干預其辦案的獨立性。而偵辦「白水案」的斯塔爾則是在接受一項訪談中提及：他根本無需去向司

---

103 預算雖由司法部編列，但其薪資和資源皆由聯邦法院行政廳和總務處提供與支援。
104 該規定在 1994 年修改為可以聘用政府工作人員。
105 28U.S.C. 49, sec. 593, 594(a), 593(b)(2)(1987), 594(d) (1994), 597(a).
106 28U.S.C. 592, 594(a)(10), 594(f), 594(g), 596(a)(I).

法部人員諮詢有關起訴的決定，斯塔爾認為其獨立檢察官的辦公室成員，已有足夠經驗來做相關處理和決策。司法部「公共誠信處」處長傑洛德・麥都爾（Gerald McDowell）在一項受訪中表示，其實有一些獨立檢察官仍會勤與之打交道，以獲得該處對於案件起訴適法性的詮釋與建議。[107]

就行政本質而言，《政府倫理法》的所有相關參與者，皆有必要做一些互動與接觸。例如在每一個案件，都需要獨立檢察官和司法部官員互動，以獲得那些因擴充管轄權之案外案的「初步調查」結果。甚且獨立檢察官得藉由多次與司法部的協商，才能獲得司法部部長確實首肯在調查上的支援與協助。其實以嚴格行政層面的認知氛圍分析，獨立檢察官確實需要憑藉司法部部長的原始指控情資，以俾進行調查。從原始指控情資到最後「初步調查」結果出爐過程中，獨立檢察官皆需和司法部打交道。又如在「初步調查」後，接手「歐森案」的莫瑞森獨立檢察官，因為案情需要，仍須持續和司法部部長討論擴充其管轄權問題。在「伊朗門案」的獨立檢察官華施則經常和司法部部長會面，以俾溝通並瞭解他可以取得那些分級的國安公文和資料。另外，偵辦農業部部長艾斯比的獨立檢察官史穆茲和「白水案」的斯塔爾則為了擴充其管轄權，以及討論司法部可能有興趣的訴訟議題，也皆時有與司法部接觸。[108]

一般而言，獨立檢察官為了避嫌，而和司法部高層官員係採有限度的接觸，但通常獨立檢察官還是會常向司法部刑事處相關人員請益、諮詢與索取資料。例如為了調查勞工部部長唐諾文被指控和組織犯罪有牽連的案件，承辦的獨立檢察官西爾佛曼（Silverman）便至司法部「組織犯罪與詐騙調查處」（The Organized Crime and Racketeering）去蒐集資料，同時也需要尋求和「紐約東區打擊組織犯罪單位」（The Eastern District of New York-Organized Crime Strike Force）」合作，以取得在大陪審團前作證的證人。在調查司法部部長米斯時，獨立檢察官仍然有必要去尋求司法部對相

---

[107] Katy J. Harriger (2000), p. 150.
[108] 同上註，p. 151。

關財務陽光法律的起訴政策之指引。還有麥凱（Mckay）檢察官在調查白宮前新聞聯絡官諾夫茲格和米斯部長與「威泰克」公司非法遊說之醜聞時，當時他和司法部有經常性的接觸，並與之保持良好的工作互動關係。這些接觸確實有助於獨立檢察官的資料蒐集和偵辦過程能符合司法部的規定程序。實則，《政府倫理法》本就有要求獨立檢察官應該遵守司法部的規定程序，因此獨立檢察官們大抵樂意順從之。又如承辦「歐森案」的莫瑞森檢察官曾形容她在辦案期間，和司法部的這些職業檢察官以及「公共誠信處」有極好的互動經驗，因為當她遇有若干事涉司法部程序和政策的問題時，與這些政府職業檢察官的交談是極有幫助和收穫的。[109]

　　1994 年之後所修訂的《政府倫理法》中，允許獨立檢察官可以聘用司法部的人員協助辦案，當時負責調查內政部部長巴比特有關涉偽證罪的獨立檢察官布魯斯（Bruce）在一項訪談中表示「這是個很好的政策」。因為聘用司法部的人員協助辦案，可以得到一些司法部資深和優秀檢察官的辦案經驗，從中知曉司法部當下對特定案件爭議點的看法，以及大陪審團前會有何最新的攻防戰。她表示向司法部的「公共誠信處」諮詢是非常有幫助的，該處對她所提相關問題非常有責任與熱心地協助解惑。布魯斯檢察官根據她偵辦內政部部長巴比特有關競選經費醜聞的經驗表示：獨立檢察官辦案時，確有必要和司法部保持密切合作關係。[110]

　　另一方面，雖然司法部表明其樂意和獨立檢察官合作辦案，但從相關對卡特、雷根、布希和柯林頓總統執政時期之司法部官員的訪談紀錄中發現：基於《政府倫理法》立法係建立在對司法部是否能秉持公平正義辦案的不信任，而使司法部的官員們普遍對《政府倫理法》不以為然。那麼既然司法部官員對於獨立檢察官的設置並不熱衷，又何以這些官員願意和獨立檢察官合作？分析其原因，主要在於《政府倫理法》立法動機出自「水門案」的陰影，而讓美國民眾普遍認為司法部沒有能力去公正處理這種高

---

[109] Katy J. Harriger (2000), p. 151.
[110] 同上註，p. 152。

官行政不當的案件，使司法部除了倍感憤怒外，卻也承認設置獨立檢察官是一個形同「聖牛」而不容挑戰的政治性圖騰，因此並不會蓄意杯葛或挑戰。一位前司法部官員評論道：「我很想說我不是一個不誠實的壞人（I'm not a crook），但這句話卻被尼克森總統在『水門案』時給講爛了，因而變得廉價而可笑」。[111]當「水門案」的陰影而讓公眾普遍存有對司法部能力的不信任，為避免再被輿論公眾批評，大多數司法部官員大都願意順從《政府倫理法》的規範而行事。事實上，司法部願意順服《政府倫理法》的規範，並與之合作，亦有其機構上的利益存在。誠如獨立檢察官布魯斯認為：司法部對《政府倫理法》的執行有義務提供協助，因為這也是他們的利益所在，司法部總不希望國會另闢其他方向而再立新法，甚至最後因而偏離司法部的政策。[112]

事實上，司法部在《政府倫理法》中的幾個案例，也成功地維護了其組織機構的特權，例如在克拉夫特使用可卡因的案子中，克拉夫特的律師向法院提出對獨立檢察官調查的強制禁令，而且還提起民事訴訟，質疑《政府倫理法》違憲。當時承辦的獨立檢察官加林豪斯（Gallinghouse）為此曾向司法部尋求其在該部的法定代表地位與協助，當時的司法部部長西維萊蒂則建議：加林豪斯檢察官應至他處尋求其法定的代表性，因為既然《政府倫理法》中強調獨立檢察官的獨立性特質，那麼司法部無法授權為之支付其在外面聘用的私人律師費用。西維萊蒂部長在接受一項訪談中提及：「如果司法部去幫獨立檢察官辯護，那麼將會違反《政府倫理法》的禁令而遭受批評。我們認為獨立檢察官要維持其獨立的精神，就應該要有他自己的私人律師來協助辦案」。[113]換言之，獨立檢察官基於其所標榜的獨立性特質，不適合由司法部來提供經費以僱用私人律師協助其辦案。其辦案某種程度，司法部排除獨立檢察官向他們「靠行」。

---

[111] Charles R. Babcock, "Civiletti and Justice Staff Find Themselves on the Defense," *The Washington Post*, 3 September 1979, A31.

[112] Katy J. Harriger (2000), p. 153.

[113] 同上註，p. 154。

　　另外，亦可觀察到司法部、乃至司法部部長在《政府倫理法》中，皆能維護其在該法執行過程中的角色。諸如司法部部長在主導「初步調查」、聲請任命獨立檢察官，乃至建立調查階段之管轄權的種種相關裁量權，皆能成功地為司法部維護權益。在米斯司法部部長任內甚且還採取一些行動，以尋求該部在《政府倫理法》執行過程中進一步的影響力。米斯的這些行動包括在諾斯中校對該法設置獨立檢察官合憲性問題提出訴訟挑戰時，米斯部長採取對檢察官平行任命的策略作法，即一方面聲請任命獨立檢察官，同時也以司法部部長之固有權限任命特別檢察官進行偵辦事宜，所以承辦白宮前新聞聯絡官諾夫茲格和米斯部長之涉非法遊說案的麥凱檢察官，以及承辦「伊朗門案」的華施檢察官，皆接受了司法部這樣的既為獨立檢察官，亦為特別檢察官的雙重檢察官身分之平行任命安排。因而使《政府倫理法》面臨合憲性爭議而不便以獨立檢察官身分調查時，對這些正在進行中的案件，米斯部長仍能透過以部內自行任命之特別檢察官的名義，而要求對這些正在進行中的案件有一些掌握。

　　更有爭議的是，米斯部長宣稱獨立檢察官及其工作人員是司法部的僱員，基於司法部相關的一些利益衝突法規，因此此等人員在外部就業也同樣受到限制。設若這些獨立檢察官辦公室的助理和工作人員之在外的其他兼職，皆得受司法部的約束，會對《政府倫理法》有極大的負面效應。因為很多獨立檢察官的助理人員非全職工作者，他們還得在私人律師事務所兼差，而這些兼職工作所涉案例，也可能與美國政府相關而產生利益衝突，依司法部之利益衝突的規範，因而逼迫他們得放棄這些案例的參與，對其實際上之財務收入有重大的衝擊。一位「特別法庭」的法官在國會1987 年重新授權《政府倫理法》的國會聽證會中曾表示：司法部這樣的規範，勢必很難去找到願意接受獨立檢察官承辦案件的私人律師和助理。參議院「監督次級委員會」也同意：司法部這樣的規範，確實會對獨立檢察官的辦案過程，造成巨大而不利的衝擊和影響。西茉獨立檢察官也認為：這個經由司法部殫精竭慮而制定的有關避免獨立檢察官工作人員利益衝突之規範，確實會對獨立檢察官僱用合格人員造成巨大限制。西茉在一

項訪談中說：「到現在都相信這是一個司法部經過深思熟慮、而想要閹割獨立檢察官辦公室的作為」。司法部部長米斯的該項企圖最後為「特別法庭」所反對，因此在 1987 年國會重新授權時，闡明了《政府倫理法》中獨立檢察官及其工作人員，並非司法部這些利益衝突相關法規下的「特別雇員」。

承辦農業部部長艾斯比不當接收禮品的獨立檢察官史穆茲在 1999 年的一項訪談中提及：司法部對他以及有些其他的案子有所干涉和介入，即在案子進入司法部的「初步調查」階段，司法部之「公共誠信處」主導了一些有限且表面化的調查，其中若干接受調查者向司法部的律師說了很多謊話，而這種由司法部主導的不適當調查，卻使艾斯比部長和其他相關人士有作假陳述的機會。而在史穆茲檢察官得以證實這個所謂原始的陳述是偽造的，已是事隔超過一年以後的事了。事實上，史穆茲獨立檢察官在調查農業部部長艾斯比時，希望擴充其管轄權時，亦和司法部有所磨擦。史穆茲檢察官提出能對艾斯比所實際主導的農場企業主管幕僚長羅納德・布萊克利（Ronald H. Blackley）的一椿弊案進行調查和起訴工作，但卻遭司法部拒絕。史穆茲檢察官只好去求助「特別法庭」，「特別法庭」法官認為該項請求涵蓋在原始所賦予檢察官的裁量權中，而予以支持。不過，史穆茲檢察官與司法部的較量中，亦非皆是獲勝的局面。在他試圖調查「泰森食品公司」和艾斯比部長參選國會議員之競選經費涉不法事項，而欲擴展其管轄權時，「特別法庭」則站在司法部這邊，反對史穆茲的擴充管轄權提案，[114]使史穆茲無法進一步對該宗案外案展開調查。

由上可知，獨立檢察官為保有其獨立性，必須和司法部保持適當的距離，但為了獲取案件的相關情資、司法部的協助與諮詢、乃至擴充管轄權等等，獨立檢察官仍有需要和司法部有一定的互動關係，其間分寸捏拿，存乎獨立檢察官的認知與需求。

---

[114] Donald C. Schmaltz, "The Independent Counsel: A View from the Inside," *Georgetown Law Journal*, Vol. 86, July 1998, p. 2362.

二、獨立檢察官與「特別法庭」的關係

「特別法庭」的三位法官對獨立檢察官有很大的影響力，因為這三名法官的決定可以影響獨立檢察官辦公室的產出，以及對獨立檢察官裁量權的形成與制衡，同時這三位「特別法庭」法官為降低《政府倫理法》執行過程中不確定性結果的重要關鍵角色。在《政府倫理法》的執行過程中，「特別法庭」法官在法庭上動見觀瞻，皆為獨立檢察官謀定而後動的重要依據和線索。

對於那些超出調查階段而未有進展的案件，自然是很難去評估獨立檢察官和「特別法庭」之間的關係。但若案件是涉及到刑事起訴、刑事審判和向更高層的法院上訴事宜，那麼「特別法庭」就明顯占有非常重要的角色。「特別法庭」法官不但會對獨立檢察官的權力有重大的審視，另一方面，也會對獨立檢察官的行動提供潛在的支持。

以「特別法庭」任命獨立檢察官而言，當初國會為確保檢察官具獨立性，因而以司法系統來任命獨立檢察官。而這樣的任命是在十分人性化的方式和過程下進行，考量人選不但具有個人化觀感，也存在主觀性的認知。在 1978 年為「特別法庭」主席法官的愛德華・倫巴德（Edward Lumbard）在一項受訪中表示，「特別法庭」的決策是綜合性考量而來。首先「特別法庭」要確認這個被指控的案件在哪裡發生，哪裡能提供最多證人，一旦這些被確定了，「特別法庭」法官就會考量在該地區有經驗，以及在律師界和公眾心目中有良好聲譽而公正的法界人士。再者，政黨屬性也是重要考量因素，還有會仔細研究其是否可能有涉及利益衝突，以及對候選人做身家的調查和瞭解。法官們對於有損獨立檢察官候選人聲譽的訊息會特別重視。曾在 1992 年擔任「特別法庭」法官的大衛・森特爾（David Sentelle）在 1999 年一場公開演講中說：「『特別法庭』法官們繼承前面法官所留下之可能為獨立檢察官的名冊，然後大家再陸續討論增加候選人名單，最後集結成一本人才庫，等到下次要討論時，幾乎總會有六

至七名候選人在考慮範圍」。[115]

　　由於「特別法庭」的法官大抵爲上訴法院資深或退休法官，所以一些獨立檢察官皆或多或少在個人或法律專業上與之相識，諸如曾與之在「美國律師協會」、美國聯邦檢察官辦公室，或同爲法官身分而共事過。就以偵辦「伊朗門案」的華施和偵辦「白水案」的斯塔爾等兩位備受爭議的獨立檢察官，當時可皆是經由嚴謹而週延地考慮其專業與聲譽，咸認爲上上之選而任命的。「特別法庭」法官喬治・麥金農（George MacKinnon）在一項訪談中解釋道：以華施當時的聲譽和背景根本無人能及，他曾爲「美國律師協會」主席、曾爲小岩城學校種族隔離的訴訟辯護律師、有外交經驗、曾在司法部任職、也曾是聯邦法官，當時他被普遍認爲是一位再好不過的獨立檢察官人選。[116]

　　再談到斯塔爾，在未被任命獨立檢察官前，他才剛結束一件高度敏感而爲眾人所矚目的案子，即對共和黨參議員鮑勃・帕克伍德（Bob Packwood）對職員性騷擾的調查，而迫使該參議員最後辭職。任命斯塔爾爲獨立檢察官的「特別法庭」法官森特爾與斯塔爾在華盛頓特區的上訴法院曾共事過，森特爾事後在辯解他何以任命斯塔爾的說詞中表示：以當時參議院那麼高度政治性的機構，選擇斯塔爾這樣一位無明顯黨派屬性而且公正的人，來負責檢視帕克伍德參議員的日記，斯塔爾當時的表現，讓兩黨皆十分滿意其法律專業與行事爲人。言下之意，當初「特別法庭」選任的斯塔爾，在當時確是眾人稱好的理想人選。[117]

　　「特別法庭」主要工作是遴選任命獨立檢察官，當被任命的獨立檢察官曾與「特別法庭」法官共事或熟識，則「特別法庭」對案件的影響更鉅。調查喬登吸毒的克里斯蒂和調查勞工部部長唐諾文不當行賄案的西爾佛曼兩位獨立檢察官在一項訪談中表示：他們覺得應對「特別法庭」負最

---

[115] T. R. Goldman, "Judging the I. C.: Reformers Eye the Way Independent Counsel Are Chosen, as Sentelle Speaks Out," *Legal Times*, 22 February 1999, p. 23.

[116] Katy J. Harriger (2000), pp. 163; T. R. Goldman (1999), p. 23.

[117] T. R. Goldman (1999), pp. 2-22; Katy J. Harriger (2000), pp. 161-162.

終責任，他們也會依循「特別法庭」期待他們去進行的方式展開調查。西爾佛曼認為：由「特別法庭」任命獨立檢察官，是唯一可對其辦公室監督制衡的方式。因為如果法官是誠實的，那麼就會任命誠實的人來擔任這份工作。另一位獨立檢察官西茉也認為：只要「特別法庭」能任命有經驗的專業人士來擔當，就可使獨立檢察官機制完美進行，但設若擇任的是壞人，那麼那些制約是沒有太大效用的。[118]

　　不過，在任命獨立檢察官之後，「特別法庭」對其辦公室的影響就變小了，除了在「歐森案」、艾斯比非法收禮案、西斯內羅斯偽證案和「白水案」有涉及到擴充管轄權問題外，獨立檢察官與「特別法庭」再接觸大抵是行政性質居多。即在任命之後，「特別法庭」和獨立檢察官唯一的接觸，就只是法官簽署用人的命令或公文。曾為「特別法庭」主席法官的麥金農表示：「特別法庭」絕不會、也從不會去監督獨立檢察官。不過，另一位前「伊朗門案」的檢察官辦公室助理卻回憶道：曾看到「特別法庭」法官麥金農多次和他的老友、辦案的華施檢察官交談有關「伊朗門案」的案情。[119]由此可知，「特別法庭」的法官在任命獨立檢察官階段對獨立檢察官的影響力，是不可小覷，但在「特別法庭」法官任命獨立檢察官之後，確實其所扮演的角色就較為有限。

　　至於其他聯邦法官，則如同他們在監督正規檢察官的權力一樣，扮演著制約獨立檢察官的角色。這些審判的法官會監督大陪審團、主導審判以及對各案件進行裁決。而上訴法院的法官會再重新檢視案子程序的公正性以及適法性，這些聯邦法院體系對獨立檢察官承辦的案件，和一般檢察官案件所持的公正程序並沒有任何區別。有人會認為上訴法院和公眾應會對獨立檢察官承辦的案件，更加嚴謹而細加審閱與注目，像審判「伊朗門案」的法官基於維護國家安全的考量，其在複雜的採證中，必須決定何種國安文件資訊可被採用，何種涉秘證據可以呈堂供證，其間為了維護國家

---

[118] Katy J. Harriger (2000), p. 162.
[119] 同上註。.

安全的需要，法官們有時會迫使獨立檢察官得放棄原先一些指控，甚至改變訴訟的策略。[120]

另外，法官的裁決也會影響獨立檢察官所辦案子的後續發展。例如在迪瓦涉非法遊說案子中，有一項指控其曾代表加拿大政府與美國政府進行酸雨議題的談判，但由於法官駁回獨立檢察官西茉要求傳喚有指控迪瓦證據的美國駐加拿大大使，而使陪審團免除迪瓦該項指控。還有史穆茲檢察官在 1998 年向國會的一份報告中指出，他在對農業部部長艾斯比有關其接收不當禮品指控的調查時，因爲法官以司法拖延和不作爲而嚴重影響他後續的處理。史穆茲檢察官在這份報告中表示：哥倫比亞特區的地方法院在 1995 年、1996 年乃至 1997 年之有關其對擴充管轄權有所挑戰與質疑的回應上，平均都延誤大約 15 週，使他的調查因其辦公室工作人員的改組離職而受損，連帶地讓大眾認爲他處理該案太過耗時（歷時五年），而有損其形象。[121]

陪審團的審判也是法院對無論是獨立檢察官或正規檢察官辦案的另外一種制約，因爲檢察官們必須要呈現充分證據，來說服陪審團判定有罪。獨立檢察官提交至法院的案子，要自問是否有超出合理刑事的懷疑，能否通過陪審團的檢驗。以史穆茲檢察官調查農業部部長艾斯比收受不當禮品一案的多項指控，最後陪審團駁回檢察官對艾斯比的所有指控。[122]還有，「白水案」中被起訴的蘇珊・麥克杜格爾（Susan McDougal），只因爲她在小岩城的陪審團面前堅持保持緘默且拒絕回覆問題，被認爲妨礙陪審團而遭判「民事侮辱」（Civil Contempt），被法官判刑一年半。[123]亦可見陪

---

[120] Glen Graney, "Access to Secret Papers Snarls Iran-Contra Case," *Congressional Quarterly Weekly Report,* 20 April 1988a, pp. 1157-1158; Glen Graney, "Split Trials Could Be Blow to Iran-Contra Case," *Congressional Quarterly Weekly Report,* 11 June 1988b, pp. 1625-1627.

[121] Donald C. Schmaltz (1998), p. 2345.

[122] Bill Miller, "Espy Acquitted in Gifts Case," *The Washington Post*, 3 December 1998, A13; John Mintz, "Espy Case Heightened Criticism of Independent Counsel Law," *Washington Post*, 4 December 1998, A16.

[123] Gerald S. Greenberg (2000), pp. 216-217.

審團的審判，對獨立檢察官偵辦過程之調查與起訴，皆有監督和制衡功能，讓獨立檢察官必須謹慎公正行事。

　　從上述可知，獨立檢察官偵辦刑事案件，並非建置在法制系統之外，其仍然受到檢察體系相關的制約和監督。獨立檢察官若因誤判而起訴，經由法官或陪審團檢視後，最後被駁回或免除指控，其對被指控者所造成的個人痛苦與金錢上的損失，則是難以彌補的。另一方面，偵辦農業部部長的史穆茲和偵辦「白水案」的斯塔爾兩位檢察官，則因為辦了爭議甚大的案子，在分寸上難以精準掌握，而為公眾和輿論所批評，最後因而減損了他們過去長久努力所累積的法界聲望和信譽。獨立檢察官面對整個法制體系的監督與制衡，使其辦案不得不慎重以對。

三、獨立檢察官與白宮、國會的關係

　　美國建置獨立檢察官制度其中一個主要的目的，即是希望在偵辦高官不法的過程中，能消除來自政治的影響和干擾，因此在其偵辦過程中，基本上是不會期待有太多與政治行為者的互動。在實際上，確實也少有實證顯示這些政治行為者在偵辦過程中，會和獨立檢察官串聯共議。不過，終究在《政府倫理法》的執行過程中，總是難以將所有的政治考量因素給排除。在這些政治因素中，白宮和國會較多牽涉其中，而白宮的涉入，端視調查對象是否為總統，像「伊朗門案」和「白水案」皆是牽涉至總統的特殊案例，就難免會有很多政治因素被考量。而在國會方面，《政府倫理法》中審計長對獨立檢察官的會計財務審核結果之報告，須在 90 天內送交國會相關委員會，同時獨立檢察官對其案件的偵查或起訴進度，皆必須向國會逐項詳報，甚至對其偵查結果所獲具體事證，須向國會提出是否彈劾的建議，可見國會確是獨立檢察官的另一個重要監督者。由於每一個政府機構皆存有潛在的利益衝突，國會在《政府倫理法》中的行動，正可以對獨立檢察官的作為，有所監督和制約。

　　在獨立檢察官偵辦過程中，獨立檢察官最常和白宮接觸的情況，大抵

爲訪談證人。例如在調查米斯部長的案例，獨立檢察官就亟需許多來自白宮的文件，包括有關政治性敏感議題等之電話通聯記錄和檔案。又如在西茉獨立檢察官調查雷根總統的前任副幕僚長迪瓦不當遊說案，也需要向白宮尋求文件和證人。而這些來自白宮的個別證人是否樂意和檢察官合作，情況又各有不同。西茉檢察官在接受一項訪問中提及：「有些證人相當排拒與憎惡我們的訪談，他們並不喜歡我們的調查，常會以失憶來應對敷衍，有些甚至持相當敵對的態度」。[124]

還有「伊朗門案」和「白水案」的偵查，就需要密集和白宮相關人員接觸以獲取證據。據估計白宮爲了「伊朗門案」的蒐集和審視相關文件與證人準備等工作，在 1987 年至 1988 年間共花費了 1200 萬美元，甚且白宮爲此僱了 60 位律師和全職的工作人員在資料文件整理與證人準備的工作上。[125]斯塔爾檢察官在調查「白水案」時，也同樣得與白宮涉入深度的互動。而在調查過程中，斯塔爾檢察官和白宮互動關係，則從真心誠意到最後敵對相向，尤其是在他調查「陸茵斯基案」後，和白宮關係更加惡化。

另有一些案子涉及到對總統的政治考量，例如對喬登吸食毒品的調查，即因當時爲選舉年以及喬登位居重要職位而爲卡特總統所倚重，使獨立檢察官難免會有些政治壓力。另外，在偵辦克拉夫特吸食毒品案時，加林豪斯檢察官就延遲其調查，直至 1980 年的總統選舉結束，以避免該案對總統選舉的影響。1984 年在調查司法部部長米斯時，當時史坦因檢察官也是希望趕在 11 月 6 日總統大選前能結束該案，目的即在避免被指控其影響選舉。在偵辦「伊朗門案」時，檢察官辦公室人員則在反覆推敲應否在 1992 年總統選舉前，重新起訴前國防部部長溫伯格。實際上，無論獨立檢察官是在選舉前或選舉後宣布起訴，其實皆會招致批評其試圖影響選舉。即使是非政治性的案例，總統選舉仍然是一個無法忽視的政治

---

[124] Katy J. Harriger (2000), p. 169.
[125] Aaron Freiwald, "Probe Tab $40 Million and Rising," *Legal Times*, 20 February 1989, p. 10.

考量。

　　另外，國會在《政府倫理法》執行過程中的行動，經常是建置在黨派的思維，而使獨立檢察官的偵辦過程，難以排除國會黨派的影響。美國的黨派政治在行政與立法部門、國會兩院之間的互動中甚為常見。在《政府倫理法》施行的 21 年間，我們常常見到兩大黨間的黨同伐異，並努力對獨立檢察官制度施加對其有利的影響。國會「司法委員會」可以要求司法部部長聲請任命獨立檢察官，而司法部部長對國會的提請要求，雖然不必然得讓步或同意，但卻必須向國會「司法委員會」說明不採取行動的理由。民主黨人曾在唐諾文、米斯、歐森和「住宅暨都市發展部」案例中運用該項權力，催促司法部部長聲請任命獨立檢察官調查這些共和黨籍高官所涉案件。同樣國會共和黨人對於卡特總統的白宮午宴募款案、卡特總統家族落花生基金案、商業部部長布朗的不當商業交易案、柯林頓總統的「白水案」以及柯林頓-高爾競選經費案，也如法泡製，要求民主黨的總統責其司法部部長聲請任命獨立檢察官，調查這些民主黨高官所涉行政不當案件。

　　有人批評國會的介入，總是讓《政府倫理法》執行的過程充滿了政治性，因為國會提請任命獨立檢察官，大抵是欲打擊執政黨而有利於反對黨。如第四章的案例所述，1979 年卡特總統家族之可疑貸款與金錢流向案件爆發後，國會中的共和黨議員本來擬從國會聲請任命《政府倫理法》的特別檢察官（1983 年才改名為獨立檢察官）進行調查，但民主黨政府的司法部部長貝爾卻搶先以其部長的固有權限，任命特別檢察官偵辦，並要求檢察官在沒有司法部的同意前不得逕予起訴。後來卡倫檢察官做出起訴決定時，還收到貝爾部長的要求審查通知，只是消息見報後，貝爾才因輿論壓力被迫接受了卡倫的獨立見解。又如雷根政府時期發生的「伊朗門案」，獨立檢察官華施在 1992 年美國總統大選前四天起訴共和黨的雷根政府國防部部長溫伯格，並指控當時尋求連任的該黨總統候選人布希有作偽證嫌疑，溫伯格的起訴隨即為民主黨宣傳利用，並引發共和黨國會議員強烈質疑華施檢察官的辦案動機。此事最終造成 1992 至 1993 年《政府倫理

法》該展期而未展期之暫時失效的影響。還有 1993 年民主黨總統柯林頓的「白水案」爆發，本來對延展《政府倫理法》持反對立場的共和黨國會議員反轉支持此制度，認爲藉此可對柯林頓總統大加進行調查，而柯林頓總統也希望藉調查來證明自己清白，這個案例的影響是難得促成了《政府倫理法》的繼續存活。只是最終該法仍因此案引發輿論與大眾對獨立檢察官制度淪爲政黨鬥爭等爭議，而走入歷史。

不過，這些由國會政治性發動要求聲請任命獨立檢察官的動作，往往對真正事實的釐清與調查沒有太大的效用，反倒是其他國會相關監督與調查的權力，對獨立檢察官辦公室的運作，確實產生巨大的制約。例如《政府倫理法》對國會的「撥款委員會」，有規範一些對獨立檢察官監督的功能，又如參議院「政府事務委員會」中的「監督政府管理次級委員會」（The Subcommittee on Oversight of Governmental Management）以及眾議院「司法委員會」中的「行政法與政府關係的次級委員會」（The Subcommittee on Administrative Law and Governmental Relations）等，皆在《政府倫理法》的執行過程中有重要的管轄權。在 1981 年、1982 年、1987 年、1992 年、1993 年乃至 1997 年，這些國會的次級委員會皆有針對獨立檢察官和司法部在相關案例的執行情況，舉辦聽證會，以決定是否需要對《政府倫理法》給予授權展期與修訂。

基本上，國會在案子調查階段中，會儘量避免和獨立檢察官有不適當的接觸。即便如此，斯塔爾檢察官仍然在「白水案」尚未調查完畢，即出席了 1992 年的國會聽證會。事實上，國會也有必要藉由調查和聽證會的形式，與獨立檢察官接觸。一般而言，會發生這樣的狀況，大部分都是國會希望對獨立檢察官有所制約，因此國會的調查對於揭露行政部門高官涉及行政不當層面，確實發揮與扮演著很重要的角色功能。不可否認，國會的調查或舉辦聽證會行動有可能是出自議員個人的另有所圖或爲了黨派之爭，而採不利於反對黨的行動，但是仍可合理地結論：國會的調查和聽證會的舉辦，確是立法部門對行政權力監督與制衡的重要而適當之利器。國會的調查，一方面可教導公民瞭解有關政府的運作情況，同時亦可藉之讓

人民知曉政府可能的濫權行為，這些皆對公眾寓有教育性的意義和功能。

　　不過，當政府高官的行政不當行為曝光後，將步向刑事的調查和起訴的過程，就會開始有政府機構間潛在的衝突存在，包括代表民意的國會和代表刑事司法系統的法院，兩者之間總難免會存有些相爭與不合。而由國會提出的有關對高官行政不當行為的刑事調查，通常會遇到一些情況，例如會引發公眾對調查的關注，或可能引發國會的賦予赦免動作，以尋求換取證人願意在國會作證等等。而這些情況皆有可能引發國會與檢察官辦公室之間的利益衝突。國會的立場，係期待其調查能夠廣為周知，以向公眾和媒體展示國會盡責的監督正面形象。但是在檢察官的立場，則是期待案件盡量少公開化，以避免因公開的曝光，而對調查和起訴過程有非預期的衝擊和影響。

　　事實上，在調查階段提早或過度地曝光，都將會影響已鎖定之目標、證人或告密者的作證，而在被公開警示下告吹。另一方面，檢察官也得證明彼此的證據交叉比對無誤，而這些若提前攤在陽光下，有時可能只會使問題更趨複雜與惡化。但是對國會而言，其所曝露行政部門的錯誤不當，卻可獲得形象聲譽和政治利益，國會認定案情公開化係有利於揭露行政不當行為，以及讓公眾瞭解有關案件中揭示的實質問題，而有寓教育性意義。

　　另外，案情資訊應否曝光公開化，也是引發國會和獨立檢察官之間的衝突、矛盾之處。1981 年，唐諾文勞工部部長被指控涉入組織犯罪事件浮現時，參議院「勞工暨人力資源委員會」（Labor and Human Resource Committee）即展開調查。當任命獨立檢察官偵辦時，參議院將資訊讓渡轉予獨立檢察官調查，但參議院仍保持對該過程的涉入與監督，而且偶爾會和獨立檢察官西爾佛曼有所接觸並提供額外資訊，即使在聯邦調查局持續對唐諾文調查時，參議院的委員會仍持續涉入調查事宜。西爾佛曼檢察官在一項訪談中認為：當時他是居於國會和調查局的中間角色，因為聯邦調查局局長威廉・韋伯斯特（William Webster）會把國會相關委員會所要的資訊，也提交一份給他，而西爾佛曼檢察官經常感覺國會和調查局似乎

都想要操縱他。西爾佛曼檢察官告訴調查局局長韋伯斯特：如果該局想要和他交換情資，他並不反對，西爾佛曼檢察官認為獨立檢察官和調查局之間，類似這樣的情資交易，是經常可見的。[126]

　　1984 年當米斯被提名為司法部部長，在參議院「司法委員會」舉行聽證會時，媒體大肆報導米斯財務狀況出問題，乃至涉及一些不法的新聞爆料，而變得人盡皆知。在第一次調查米斯部長時，參議院委員會向史坦因獨立檢察官要求對其結案報告的一些澄清。同時國會委員會的調查者和反對黨成員在史坦因檢察官調查期間，將其他對米斯指控的額外資料洩露給媒體，造成檢察官在調查上的困擾，亦可見國會和獨立檢察官在辦案過程的不同調與矛盾之處。

　　另外，有些獨立檢察官的調查，也會牽涉到國會同步也想涉入調查的潛在問題。基本上，獨立檢察官們大抵都能夠和國會協商至雙方皆滿意的解決之道，讓雙方皆能在各取所需的狀況下去處理案件。在「環境保護署」爭議事件中，獨立檢察官在最初調查時欲獲取早期國會對司法部角色的相關文件，是有困難的，直至最後相關公文解密釋出，檢察官方得以獲取。在麥凱獨立檢察官關切到國會也想調查米斯部長所涉之「威泰克」公司醜聞的同時，他也被調查在諾夫茲格和米斯事件的角色衝突問題。麥凱在一項訪談中提及：「參議員萊文（Levin）調查『威泰克』事件引發我們很大的關切，他們在經由一些會議和電話討論後，得到若干調整而同意不傳喚我們所要的任何證人，他們也給了我們一串名單，我們雙方列下一些各自需要的人。他們要的人，我們不會再打電話，而我們要的人，他們也不打電話給這些人了」。而國會在諾夫茲格案件上，也和檢察官有所默契地等到審判結束後，才釋出結論報告。[127]可見國會和獨立檢察官之間對同一案件處理上，所存有的互動與默契。

　　從上述可知，國會在《政府倫理法》中是有相當之監督權責，而與獨

---

[126] Katy J. Harriger (2000), p. 172.
[127] 同上註，p. 173。

立檢察官也會因情資交換的需求，而有相互合作的默契，有時國會卻又因為政治因素的考量而刻意讓案例資訊曝光，而造成檢察官辦案的困擾。基本上，國會與獨立檢察官的平行調查，皆是期待能查出事實真相、以正官箴之目標，應是一致而毋庸置疑。

第四節　美國特別檢察制度的比較分析

　　從第三章、第四章有關美國在不同時期特別檢察制度的運作與案例實踐中可知：無論是特別檢察官或獨立檢察官，不但名稱不同，其在發展歷程、法源依據、組織架構、任命機制、乃至於對檢察官的課責性與獨立性，以及對司法部部長的課責等方面，皆有所差異。茲就 1978 年前的特別檢察官制度（special prosecutor）、1978 年至 1999 年的獨立檢察官制度（independent counsel）以及 1999 年後的特別檢察官制度（special counsel）等不同階段的特別檢察制度，做一比較分析，以瞭解美國特別檢察制度在不同階段的制度變遷（參見圖 5-1、表 5-1）。

（一）發展歷程

　　美國在不同時期的環境背景與政治因素，醞釀出不同階段特別檢察官制度的發展歷程。在 1978 年前未有《政府倫理法》之設置特別檢察官制度專法時，對於高官涉重罪及重大行政不當行為者，憲法賦予國會對行政官員的彈劾權。但對於一般的行政不當行為，基於憲法賦予總統執行法律的權限，大抵交付行政部門執行查處，而由司法部負責調查起訴。另外國會亦可針對高官的行政不當發動調查，以迫使行政部門處置。還有在遇有檢察官無法勝任偵查追訴工作，或交由一般檢察官會產生利益衝突之疑慮者，總統和司法部部長則會轉由指派非政府的調查委員會或司法部外之特別檢察官行之，以昭公信。換言之，對行政官員涉行政不當行為者，不外有彈劾、司法部查處以及非政府的獨立委員會與司法部外的特別檢察官等機制處置。

　　1973 年 10 月間特別檢察官考克斯偵辦「水門案」時，因堅持要求華盛頓特區上訴法院命令尼克森總統交出錄音帶證物，而引發史上著名的「週六夜大屠殺」，國會積極建置特別檢察官法制化，而成爲《政府倫理法》立法直接而具決定性的關鍵因素。當時國會爲重塑美國民眾對政府的信心，藉由一系列後水門事件的改革行動，以提升並振興國會的公共形象，以俾在接著的國會選舉中獲選連任，因而在 1978 年 10 月 12 日通過彙集改革建議的《政府倫理法》，並據之賦予了獨立檢察官的正式法源。

　　其間《政府倫理法》因應法條運用與案例實踐，而歷經了 1983 年、1987 年的修訂與重新授權展期施行，爲和原先司法部部長依固有權限所任命的特別檢察官有所區隔，在 1983 年將特別檢察官改名爲獨立檢察官。該法在 1992 年因共和黨對華施檢察官調查「伊朗門案」的不滿，而轉變對該法支持的態度，加之正值國會即將休會，而將《政府倫理法》短暫中止。後於 1994 年再次修訂授權展期，卻因斯塔爾檢察官偵辦柯林頓總統「白水案」的濫權，乃至司法部部長雷諾立場和態度的轉變，以致國會對該法不再予以授權展期而告失效。司法部在 1999 年 7 月 1 日另定《特別檢察官規則》，又改回由司法部透過內部的行政規則，指派特別檢察官負責偵辦高官犯罪不法事宜。三者之源起與發展歷程，皆有不同之時空背景和政治環境。

（二）法源依據

　　在 1978 年前所存在之特別檢察官爲美國最早的特別檢察機制，其法源爲司法部部長依據美國聯邦法典第 28 部的第 509 條、第 510 條、第 515 條等司法部部長固有之概括權限規定，來任命特別檢察官，即司法部部長依法有權特別指派司法部官員或檢察官，在其指定的特定範圍內，進行法律及民刑事訴訟行爲。[128]1973 年調查「水門案」時的特別檢察官考

---

[128] 黃謀信，〈充滿戲劇張力的美國獨立檢察官制度發展史〉，《全國律師》，2006b，頁 62-67，頁 64；美國聯邦法典（U.S.C.§515）第 515 條(a)原文內容爲：The Attorney General or any officer of the Department of Justice, or any attorney specially appointed by the Attorney General under law,

克斯，即為當時的司法部部長理查森依據其所擁有之固有概括權限而任命的。

美國司法部為因應 1999 年 6 月 30 日《政府倫理法》的落日條款，而所訂定之《特別檢察官規則》，為 1999 年後設置特別檢察官之法源依據，此與原先始終存在的司法部部長之固有概括權限之法律同源。也就難怪 1999 年制定的美國特別檢察官制度，有評論認為其有回歸至當初 1978 年之前司法部所施行的特別檢察官制度之趨勢。至於在 1978 年所建置的獨立檢察官，其法源則為 1978 年國會立法通過的《政府倫理法》，其在 1999 年 7 月 1 日失效之前，則與特別檢察官（special prosecutor）制度的法源是並存的。[129]換言之，在 1978 年至 1999 年間，美國同時存有兩套不同法源的特別檢察制度。獨立檢察官法制化之後，司法部部長仍保有原來既存的指派特別檢察官之權限，即司法部部長認為其內部檢察官不能或不適於擔任偵查追訴的工作時，司法部部長仍有權指派外部特別檢察官處理該特別案件。

在 1978 年《政府倫理法》通過後，司法部部長曾有兩次未啟動該法向「特別法庭」聲請任命獨立檢察官，反而另以其固有的概括權限任命特別檢察官調查案件。一為 1979 年有關卡特總統花生批發基金涉非法挹注資金予其自身 1976 年的總統競選經費案件。當時司法部部長貝爾明知該案件涉有明顯的利益衝突，卻不尋求依《政府倫理法》聲請任命獨立檢察官，而搶在國會共和黨人擬要求任命獨立檢察官之際，反依其固有概括權限任命卡倫為特別檢察官偵辦，並明確限制卡倫檢察官的權力。另一次則為 1994 年柯林頓總統的「白水案」，因當時《政府倫理法》已至屆期而暫時失效（1992 年 12 月 15 日），在正值國會尚未授權展延的法律真空期間，司法部部長雷諾於 1994 年 1 月 20 日依其固有概括權限，任命了費斯

---

may, when specially directed by the Attorney General, conduct any kind of legal proceeding, civil or criminal……。

[129] 黃謀信，〈「獨立檢察官」與「特別檢察官」不可混為一談〉，《法務通訊》，第 2274 期，2006a，第 4 版。

克爲特別檢察官調查偵辦。因當時司法部部長賦予費斯克可涵蓋全部相關調查的權限，因此還被國會與媒體批評。費斯克在歷經五個月的「初步調查」報告中認爲：沒有證據證明柯林頓政府違法，而使國會共和黨人認爲費斯克的調查缺乏獨立性和效力，進而催促司法部部長另依據《政府倫理法》重新任命獨立檢察官。在《政府倫理法》於 1994 年 6 月 30 日經國會通過授權展期後，司法部部長雷諾改向「特別法庭」聲請推薦原本的費斯克爲獨立檢察官。惟「特別法庭」以費斯克檢察官原爲行政部門內部所任命，不適合再擔任獨立檢察官，因而重新任命斯塔爾爲獨立檢察官。由此可知，特別檢察官制定的法源依據不同，讓司法部部長對於特殊案件會有不同的考量與選擇。

（三）任命機制

由於法源依據的不同，而使其任命檢察官的機制也大相逕庭。特別檢察制度的任命機制可分爲任命人與被任命的檢察官兩部分來對照與比較。1978 年前的特別檢察官係由司法部部長循其內部程序，任命司法部官員以外的「外部人」擔任，與 1999 年後設立之特別檢察官，也是由司法部部長循其內部程序任命司法部官員以外的「外部人」任之，兩者的任命機制相同。[130]換言之，透過司法部部長內部行政任命特別檢察官之機制始終都存在。再加上 1978 年國會所立《政府倫理法》，採由外部的「特別法庭」三名法官，來任命非聯邦政府官員的外部人擔任獨立檢察官，可知美國特別檢察制度的法源和任命機制，不但一直都存在，而且呈現多樣性。

（四）檢察官的獨立性

獨立檢察官係以「特定人」爲辦案的規範對象，但 1999 年之特別檢察官則在尚未知係何特定人涉案時，即可以已知悉之涉嫌事實狀況啓動調

---

[130] 黃謀信，〈美國特別偵查組織─獨立檢察官與特別檢察官〉，《檢察新論》，第 5 期，2009，頁 33。

查，相較之下較具機動性與時效性。但相較三者之獨立性，因《特別檢察官規則》中確立司法部部長和任何司法部官員不得對特別檢察官進行經常性的監督，且該行政規則賦予特別檢察官和美國聯邦檢察官（the U.S. Attorney）有相同權力去主導調查與起訴，這意味著特別檢察官在調查過程中也可以召集大陪審團、強制作證和發出傳票，同時特別檢察官有權在調查時，就若干事項直接諮詢司法部部長。

　　不過，1999 年《特別檢察官規則》的特別檢察官，欠缺當時「水門案」之特別檢察官考克斯或賈沃斯基在調查時，所擁有之無需向司法部部長報告的獨立性。1999 年後之特別檢察官在調查時所採取的行動，皆需要經由司法部部長審核與批准，並遵守司法部相關行政規定與政策。換言之，1999 年之特別檢察官雖爲司法部外的人士，同時擁有與美國聯邦檢察官相同的職權，可是一旦被司法部部長任命，就具有遵守司法部政策的義務。[131]相較於獨立檢察官擁有額外獨立的權威去主導其調查，1999 年後之特別檢察官並沒有全然的獨立性去主導調查或起訴，相較之下，1978 年所設置的獨立檢察官較能保有其獨立性，而不爲司法部所制約。

　　同樣爲司法部部長任命的特別檢察官，1978 年前的特別檢察官所具有的獨立性，尤其在 1973 年偵辦「水門案」時考克斯和賈沃斯基兩位特別檢察官所擁有的權限，其獨立性又較 1999 年後的特別檢察官爲佳。再者，《政府倫理法》並未將獨立檢察官違反司法部的相關政策，列入免職條件例示的條文中，不像 1999 年的《特別檢察官規則》雖規定特別檢察官由司法部以外之非美國聯邦政府人員擔任，但特別檢察官的管轄權，除非司法部部長具體授予其他額外的管轄權，否則將被侷限在只調查事件的犯罪層面。由此可知，1999 年之後的特別檢察官，其外觀看似具有獨立性，但實質上司法部部長對該特別檢察官卻握有生殺大權，舉凡特別檢察官的要求擴充管轄權，或特定情況下的偵查作爲，乃至敏感性案件的通報等等，皆須向司法部部長報告，並獲得其同意批准方能行事，否則將被祭

---

[131] 同上註。

以懲戒或免職。可見三者中，以 1999 年的特別檢察官最受司法部部長控制，而最欠缺獨立性。

（五）對檢察官的課責

1999 年之《特別檢察官規則》要求特別檢察官須配合司法部的政策、程序、慣例實務以及司法部部長的指令，司法部部長對特別檢察官的行動，有權認定是否符合司法部的實際作為，若認為不適合的舉措行動，則司法部部長可要求其停止繼續進行辦案，並告知國會。但獨立檢察官則不然，可以不理會司法部的指導，獨立檢察官在經由司法部部長聲請任命後，之後有關偵查起訴權限範圍，皆為其與「特別法庭」互動關係，完全獨立於司法部之外。最重要的是，獨立檢察官享有等同司法部部長暨檢察總長所擁有之完全偵查權限。

由於 1999 年之特別檢察官和聯邦檢察官的職權係等同視之，所以在面對重大案件上，其亦和聯邦檢察官遵循一樣的警示要求。例如：當聯邦檢察官對主要政治人物或敏感的案子採取行動時，對於所可能引發的反彈，他們必須向司法部提出一份「緊急報告」，讓司法部去評估行動是否適當。這樣的標準同樣適用於特別檢察官，特別檢察官遇到重大情事，他必須繳交緊急行動報告，讓司法部部長據以評估其調查行動的適當性，在案件結束後，特別檢察官也要向司法部部長提出偵結報告，以敘明起訴或不起訴的理由。[132]但獨立檢察官和「水門案」時的特別檢察官則不需要向司法部清楚交待其偵查行動。

1999 年後，司法部部長的監督擴大至對特別檢察官違反司法部紀律、特別檢察官的免職以及特別檢察官破壞倫理義務等事項。司法部部長可以因特別檢察官的不當行為、怠忽職守、失能、利益衝突或違反司法部政策等理由而將之免職。司法部部長免職特別檢察官須以書面載明具體免職理由，並向國會報告，但特別檢察官不被允許對其受紀律處分或免職提

---

[132] 同上註，頁 42。

起上訴。這點和獨立檢察官的待遇是有區別的，當司法部部長以身體或心理不適任之事由、或其他實質妨礙獨立檢察官職權行使之理由，而令獨立檢察官去職，獨立檢察官有所不服者，得向哥倫比亞特區的聯邦地方法院提起民事訴訟請求救濟，法院審理如果認為其免職命令不當者，得判決獨立檢察官復職或為適當之救濟補償。由上可知，獨立檢察官不但職權保有相當的獨立性，職位亦獲有一定的保障。

（六）對司法部部長的課責

　　相較於《政府倫理法》有關於要求對司法部部長的行動所涵蓋的規範，包括何時展開「初步調查」，乃至任命獨立檢察官時使用的標準等，1999 年《特別檢察官規則》賦予司法部部長較大的權限。例如司法部部長可決定何時任命特別檢察官，特別檢察官在調查上可同時涉及人與事，並由司法部部長決定認定何種情況會構成利益衝突、調查是否符合公共利益以及任命的時機。《特別檢察官規則》清楚地列出特別檢察官有關起訴所應負的責任以及對特別檢察官提供全職工作。原先 1978 年《政府倫理法》規定由三位法官組成「特別法庭」選任獨立檢察官，1999 年之《特別檢察官規則》則全權賦予司法部部長來選任特別檢察官。

　　《特別檢察官規則》授權設立特別檢察官辦公室，他們每年皆需提交預算予司法部部長，特別檢察官可向聯邦政府機構調派人員，必要時可由政府外部需求額外人員支援。但在 1978 年的《政府倫理法》下，獨立檢察官的經費預算和工作人員編制並沒有受到限制。而 1999 年之《特別檢察官辦公室規則》授予特別檢察官較為有限的工作人員，同時相對地授予司法部部長對特別檢察官的辦公室組織與規模有更大的發言權。

　　《特別檢察官規則》賦予司法部部長很大的權力去啟動和建構特別檢察官的調查權限、監控其調查的進展以及干涉調查等。司法部部長也有權力結束調查，並以若干正當的理由對特別檢察官免職。對於 1999 年後司法部部長有如此大的控制特別檢察官的調查，因此對於這類行動的報導，應該要聚焦在讓事件公開化，藉著公眾輿論的壓力，來阻止司法部部長對

特別檢察官調查的無理干預。事實上，司法部部長任命和免職特別檢察官以及在調查結束時，皆需向國會兩院的「司法委員會」報告。另外，當特別檢察官的規劃行動被認爲不適當，司法部部長也需向國會提出報告。

在《政府倫理法》中對於「初步調查」的啓動和結果，則是要求司法部部長須向三位法官的「特別法庭」知會。另外，司法部部長有義務在啓動「初步調查」或在調查結果出來時，向國會提出報告。但在《特別檢察官規則》中，司法部部長毋需被強迫去考慮如此的報告，也毋需回應國會所要求的獨立調查，因爲國會相關委員會依職權即可自行舉辦有關司法部部長採取行動或不採取行動的聽證會，來加以監督，可見《特別檢察官規則》授權予司法部部長全權啓動調查的權限。

由上述比較分析中可知：1999 年循由司法部部長固有概括權限內部任命的特別檢察官，雖然該特別檢察官爲司法部之外的人士，然無論在偵查行動的職權行使，或經費預算、員額配置的資源乃至職位的保障等，總不免受制於司法部部長的監督與控制，而較欠缺獨立性。也就難怪 1999 年該規則取代原先的《政府倫理法》時，當時幾乎沒有人認爲美國未來聯邦政府還會再出現對高至總統、副總統或司法部部長等高官涉行政不當不法的偵辦調查，亦可見美國輿論和民眾對 1999 年後特別檢察官辦案獨立性的疑慮。

另外，過去 20 多件獨立檢察官的調查，根據 2000 年 9 月聯邦政府會計局統計，共花費了美國聯邦政府將近兩億美元。但若包含初始調查前有關證人、被告的控訴、獨立檢察官辦公室的間接支援費用，乃至三件有起訴的封存調查案件、十件未有起訴的調查案件，則總花費數目是無可計算的。[133]而那些有刑事起訴的調查案，大部分都在認罪協商、判定緩刑、罰款和社區服務下結案，即使有定罪的「伊朗門案」的諾斯中校、國家安全會議的波因戴斯特以及非法遊說案的白宮前新聞聯絡官諾夫茲格，最後也都在上訴過程中被駁回。只有「白水案」調查的被定罪者麥克杜格爾被判

---

[133] Charles A. Johnson and Danette Brickman (2001), p. 216.

入獄服刑三年，其妻蘇珊則因藐視法庭罪入獄服刑一年半。其他由華施檢察官調查「伊朗門案」所定罪的包括前國防部部長溫伯格在內的七名被告，則皆在 1992 年為布希總統所赦免而脫身。

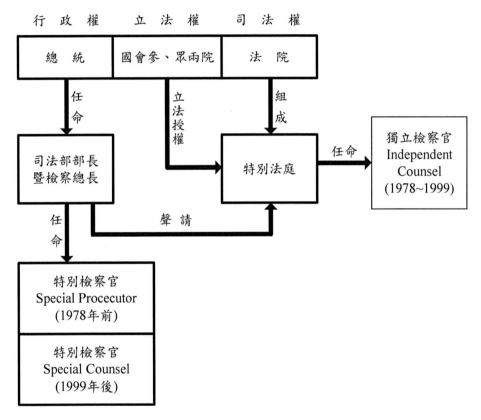

圖 5-1　美國特別檢察制度

表 5-1　美國特別檢察官與獨立檢察官制度對照比較表

檢察官類別 對照項目	特別檢察官 （special prosecutor） （1978 年前）	獨立檢察官 [1978 年後的「特別檢察官」 （special prosecutor） 1983 年改名為「獨立檢察官」 （independent counsel）]	特別檢察官 （special counsel） （1999 年後）
法源依據	美國聯邦法典第 28 部第 509 條、第 510 條、第 515 條等之司法部部長概括權	1978 年國會制定的《政府倫理法》	■美國聯邦法典第 28 部第 509 條、第 510 條、第 515 條等之司法部部長概括權 ■司法部 1999 年 7 月 1 日訂定《特別檢察官規則》
任免機制　任命人	■司法部部長內部任命	■由三名法官組成的「特別法庭」外部任命	■司法部部長內部任命
任免機制　被任命人	■任命司法部官員以外之外部人	■任命司法部官員以外之外部人	■任命司法部官員以外之外部人
獨立性	■外觀上具有獨立的狀態，實質上易受司法部部長的干預	■具有獨立的狀態 ■有專屬辦公室和獨立預算	■司法部部長握有其任命、擴充管轄權與免職權等 ■實質上被認為係司法部的一部分，欠缺獨立性
課責性　特別檢察官	■配合司法部和司法部部長的指令和政策，與聯邦檢察官的職權等同視之	■享有司法部部長暨檢察總長所擁有之完全偵查權限 ■不需向司法部交待偵查行動 ■對於免職不服者可提民事訴訟救濟	■配合司法部和司法部部長的指令和政策，與聯邦檢察官的職權等同視之
課責性　司法部部長	■司法部部長可全權啟動調查權限 ■司法部部長可免職特別檢察官 ■對特別檢察官預算經費的控制與限制	■司法部部長調查啟動與調查結果須知會「特別法庭」，並向國會報告	■司法部部長可全權啟動調查權限 ■司法部部長可免職特別檢察官 ■對特別檢察官預算經費的控制與限制

第五節　獨立檢察官制度的改革與建議

　　瞭解了不同階段美國特別檢察制度的全貌與制度變遷之後，我們不禁要問：究竟我們真的可以處在一個沒有獨立檢察官制度下、而能臻至「王子犯法，與庶民同罪」之彰顯公平正義的真善美境界？抑或沒了具獨立性的獨立檢察官，在「刑不上大夫」、乃至「官官相護」的人性與利益的糾結下，終至人民到頭來仍對政府失去信任？尤其美國在《政府倫理法》失效近 20 年的今日，出現了「通俄門」這種總統級之涉不當違法情事，單憑為司法部部長全權掌控的依《特別檢察官規則》所派任之特別檢察官，其是否能抵擋得住來自白宮巨大的掣肘和干預？實在令人堪憂。

　　事實上，當今舉世有關總統級的涉貪腐或不法情事層出不窮，在亞洲曾有菲律賓前總統馬可仕因貪腐而逃亡美國，南韓前總統全斗煥、盧泰愚以及我國前總統陳水扁皆因貪腐被起訴而鄉噹入獄。近來馬來西亞總理納吉布（Najib Razak）亦因涉貪腐而被追訴中。在拉丁美洲，巴西兩位標榜左派的總統魯拉（Luiz Inácio Lula da Silva）和羅賽芙（Dilma Vana Rouseff）皆因涉貪腐而被追訴，羅賽芙總統並被國會彈劾而下台。以上皆凸顯了面對高至總統級的行政高官涉不當違法情事，為查明事實真相，責其負起政治責任，建置一個具高度獨立性的特別檢察制度，以維持人民對司法公信力的信心，確有其必要性。美國為創設獨立檢察官制度的國家，雖然該制度在美國施行 21 年而於 1999 年《政府倫理法》失效後，訂定有《特別檢察官規則》以延續類似獨立檢察官制度的存在，但由於這樣的特別檢察官仍設置在行政部門控制之下，則全然失去建立特別檢察制度的意義與初衷。

　　對獨立檢察官制度的批評，大致是認為其偵查裁量權過大，而內控與外控的監督機制闕如，難以課責，加以其定位不明，被批評為第四權的組織等。其實關鍵核心問題在於一定要有一個真正獨立調查總統或其他高官犯罪的機制，而此獨立檢察官制度，就不存在其他任何的機制可以取代

之。由獨立檢察官所偵辦案例觀之，如何在其獨立性與課責性之間有所平衡，是改革《政府倫理法》的主要課題。[134]當初美國國會應該是著手改革《政府倫理法》的缺失，使之增強獨立檢察官在調查和起訴過程的課責性，以極小化其濫權的可能，而不是讓《政府倫理法》失效，因為這些法在課責性的缺失，是可以被補濟的。事實上在 1987 年和 1994 年兩次《政府倫理法》的修法中，已有逐步增加一些遏止檢察官濫權的規範。

　　美國獨立檢察官的任命，由國會授權賦予法院行之，以縮減來自行政高層對高官權貴犯罪調查與起訴的干預和控制，行政部門不被允許任命獨立檢察官，行政部門對於獨立檢察官免職權也受到限制，但確有賦予行政部門一些監督或控制獨立檢察官的手段，包括：保有以「正當理由」免職獨立檢察官的權力，使其能監督獨立檢察官忠實執行法律。另外，沒有行政部門明確提出聲請任命，便無法開啟任命獨立檢察官。獨立檢察官管轄權的界定，也由司法部部長根據並參考獨立檢察官所提事實而決定，掌控在行政部門手中。換言之，《政府倫理法》的獨立檢察官制度相對讓行政部門保有一定的制約權限。

　　鑑於斯塔爾的濫權與經費開銷龐大而無節制，淪為浪費納稅人金錢的錢坑，乃至該制度流於黨同伐異的政爭溫床等等之批評，其實業已在歷次《政府倫理法》修正中獲得改善。有關調整並限制獨立檢察官的經費開支方面，包括要求獨立檢察官須任命一名特別工作人員專責檢視並證明其所花費的每一筆支出皆是合理合法；要求獨立檢察官辦公室的工作人員薪資給付比率，不得超過與之相當地位的哥倫比亞特區聯邦檢察官辦公室成員；要求獨立檢察官每半年需向「特別法庭」提交費用支出報告，以及向國會提交年度調查進展與費用支出報告，而審計長每半年審視獨立檢察官支出決算財報；規定「特別法庭」在獨立檢察官任滿兩年時，應主動審酌其獨立檢察官辦公室應否結束，並在之後每年檢討；甚至制約獨立檢察官

---

134 陳敦源，2018 年 8 月 15 日訪談記錄。

在任滿一年後，即應遷往主要的辦公室，否則往返旅費須自理等等。[135]

　　由於《政府倫理法》立法本旨係在公平偵查追訴政府高官層級的犯罪事件，爲避免來自行政部門高層的干擾而設置具獨立性的檢察官，因此在適用對象的範圍，可以改革將之再限縮至僅爲總統、副總統和司法部部長等之政治權力金字塔的高官。某種程度，他們也確實應課以更高的倫理道德標準與政治責任，爲民表率，以爲典範。另外，爲避免認定指控案件過於寬鬆浮濫，而動輒啓動獨立檢察官機制，亦可提高開啓獨立檢察官的門檻，例如：限制在因執行職務所引起的犯罪事項，才有必要任命獨立檢察官偵查。個人吸毒行爲或一般高階公務員涉違反刑事犯罪者，司法部的檢察體系已足以公正無私地偵辦，勿需動輒啓動特別檢察機制，而流於大砲打小鳥與疊床架屋之虞。[136]

　　亦有學者建議可在白宮設置督察長（Inspector General），委任其檢視在白宮高官的行政不當行爲，以取代獨立檢察官職權。[137]儘管該建議爲法界的想望，但仍不適合以之取代獨立檢察官制度。

　　另外，爲使獨立檢察官專心辦案，避免獨立檢察官介入立法權限，亦有主張：可以考慮取消對獨立檢察官可向國會提出彈劾建議的報告。其實獨立檢察官應專責偵查並釐清案情，使之水落石出、真相大白，至於後續的處置，尤其國會的彈劾與否，自有立法部門的相關權限以因應和判斷，實不需獨立檢察官來下指導棋。另有學者建議爲避免黨派藉獨立檢察官之辦案而形成政治政爭，應取消國會聲請任命獨立檢察官的規定。[138]實則國會遇有重大指控、尤其涉及總統級的案件，自然而然就會啓動國會固有之

---

[135] §596(b)(3).

[136] Christopher H. Schroeder, "Putting Law and Politics in the Right Places: Reforming the Independent Counsel Statute," *Law and Contemporary Problems,* Vol. 62, No. l, Winter 1999, pp. 163-185; 鍾鳳玲，〈美國獨立檢察官之研究〉，《憲政時代》，第 33 卷第 1 期，2007，頁 105。

[137] Kathleen Clark, "Toward More Ethical Government: An Inspector General for the White House," *Mercer Law Review*, Vol. 49, No. 553, 1998, p. 561.

[138] Katy J. Harriger, "Can the Independent Counsel Statute Be Saved?" *Law and Contemporary Problems*, Vol. 62, No. l, Winter 1999, pp. 131-143.

調查權限，而召開聽證會與組織調查委員會。美國兩黨政治的黨同伐異本為政黨政治權力的本質，獨立檢察官偵辦總統級的大案，即便《政府倫理法》刪除國會聲請任命獨立檢察官之規定，亦無濟於反對黨在國會勢必召開公聽會和展開調查的行動，畢竟國會握有調查與彈劾權限，對於行政部門本具有監督、制衡之民主機制與責任，應沒有必要刻意刪除國會聲請任命獨立檢察官的權責。[139]

至於《政府倫理法》中司法部部長的利益迴避以及裁量權運作之問題，並非在《政府倫理法》執行過程中才有的現象，在一般法律訴訟過程中，司法部部長確實擁有廣泛的裁量權。司法部訂定的「聯邦起訴原則」，為聯邦起訴決策的指導原則，其中也訂有對起訴裁量權相關責任的追究。在《政府倫理法》執行過程中，司法部部長在開啟「初步調查」、延長「初步調查」期間，乃至「初步調查」的結案報告，皆應通知「特別法庭」；「特別法庭」雖然不能否決司法部部長對指控情資不進一步偵查的決定，但可將之退回而要求司法部部長加以補述不進一步偵查之決策的理由。[140]另外，司法部部長欲免職獨立檢察官，須向「特別法庭」和國會報告，並具體說明去職的事由，以及獨立檢察官若對司法部部長的免職有所不服，可以尋求民事訴訟請求救濟，若司法部部長的免職命令為法院判決不當者，獨立檢察官可復職或為適當之救濟補償。以上種種對司法部部長的利益衝突與裁量權運作，皆有一定的制約作用。

其實若為增加對司法部部長在聲請任命獨立檢察官的拘束，亦可考慮在司法部內組成一個由部內外的法界學者、專家成員之審議委員會，針對司法部部長應否開啟「門檻調查」、「初步調查」、延長「初步調查」，乃至「初步調查」的結案報告等等，採取具合議性質的審查，則應可稀釋並平衡全權由司法部部長一人壟斷之裁量與決策。

最後論及「特別法庭」在《政府倫理法》中的角色與地位，為增加對

---

[139] 同上註。
[140] 同上註。

獨立檢察官的監督機制，在經由逐次的延長授權之修法中，業已賦予「特別法庭」全面性的權限。對行政部門而言，包括：司法部部長開啓「初步調查」、延長「初步調查」的期間，乃至「初步調查」的結案報告，均需通知「特別法庭」；「特別法庭」可退回請司法部部長補充不進一步偵查的理由。在獨立檢察官方面，「特別法庭」的權責包括：根據聲請而選任獨立檢察官、決定獨立檢察官的偵查範圍、聽取並決定非原承辦案件新事證是否屬於相關案件、決定獨立檢察官擴大偵辦範圍、對獨立檢察官身分與所偵辦個案公開的決定權、裁定被告爲不起訴處分後的合理支付律師費用之賠償事宜、定期聽取獨立檢察官支出費用的報告以及聽取司法部部長對獨立檢察官免職的報告等等。這些除了由「特別法庭」選任獨立檢察官而引發侵犯行政權的合憲性爭議外，「特別法庭」涉入《政府倫理法》執行過程之深，雖曾引發一些批評，但是在「莫瑞森訴歐森案」中，經由聯邦最高法院裁決：由國會授權「特別法庭」任命獨立檢察官，並未違憲干預到行政部門權限功能之行使，而致違反「權力分立原則」。該裁決實已消除不少對「特別法庭」踰越憲法的訾議與批評聲浪。

其實司法部門本爲行政與立法部門間之爭議的仲裁者，當國會認爲由行政權來任命獨立檢察官調查自家的高階行政官員，所必然產生之利益衝突困境，經由深思熟慮而授予司法權來行使獨立檢察官的任命，確是一個彙集法律智慧與實務邏輯之最安全的作法。《政府倫理法》執行過程中所授予「特別法庭」的角色與功能，應是允執厥中，爲維持三權在《政府倫理法》中最爲平衡的制度安排。

事實上，美國聯邦最高法院對於「權力分立原則」的相關案例裁決，經常在形式主義和功能主義的途徑思維中隨機擺盪，當其採取嚴格遵循三權分立的思維邏輯，就難免會使行政部門將行政權定於一尊，而易衍生出利益衝突的流弊。當偵辦行政高官犯罪，行政部門轄下的檢察體系又如何能擺脫這些牽制？也就難怪致力追求高度具獨立性的特別檢察官運動者，堅持唯有賦予高度獨立性的特質，才是建立特別檢察制度的核心價值，捨此，則仍難以避免重蹈「水門案」之週末慘案的覆轍。《政府倫理法》的

獨立檢察官制度的創設，確爲偵辦高官不法行爲之切中時弊而妥當合宜的模式。而高度質疑獨立檢察官的功能，竟而美國因爲斯塔爾的濫權，而全然關閉了該機制使之落日失效，不免流於因噎廢食、殊屬可惜。

準此，儘管《政府倫理法》業已步入歷史，容或該制度有若干未盡周延之處，但誠如學者爾溫・凱莫林斯基（Erwin Chemerinsky）所堅持：除了獨立檢察官機制，沒有其他替代可行方案在偵辦高至總統的官要權貴時，能讓美國人民對政府持有相同程度的信心。[141]吾人認爲，該制度瑕不掩瑜，只需稍加以改革修正，強化其課責性，該法所設置的獨立檢察官機制，仍可爲當今偵辦高官權貴犯罪較具獨立性而可行的制度典範。

---

[141] Erwin Chemerinsky, "Learning the Wrong Lessons from History: Why there must be an Independent Counsel Law, " *Widener Law Symposium Journal*, Vol. 5, Winter 2000, pp. 1-15.

第六章
臺灣檢察官與特別偵查制度

由於本書撰寫美國獨立檢察官偵辦高官不法之司法機制的研究目的之一，亦在期盼他方之石，可為我國檢察制度之借鏡與啓示，故而有必要專章探討臺灣的檢察官與特別偵查制度，以俾與美國獨立檢察官制度做相關的對照分析。

第一節　臺灣的檢察官制度

本節將就臺灣檢察官制度之演進、檢察官之職權與定位、組織運作、檢察總長與政治權力的關係等加以闡述。

一、我國檢察制度之演進

我國檢察制度演進深受日本法制影響，而日本檢察制度則是融合了二戰前德國以及戰後美國兩家之長，該美、德法制又發軔自法國的檢察官制度。[1]檢察制度乃起源於法國，如前所述，檢察官制度之所以建立，初始原因乃是扮演王室或國王的「訴訟代理人」，但隨著時代潮流，歷經法國大革命之追求民主自由思潮後，檢察官逐漸轉型成為人民服務之「公訴官」，同時也避免了王室利用其作為整肅異己的政治鬥爭工具。再幾經變革後，檢察官又增添了一定自主權限，而演變成抗拒政治干預的「法律看護者」角色。[2]

---

[1]　王泰升，〈歷史回顧對檢察法制研究的意義與提示〉，《檢察新論》，第 1 期，2007，頁 27-29。

[2]　湯京平、黃宏森，〈民主化與司法獨立：臺灣檢察改革的政治分析〉，《台灣政治學刊》，

　　我國自清末變法以降，開始學習西方司法制度。1902 年（光緒 28 年）將六部中的「刑部」轉型爲「法部」，成爲司法行政之最高機關，1906 年（光緒 32 年）頒行「大理院審判編制法」，即開始設置檢察官。民國肇建後，又將「法部」更名爲「司法部」，1928 年司法院正式成立，下轄司法行政部，1943 年時則改隸於行政院。[3]至 1945 年 10 月 25 日臺灣光復後，中華民國法制正式施行於臺灣。不過，因臺灣檢察制度深受日本影響，且與同屬「歐陸式」的我國原本檢察制度相近之故，[4]當時臺灣檢察官的職權及任用等相關事項，並未出現大幅變動。基本上以依據中華民國 1928 年所公布之《刑事訴訟法》，以檢察官爲偵查主體，以司法警察爲輔助機關，而司法警察負有協助功能及服從檢察官的指揮調度，並將偵察進度與蒐證結果向檢察官報告。

　　此等檢察制度沿用至 1980 年《法院組織法》修法後而開始有了重大變革，即實施了所謂的「審檢分隸」制度。該修法除將高等法院以下各級法院改隸司法院外，亦將高等法院以下各級法院所配置之檢察官加以機關化，正式命名爲「法院檢察處」，與最高法院檢察署，共同受司法行政部改制的「法務部」之司法行政監督，隸屬於行政院迄今。[5]換言之，在1980 年《法院組織法》修法之前，我國所採行的乃是「審檢合隸」制度，也就是「審判」與「檢察」機關兩者合一，行政院司法行政部（即法務部之前身）不但統轄最高法院檢察署、高等法院、地方法院及其分院，

第 12 卷第 2 期，2008，頁 75-76。

[3]　中國最高人民檢察院研究室編，《檢察官制度參考資料》（北京：最高檢察院研究室，1980），頁 12；法務部，〈行政院法務部之部史沿革〉，取自<https://www.moj.gov.tw/ct.asp?xItem=255234&CtNode=27896&mp=001>。（檢閱日期：2017/12/13）

[4]　就「歐陸式」（即大陸法系）的檢察制度特色而言，德國矯正法國系統之檢察官權限過大弊病，將其職權限縮於「追訴權」與「裁判執行權」，不具有「預審權」，後續更在刑事訴訟過程中強化保護被告的相關措施，以確保刑事司法的公正，並符合人道主義精神。職是之故，歐陸式檢察制度大致有控制警察、監督法官、守護法律及保障民權等四個主要功能。參見：林鈺雄，《檢察官論》（臺北：學林文化，2000），頁 14-19。

[5]　王泰升（2007），頁 32。

而且在高等法院下各院皆設檢察處，[6]至 1980 年則變革而為「審檢分隸」制度。

誠如《法院組織法》將第五章「檢察署與檢察官之配置」修正為「檢察機關」（第 26 條至第 32 條），藉此貫徹「審檢分隸」之基本原則，政府為了健全司法制度，明確釐清司法權與行政權的分際，將原先配置於各法院的檢察官加以抽離，並獨立而組成檢察機關，使「審判行政」與「檢察行政」兩者得以各自分離。有分析指出：該項審檢分隸制度之落實，為當時執政當局在因應 1979 年「台美斷交」後之新情勢所為，由於當時國內政治與社會變遷，政府銳意革新，因而促發了接續的一系列檢察制度變革。[7]而我國檢察制度自 1906 年（光緒 32 年）開始有檢察官設置迄今，已逾百年以上之歷史。

回顧這一個世紀之我國檢察制度演進史，自滿清時代以降，歷經民國建立、日本占領、國府遷臺、動員戡亂、宣布解嚴，乃至於國會全面改造、總統直接民選及首次政黨輪替等，其間歷經威權統治轉型至民主政治之過程，我國檢察官所扮演之「偵查主體者」、「國家追訴者」及「刑罰執行者」角色未曾有所改變。

隨著我國民主化之進程以及刑事訴訟思潮之轉變，《刑事訴訟法》有不斷的修正和調整，檢察官的職權也出現若干變遷。自 1995 年至今，已逾 20 年之刑事訴訟制度重大變革，[8]茲分述如下：

（一）喪失強制處分權

依據 1995 年 12 月 22 日公布之大法官釋字第 392 號解釋，宣告檢察官行使「羈押權」規定違憲後，《刑事訴訟法》隨即於 1997 年 12 月 19 日修正並公布實施，即為強化對犯罪嫌疑人或被告人身自由之保障，將

6　法務部，〈行政院法務部之部史沿革〉，取自 <https://www.moj.gov.tw/ct.asp?xItem=255234&CtNode=27896&mp=001>。（檢閱日期：2017/12/13）

7　王泰升（2007），頁 32。

8　蔡碧玉，〈檢察官與刑事司法的變遷〉，《檢察新論》，第 1 期，2007，頁 43。

「羈押處分決定權」劃歸法院，並就羈押要件及相關程序作出具體明確規定，以加強對犯罪嫌疑人或被告的人身自由保障。自此檢察官喪失了至為重要關鍵的強制處分權，也開啓了我國檢察官職權一連串的變革。[9]

（二）去法官化

司法院於 1999 年 7 月間召開「全國司法改革會議」，會後決議刑事訴訟制度將朝「改良式當事人進行主義」修正，以貫徹「無罪推定原則」。[10]即明確釐清法官與檢察官兩者之權責分際，將檢察官「去法官化」，而朝向「當事人化」的方向推移，以助於檢察官之發見真實，而使訴訟過程更為平等。[11]

（三）限縮搜索權

2000 年 5 月，民進黨政府上台後頒訂「掃除黑金行動方案」，法務部並於同年 6 月在臺灣高等法院檢察署設立「特別偵查組」，專門負責重大黑金案件。另外，2001 年 7 月 1 日，政府也提案修正《刑事訴訟法》第 128 條，將原先由偵查中檢察官簽發搜索票之權力改由法官行使。[12]自此，檢察官不再可自行核發搜索票，而須以書面理由向法院申請核發搜索票獲准，方能據之實施搜索扣押，檢察官的具體權限因而有所限縮，[13]檢

---

[9] 王泰升（2007），頁 34。

[10] 所謂的「改良式當事人進行主義」，其旨在貫徹「無罪推定原則」，檢察官應就報告之犯罪事實，擔負實質的舉證責任，而法庭的證據調查活動，則是由當事人來主導（作為法院裁判基礎之證據，理應由當事人提出最為恰當），法院只在事實真相有待澄清，抑或是為了維護公平正義及被告重大權益時，才會發動職權來調查證據。換言之，該項理念除了得以明確釐清法官與檢察官兩者之權責分際，更有助於「發見真實」。請參見：司法院，〈「改良式當事人進行主義」之介紹〉，取自<http://www.judicial.gov.tw/work/work02/work02-01.asp>。（檢閱日期：2017/12/13）

[11] 蔡碧玉（2007），頁 44。

[12] 在 2001 年 1 月 12 日《刑事訴訟法》修正之後，將原第 128 條規定之「搜索票，於偵查中由檢察官簽名，審判中由審判長或受命推事簽名」改為「搜索票，由法官簽名。法官並得於搜索票上對執行人員為適當之指示」。

[13] 林鈺雄，《刑事訴訟法（上）－總論篇》（臺北：自版，2003），頁 343-368；王泰升

察官在繼喪失羈押權之後，又被削弱了偵查中的搜索權，對於檢察官的偵查功能進一步的衝擊。[14]

（四）增加舉證責任與起訴裁量權

2002 年 2 月 8 日，通過《刑事訴訟法》第 161 條、第 163 條修正案，將法院調查證據正式由「職權主義」改為「當事人進行主義」原則，使檢察官角色當事人化，而使檢察官負有實質舉證責任。另增加《刑事訴訟法》第 253 條之 1 至之 3 的「緩起訴制度」，讓檢察官獲有彈性處理起訴案的裁量權，以強化檢察官的公益角色，亦使檢察官具備了「調節」審判案件的控制樞紐機能。[15]

（五）強化舉證責任

2003 年 9 月 1 日，施行《刑事訴訟法》有關「證據章」（第十二章）之部分修正法條，加重檢察官之舉證責任，以所謂的「傳聞法條」（第159 條之 1 第 1 項、第 2 項），使檢察官走入法庭全程蒞庭舉證，以重現檢察官之法庭角色。《刑事訴訟法》2002 年、2003 年的相關修正主軸，旨在要求檢察官確實負起實行公訴的重大任務。[16]

（六）增加認罪協商制度

2004 年 4 月 7 日，公布實施《刑事訴訟法》增訂第七篇之一有關「協商程序」之修正條文，納入「認罪協商制度」，讓檢察官於審判階段即可運用協商機制以促使被告認罪。此有助於使審判過程變快，同時亦較

（2007），頁 35。

[14]　蔡碧玉（2007），頁 45。

[15]　同上註。

[16]　王泰升（2007），頁 37；就當時法學界的觀點，針對修法是否連帶影響檢察官在偵查程序中的主導地位，以及檢察官偵查程序期間應否降低偵查密度，而將事實調查與證據蒐集任務交由司法警察具體執行等方面，皆有眾多歧異之存在。

能符合當事兩造共同妥協的結果。[17]

（七）改變檢察總長產生方式與設立特偵組

2006 年 2 月 3 日，《法院組織法》之部分增修條文中，對檢察組織及人事方面有重大變革：1.檢察總長的產生方式改由總統提名，經立法院同意任命之（第 66 條）[18]；2.成立「最高法院檢察署特別偵查組」（即「特偵組」），職司偵查追訴政府高官之貪瀆案件以及特殊重大的經濟犯罪等（第 63 條之 1），以確保檢察職權之獨立性，有效提升對於貪瀆和經濟犯罪的追訴實效。有學者評論，這兩項新制，對於我國檢察制度民主化實具有劃時代之意涵，可謂開啟檢察制度的嶄新世紀。[19]關於這兩項重大司法檢察之變革，在本章第二節、第三節會有詳細討論。

二、我國檢察官的法定職權

一般而言，我國檢察機關的成員涵蓋檢察總長、檢察長、主任檢察官及檢察官等，在訴訟上統稱為「檢察官」（《法院組織法》第五章「檢察機關」）。依據《司法人員人事條例》第 9 條之規定，檢察官所應具備之任用資格條件如下：1.經司法官考試及格者；2.曾任推事、法官、檢察官經銓敘合格者；3.經律師考試及格並執行律師職務三年以上，成績優良，具有薦任職任用資格者；4.曾在公立或經立案之私立大學、獨立學院法律學系或法律研究所畢業，而在公立或經立案之私立大學、獨立學院任教授、副教授三年或助理教授五年，講授主要法律科目二年以上，有法律專門著

17　蔡碧玉（2007），頁 46。

18　最高法院檢察署檢察總長乃為檢察體系之最高首長，但過去皆由總統直接任命，且無任期之限制，因此易有「政治干預司法」之嫌。為了改革這項制度缺陷，立法院於 2006 年 1 月 13 日通過修正之《法院組織法》第 66 條，明文規定「檢察總長由總統提名，經立法院同意任命之，任期四年，不得連任」。

19　陳運財，〈論檢察總長產生方式與特偵組之法制化－由日本檢察制度之觀點〉，《檢察新論》，第 1 期，2007，頁 87-88。

作，經司法院或法務部審查合格，並經律師考試及格或具有薦任職任用資格者。可見我國檢察官爲具有相當嚴謹之法律專業知識者。

依據《法院組織法》第 60 條第 1 項之規定，我國檢察官的職權計有：「實施偵查、提起公訴、實行公訴、協助自訴、擔當自訴及指揮刑事裁判之執行」。簡言之，我國檢察官具有「偵查」、「起訴」、「審判」及「執行」等功能與角色，可見檢察官行使職權涵蓋整個刑事司法程序，爲刑事訴訟全程的主宰者。茲分述如下：

（一）實施偵查

在 1997 年修正《刑事訴訟法》之前，檢察官即具有於偵查之後的拘提逮捕、羈押、搜索、扣押等強制處分權。這種爲求檢察官能有效行使偵查權，我國《刑事訴訟法》授予檢察官幾乎與法官相同範圍之強制處分權，學者黃東熊即稱以這種幾乎無限制之強制處分權爲後盾，使檢察官成爲「偵查程序之帝王」，亦使偵查程序過程帶有濃厚的「糾問主義」色彩。[20]不過，自 1995 年之大法官釋字第 392 號解釋，宣告檢察官行使羈押權之規定實屬違憲後，於 1997 年修正之《刑事訴訟法》中已將「羈押處分權」劃歸法院所有。

（二）提起並實行公訴

《刑事訴訟法》第 251 條第 1 項規定：「檢察官依偵查所得之證據，

---

[20] 黃東熊，〈各國檢察官權限之比較（下）〉，《軍法專刊》，第 31 卷第 6 期，1985c，頁 3-4；所謂「訴訟構造原理」係指法院、檢察官及被告在刑事訴訟程序中的職務配置，其又可區分爲「糾問主義」與「彈劾主義」兩者，其辨別標準主要有三：1.依發動程序之主體而言，若審判程序係由審判者自行發動者爲「糾問主義」，倘只能待審判以外者之請求方能發動者，則屬「彈劾主義」。2.依參與訴訟之主體人數爲準，若僅有審判者與被告二方即得進行審判程序者爲「糾問主義」，如倘須有審判者、追訴者及被告三方，始得進行審判程序者則屬「彈劾主義」。3.就訴訟的形式原理採彈劾主義之場合，再依誰爲審判程序之支配者來說，若由審判者爲審判程序之支配者爲「糾問主義」，若由當事人爲審判程序之支配者則屬「彈劾主義」。請參見：朱朝亮，〈檢察官在刑事訴訟之定位〉，《東海大學法學研究》，第 15 期，2000，頁 6-7。

足認被告有犯罪嫌疑者，應提起公訴」。檢察官提起公訴後即負有實行公訴職責，採「起訴法定主義」進行起訴。提起公訴權限包括「不起訴」與「緩起訴」之裁量。依據《刑事訴訟法》第 253 條、第 254 條之規定，檢察官對於所犯為微罪或執行刑無實益與重大關係者，得由檢察官裁量不起訴處分。一旦不起訴處分作成，除了合乎再議規定者，得聲請再議之外，即具有確定之效力。

依《刑事訴訟法》第 161 條規定，檢察官就被告犯罪事實，應負舉證責任，並提出證明的方法。即檢察官提起公訴而蒞庭公訴時，檢察官依職權負實質舉證責任並提出調查證據，代表國家追訴犯罪。另外，檢察官對於判決有罪之被告負有向法官提出具體處置義務，檢察官對於是否足以認定被告有犯罪嫌疑而提起公訴，完全繫於其自主判斷，外部機關或人民皆不得干預。這種「不起訴處分」之得以產生的確定效力，與 1997 年前檢察官所擁有之「強制處分權」，使檢察官具有強烈的「審判官」特性，這種檢察官的「司法官化」，則為我國檢察制度之特色。[21]

（三）審判程序

依據《刑事訴訟法》第 2 條：「實施刑事訴訟程序之公務員，就該管案件，應於被告有利及不利之情形，一併注意」，同法第 344 條第 4 項「檢察官為被告之利益，亦得上訴」，以及第 427 條第 1 項第 1 款之規定，為受判決人之利益「聲請再審」，得由管轄法院之檢察官為之。以上皆可見我國檢察官在審判程序中的角色。

（四）刑事執行

依據《刑事訴訟法》第 457 條第 1 項規定：「執行裁判由為裁判法院之檢察官指揮之」。法官所作之刑事判決或裁定，於確定之後送交檢察機關，並由檢察官指揮執行，而非由法院自行處理。依《刑事訴訟法》第

21　黃東熊（1985c），頁 4。

458 條：檢察官指揮執行刑罰或保安處分時，應發「指揮書」，並須詳細載明執行之相關事項。[22]

（五）其他法令所定職務之執行

依據《法院組織法》第 60 條第 2 項之規定，我國檢察官職權除為國家公益代表，尚包括「其他法令所定職務之執行」。可見其他與公益有重大關係之事項，法律亦明定賦予檢察官有介入的權責，諸如《民法》第 36 條有關解散法人之規定，以及《律師法》第 40 條有關將律師移付懲戒之規定等。[23]

綜上所述，我們可以得知檢察權乃係一種具備積極、主動特性之國家權力，在刑事訴訟程序中有偵查、起訴、審判及執行等四個階段。大致而言，我國檢察官具有偵查程序的主導與監督者、公訴之獨占者，以及審判程序上之非單純當事者等法制層面的重要功能角色。[24]

三、我國檢察官的定位

德國法制對我國影響甚深，其檢察官在負責犯罪偵查及控訴方面，具有舉發犯罪、發掘事實真相的功能。德國檢察官之具體任務在於實踐國家之「法意志」（Rechtswills），負有「客觀義務」以行使「法律看守人」或「法律守護者」的角色與功能。檢察官除了主動偵查犯罪權限外，其職權行使也具有一定之獨立性，不可以國家的權力意志而強加其上。另外，檢察官在偵查程序中具有指揮並監督司法機關權責，以確保偵查過程符合正

---

[22] 成有裕、董保城、黃東熊、王和雄，〈我國司法制度上檢察官之地位研討會〉，《憲政時代》，第 16 卷第 4 期，1991，頁 62。

[23] 劉恆嘉，〈檢察官在權力分立原則下之地位〉，《法學研究報告合輯－司法官四十八期》（臺北：法務部，2009），頁 2195-2196。依據民法第 36 條規定：「法人之目的或其行為，有違反法律、公共秩序或善良風俗者，法院得因主管機關、檢察官或利害關係人之請求，宣告解散」；律師法第 40 條第 1 項規定：「律師應付懲戒者，由高等法院或其分院或地方法院檢察署依職權送請律師懲戒委員會處理」。

[24] 林麗瑩，〈檢察一體與檢察官獨立性分際〉，《月旦法學雜誌》，124 期，2005，頁 39-41。

當法律程序，例如德國檢察官的「控訴專屬權」及「上訴權」，就是爲了制衡與監督法院的審判權。[25]

　　相較德國檢察官的基本定位，朱朝亮檢察官參考日本學界之界定而將當代民主國家的檢察官定位區分爲：1.司法官型；2.行政官型；3.積極性準司法官型；4.消極性準司法官型；以及 5.公益辯護人等五種類型，其中以司法官型與行政官型爲最主要的兩種定位類型。就司法官型而言，在法律層次上，賦予檢察官如同法官之「法律看守人」地位，基於檢察官之客觀義務，賦予被告請求檢察官蒐集對其有利事證之權利。檢察官與法官皆爲發現真實之機關，同時具備「事實發現者」與「真實判斷者」雙重角色。基此，兩者之間僅屬於偵查與審判程序之階段性分工，並非「追訴者」與「審判者」之職務性分工。另外，檢察官乃是偵查中之司法官，被告只是偵查客體，並不承認兩者之地位平等。就行政官型而言，在法律層次上，賦予檢察官「行政機關訴訟代理人」之地位，檢察官與法官不同，並非是「法律看守人」，而是代理行政機關追訴犯罪之訴訟代理人，或者是維護社會秩序之行政官。基此，檢察官因基於追訴犯罪之職務，與刑事被告乃處於對立之地位，故而不能期待其扮演客觀、公正之執法者角色。被告則只能請求法院保全對其有利之證據，而檢察官並無爲被告蒐集有利證據之「客觀義務」。[26]

　　我國檢察官的基本定位究竟係屬「行政官」或「司法官」，國內學界則有不同觀點。主張「行政官」論者，論點有二：1.依據《法院組織法》之「上命下從」規定，檢察機關乃仿效行政機關組織，採取「層級式結構」，亦即上級檢察首長對於下級檢察官事務有指揮監督之權，而下級則有服從義務之責，這種「檢察一體」的規範與法官隸屬司法院所強調之獨立審判性質並不相同；2.依據憲法權力歸屬推論檢察權非屬立法權殆無疑義，而司法權只能由獨立法官行使之（憲法第 77 條、第 80 條及第 81

---

[25]　同上註。

[26]　朱朝亮（2000），頁 8-12；劉恆嘉（2009），頁 2196-2200。

條），基此推論：檢察官所行使者即非立法權，亦非司法權而是行政權。法律學者廖元豪也認為：我國檢察官的職權絕對不是司法權。[27]

　　秉持「司法官說」論者認為：在「控訴原則」下檢察官非為法官，且檢察機關也不是法院，但檢察官與法官在職務上卻有相當的等同性。基於兩者職務之近似性，以及檢察權與司法權之接近度，因此在憲法解釋上的「司法權」機關應當涵蓋檢察署和法院，不宜以截然二分的方法將兩權予以劃分。其實不將檢察官直接定位為行政官的最根本理由，即在防範行政不當干預司法。[28]

　　進一步剖析，我國檢察官亦非為純粹的「行政官」，或被害人的「代理人」，而應將其定位為與法官具不同性質之廣義司法機關。依據《司法人員人事條例》第 3 條規定，即將檢察官與法官同列為「司法官」。[29]另外，從大法官釋字第 13 號解釋《法官法》第 86 條，對於檢察官與法官則

27　劉恆嘉（2009），頁 2196-2197；廖元豪認為：從中華民國憲法的明文規定，以及大法官解釋來看，檢察官的職權絕對不是司法權。所謂「司法官」只是輔助法院行使司法權的官員。其理由如下：首先，憲法第七章的「司法」，全然指法院，而其功能僅包括「審判」與憲法「解釋」。檢察官無論如何都不可能在第七章「司法」範圍內。換言之，德國法上那種對「司法」的擴張解釋，在中華民國憲法是不存在的。第二，釋字 13 號解釋其實更明確地否定了檢察官的「司法官」身分。因為憲法第 81 條所稱之法官，「不包含檢察官在內」。檢察官只是依據「法律」而使得其「保障」方面，「與實任推事同」。所以，一方面只有「法律」的保障，而且只在「保障」這個方面等同於法官。至於地位、職權，均與憲法上的「司法」無關。第三，釋字 392 承認檢察官是憲法第 8 條第 1 項所謂的「司法機關」但否認其為同條第 2 項之「法院」。本號解釋正面駁斥了當時法務部所云「檢察署位於法院內，亦屬憲法所稱之法院」的見解。第四，釋字 86 號解釋，確定審檢分隸，確立檢察官只能隸屬於行政院下面的法務部（或當時的司法行政部）。第五，從憲法上的權力分立理論來說，如果檢察官的職權是司法權，卻在組織上置於行政院所屬的法務部之下，那種組織與功能的極端落差，本身就是違憲的事。（所以要不就把檢察官定位為行政官，否則就是要修法把檢察官放在司法院……但後者又違反釋字 86 號解釋）綜上，廖元豪認為：中華民國的憲法與釋憲實務，明確將檢察官排除於憲法的「司法」概念之外。所謂「檢察官是司法官」，至多只是強調其輔佐、協助法院行使司法權的角色而已（廖元豪，2018 年 8 月 17 日訪談記錄）。

28　劉恆嘉（2009），頁 2197。

29　《司法人員人事條例》第 3 條規定：「本條例稱司法官，指左列各款人員：一、最高法院院長、兼任庭長之法官、法官；二、最高法院檢察署檢察總長、主任檢察官、檢察官；三、高等法院以下各級法院及其分院兼任院長或庭長之法官、法官；四、高等法院以下各級法院及其分院檢察署檢察長、主任檢察官、檢察官」。

賦予同等身分保障。而大法官釋字第 392 號解釋文中，則明確指出我國檢察官之角色具有司法官屬性。理由爲：「司法權之一之刑事訴訟，即刑事司法之裁判，係以實現國家刑罰權爲目的之司法程序，其審判乃以追訴而開始，追訴必須實施偵查，迨至判決確定，尚須執行始能實現裁判之內容。是以此等程序悉與審判處罰具有不可分離之關係，亦即偵查、追訴、審判、刑之執行等，均屬刑事司法之過程，其間代表國家從事偵查、追訴、執行之檢察機關，其所行使之職權目的，既亦在達成刑事司法之任務，則在此一範圍內之國家作用，當屬廣義司法之一。憲法第 8 條第 1 項所規定之司法機關，自非僅指同法第 77 條所規定之司法機關而言，而係包括檢察機關在內之廣義司法機關。職是之故，以前述兩項基礎來進行推論，便能主張檢察機關雖非法院，但實質上仍屬於司法機關，這足以證明我國檢察官之角色具有司法官屬性」。[30]

另外，法務部於 1999 年 3 月所發表之《檢察改革白皮書》中，亦明確定位「刑事訴訟程序爲檢察官之程序」，可知檢察官在刑事偵查中扮演偵查主體，在追求公平正義的目標上，檢察官與法官兩者共同行使國家司法權。由此觀之，檢察官本質上應屬於廣義之司法官，其身分與職務亦受到與法官同等之待遇和保障，確是無庸置疑。[31]

總結言之，我國檢察官兼具「行政官」與「司法官」的雙重性質。若依其組織隸屬及體系層面觀之，檢察機關係有行政機關之屬性。但若就其功能與目的而論，則檢察機關所職掌者，乃是刑事司法之犯罪偵查與控訴，其又與一般的行政機關有所區隔。檢察機關之本質，應可界定爲介於行政機關與司法機關之中間架構。誠如學者林鈺雄所界定之檢察官爲「非上命下從之行政官，亦非獨立自主之法官。而是處於兩者之間、實現客觀法意旨，並追求真實與正義的司法官署」。[32]

---

[30] 司法院大法官釋字第 392 號解釋文（84 年 12 月 22 日）。
[31] 法務部，《檢察改革白皮書》（臺北：法務部，1999），頁 7。
[32] 林鈺雄（2000），頁 107。

四、檢察機關的組織和運作

　　《法院組織法》第 59 條第 1 項與第 2 項規定：「各級法院及分院檢察署置檢察官，最高法院檢察署以一人為檢察總長，其他法院及分院檢察署各以一人為檢察長，分別綜理各該署行政事務」；「各級法院及分院檢察署檢察官員額在六人以上者，得分組辦事，每組以一人為主任檢察官監督各分組事務」。又，依據同法第 63 條之有關規定：「檢察總長依本法及其他法律之規定，指揮監督該署檢察官及高等法院以下各級法院及分院檢察署檢察官；檢察長依本法及其他法律之規定，指揮監督該署檢察官及其所屬檢察署檢察官；檢察官應服從前二項指揮監督長官之命令」，以及該法第 64 條規定：「檢察總長、檢察長得親自處理其所指揮監督之檢察官之事務，並得將該事務移轉於其所指揮監督之其他檢察官處理之」。

　　由前述相關法律規定可知，檢察總長對於所有檢察官依法有指揮監督之權，而檢察官則應服從指揮監督長官之命令。同時，檢察總長及檢察長則有案件的介入權與移轉權，對於無論是上級檢察官發布命令，或下級檢察官接受命令，均須受制於《法院組織法》有關規範。其中所謂的「檢察一體」則具體規定在《法院組織法》第 63 條及第 64 條中，整個檢察體系之間為上下隸屬、上命下從的金字塔型權力結構，形同行政體系，旨在使上下一體、同心協力，將全國檢察官結合成一體而不可分的組織，以期能迅速、有效進行犯罪追訴工作。[33]

　　另外，在檢察機關內部監督方面，依《法院組織法》第 111 條，有關各級法院檢察署之「行政監督」規定：法務部部長監督各級法院及分院檢察署；最高法院檢察署檢察總長監督該檢察署；高等法院檢察署檢察長監督該檢察署及其分院檢察署與所屬地方法院及各分院檢察署；高等法院分

---

[33] 同上註，頁 118。學者林鈺雄對以「檢察一體」原則來追求打擊犯罪之能力和效率的基本論述，持不同見解，認為無論係從檢察體制內「橫的一體」或「縱的一體」觀之，其均與打擊犯罪之能力或效率無必然之關聯。他認為真正影響辦案具體成效之關鍵，乃在於警、調單位等輔助機關是否能真正聽命於檢察官之調遣指揮，與其形成上下一體、同心協力之關係，而非僅憑檢察機關內部之上下策應。

院檢察署檢察長監督該檢察署與轄區內地方法院及其分院檢察署；地方法院檢察署檢察長監督該檢察署及其分院檢察署；以及地方法院分院檢察署檢察長監督該檢察署。

　　法務部暨各級檢察署的「行政監督」其實有別於《法院組織法》第63條、第64條所規定之檢察總長、檢察長之「檢察事務指揮監督權」。法務部部長之監督各級法院及分院檢察署，依據大法官釋字第530號解釋：「司法行政機關為使人民之司法受益權獲得充分而有效之保障，對法官之職務於不違反審判獨立原則之範圍內，自得為必要之監督。檢察官偵查刑事案件之檢察事務，依檢察一體原則，檢察總長及檢察長有《法院組織法》第63條及第64條所定檢察事務指令權，是檢察官依《刑事訴訟法》執行職務，係受檢察總長或其所屬檢察長之指揮監督，於法官之審判獨立尚屬有間。關於各級法院檢察署之檢察行政監督，依《法院組織法》第110條第1款規定：法務部部長監督各級法院及分院檢察署，從而法務部部長就檢察行政監督發布命令，以貫徹刑事政策及迅速有效執行檢察事務，亦非法所不許」。依據該號解釋文意旨，則法務部部長應可就檢察行政之監督事項發布命令，但《法院組織法》其實並未針對檢察官個案之偵查及追訴等檢察職權行使，明文賦予法務部部長該等職權。依大法官釋字第530號解釋所涉及檢察官個案之「偵查」與「追訴」等職權，誠屬檢察總長、檢察長之「指揮監督權」範疇，法務部部長應無具體的指揮權限。

　　不過長期以來大眾對於我國法務部部長是否針對個案介入與干涉，總有揮之不去的質疑與陰影，究竟應否在法律條文層面上予以明確規範，或有討論的空間。該議題涉及檢察權應否獨立行使？檢察權獨立之內涵與界限為何的一系列價值問題的思考。簡言之，檢察權獨立的正當性基礎為何？而在其他權力（如行政權）可能之不當干預下，我國檢察制度又當如何因應，才能達致公平正義境界？皆為檢察機關運作上的重要課題。實際上各國檢察權獨立的正當性問題，因其歷史、政治和司法面向的國情與環境不同，兼有設立各種臨時性或常態性的機制以因應。而其中檢察總長身為檢察事務的長官，其與政治權力的關係則牽動檢察一體和檢察獨立之間

的平衡性，因此確有必要檢視檢察總長與政治權力的關係。

五、檢察總長與政治權力的關係

　　檢察權的行使往往會造成政治上直接而重大效應，檢察權亦不時為政治力所欲競逐而企圖影響、甚至控制運作。然而檢察官不應屬於政治部門，甚至淪為服膺於執政者政策的官署。本單元將討論焦點放在檢察機關的首長檢察總長，探討檢察總長與政治權力的關係，從法律制度設計下的檢察總長任期保障機制，至修法後有民主正當性的檢察總長，其與總統、立法院與法務部部長之互動關係，以期瞭解我國檢察總長是否能夠擺脫政治力的干擾，而能樹立摘奸發伏的功能與威信。

（一）檢察總長的任期保障

　　2006 年 2 月 3 日公布施行的《法院組織法》部分條文修正案中，將第 66 條第 7 項之檢察總長產生方式改由總統提名、立法院同意任命之，任期四年、不得連任。此一修法凸顯檢察總長位階以及賦予檢察民主化的正面意義，檢察總長成為檢察機關中唯一受法定任期保障的特任官，檢察總長在有民意基礎加持背書下，期許其能不畏來自朝野各方壓力而能獨立超然勇於任事。[34]

　　不過，亦有其他看法認為：具有國會同意的民意基礎以及任期保障的檢察總長，是否造成其背後除了有總統這個「嚴厲的公公」，又多了上百位「嘮叨婆婆」的立法委員？尤其總統是否願意提名一位可能遇到總統涉有犯罪嫌疑時，仍能大公無私、超越黨派地行使檢察職權的檢察總長候選人？還有立法委員在行使任命同意權時，是否不以個人利益或案件作為交易籌碼藉以政治綁架，而能理性審查？這些皆是檢察總長獲有任期保障以及檢察民主化後之令人擔憂的可能政治干擾。[35]

34　陳運財（2007），頁90。
35　同上註，頁91。

　　總統所提名檢察總長候選人資格其實有相當嚴格規定，依《司法人員人事條例》第 16 條規定：（一）曾任司法院大法官、最高法院院長、最高法院檢察署檢察總長、行政法院院長或公務員懲戒委員會委員長者；（二）曾任最高法院法官、最高法院檢察署檢察官、高等法院院長或高等法院檢察署檢察長合計 5 年以上者；（三）曾任簡任法官、檢察官 10 年以上，或簡任法官、檢察官並任司法行政人員合計 10 年以上者。

　　另外，面對檢察總長任期則有不得隨意解任的法律規定，依《司法人員人事條例》第 32 條，除非涉及刑事犯罪或公務員懲戒等法律上之理由外，不得以其他任何理由將其停職或免職。換言之，除前述法律上有規定理由外，檢察總長並無其他退場機制，其目的旨在落實檢察總長執行職務的中立性與獨立性。即便是行政院院長亦無對檢察總長人事任命權與免職權，目的在使檢察總長負有較高的政治責任，以保障其獨立行使檢察權能。不過，實際上在權力分立體制下，檢察總長最終的制衡機制應歸諸於民意與選舉。檢察總長必須向立法院負責，接受有民意與選舉基礎的立法院監督，檢察總長職權之行使也才會具有更高的民主正當性。

（二）檢察總長與總統的關係

　　《法院組織法》將檢察總長改由總統提名、立法院同意任命之的修法主要目的為：透過民主程序而具有民主正當性的檢察總長能具有高度的政治獨立性，而能勇於抗拒來自包括總統等政府高層的干涉。但其由總統提名與任命，有可能淪為僅是為顯示過程民主化，實務上卻有可能讓總統與檢察總長因此而形成上下指揮命令關係，使檢察總長成為總統的囊中物。

　　在憲法所賦予總統之行政權限範圍內，總統是否因其提名與任命檢察總長，而成為其行政長官？學者李念祖認為：從《法院組織法》的規範架構角度觀之，檢察總長為最高之檢察首長，對於所有個案的偵查追訴，在「檢察一體」原則下，對於下級檢察官有違反法定程序或統一法律見解之必要時，檢察總長得行使指令權。即使總統對檢察總長人選有提名權，立

法院對檢察總長人選有行使同意任命權，但總統應以尊重其法律專業判斷為要，自不能對個案直接或透過法務部部長對檢察總長行使指令權，甚至非法要求干預其辦案。尤其當檢察總長率領指揮特偵組偵辦涉及總統的刑事案件，總統更不應以行政首長之身分加以妨礙或干涉。[36]

　　另外，檢察總長也不應懷有將總統當成上級長官的心態，尤其修法後檢察總長負責指揮特偵組偵辦涉及包括總統高官之刑事案件，如果因為總統提名而就視之為長官，那麼因為我國近似法國半總統制的政府體制運作下，最高行政機關的行政院目前又都視總統為行政首長，而總統也毫不避諱的掌握行政重要人事指派，存此心態則將使特偵組難以偵辦現任高層級的行政官員。或有論者以為，檢察總長有任期保障又不得連任，可以獨立行使職權無須擔憂高層政治力。但總統如果順利連任一做就八年，檢察總長如果不恔不求自是合宜，但如果還有其他職位的想法，那就會有配合總統的動機，這就是為何美國獨立檢察官要找局外人辦案的原因之一。新制度下的檢察總長需知：「檢察一體」並不包括總統在內，為了檢察官能夠獨立行使職權，檢察總長本身就應作為轄管下檢察官們的表率。但是這樣的制度設計是假設檢察總長自會尋求獨立地位的前提，實則卻忽略了檢察總長有可能因長期浸淫公務員體系、服膺層級文化價值，甚且為了追求更高職務等考量，而有可能把總統奉尊為上級長官，而自毀其獨立地位，這是我國檢察總長十分重要的課題。

（三）檢察總長與立法院間的關係

　　在法規體制上，檢察總長與立法院兩者關係包含：（一）《法院組織法》第 66 條第 7 項之「檢察總長人事任命得經立法院同意任命之」；（二）同法第 66 條第 9 項之「檢察總長除年度預算案及法律案外，無需至立法院列席、備詢」；（三）同法第 63 條之 1 第 5 項：立法院針對涉及總統、副總統、五院院長、部會首長或上將階級軍職人員之貪瀆案件，

---

[36] 李念祖，〈論憲政體制中檢察機關的政治關係〉，《檢察新論》，第 5 期，2009，頁 74-77。

或選務機關、政黨或候選人於總統或副總統或立法委員選舉時，涉嫌全國性舞弊或妨害選舉之案件，得於偵查終結後，決議要求最高法院檢察署檢察總長赴立法院報告等。

依據上述條文觀之，立法院院會或相關委員會會議對於偵查追訴進行中的個案，是不得要求檢察總長到會報告或接受質詢的。即使檢察總長的人事任命得經立法院同意，也並不表示檢察總長必須對執行偵查或與追訴中之個案須向立法院負責，包括特偵組檢察官在進行偵查與公訴之案件，亦不須向立法院清楚交代。這些程序旨在彰顯檢察總長在有民意基礎下，代理人民行使追訴權，同時期望檢察總長能率領各級檢察官抱持法律良知與正義，公正客觀行使檢察職權，以拒絕包括總統府、立法院在內之各種政治或外力不當的干預。[37]

至於立法院人事任命同意權的行使，依據《立法院職權行使法》第30 條第 1 項：「全院委員會就被提名人資格及是否適任之相關事項進行審查與詢問，由立法院咨請總統通知被提名人列席說明與答辯」；同法第29 條：「審查後提出院會以無記名投票表決，經全體立法委員二分之一以上之同意通過」的規定辦理之。[38]我國行政官員由總統提名經由國會同意任命的設計，乃仿效美國之權力分立、相互制衡原理，目的即在經由總統與國會這兩個具有民意基礎的機構共同背書以決定第三個機構成員，從中使之具有間接的民意基礎。而在決定的過程中也透過行政、立法兩權的相互制衡，以確保第三機構能保有獨立超然的特性。[39]

此種經由行政、立法兩部門任命同意權之行使，其程序是否順利，則與國會的政黨政治以及府會關係有決定性的影響。當總統與國會多數黨皆屬同一政黨之「一致性政府」（unified government）時，其行政與立法在

---

37 陳運財（2007），頁 91。
38 《立法院職權行使法》，立法院第 04 屆 06 期 13 次（2002 年 01 月 15 日）修正公布。
39 以我國現行法制，由總統提名、須經立法院同意任命之特任官，包括司法院正副院長暨大法官、考試院正副院長暨考試委員、監察院正副院長暨監察委員、審計長與檢察總長等均屬之。

運作提名與同意應能達成一致性共識，而使程序較爲順利。但若總統與國會多數黨分屬不同政黨之「分立性政府」（divided government），則任命同意案容易淪爲國會多數黨與在野黨的相互攻防籌碼，尤其當任命案具有高度政治性時，則任命程序可能因政黨惡鬥形成僵局而無法完成。檢察總長之同意任命過程，若成爲國會政治鬥爭標的，法治機制就會遭到政治綁架，實非國家之福。在《法院組織法》修法後，第一任檢察總長陳聰明就因國會政黨政治互鬥下延遲產生，即爲明例。[40]

　　爲確保檢察權獨立行使之制度保障，《法院組織法》第 66 條第 9 項規定：檢察總長除預算案及法律案外，無須赴立法院備詢。同法第 63 條之 1 第 5 項規定：「立法院對同法同條第 1 項第 1 款、第 2 款之案件偵查終結後，得決議要求檢察總長赴立法院報告」。兩者看似矛盾，但合併觀之其目的旨在課責檢察總長在個案偵查終結，有向立法院報告的義務，顯示檢察總長受民意監督而有責任政治之意涵。另一方面，個案偵查終結後有向立法院報告之義務，主要作用在於讓檢察總長不必就所有偵查個案向立法院負政治責任，同時也使特偵組檢察官偵辦案件的結果，透過檢察總長至立法院報告程序中，得以公開爲國會與人民的檢視而不敢違法循私，具有受人民輿論監督之作用。也有學者認爲特偵組檢察官所偵辦之法律案件屬於「是非對錯」之判斷，並非好惡取捨的選擇問題，以《法院組織法》第 63 條之文義內容觀之，立法院即便可以透過「決議」方式，要求檢察總長針對「個案」赴立法院報告，但實則立法院之立法職權僅能就抽象問題來作利益衡量，並不能就個案作成決定，即立法院沒有必要進行個案偵辦情形的瞭解，因而稱該法第 63 條之 1 第 5 項的規定，有違背「權力制衡」之疑慮。實際上，這種立法委員可對已結案之個案表示意見以做爲事後之監督，在我國尚未開此先例而影響有限。[41]

40　大紀元新聞網，〈最後一刻獲橘營支持 陳聰明順利出任台檢察總長〉（2007 年 1 月 19 日），取自<http://www.epochtimes.com/ b5/7/1/18/n1594987.htm>。（檢閱日期：2017/03/02）

41　朱楠，〈最高法院檢察署特偵組之成立、運作及其特色〉，《檢協會訊》，第 40 期，2009，頁 7。

（四）檢察總長與法務部部長關係

依《法院組織法》第 111 條第 1 項，法務部部長監督各級法院及分院檢察署，亦即檢察總長及各級檢察機關受法務部部長監督。惟此等監督為「行政監督」而非「檢察監督」，法務部部長對於檢察行政職務事項可對各級檢察署發布命令，以便貫徹刑事政策，對於各級檢察機關有廢弛職務、侵越權限或行為不檢者，法務部部長得警告之。法務部部長若遇違反情節較重或經警告沒有改善者，亦可依《公務員懲戒法》辦理。[42]

依《法院組織法》第 59 條之 1 第 1 項至第 3 項之規定：法務部設有「檢察官人事審議委員會」（簡稱「檢審會」），審議高等法院檢察署以下各級檢察署檢察官人事任免、轉任、遷調、考核及獎懲事項，該審議的決議皆需報請法務部部長核定後公告。另外，《法官法》第 90 條條文規定法務部部長遴任檢察長前，檢審會應提出職缺兩倍人選，由法務部部長圈選之。而檢審會的組成共計有委員 17 人，其中法務部部長指派代表 4 人、檢察總長 1 人、檢察總長指派之代表 3 人，加上全體檢察官選出的 9 名代表任期 1 年，得連選連任。可見法務部部長掌握的是檢察人事與檢察行政權，而檢察總長則掌握著檢察體系的個案指揮監督權，兩者職權並行而不悖。

另外，關於法務部部長對個案之偵查及追訴等檢察職權有無指令權，《法院組織法》雖未明示，但依大法官釋字第 530 號解釋文：「檢察官偵查刑事案件之檢察事務，依檢察一體之原則，檢察總長及檢察長有法院組織法第 63 條及第 64 條所定檢察事務指令權，是檢察官依刑事訴訟法執行職務，係受檢察總長或其所屬檢察長之指揮監督，與法官之審判獨立尚屬有間。關於各級法院檢察署之行政監督，依法院組織法第 111 條第 1 款規定，法務部部長監督各級法院及分院檢察署，從而法務部部長就檢察行政監督發布命令，以貫徹刑事政策及迅速有效執行檢察事務，亦非法所不

---

[42] 《法院組織法》第 112、113 條。

許」。[43]可知法務部部長對檢察機關發布的行政命令為其檢察行政權,不是行使檢察官職權的檢察機關,在監督檢察機關之偵查及追訴等檢察事務上,法務部部長應尊重其檢察專業,故法務部部長對檢察總長或檢察官個案偵查等檢察職權的行使理論上應無指令權。[44]綜合言之,各級檢察署雖隸屬於法務部,行政事務上受法務部部長的節制,但在個案偵查及追訴等檢察職權的行使,檢察總長才是「檢察一體」的頂頭上司。

不過在實務上,法務部部長須至國會列席,接受立法委員質詢其所關切之個案,是否會要求法務部部長透過檢察機關的指揮系統,以瞭解檢察官偵辦個案情形?李念祖律師舉釋字第 392 號解釋舉行憲法法庭言辭辯論為例,說明從當年法務部部長決定親自出庭的情況觀之,則可詮釋為形成刑事政策的必要條件,此亦可視為法務部部長在有關檢察業務之行政指揮裁量範圍。[45]

實務上,法務部部長與檢察總長兩者關係與權責劃分,存在著矛盾而微妙的關係。法務部部長的任命大抵為總統與行政院院長磋商後決定,但檢察總長卻是總統提名、立法院同意任命,兩者產生的過程並不相同。法務部部長不能干預個案,但如果法務部部長在立法院遇有立法委員藉由質詢關切個案以監督檢察權時,確有必要對個案案情有所瞭解。對個案有指揮權的檢察總長,除其年度預算及法律案外,並沒有義務至立法院備詢,所以即使檢察官辦案有違失,有任期保障之檢察總長亦無需負政治責任。只是檢察總長對個案雖有指揮監督權,但仍需要法務部之檢察人事權及檢察行政權為其後盾。由上可知,檢察總長須仰賴法務部部長的支持,才能有效指揮調度檢察官辦案。法務部部長與檢察總長必須互相合作,才能充分發揮檢察效能,否則將只會相互牽制而損耗檢察力量。但是,假如法務部部長和檢察總長過從過密,又不免引人有行政介入個案的聯想,法務部

---

[43] 司法院大法官釋字第 530 號解釋文(90 年 10 月 5 日)。

[44] 有學者認為也並非絕對性,法務部部長對於其偵知檢察官偵辦之個案明顯有違法者,仍可透過檢察機關的指揮系統監督該案。李念祖(2009),頁 76。

[45] 李念祖(2009),頁 76。

部長與檢察總長兩者之間如何拿捏自身之權責與關係，確有賴於彼此間高度的自律與尊重。[46]

第二節　臺灣特別偵查制度的發軔與法制化

2000 年臺灣出現了首次的政權輪替，民進黨政府於 5 月 20 日就職上任後，爲使執政形象一新耳目，開始推動司法改革。由法務部於同年 6 月間規劃在臺灣高等法院檢察署成立「查緝黑金行動中心」（以下簡稱「查黑中心」），並於臺灣高等法院檢察署、臺中分院檢察署、臺南分院檢察署、高雄分院檢察署分別成立了四個特別偵查組，專司負責偵辦官商勾結、貪汙腐化、黑道組織等重大犯罪。後於 2006 年 1 月 13 日立法院通過《法院組織法》第 63 條之 1、第 66 條第 7 項之修正案，並於同年 2 月 3 日公布施行。該項修法重點有二：其一，改變檢察總長任命方式，改由總統提名、立法院同意任命之，明定檢察總長任期四年，期滿不得連任；其二，設立特別偵查制度法源，依據修正之《法院組織法》第 63 條之 1 規定，在最高法院檢察署設特別偵查組（以下簡稱「特偵組」），以集中資源有效打擊高官權貴的貪腐行爲。

本節就成立查黑中心與特偵組之背景、特偵組的法制與運作規範、特偵組行使職權之監督機制以及特偵組偵辦特殊重大司法案件等議題，做深入探討與評析。

一、臺灣特別偵查制度之發軔

（一）成立查緝黑金行動中心與特別偵查組之背景

長期以來由於黑道猖獗與金權泛濫所形成的黑金現象嚴重阻礙社會發展，使人民對政府失去信心。2000 年當選上中華民國總統的陳水扁爲兌

---

[46] 蔡碧玉，〈司改十年的回顧與展望〉，《檢察新論》，第 6 期，2009，頁 17。

現「掃除黑金」政見，指派法務部部長陳定南研究成立了一個仿效日本特搜部組織功能的機構，於同年 7 月 1 日在臺灣高等法院檢察署成立查黑中心，並聯合臺中、臺南、高雄之高等法院分院檢察署等共四個單位，成立一個隸屬該中心之特別偵查組，負責偵辦上至中央、下至地方之官員、民意代表等凡涉嫌官方舞弊及黑白掛勾重大瀆職案件，開始對黑金現象展開雷厲風行的肅清行動。[47]此即為我國「最高法院檢察署特別偵查組」的前身，亦為我國特別偵查制度的發軔。

（二）組織概況與運作

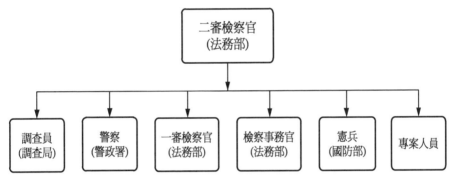

圖 6-1　臺灣「查緝黑金行動中心」之組織架構

根據 2003 年臺灣高等法院檢察署《「特別偵查組」之實務運作檢討》的研究報告，查黑中心為特偵組辦案督導單位，主要揀選優秀幹練且品德操守佳之一、二審檢察官、調查員、警察、憲兵及相關專業人員，合組成之任務編組，內置二審檢察官四至五人、檢察事務官二至三人、書記官三人、法務部調查局支援調查員及內政部警政署所屬警察機關支援偵查員各至少一人。憲兵與其他專業人員，則由相關機關支援專人聯繫，因應配合

47　沈明倫、林炳雄，《特別偵察組之實務運作檢討－九十年度研究報告》（臺北：臺灣高等法院檢察署，2003），頁 17-18；朱朝亮，〈我國特別偵查組運作之現況與未來〉，《檢察新論》，第 5 期，2009，頁 2。

該中心業務與個案需要短期派駐。而特偵組之一、二審檢察官，則是由各地方檢察署薦舉名單，遞送各區特偵組所在之二審檢察署檢察長。[48]

查黑中心開始運作時並不順利。首先是若遇有重大黑金案件，究竟是由一、二審檢察官協同偵辦，或轉發管轄一審檢察署偵辦？一審專案檢察官常因地檢署檢察案件分案數量過多，而使重大黑金案件偵辦有所耽擱。各檢察署二審檢察官亦因人力不足，大多以兼職方式辦理特偵組專案，使開辦運作之始無法全力偵辦重大之特偵專案。加以一、二審檢察官之間偶有對案件觀點不相同或溝通、協調不良的狀況，而影響整體團隊運作。[49]後來，法務部的檢討會議決定：各地特偵組僅能依工作需要，徵調所在地地檢署之一審檢察官，進駐特偵組二審檢察署支援。但是特偵組若遇有案情重大或繁雜案件亟需人力支援者，仍得請求在地轄區地檢署檢察長指派一審檢察官共同偵辦。[50]

查黑中心與特偵組自 2000 年成立運作至 2007 年 4 月 2 日，在「最高檢察署特別偵查組」開始運作後解散。這期間臺灣從北到南各地舉凡有犯罪違法證據之主要黑道角頭、紅頂商人和政府高官，經該中心列為偵辦對象起訴並遭致判刑。其中重大案件者包括：台北特偵組 2001 年 1 月之景文集團張萬利掏空校產、違規貸款等案，偵辦對象有：前政務委員張有惠、前教育部部長楊朝祥、前教育部次長林昭賢、前立法委員賴晚鐘等。2002 年 1 月羅福助炒股、逃漏稅、偽造文書案，偵辦對象為前立法委員羅福助與羅明旭父子。還有臺灣銀行總經理何國華侵占公款貪污案，偵辦對象為臺灣銀行總經理何國華及其秘書阮斐琪。台中特偵組於 2001 年 1 月偵辦之台東知本大飯店 40 億超貸弊案，偵查對象為前立法委員洪性榮、其子洪益元。立法委員顏清標擔任台中縣議會議長時貪污案，偵辦對

---

[48] 沈明倫、林炳雄（2003），頁 41。

[49] 同上註，頁 64；田習如，〈人為什麼跑了？特別偵查組不為人知的苦水〉，《財訊》，第 223 期，2000，頁 180-184。

[50] 沈明倫、林炳雄（2003），頁 65；參見法務部，2001 年 7 月 13 日法 90 檢字第 002752 號函說明欄第一、二段。

象為前立法委員顏清標。台南特偵組在 2000 年 8 月之台南運河整治工程弊案，偵辦對象為前市長張燦鍙。前台南市議會議長黃郁文徵收土地弊案，偵辦對象為黃郁文。高雄特偵組於 2000 年 11 月之鋒安公司掏空案，偵辦對象為前高雄市議會議長朱安雄及前立法委員吳德美夫婦等。其中又以 2006 年 11 月 3 日由特偵組檢察官陳瑞仁、周士榆起訴前總統陳水扁夫人吳淑珍等人涉及國務機要費案，以及 2007 年 2 月 13 日檢察官候寬仁、周士榆起訴馬英九總統在台北市市長任內所涉之特別費案等，最受國人矚目與關切。當時查黑中心與特偵組所表現之績效與成果，確有助於提升國人對檢察官良好的觀感，也將臺灣檢察制度之運作推向新的境界。[51]

　　不過譽之所至、謗亦隨之，查黑中心面臨被查緝對象的反撲，其中以政治的力量最具殺傷力。相關詰難大抵為：查黑中心只是一個臨時任務編組的黑機關，只會造成現有刑事訴訟體制的紊亂；地方檢察署的一般檢察官會以酸葡萄心態等著看特偵組的檢察官出包，亦有人認為能進入特偵組辦案可以自此仕途高升一帆風順。另外，一、二審檢察官對偵辦有不同觀點而易彼此齟齬予產生盾。最大阻力則來自立法委員的強力杯葛，立法委員於立法院開議期間具有不被逮捕之特權，除非經由院會同意，否則不能將之逮捕拘禁。有些具幫派黑道背景或關係成員一旦選上立法委員，甚至一直連任，而使特偵組檢察官難以偵辦追訴。更甚者，這些有案在身的立法委員大抵會爭取進入立法院的司法及法制委員會，以威脅刪減查黑中心的預算，或藉審查法務部之預算、質詢法案等時機，以言詞公然侮辱在場之法務部部長、檢察總長等。[52]

　　2002 年 10 月 31 日立法院司法、預算聯席委員會審查法務部下年度預算案時，即有立法委員質詢提出查黑中心所屬之特偵組為臨時編制的黑機關，應解除各處特偵組之任務，並要求將該中心所編列之年度預算 1,980 萬元予以刪除。另有一位涉貪賄案遭特偵組偵辦中的立法委員，強

---

[51] 同上註。
[52] 朱朝亮（2009），頁 3。

烈要求全數刪除高雄地方檢察署預算。後經該黨團斡旋下，法務部答應為查明真相而加派兩位檢察官共同偵辦該委員的案件。立法院為此案於院會討論後得一共識：「特偵組檢察官過去跨區辦案，不僅不受節制，更破壞正常協調辦案的機制」，隨即通過提案要求法務部必須在 2003 年 12 月 31 日前停止查黑中心及各特別偵查組之運作，檢察官則歸建各地方法院檢察署。[53]

當時法務部部長陳定南竟也同意停止查黑中心和特偵組，因而造成檢察官內部以及檢改團體的強烈不滿，認為這是執政黨與黑金妥協。曾任最高法院檢察署特別偵查組檢察官朱朝亮回憶：許多當時參與查黑中心預算保衛戰之第一線成員，事後回想皆有「如將軍前線打勝戰，京城卻不給糧草，真有如寒天飲冰水，點滴在心頭」的感慨。[54]可見當年查黑金中心暨其各處特別偵查組所面臨的困境。

部分檢察官紛紛在檢改會與法務部網站設置之論壇表達抗議，無法接受部長竟不支持自己人，也不能苟同政黨藉由行政權介入司法打擊異己。甚至有論述挑戰法務部部長僅具「檢察行政事務」個別指令權，對「檢察事務」則不能行使個別指令權，此乃檢察體系的內部事務分配。「檢察事務」屬於檢察總長、高檢署檢察長權限的偵查組織之調整權力，法務部部長不能也不應代為行使，否則就是行政力量介入檢察權。[55]

檢改會的抗議行動與輿論壓力，迫使陳定南部長在法務部部務會報中表示「法務部掃除黑金之政策和決心，絕對不會因立法院的決議而改變或動搖」。而立法院亦於 2004 年 1 月間審查年度預算時，將查黑中心及各

53　項程鎮，〈查黑中心特偵組最慢後年九月解散〉，《自由時報》，2002 年 10 月 25 日，8 版；林益民，〈查黑特偵組　下月裁撤－檢察官批法務部『自廢武功』〉，《蘋果日報》，2004 年 5 月 3 日，A5 版；顏振凱，〈特偵組最慢後年 9 月廢除〉，《聯合晚報》，2002 年 10 月 24 日，7 版；宋朝欽，〈在野促廢黑金中心－綠營批：部分立委要求回歸體制，避免破壞檢察一體，在明年 9 月 30 日前撤除；段宜康等反對，指：國親嘴巴反黑金卻不視眼中釘〉，《中時晚報》，2002 年 12 月 31 日，第 2 版。

54　朱朝亮（2009），頁 3。

55　沈明倫、林炳雄（2003），頁 88-89。

特別偵查組之原本將刪除的預算予以保留，而使之得以繼續運作。[56]

二、臺灣特別偵查制度的法制化

由於查黑中心及各特偵組所承辦大案的成果與績效已獲得肯定，爲檢察體系的一頁光輝史，朝野政黨漸形成將查黑中心及各特偵組法制化的共識。

於 1998 年成立的「檢察官改革協會」（簡稱「檢改會」），即曾大聲呼籲將查黑中心法制化。在 2004 年總統選舉期間發生的「三一九槍擊案」，由於立法院另外成立「三一九槍擊事件真相調查特別委員會」（簡稱「真調會」）取代檢察系統調查「三一九槍擊案」，使不少法界人士認爲真調會實已違反現有檢察體系權力分立制度，因而引起檢察團體群起發聲抗議，這些皆爲催化推動我國特別偵查機制法制化的關鍵因素。以下闡述我國特別偵查制度法制化背景以及《法院組織法》對特別偵查制度的相關修正重點。

（一）特別偵查制度法制化背景

1. 檢察官改革協會的推波助瀾

1998 年民間司法改革委員會在立法院推動「法官法」立法行動時，主張將檢察官定位爲僅是單純的行政官，而排除其原具之司法官屬性。當時即有 13 名檢察官成立了檢改會，旨在藉由基層檢察官的集體自行推動由下而上的檢察官改革行動，以訴求捍衛檢察官之司法官地位、鞏固檢察官之辦案空間、追求檢察官人事升遷之公開公平以及淘汰不良檢察官等。在約兩週內即有 391 位基層地方檢察署檢察官加入了檢改會，這個數字已超過當時全體地方檢察署檢察官人數的 95%以上，獲得全國基層檢察官的

---

[56] 同上註。

共鳴與支持，引起司法界的注意。[57]

　　有學者分析：檢改會在當時能獲得檢察界如此廣泛的支持，主要由於檢改會成員中有一部分是在臺灣民主化展開後受訓的年輕檢察官，他們普遍具有改革意識，因而較勇於對檢察體系多年來之舊弊提出改革與推動修法。[58]其實檢改會的重要成員幾乎皆為各地查黑中心的特偵組成員，他們在 2006 年提出《法院組織法》修正條文，獲有不少立法委員的支持而成案。當時對檢改會有相當研究的王金壽教授和檢察官朱楠指出：特偵組的組織立法，乃是集結了有相同改革意願之檢改會基層檢察官成員與立法委員的共識所提案，並非由政府機關如法務部或最高檢察署而提出。[59]

2.「三一九」槍擊案的影響

　　2004 年 3 月 19 日我國總統選舉期間發生總統、副總統被槍擊案，造成社會人心惶惶，在各界督促儘速查明槍擊案真相，而在野黨卻又不信任由行政體制下的檢察系統偵辦，因而立法院通過《三一九槍擊事件真相調查特別委員會條例》成立真調會，以真調會取代檢察官的調查。該真調會的存在形同給予檢察體系一記巴掌，侵犯了檢察體系固有職權。此舉亦引起法律界討論是否違反憲法三權分立的疑慮，最後以 93 位立法委員提出真調會已逾越憲法賦予立法院權限，牴觸憲法之疑義而聲請釋憲。

　　在經大法官釋字第 585 號解釋文公布認為：《三一九槍擊事件真相調查特別委員會條例》有部分條文違反三權分立之憲政結構，而認定違憲。[60]「三一九槍擊案」返還至台南地院檢察官偵辦，最終以因開槍嫌犯已自殺死亡，不起訴處分結案。惟社會輿論與社會大眾仍認為該案件偵查

---

[57]　王金壽，〈臺灣司法改革二十年：邁向獨立之路〉，《思與言》，第 46 卷第 2 期，2008 年 7 月，頁 148-149；朱朝亮，〈從檢察官天職，回首檢改十年〉，《檢察新論》，第 1 期，2007a，頁 67-69；陳文琪，〈中華民國檢察官協會之設立與檢察改革之路〉，《跨時代的正義—檢察制度世紀回顧紀念文輯》（臺北：法務部，2008），頁 276-289。

[58]　王金壽（2008），頁 150。

[59]　朱楠（2009），頁 5；王金壽（2008），頁 151。

[60]　司法院大法官釋字第 585 號解釋文（93 年 12 月 15 日）。

結果令人懷疑，而讓人民對檢察體系的公信力及對政府的信任失去信心。在檢改會強力要求改革，以及民眾對一般檢察體系所偵辦「三一九槍擊案」結果的不信任之雙重效應下，促成了 2006 年對檢察體系改革的重要立法。

（二）法院組織法對特別偵查制度的相關修正重點

2006 年 1 月 13 日，立法院通過《法院組織法》部分條文修正草案，其三大制度改革分別是：1.檢察總長任命方式改變；2.最高法院檢察署「特別偵查組」之設置；3.「檢察官人事審議委員會」之法制化等。此三項與特別偵查制度相關的變革，為促進我國司法獨立性和檢察體系民主化的重要推手，茲分述如下：

1. 檢察總長任命方式之改變

檢察總長係檢察體系的總指揮，過去其任命由法務部部長提名人選，由總統直接任命。檢察總長並無任期限制，在偵辦重大案件時，總會屢遭質疑執政者是否利用檢察權而未能保持中立與獨立。《法院組織法》第66 條第 7 項至第 12 項規定關於檢察總長之產生方式經修法後為：「最高法院檢察署檢察總長由總統提名，經立法院同意任命之，任期四年，不得連任」；「總統應於前項規定生效後一個月內，向立法院提出最高法院檢察署檢察總長人選」；「最高法院檢察署檢察總長除年度預算案及法律案外，無須至立法院列席備詢」；「最高法院檢察署檢察總長因故缺席或無法視事時，總統應於三個月內重新提出人選，經立法院同意任命之，其任期重新計算四年，不得連任」；「最高法院檢察署檢察總長於任命時具司法官身分，於卸任時得回任司法官」。

該修法使檢察總長成為擁有法定任期保障的特任官，由於其人事案須經國會同意，賦予了檢察總長權力來源的正當性，亦凸顯其任命民主化之精神與意義，使檢察總長在沒有任期包袱下，更能獨立超然而勇於任事。法務部在檢察總長任命修法通過後在其新聞稿中也發表聲明：「該法修正

通過後，檢察體系在檢察總長領導下，不必再對各方政治、社會勢力有所顧忌，不但可防止行政權與立法權向檢察體系的不當施壓，也期使檢察總長將更超然中立，而檢察事務之行使更合乎全體民意之所向，亦符合人民對檢察官身為法治國守護人的期望。」[61]有關檢察總長產生方式的變革與政治權力關係，已於第一節第五單元「檢察總長與政治權力關係」詳論，至此不再贅述。

2. 最高法院檢察署特別偵查組之設置

《法院組織法》將原為臨時性任務編組在高等檢察署查黑中心予以法制化，提升至隸屬最高法院檢察署下設特別偵查組，以俾統合全國辦案資源，以專責偵辦總統、副總統等政府高官所涉及之重大貪瀆、全國性選舉舞弊、經濟犯罪乃至危害社會秩序等案件。除將其位階提升，也賦予使用相應資源，而使特偵組不再為外界批評是臨時編制的黑機關。

3. 「檢察官人事審議委員會」之法制化

依修正之《法院組織法》第 59 條之 1 第 1 項規定：「法務部設檢察官人事審議委員會，審議高等法院檢察署以下各級法院及其分院檢察署主任檢察官、檢察官之任免、轉任、遷調、考核及獎懲事項」。第 2 項「前項審議之決議，應報請法務部部長核定後公告之」。第 3 項「法務部部長遴任檢察長前，檢察官人事審議委員會應提出職缺兩倍人選，由法務部部長圈選之。檢察長之遷調應送檢察官人事審議委員會徵詢意見」。第 4 項「檢察官人事審議委員會置委員十七人，由法務部部長指派代表四人、檢察總長及其指派之代表三人及全體檢察官所選出之代表九人組成之，由法務部部長指派具司法官身份之次長為主任委員」。

從《法院組織法》所增列該四項條款觀之，可見除將「檢察官人事審議委員會」予以法制化，以降低法務部部長對檢察官的任免、調動之干

---

61 法務部，〈立法院三讀通過法院組織法修正案　開啟檢察制度新世紀〉（2006 年 1 月 13 日），取自<https://www.moj.gov.tw/fp-791-49398-90573-001.html>。（檢閱日期：2017/10/26）

預，而使檢察官的人事調動能公平處理並受到適當的監督，同時亦能維護檢察官辦案之獨立性，堪稱為檢察體系的重要改革。[62]

第三節　臺灣特別偵查制度的運作

本節就最高檢察署之特別偵查組的人員來源、任命與任期、組織與編制、管轄範圍、特偵組檢察官職權的特性、再議程序乃至如何偵查涉及總統之犯罪等，做逐項深入探討。

一、特偵組檢察官之來源、任命與任期

《法院組織法》第 63 條之 1 第 2 項規定：「特別偵查組置檢察官六人以上，十五人以下，由最高法院檢察署檢察總長指定一人為主任，該組之檢察官、檢察事務官及其他人員，由最高檢察署檢察總長自各級法院檢察署中調最高法院檢察署辦事」。同條第 3 項規定：「特別偵查組為辦案需要，得借調相關機關之專業人員協助偵查」。同條第 4 項並規定：「特別偵查組檢察官執行職務時，得執行各該審級檢察官之職權，不受第 62 條之限制。調辦事之檢察官行使職權，不受第 66 條之 1 之限制」。

由上可知，特偵組檢察官之人事任命權為檢察總長的職權。我國檢察署檢察官配置法院執行職務，以一、二審法院為事實審，而將一、二審法院檢察署檢察官配置負責偵查犯罪，第三審法院為法律審，為最高檢察署對應至最高法院而配置。依據《法院組織法》及《最高法院檢察署處務規程》之規定，最高法院檢察署為全國最高檢察機關，職掌辦理與第三審相關的檢察事務。其中檢察總長職權為指揮監督全國檢察官與檢察事務，而最高法院檢察署職權為審查原審檢察官的上訴書或答辯書，並對原審判決有否違背法令陳述意見，或處理聲請非常上訴的案件，為法律審查屬性。

---

[62] 楊肅民、廖嘯龍、劉鳳琴，〈檢察體系有權，更要避免濫權〉，《中國時報》，2006 年 1 月 14 日，版 A4。

朱楠檢察官認爲：修正後之《法院組織法》將特偵組設於最高法院檢察署編制內，使用最高法院檢察署特偵組檢察官名義偵查犯罪之舉措，實已打破過去司法界傳統認爲第三審爲法律審的觀念。朱楠檢察官認爲：特偵組爲開創我國第三審檢察官得以直接偵查犯罪之先河。[63]

《法院組織法》修法目的是期望以提高特偵組層級，並融入既有檢察組織與「檢察一體」之體制內，以期有效調度並統合檢察資源，同時亦可減少外力干擾辦案。曾爲特偵組檢察官暨發言人的朱朝亮檢察官認爲：將特偵組置於最高檢察署，係在原既有之檢察體系中調整其組織與功能，並非爲檢察體制外的組織。此意見附和了朱楠檢察官的見解，即設置於最高檢察署的特偵組，乃是在原既有之檢察體系中調整其組織與功能，而非爲檢察體制外的組織。[64]

《法院組織法》修法時即賦予檢察總長得自各一、二、三審檢察官中，擇選合適之人員擔任特偵組檢察官的特別權限。依據法務部頒布之「檢察官人事審議委員會審議規則」第 10 條，檢察總長若從第一、二審檢察官中選任特偵組檢察官時，須經檢審會審議通過後方能出任。惟若自最高法院檢察署檢察官中揀選擔任特偵組檢察官，則不需檢審會的審議，即可出任。法界人士有意見認爲：假設檢審會對檢察總長選取人選有不同意見時，該如何處理就是個問題，勢將造成爭議。有一派認爲應全權授予檢察總長選任特偵組成員，並責其負成敗之責，使其權責相符。但也有人認爲應有相對制衡的單位監督檢察總長在特偵組執行辦案政策之成效究責，以符合權力制衡之原則。[65]

另外，法學界對有關特偵組設立之法制位階，置於最高檢察署之設計是否適當，尤其在執行層面上可能遭遇的困難，亦有相左觀點。有人認爲將特偵組設立於最高法院檢察署，再無其他上級檢察機關，如此一來將沒

---

[63] 朱楠（2009），頁 5。

[64] 朱朝亮（發言），「美國獨立檢察官制度之學理辯證與台美實務交流學術研討會」，《臺灣法學雜誌》，第 116 期，2008 年 11 月，頁 57；朱朝亮 2018 年 8 月 15 日訪談記錄。

[65] 法務部，〈法務部檢察官人事審議委員會審議規則〉（2006.06.30 訂定）。

有能阻擋來自外界衝擊的緩衝機制，而使特偵組將直接面對外界的質疑與
衝擊。因而不但不能實現所謂「檢察一體」之審級監督，且偵辦案件若有
法律上的爭議，或於執行職務程序上出現瑕疵時，將無地方法院檢察署與
高等法院檢察署做為緩衝與糾正的監督機制，則處理案件將無可供迴旋空
間而有損害司法威信。特偵案件本身常具高度政治敏感性，無論特偵組對
偵辦案件的任何作為，皆容易導致「不符社會期待」，而招致嚴厲的批
評。設若積極有所作為者，易被譏以「違反程序正義」、「違反比例原
則」等批評，但若消極不作為者，又可能被諷顢頇無能、畏懼權貴、縱放
罪犯等之批評。[66]有檢察官認為這種將權力過度集於最高法院檢察署一
身，導致壓力無從分散，實為我國特偵制度本具之脆弱性（vulnerability）
與潛在危險（potential hazard）結構性質的宿命。[67]

　　將特偵組設於最高檢察署，雖可藉提升位階而統一事權之便，但另一
方面，卻因特偵組採中央集權的型式，而易使檢察體系官僚化的可能性，
且也易受制於中央政權勢力干預，而成為掌權者利用打擊異己之鷹犬。為
防堵具有民意基礎的檢察總長權力過大、制衡困難，以及易為政治勢力之
干預起見，當時即有法律學者建議：應將特偵組設於地方檢察署，那麼只
要做好身分保障及相關人力資源的配套，即只需將特偵組自最高檢察署改
隸於台北地方檢察署。[68]實際上，這些意見指出的現象亦是特偵組在運作
時所遭遇瓶頸之一，因此在特偵組甫成立，即不斷有人建議將特偵組改隸
於地方檢察署或高等檢察署，以減少實際運作的困境。

　　至於特偵組檢察官之任期為何，《法院組織法》中並未明示，但從特
偵組檢察官係由檢察總長挑選此一程序觀之，特偵組檢察官應當與檢察總
長同進退。不過，因為《法院組織法》規定檢察總長之任期為四年，不得
連任，故特偵組檢察官應可比照而認定其任期為四年，且應隨原提名檢察

---

[66] 蔡秋明，〈我國特別偵查組之現況與未來與談意見(三)〉，《檢察新論》，第 5 期，2009，頁
　　27。
[67] 同上註。
[68] 陳運財（2007），頁 96。

總長之卸任而歸建。為解決特偵組檢察官的任免問題，2007 年 3 月 9 日
當時新任之檢察總長陳聰明在最高法院檢察署召開「研商最高法院檢察署
特偵組成立事宜會議」，會後產生的共識為：（一）特偵組檢察官應訂定
任期，且當時多數與會人員主張一任二年；（二）特偵組其他人員則不需
有任期規定，全權交由檢察總長決定其任用。[69]

　　究竟檢察總長能否在其四年任期中隨其意將特偵組檢察官解任？有論
者稱大法官釋字第 13 號解釋及《司法人員任用條例》第 35 條和第 36 條
之關於實任檢察官轉調規定，包括地區調動及審級調動，皆未如實任法官
般有明文規定的保障，因此從法條上解釋，檢察總長似可隨時解任特偵組
檢察官。但亦有人提出特偵組的檢察官身分屬性具有獨任制官廳的特質，
特偵組檢察官也不是檢察總長的科員，尤其特偵組所偵辦的案件大多具有
重大敏感性，若可隨時依檢察總長的意願令其轉調他職，不但似有違檢察
官之獨立官廳本質，也易招致有心的政治勢力利用此一途徑，藉故逼迫檢
察總長中途更換承辦檢察官。[70]這些法所未及的空窗，確實讓當時特偵組
成員之任免問題未有定論。

二、特偵組的組織與編制

　　依《法院組織法》第 63 條之 1 第 2 項規定：「特別偵查組置檢察官
六人以上，十五人以下，由最高法院檢察總長指定一人為主任，該組之檢
察官、檢察事務官及其他人員，由最高檢察署檢察總長自各級法院檢察署
中調最高法院檢察署辦事」，另在同法第 3 項規定：「特別偵查組為辦案
需要，得借調相關機關之專業人員協助偵查」。由此可知特偵組檢察官最
多為 15 人，設有「主任」者並非「主任檢察官」。而特偵組檢察官來源
為各級檢察署調至最高法院檢察署辦案之檢察官，除原本即為最高法院檢

---

[69] 朱朝亮（2009），頁 5。

[70] 朱朝亮，〈簡介最高法院檢察署特偵組之運作及問題〉，《檢協會訊》，第 18 期，2007b，
　　頁 6。

察署之檢察官外，其他來自一、二審的檢察官並不在最高法院檢察署之法定編制員額內，加上其為任務編組，並無專任人員編制，亦無獨立機關之預算。這是當時特偵組檢察官在最高檢查署身分與地位較為尷尬之處。[71]

特偵組偵辦的案件則是以「最高法院檢察署特別偵查組檢察官」名義提起公訴、不起訴或緩起訴等處分，並將之明定於「特偵組辦理案件作業要點」第 6 點中。[72]有行政法學者針對此提出見解認為：特偵組在行政組織法上並不具獨立機關地位，頂多僅能歸類為行政機關內部分支單位，為屬於最高法院檢察署之內部單位。[73]

另有關特偵組的檢察官員額編制上，規定上限為 15 人，其人力資源是否充足？朱朝亮檢察官指出：由於特偵組實際上業務已含括偵查、公訴、執行等刑事全程業務，但若以《法院組織法》規定特偵組 6 人至 15 人的檢察官人力編制，實不足以因應。尤其「以特偵組檢察官是自各級法院檢察署借調至最高法院檢察署，但卻又未將此等人員編列為其法定員額的做法，不但影響各級檢察署原有業務的正常運作，更影響到最高法院檢察署人事費用暨相關業務費用的正常編制」。同時朱朝亮還提出一個特殊現象：全體特偵組人員考績，本應由檢察總長親自或指定人員評核，但竟仍由其原編制所屬之地方檢察署或高等檢察署評定。易言之，形式上特偵組雖已然法制化，但實際上各項配套措施仍是屬於臨時任務編組的舊思維，也使當時特偵組在組織和編制上皆不敷實際所需。[74]

三、特偵組管轄之範圍

依《法院組織法》第 63 條之 1 規定：特偵組職司案件包含（一）涉及總統、副總統、五院院長、部會首長或上將階級軍職人員之貪瀆案件；

---

[71] 同上註。

[72] 《刑事訴訟法》第 39 條規定：「文書，由公務員制作者，應記載制作之年、月、日及其所屬機關，由制作人簽名」。

[73] 吳庚，《行政法之理論與實務》，自版，2007，頁 181-183。

[74] 朱朝亮（2009），頁 7。

（二）選務機關、政黨或候選人於總統、副總統或立法委員選舉時，涉嫌全國性舞弊事件或妨害選舉之案件；（三）特殊重大貪瀆、經濟犯罪、危害社會秩序，經最高法院檢察署檢察總長指定之案件。可知特偵組偵辦對象身分及案件均為特定，限於總統、副總統、五院院長、部會首長或上將階級軍職人員。

　　特偵組偵辦案件種類以事涉全國性選舉的舞弊事件或妨害選舉的案件及重大貪瀆、經濟犯罪、危害社會秩序案件為限。而第三款所稱之「特殊重大貪瀆」案件，當時特偵組有明列為最低限應該含括下列層級之人員所涉之貪瀆案件：（一）中央民意代表；（二）中央二級機關以上首長、副首長、政務委員、一級主管、副主管以上官員；（三）中央三級機關首長、副首長；（四）司法官、刑事訴訟法第 229 條第 1 項各款所列司法警察官；（五）直轄市市長、副市長、縣（市）長、副縣（市）長、議長、副議長等。[75]

　　另外，《法院組織法》第 63 條之 1 項第 3 款所稱「特殊重大經濟犯罪」案件，係指「檢察機關辦理重大經濟犯罪案件注意事項」第 2 點所列重大經濟犯罪案件中，有嚴重危害金融機構之營運、信用、自由經濟市場秩序及其它影響社會大眾權益深鉅且情節重大之案件。而所謂「危害社會秩序」案件，則是指重大暴力或有組織性之集團犯罪及其他重大嚴重侵害國家、社會法益，或嚴重影響社會治安及大眾權益之案件，經呈報檢察總長核定由特偵組偵辦之案件。特偵組所管轄案件範圍即包括以上三者。[76]

　　有關軍職人員部分，依《法院組織法》，特偵組辦案有一牽涉軍階為上將之軍人若涉貪瀆、經濟犯罪、危害秩序，經最高法院檢察署檢察總長指定之案件。若軍職人員違法，依《軍事審判法》第 28 條規定，將官階級者犯罪之初審管轄法院為高等軍事法院。一旦出現上將軍階官員犯案符合特偵組管轄範圍，究竟是由特偵組抑或是交由高等軍事法院偵辦為宜？

---

[75] 同上註。
[76] 同上註。

國防部軍法司就此曾函覆法務部有關「國防部對特偵組偵辦上將軍職人員貪瀆案件審判權及實行公訴權責等疑義之研處意見」時表示：軍事審判非《法院組織法》所規範之對象，特偵組檢察官就將官犯罪案件，無權直接向高等軍事法院提起公訴。[77]

至於針對涉貪瀆案件軍職人員偵查終結後提起公訴問題，依據《法院組織法》第 63 條之 1 第 1 項已有明文規定特偵組對上將階級軍職人員所涉貪瀆案件有管轄權，爲避免對於上將階級軍職人員所涉貪瀆案件交由原有管轄權之軍事檢察官偵辦，而有利益衝突疑慮，自應由特偵組檢察官偵辦，較能獲得人民對司法的信賴。[78]另外，特偵組檢察官在偵辦涉及上將階級軍職人員貪瀆案件與偵查終結後，究以特偵組名義直接向該管高等軍事法院提起公訴？抑或將犯罪罪證移交由該管之軍事檢察官，向管轄之軍事法院提起公訴？朱朝亮檢察官認爲：依《法院組織法》第 60 條第 2 款明定之「其它法令所定職務之執行」，特偵組檢察官視同擁有軍事檢察官之職權，故對上開案件也應具有包括偵查、起訴與公判職權。不過，朱朝亮檢察官也認爲：凡屬國防部原有行政權部分，理應尊重該等軍法機關原有職掌，司法機關不宜無限介入干預，以示尊重軍事審判體系的原有機能。[79]

另外，就特偵組與該管地檢署發生管轄競合時，二者管轄權應如何協調？從《法院組織法》第 63 條之 1 規範特偵組，使用「『職司』下列案件……」，而非用「『專司』下列案件」字眼來看，其立法原意應未排除原各該管地方檢察署的管轄權。不過，由於特偵組爲檢察總長領導指揮，若發生屬於特偵組管轄範圍之案件，其管轄權取得必須經過檢察總長之決

---

[77] 國防部 2009 年 5 月 27 日國法審判字 0980001399 號函復法務部隨函檢送之「國防部對特偵組偵辦上將軍職人員貪瀆案件審判權及實行公訴權責等疑義之研處意見」，參見：法務部，《法務部最高法院檢察署特別偵查組檢討改進報告》（臺北：法務部，2008 年 10 月 15 日），頁 6。

[78] 張穎華，《論檢察權之獨立行使－以我國最高法院檢察署特別偵查組之組織規範爲中心》（臺北：國防大學管理學院法律學系碩士論文，2012），頁 129。

[79] 朱朝亮（2007b），頁 3-10。

定，而慮及「檢察一體」之位階關係以及檢察總長有案件介入權及移轉權，因此遇有特偵組管轄範圍的案件，理當由特偵組有「優先管轄權」。[80]

四、特偵組的職權特性

從前述特偵組的相關任命、組織編制與職權的條文中規範，可得知特偵組檢察官的職權係有別於一般檢察官。茲就特偵組檢察官的職權，歸納其所具有之特色如下：

（一）特偵組為創設第三審檢察官得直接偵查犯罪之先例

依我國法制，檢察官配置在法院中的執行職務，其中一、二審法院為事實審，負責偵辦犯罪事項，第三審法院為法律審。但《法院組織法》將特偵組設置於最高法院檢察署，以最高法院檢察署之特偵組檢察官名義偵辦犯罪事項，顛覆了我國司法界傳統之第三審為法律審的觀念。[81]

（二）特偵組檢察官是重案檢察官

一般重案可分法定重案和檢察總長指定重案兩者。法定重案指的是舊版《法院組織法》第 63 條之 1 第 1 項第 1 款「涉及總統、副總統、五院院長、部會首長或上將階級軍職人員之貪瀆案件。」以及第 2 款「選務機關、政黨或候選人於總統、副總統或立法委員選舉時，涉嫌全國性舞弊事件或妨害選舉之案件」。檢察總長指定重案為《法院組織法》第 63 條之 1 第 1 項第 3 款列舉之「特殊重大貪瀆、經濟犯罪、危害社會秩序，經最高法院檢察署檢察總長指定之案件」，可見特偵組檢察官所偵辦皆屬重大危害民主憲治、經濟體制、國家安全之犯罪的重案。[82]

---

[80]　同上註。
[81]　朱楠（2009），頁 5。
[82]　朱朝亮（2009），頁 4。

（三）特偵組檢察官為不分審級與轄區檢察官

　　依舊版之《法院組織法》第 63 之 1 條，特偵組檢察官執行職務時，仍得執行各該審級檢察官之職權。但特偵組檢察官由於所偵辦均係重大繁雜案件，其擔任公訴檢察官追訴犯罪是可兼具偵查及公訴檢察官雙重職務身分。特偵組檢察官雖配置在最高法院檢察署檢察官，但未必是「最高法院檢察署檢察官」（除非其原就為最高法院檢察署檢察官），更非一般辦理訴訟程序與資料分析之辦事檢察官，而是兼有一、二、三審檢察官職權的不分審級檢察官。[83]

　　另從轄區觀之，依舊版《法院組織法》第 63 條之 1 第 4 項規定：特別偵查組檢察官執行職務時，得執行各該審級檢察官之職權。詮釋其意：特偵組檢察官在國內領域實施偵查作為應是不受檢察機關管轄區之節制。換言之，檢察官管轄權可遍及全國各地，並以特偵組檢察官名義，向案件該管法院行使檢察官職權。易言之，特偵組檢察官不受法院審級及轄區所限，其在我國領域內實施偵查作為，並無管轄區域問題，為可分別於一、二、三審法院執行職務的不分轄區檢查官。[84]

（四）特偵組檢察官是兼領軍事案件的檢察官

　　依一般司法與軍法分離原則，《刑事訴訟法》的當事人與《軍事審判法》之當事人有所區分。但特偵組檢察官的職司包括涉及上將之貪瀆案件，且據《法院組織法》第 60 條第 2 款規定亦包括：「其他法令所定職務之執行」。遇有此等案件時，若依「後法優於前法」原則，特偵組檢察官是可兼有軍事檢察官的職權，其偵查結果依《軍事審判法》第 29 條之規定，得向該管高等軍事法院提起公訴。檢察官朱楠認為：某種程度，可謂《法院組織法》之對特偵組規範之立法，似應可視為《軍事審判法》的

---

[83] 同上註。
[84] 朱楠（2009），頁 6。

特別規定。[85]

五、特偵組分案與結案的作業流程

　　特偵組對偵辦案件分類共有「查」、「特他」、「特偵」三種。「查」字案者，為案情尚不明朗而須釐清案件者。「特他」字案者，為「查」字案調查後有所發現，或經檢察官主動檢舉，而在初步查證過濾下認為應屬特偵組管轄範圍的案件，繼而報請檢察總長核定應由特偵組受理之案件。至於「特偵」字案者，為已對特定被告實施強制處分，或對特定被告之犯罪已調查明確者，案件就會改分「特偵」字案。[86]

　　另外，據特偵組結案的作業原則為：「（一）告發（檢舉）案件之內容空泛，無具體事證及線索可供追查，或其內容為虛構或依常理判斷為不可能者，得逕行報請檢察總長准予簽結；（二）告發（檢舉）案件之內容雖具體，但非屬於特偵組管轄範圍之案件或事證不足者，視其性質分別簽請檢察總長准予交付相關司法警察機關處理，或發交所轄各級法院檢察署依法辦理；（三）告發（檢舉）案件之內容具體，並屬於特偵組管轄範圍之案件者，應即依相關規定報請檢察總長准予簽分「特偵」案後，密集偵辦；（四）若案件於偵查終結後，特偵組內有成員對偵結案件之法律意見相左者，則應由主任召集會議採共識決。若無法形成共識決，則會採多數決，並報請檢察總長裁示後，全體遵行之」。[87]

　　上述結案作業原則外，對於承辦人仍有不同意見者，則可陳請檢察總長行使案件接管權及移轉權。檢察總長裁示解決法律爭議的最終見解有二：一為召開最高法院檢察署主任檢察官、檢察官會議討論後決定。其二為徵詢由法務部長官、資深法官、檢察官、專家學者等共組之智庫的見解後決之。檢察官朱楠認為：這種由檢察總長召集檢察首長、相關單位主管

---

[85]　同上註。
[86]　朱朝亮（2009），頁 8-9。
[87]　同上註，頁 9。

開會討論，形成共識後遵行之做法，類似日本特偵組的「首腦會議機制」，目的旨在解決偵辦過程所遭遇各種疑難雜症或具重大爭議的法律歧見。[88]

　　至於案件判決確定後，發現該案件之審判有違背法令時，檢察總長得依《刑事訴訟法》第 441 條規定向最高法院提起「非常上訴」，以俾對統一法令的適用與解釋。可見檢察總長乃係檢察體系內唯一有權統一法令的最後決定者。上開統一法令解釋的結論，為檢察總長檢察業務的指揮權，故無須再報法務部核定。[89]

　　國會對於特偵組檢察官已結案之個案可進行事後監督，依《法院組織法》第 63 條之 1 第 5 項規定：「立法院得於第一項第一款、第二款之案件偵查終結後，決議要求最高法院檢察署檢察總長赴立法院報告」。立法院決議要求檢察總長赴立法院報告，目的即在藉由檢察總長在立法院的公開化報告，凸顯特偵組偵辦案件的透明化，具有公開受國會、人民和輿論檢視與監督的作用。[90]

六、特偵組偵查涉及總統之犯罪

　　憲法第 52 條明文規定：「總統除犯內亂或外患罪外，非經罷免或解職，不受刑事上之訴究」。現任總統除犯內亂或外患罪外，其若犯罪為刑事豁免權保護。若特偵組職司案件有涉及總統者，特偵組檢察官又將如何偵查？2006 年我國高等法院檢察署查黑中心檢察官陳瑞仁在調查時任總統陳水扁夫人吳淑珍等四人涉及國務機要費案件時，即曾於同年 8 月 7 日就該案「請教」陳水扁總統。陳瑞仁檢察官回憶當時詢問陳水扁總統：「依據憲法第 52 條規定，總統除犯內亂、外患罪，非經罷免或解職，不

88　朱楠（2009），頁 5-6。
89　同上註。
90　法務部，〈立法院三讀通過法院組織法修正案　開啟檢察制度新世紀〉（2006 年 1 月 13 日），取自<https://www.moj.gov.tw/fp-791-49398-90573-001.html>。（檢閱日期：2017/10/26）

受刑事上之訴究。有關國務機要費涉不法案，檢察官認為有請教您幾個問題的必要，請問您是否願意被詢問？」陳水扁總統回答「願意」。陳瑞仁接著問：「您可能涉及的罪名是刑法 214 條偽造文書罪（可處三年以下有期徒刑），及貪污治罪條例第 5 條利用職務詐取財物罪（可處七年以上有期徒刑），您可以聘請律師」。陳水扁總統答以：「不需要」。在四小時餘的詢問後，陳水扁總統供稱因祕密外交需要，才四處蒐集發票供核銷國務機要費。依陳瑞仁檢察官所言：他當時對總統表達一定的尊重，才會用「請教」之詞，實際上他是以「詢問」的狀態約談總統，並無損於他身為檢察官的身分。[91]

陳瑞仁檢察官在接受媒體訪問時答以：當時如果陳總統拒絕接受「詢問」，他將會當場勸總統接受，因為如果國務機要費的共犯尚有他人，總統即使不能被刑事訴究，仍有作證的必要。該案後續由檢察官運用所調查蒐集之犯罪有關證言與證據，最後以貪污、偽造文書等罪嫌將吳淑珍及三名陳水扁幕僚提起公訴，並將當時之陳水扁總統列為「無法起訴之共同正犯」，在起訴書犯罪事實欄上載明「陳水扁總統所涉貪污等罪嫌，因受憲法第 52 條之保障，俟其經罷免或解職後再行訴究」。[92]

關於總統刑事豁免權的範圍，法界人士見解不一。有謂：基於對總統的尊重，刑事豁免權應包括傳喚、偵訊、扣押等皆應凍結。但也有人主張刑事豁免應只限於暫免起訴、審判，檢方仍可執行傳訊等偵查保全動作。反對檢察官可啟動偵查的法界人士引述憲法學者林紀東的著作認為：「總統在職期間，既不受刑事上之訴究，則刑事訴究上一切有關行為，如傳喚、拘提、搜索及扣押等，均不得對總統為之」。彼等認為，讓總統享有刑事豁免權的原意，是防止有心人士藉各種理由控告總統，而使總統因此而常上法院，有違總統正常行使職權。再者，一旦檢方對總統啟動偵查，將使總統喪失威信，損其對國家領導統御，應以此豁免權以示對國家元首

91　王聖藜，〈還原八月七日詢問扁享刑事豁免權〉，《聯合報》，2006 年 9 月 12 日，版 A4。
92　同上註。

職權的尊重以維持政局安定。不過，主張檢方有權傳喚、偵訊擔任總統的意見則指出：如果將總統刑事豁免權擴大至連檢方行使保全證據、啓動偵查皆不可行，難道憲法保障總統除內亂、外患罪外，即便總統公然承認貪污、買票競選連任，檢察官仍不能有所作爲嗎？[93]

當時有民進黨立法委員曾就憲法第 52 條總統刑事豁免權範圍疑義，向大法官會議聲請釋憲，其訴求爲：總統之刑事豁免權應保障總統免於被偵查、詢問乃至起訴外，且由於總統是起訴被告的共同正犯，則總統刑事豁免權也應擴及於所有的被告。該聲請釋憲案經大法官會議以立法委員在該案不具聲請釋憲之適格爲由予以駁回。該案在台北地方法院開始審理後，吳淑珍等被告主張該案涉及總統豁免權，法院並無審理該案的管轄權，故檢察官對總統偵查，並將之列爲「無法起訴之共同正犯」乃爲違憲，而主張該案應先聲請大法官釋憲，以決定偵查起訴是否合憲。

在台北地方法院駁回吳淑珍等被告之申請後，最後是由總統府以憲法第 52 條總統行使職權之適用疑義爲由，聲請大法官會議解釋。總統府所提出之聲請釋憲其主張有：（一）總統刑事豁免權應及於整個刑事程序，包括調查、起訴及審判；（二）因爲豁免權以及行政特權，總統不能被詢問，更不能被強制提供證據或作爲證人；（三）總統不得成爲不被起訴的共同正犯；（四）豁免權不僅暫時中止法院對總統的管轄權，而且及於所有被告。大法官接受了總統府的釋憲聲請，而於 2007 年 6 月 15 日作出釋字 627 號解釋。[94]

該解釋重點爲：「（一）總統之刑事豁免權依釋字 388 號之解釋總統「不受刑事上之訴究」，係指刑事偵查及審判機關，於總統任職期間，就總統涉犯內亂或外患罪以外之罪者，暫時不得以總統爲犯罪嫌疑人或被告而進行偵查、起訴與審判程序而言。總統之刑事豁免權，不及於因他人刑

---

[93] 蕭白雪，〈豁免權範圍扁可聲請釋憲〉，《聯合報》，2006 年 09 月 12 日，版 A4。

[94] 黃維幸，〈總統刑事豁免權的比較研究－兼評大法官會議第 627 號解釋〉，《月旦法學》，第 147 期，2007，頁 41-68；蔡美芝，《我國刑事特別偵查制度之研究》（基隆：國立臺灣海洋大學海洋法律研究所碩士論文，2009），頁 203。

事案件而對總統所為之證據調查於證據保全，亦不及於總統於他人刑事案件為證人之義務。惟如因而發現總統有犯罪嫌疑者，為必要之證據保全，則基於憲法第 52 條對總統特殊身份尊崇及對其行使職權保障之意旨，則不得限制總統之人身自由，例如拘提或對身體之搜索、勘驗與鑑定等，亦不得妨礙總統職權之正常行使。總統不受刑事訴究之特權或豁免權，乃針對總統之職位而設，故僅擔任總統一職者，享有此一特權；擔任總統職位之個人，原則上不得拋棄此一特權；（二）總統之國家機密特權：總統依憲法及憲法增修條文所賦予之行政權範圍內，就有關國家安全、國防及外交之資訊，認為其公開可能影響國家安全與國家利益而應屬國家機密者，有決定不予公開之權力，此為總統之國家機密特權。總統依其國家機密特權，就國家機密事項於刑事訴訟程序應享有拒絕證言權，並於拒絕證言權範圍內，有拒絕提交相關證物之權。就涉及總統國家機密特權範圍內國家機密事項之訊問、陳述或該等證物之提出、交付，是否妨害國家之利益，由總統釋明之。總統如以書面合理釋明，相關證言之陳述或證物之提交，有妨害國家利益之虞者，檢察官及法院應予尊重」。[95]從該解釋文可知：我國總統確保有刑事訴究的特權或豁免權，不得對之拘提與身體搜索，且總統對於陳述證詞或證物有書面合理釋明為妨害國家利益之虞者，有決定不予公開之權，以示對總統特殊身分尊崇之意。

七、特偵組偵結的重要案件

特偵組自 2006 年成立至 2017 年 1 月 1 日裁撤止，期間重大偵結起訴案件共計有 25 件，偵辦起訴包括陳水扁總統國務機要費案、洗錢案、二次金改案等多項案件、李登輝總統國安密帳案、檢察官與法官收賄案、副總統呂秀蓮等首長特別費案以及辜仲諒違反證券交易法案等等。茲依偵結時間先後排序列表於本書附錄三中有詳細說明。[96]

---

[95] 司法院大法官釋字第 627 號解釋文（96 年 6 月 15 日）。
[96] 最高法院檢查署特別偵查組，〈重大偵結起訴案件〉（2017 年 1 月 1 日），取自

第四節　美國獨立檢察官 vs. 臺灣特偵組

由於美國是以「三權分立原則」立憲的總統制國家，與我國之五權分立的半總統制國家，在政府體制上並不相同，難以將兩者之檢察權乃至特別檢察制度做對等的比較。所以本節僅就兩者做若干大方向的對照探討，茲就：一、組織建置與成員來源；二、適用與職權範圍；三、司法部部長與檢察總長的角色；四、獨立性；五、政治干預；六、課責性；七、偵辦成果等面向加以對照析論。

一、組織建置與成員來源

美國獨立檢察官制度採由國會授權予司法部門的法院（「特別法庭」三名資深或退休的法官）來任命政府體制外之精通法律人士擔任獨立檢察官，獨立於傳統行政部門、乃至於檢察部門的組織與控制。而臺灣特偵組的建置係由最高檢察署檢察總長自各級檢察署（含最高檢察署）中選拔優秀檢察官至最高檢察署辦案，意即檢察總長握有特偵組檢察官的人事任命權，由其揀選各級檢察署檢察官。不過，在最高檢察署所設置的特偵組，其實只是在既有檢察體系中調整其組織和功能，並非獨立於檢察體制外的組織。此組織建置與成員來源，和美國完全不同。

二、適用與職權範圍

美國獨立檢察官與臺灣特偵組所偵辦目標的適用範圍，皆涵蓋高自總統、行政高官與國會議員等對象，也各有特別關注對象，例如美國適用的特定對象包括擔任總統全國競選委員會主席和財務長。而臺灣特偵組的偵辦對象亦甚為廣泛，不只涵蓋行政高級文官，也包括上將階級的軍中將領之貪瀆案、事涉全國性選舉之舞弊事件或妨害選舉之案件，以及經檢察總

<http://www.tps.moj.gov.tw/ct.asp?xItem=221224&CtNode=30091&mp=002>　。（檢閱日期：2017/03/26）

長所指定之社會民間特殊重大貪瀆、經濟犯罪與危害社會秩序等之重案。

三、司法部部長與檢察總長的角色

　　美國司法部部長向來身兼檢察總長之職，握有廣泛裁量權，舉凡對於獨立檢察官任命、調查、起訴等所有過程都有相當程度的影響力與裁量權。首先，美國獨立檢察官任命的發動掌控在司法部部長的手中，因為如果司法部部長認定告發情資不具明確性與可信度，是可以逕行終結案件而不需任何司法審查。在司法部部長確信情資具明確性與可信度而開啓「初步調查」，並對其調查結果認為合理而確信有須進一步調查之必要時，司法部部長才會向「特別法庭」聲請任命獨立檢察官。但設若司法部部長研判「初步調查」證據不夠堅實，就能決定不擬向「特別法庭」聲請獨立檢察官。這個過程儘管必須向國會書面報告，但從中亦可瞭解司法部部長對於開啓獨立檢察官機制、利益衝突迴避，乃至判定告發情資與審視「初步調查」報告結果，皆擁有相當廣泛的裁量權。美國的司法部部長暨檢察總長是否能摒除來自總統高層政治力的影響而公正為之，為《政府倫理法》辦案過程中相當重要而關鍵的角色。

　　相對於美國獨立檢察官制度，臺灣特偵組偵辦案件時，若檢察官認為告發情資無具體事證可供追查或內容虛構、空泛，則得先報請檢察總長核准才能簽結。若告發案件內容具體而為特偵組管轄範圍者，則仍得報請檢察總長簽准分「特偵」案，才能密集偵辦。即使偵查終結，組內成員意見相左而無共識時，亦需在採多數決後報請檢察總長裁示。案件判決後，對於案件審判有否違背其他法令的統一適用與解釋之最後決定權也在檢察總長手中。凡此種種皆可見我國的檢察總長直接領導並指揮特偵組辦案的廣泛權限，同時具有以「檢察一體」原則下，對於特偵組行使指令權。可知無論美國的獨立檢察官或我國的特偵組制度，其負責檢察事務的頂頭長官在其辦案過程中皆扮演著重要的角色。

四、獨立性

美國是針對個案發生後，才判斷有否任命獨立檢察官之必要，而一旦派任獨立檢察官，則司法部應即停止該案件相關之偵查作為。而美國獨立檢察官係由法院任命，較能擺脫來自行政高層的干預，確實具有較高的獨立性。

我國檢察官制度自 2016 年司改國是會議意見徵集以來，全國司法人員熱烈討論的話題之一，就是檢察官究竟是「行政官」或「司法官」的問題。此可從兩方面來論述：一方面，檢察總長為總統提名、立法院同意任命之，任期四年，其任命固然具有民主正當性，但在「行政一體」之上命下從氛圍裡，總統是否為檢察總長的行政長官，可對偵辦案件加以干涉？理論上，檢察總長不應是總統的下屬，否則檢察總長的起訴裁量權實際把守了法院的大門，總統若有心，可以藉由檢察總長而將手伸進司法；而因檢察總長不在《國家安全會議組織法》第 4 條所定出席人員之列，總統亦應是無權召見檢察總長，而檢察總長更不應為偵查中之個案而與總統有所接觸和討論。

從我國曾有檢察總長向總統報告偵辦個案而被判刑的案例觀之，亦可見我國檢察總長在面對政治與外力的不當干預，需要有更大的勇氣，堅定地抱持良知與正義，公正客觀地行使檢察職權。另一方面，特偵組檢察官行使偵辦權力需以特偵組名義行之，因此需要得到檢察總長的簽准才能展開，如此謹慎所為之制度設計相對於一般檢察官，可以個別之「獨任官署」方式獨立辦案，其實是有損及我國特偵組檢察官的獨立性。

五、政治干預

美國獨立檢察官及我國特偵組能偵辦行政高官，甚至高到總統層級，自然成為政治力干預對象。以美國為例，雷根政府時期的司法部部長兼檢察總長米斯在上任前，就已因動用政治權力獲取金錢利益而被獨立檢察官

調查過，雖因證據不足而未予起訴，由於他對獨立檢察官的設置始終不以為然，其上任後即利用自由裁量權制約獨立檢察官對雷根政府官員涉及不法的調查。從時任獨立檢察官莫瑞森曾公開要求米斯部長對調查案的介入應有所節制，可見政治力干涉的嚴重程度。

另一位獨立檢察官華施在 1992 年美國總統大選前四天，因「伊朗門案」起訴共和黨雷根政府的國防部部長溫伯格以及中央情報局、國務院等官員，並指控當時尋求連任的該黨總統候選人布希有作偽證嫌疑，共和黨國會議員為此跳腳而強烈質疑華施檢察官的政治動機。另一方面亦因民主黨的見獵心喜而使政黨對抗在國會發酵，最終造成 1992~1993 年《政府倫理法》該展期而未獲展期的暫時失效，以及布希總統對該法展期的強力反對。臺灣特偵組前身的查黑中心，也曾被一些立法委員批評為專辦某政黨的政治打手。另外，《法院組織法》修法後第一任檢察總長在國會政黨互相鬥爭下延遲產生，並在立院司法委員會審查預算時多次被挑戰其獨立性，皆可見政治力的干擾與掣肘。

六、課責性

課責性是指被課責者有義務透過明確嚴謹的法規程序，來說明其所執行的授權行動之表現與績效。由於美國《政府倫理法》經過多次修正調整，以最後之 1994 年的國會修法條文觀之，美國斯塔爾檢察官濫權偵查柯林頓總統的「白水案」相比，臺灣特偵組制度則較具課責性。首先，臺灣的檢察總長必須至國會進行報告，依《法院組織法》第 63 條之 1 第 5 項規定：立法院可決議要求最高檢察署檢察總長赴立法院報告，而其轄下的檢察官也受「檢察一體」制度的制約。反之，美國獨立檢察官並沒有到國會報告之義務，其本身亦不受美國司法部部長暨檢察總長的「檢察一體」制度的制約。

斯塔爾檢察官在偵查柯林頓總統的「白水案」時，不斷擴大調查範圍，其地方及高等法院皆曾裁定其行動不適當，高院甚至提出譴責，司法

部甚至反而調查起斯塔爾檢察官是否有誤導司法部部長核准其擴大調查範圍，加以媒體大力批評其花費甚鉅而成果不彰等等之阻擾獨立檢察官不當的辦案聲浪，但皆未能阻止斯塔爾檢察官繼續偵辦的行動。可見《政府倫理法》之對獨立檢察官課責性的不足，亦可理解何以最終美國國會決定不再展期該法的考量。

七、偵辦成果

　　台美雙方偵辦案例甚多，也都有辦到高至總統層級的大案。以本書「附錄三：「中華民國最高法院檢察署特別偵查組偵結起訴案件（2007-2017）」對臺灣特偵組偵辦案件的彙整資料觀之，從 2006 年成立至 2017 年 1 月 1 日裁撤為止，特偵組一共偵結起訴了 25 件大案，除了最後兩件尚由一審法院審理之外，其他 23 件案子共有 6 件案子被法院判決無罪，大約有七成的定罪率。[97]其中特偵組將陳水扁前總統予以起訴定罪，而美國獨立檢察官雖曾多次勞師動眾、大開公帑經費對卡特、布希、柯林頓等總統啓動調查程序，但多數皆未能起訴或收集足夠有力證據，使國會決定啓動彈劾程序，唯一有對柯林頓總統的調查進入了參議院的彈劾程序，但最終仍未成功。

　　台美雙方的偵辦高官制度，以美國 1978 年《政府倫理法》所設立的獨立檢察官制度與臺灣特偵組為對照。前者為限時法，每五年必須經過國會授權展期。自 1978 年立法以來，共進行了 20 件獨立調查，惟在 1998 年由於獨立檢察官斯塔爾在偵辦「白水案」時，對柯林頓總統與前白宮實習生陸茵斯基性醜聞案窮追猛打，引發輿論不滿，終至未獲國會支持授權展期，於 1999 年 6 月 30 日失效而走入歷史。臺灣特偵組則於 2006 年掛牌成立，共偵結起訴了 25 件大案，最後卻在立法院修法後，於 2017 年 1 月 1 日遭到裁撤命運。

---

[97] 在這 23 個案件中，有多案尚在二、三審上訴中，亦有案件為高院發回更審中。本書對於「定罪」之定義，意指已受第一審地方法院判決有罪者。

　　值得一提的是，雖然有批評者認為我國特偵組有違背憲法及法治精神等相關問題，[98]但在特偵組辦案過程中，雖曾有針對總統刑事豁免權範圍提出大法官釋憲，但並無任何以特偵組有違憲疑慮而聲請大法官釋憲。相對於美國自《政府倫理法》設立獨立檢察官制度以來，就多次迭遭違憲質疑，並為此一路上訴到聯邦最高法院。而當類似之獨立檢察制度難以為繼後，美國司法部卻仍能另以《特別檢察官規則》以延續獨立檢察制度精神，可見美國雖然認為特別檢察制度有若干問題，但仍有存在必要。反觀我國的特偵組制度除在法律內容方面未有周延之虞，亦因政黨鬥爭與高度政治關注而終致廢言，回歸一般檢察機制，而失去了延續建置我國特別檢察制度的契機，殊屬可惜和遺憾。

---

[98] 例如檢察總長由總統提名，但中華民國憲法賦予的總統提名權並未包括檢察總長在內，涉及總統權力的擴張；特偵組在最高檢察署由檢察總長直接指揮，缺乏機關內部監督，以及特偵組檢察官可行使各審級檢察官職權，違反機關職務不兩立性等相關問題（呂丁旺，2018 年 8 月 15 日訪談記錄）；呂丁旺，〈特別檢察官署的法定機關化及其興廢浪潮〉，《國會》，第 42 卷第 8 期，2014 年 8 月，頁 35。

第七章

結論－美國獨立檢察官制度
對臺灣的啟示

　　本書前面各章以「權力分立原則」為核心概念，對美國獨立檢察官制度的理論與實務進行深入探討，並對我國檢察官與過去特偵組的制度內涵進行分析。本章除總結前面各章之研究發現外，並進一步論及美國獨立檢察官制度對臺灣相關政制設計的啟示，以及後續研究方向。為此本章分為兩個部分：第一部分為歸納前面各章重點，從「權力分立原則」為核心概念討論美國特別檢察官與獨立檢察官等相關議題，以俾瞭解美國民主政治與官僚體系，乃至典型的三權與獨立檢察官權力制衡互動的制度變遷；第二部分則從美國獨立檢察官制度的權力分立設計原理，探討其可資臺灣借鑑之處，提示我國未來考慮重啟類似特偵組制度時應該注意的若干方向，並指出對於特別檢察制度未來可能的研究方向。

第一節　研究推論與發現

　　在第一章伊始，本書即提示研究問題意識為：在美國「權力分立原則」下，獨立檢察官制度是如何產生並與之呼應的？隨著制度持續運作，又是如何因為不同部門權限的衝突爭議，而反過來考驗憲法的「權力分立原則」，而使制度需要調整修改？這些情況又如何影響獨立檢察官制度的興革及運作？為了回答上述問題，本書論述美國行之多年的特別檢察官制度，在「水門案」之前即有因應親近總統的高級官員行政不法行為，為利益迴避而任命特別檢察官偵辦的案例。至「水門案」之「週六夜大屠殺」，因尼克森總統的濫權而連續開除了辦案的特別檢察官和兩名高階司

法部官員，使得國會下定決心，將原屬司法部部長固有權限建立的特別檢察官機制予以法制化，而有 1978 年《政府倫理法》的法律成果。在該法下設立獨立檢察官，由國會授權法院三名資深或退休的法官任命，目的即在使辦案的檢察官獨立性能較過去爲高，而較能擺脫來自行政高層或不當政治力的干預。

1978 年《政府倫理法》建立的獨立檢察官制度運作相關條款與基本規範，其「試驗」性質相當濃厚，因爲其爲一部限時法，即每五年就需經國會重新授權展期。在施行的 21 年間，國會根據該制度的實際運作情況，分別在 1983 年、1987 年和 1994 年加以修訂而有四個法律版本，使獨立檢察官制度得以根據時代階段性的需求，而與時俱進有所調整。這些修正皆從權力分立角度出發，而當時國會爲何、以及如何對該制度進行修正，在本書第三、四章皆有詳論，爲該制度調整與變遷的重要歷程。

在《政府倫理法》四個版本的立法與修法過程中，政治的聲量始終刺耳地環繞其間。在福特總統、雷根總統和布希總統政府時期的司法部立場持反對《政府倫理法》，而在卡特總統和柯林頓總統政府時期，則司法部是持支持立場的。不過雷根政府時在被質疑司法部部長米斯的有瑕疵執法後，則使《政府倫理法》在 1987 年的修法中有重大改變。共和黨在「伊朗門案」時對於獨立檢察官制度的批判則到了頂點，加上斯塔爾過度濫權調查柯林頓總統「白水案」，使國會在 1994 年《政府倫理法》的修正中做了一些在執行上的實質變革，即加強了對獨立檢察官課予額外的報告要求和新的財務經費之限制。另外，柯林頓總統在被調查「白水案」之後，1999 年則是翻轉之前的支持立場，而對該法的重新授權展期持反對的態度。

國會在《政府倫理法》所戮力的核心重點，主要是讓具有獨立性的檢察官來主導對高官涉行政不當行爲的獨立調查。在該制度建立並開始運作後，基於權力分立的憲政精神，首先凸顯並顧慮的問題是：新設立的獨立檢察官是否有侵越行政權可能。因此施行後初始的憲法訴訟案大抵由被指控者與行政官員發動，焦點皆在質疑獨立檢察官是否權力過大，以及司法

部部長的裁量權能否制約等問題。首先，1983 年的修法從限制獨立檢察官權力方向考量，因此削減了可被調查的官員數量，並且加重了司法部部長若干裁量權，甚而增加了部長只要有「正當理由」即可免職獨立檢察官的權力。但在隨後的實施過程中，國會很快發現到將司法部部長的裁量權調整過多，尤其是雷根政府時期的司法部部長米斯的行政作為，更將其自由裁量權發揮到極致，而影響了獨立檢察官的調查，使其在管轄權限上受到相當制約，因此在 1987 年的修法版本中，又開始關注而傾向提高獨立檢察官的權力。1987 年的修法限縮了司法部部長在進行「初步調查」時的自由裁量權、禁止部長以「缺乏犯罪動機」為由而不聲請任命獨立檢察官，並要求其在某些情況下要自我迴避，同時也相對地增加了獨立檢察官的自主權。

在權力分立體制下，機關擴權之後不免招致濫權的質疑。由於獨立檢察官華施在 1992 年美國總統大選前四天，起訴共和黨的雷根政府國防部部長溫伯格，並指控當時尋求連任的該黨總統候選人布希有作偽證嫌疑，其起訴因而為民主黨人所利用操作而對共和黨執政大加撻伐。而深入政治叢林的黨派鬥爭結果就是引起極大爭議，因此造成 1992~1993 年《政府倫理法》該展期而未展期的暫時失效，以及布希總統的強力反對展期。但至柯林頓政府時期，新任民主黨的司法部部長雷諾在國會聽證會中提出了新的觀點，她認為該制度的存在能使民眾對政府恢復信心，只是需要做若干的修正。從「權力分立原則」思考，修正方向很容易就明顯會偏向擺盪至對行政部門有利的一邊，因此而朝向再一次限縮了獨立檢察官的權力。

另一方面，重要事件的出現也讓制度出現存活曙光：1993 年「白水案」爆發，本來持反對立場的共和黨國會議員又轉而支持此制度，因為認為可以對民主黨總統柯林頓進行調查，而柯林頓總統也希望藉調查來證明自己的清白，在兩黨皆有共識下，而使獨立檢察官制度得以繼續存在。但相對地在 1994 年的修法中卻限縮了獨立檢察官的權力，包括：修法限制了獨立檢察官的經費使用、再次加強了司法部部長的自由裁量權，並增加由司法部部長同意下對國會議員的調查等等。由上述對國會所授與權力於

獨立檢察官與司法部部長之間擺盪的描述，應可確認在立法者心中，確有將憲法的「權力分立原則」落實並體現在《政府倫理法》的歷次修正裡。

自 1978 年《政府倫理法》立法以來，其間共進行了 20 個案件的獨立調查。舉其大者，在 1987 年調查了雷根總統執政時期的「伊朗門案」和 1992 年調查柯林頓總統在其 1979 年至 1981 年擔任阿肯色州州長時所涉及的「白水案」。惟在 1998 年由於獨立檢察官斯塔爾在偵辦「白水案」時，對柯林頓總統與前白宮實習生陸茵斯基性醜聞案的窮追猛打，引發輿論與大眾對獨立檢察官制度的權責失衡、高花費以及淪為政黨鬥爭等爭議而大失民心，終至未獲國會支持授權展期，於 1999 年 6 月 30 日失效而走入歷史。

在獨立檢察官偵辦的 20 件案例中，不少案子係從司法行政角度來思考獨立檢察官的獨立性與課責性的平衡。例如：克拉夫特對加林豪斯檢察官對其偵辦之吸毒案提出民事訴訟，質疑該《政府倫理法》是否合憲。在「伊朗門案」中，諾斯中校也是因質疑獨立檢察官的調查權限是否違反憲法「權力分立原則」，而正式以法律訴訟挑戰《政府倫理法》的合憲性問題。1986 年國會對「環境保護署」有關超額危險廢物場地清理使用基金之監督不力而調查的「歐森案」，包括歐森在內的三位司法部高官也曾向法院提出《政府倫理法》是否合憲的訴求。其中 1988 年聯邦最高法院在「莫瑞森對歐森案」中，以七比一的投票比數解決了《政府倫理法》所引發的合憲性爭議。聯邦最高法院判決《政府倫理法》的獨立檢察官設置合憲，則平衡了當時沸沸揚揚的獨立檢察官爭論，讓《政府倫理法》條文中有關限制司法部部長權限，以及賦予獨立檢察官實質獨立行使職權，皆能得以原封不動地保留下來。

另一方面，在「莫瑞森訴歐森案」中，大法官斯卡利亞對《政府倫理法》合憲性判定不表同意的意見書，則勾繪出只追求個人化調查之粗魯而不負責任的獨立檢察官圖像，如同在 1992 年和 1994 年當該法面臨重新授權展期時的爭議一樣，在 1999 年的重新授權展期時，也再度面臨了反對者持與斯卡利亞大法官一樣的論點而對該法之續存有異議。不過，總的來

說，聯邦最高法院對「莫瑞森訴歐森案」的裁決確立了在彈性的「權力分立原則」下，由於司法部部長兼具最高檢察首長與政府閣員，其權力來源不免有濃厚的政黨政治色彩，且檢察權依美國憲法第二條的規定，必須服從於總統的指揮監督，為避免並排除檢察事務常受政治的影響，確有必要設置特別而具獨立性的檢察官，以偵辦政府高官的不法行為。此外，從聯邦最高法院對「莫瑞森訴歐森案」裁決中，亦可瞭解美國在「行政國」崛起而使「第四部門」（「第四權」）行政組織和運作不斷大幅明顯快速成長，聯邦最高法院的裁決亦需審酌因應，而採以較為彈性、靈活的「權力分立原則」處之。

《政府倫理法》在 1978 年、1983 年、1987 年和 1994 年的立法和重新授權過程中，尋求找出司法部部長在決定是否對涉行政不當高官採取調查行動的同時，能夠在司法部部長的裁量權和課責性之間找出平衡點。同時，在這四個不同階段的《政府倫理法》也在試圖尋求當獨立檢察官採取調查行動時，能在維持對檢察官之課責性的同時，也能夠確保檢察官職權行使的獨立性。歸納分析四套法律版本皆保有著一些必要性的元素，分別是：第一，儘管司法部部長在過程中不免會涉及一些利益衝突，但該法仍然讓司法部部長在過程中有一些角色。不過，實際上部長個人在該法中可能運作的裁量權並非為毫無限制的權力；第二，只有司法部部長或未需要迴避的司法最高層官員，能夠決定是否展開對行政高官的「初步調查」或聲請任命獨立檢察官；第三，只有哥倫比亞特區上訴法院的三位法官所組成的「特別法庭」，有權去任命獨立檢察官並賦予其管轄權限；第四，獨立檢察官所擁有之全然的偵辦調查和起訴高官行政不當的指控權，則為「特別法庭」所授權；第五，對於獨立檢察官調查的行動與花費，皆須向國會提出報告。

儘管獨立檢察官的施行實踐歷程中，出現了斯塔爾檢察官濫權偵查柯林頓總統的「白水案」，以及司法部部長會面臨聲請任命與不任命獨立檢察官的兩難與裁量，乃至美國兩黨政治之現實環境，而對司法部部長以及獨立檢察官的行使權限有所影響，因而出現對獨立檢察官制度一些負面的

評價。但是吾人不能因為上述若干缺失，而就此抹煞了獨立檢察官制度在美國社會發展中的積極作用與重大意義。畢竟獨立檢察官制度的立法，可謂三權分立制度的一種自我修正，使其檢察官在不受行政權指揮下，能僅憑其法律專業的精神和態度辦案，以俾獨立於政治勢力的權力角逐之外，而避免司法程序淪為政治鬥爭的競技場。[1]無論就過去或今日來看，獨立檢察官制度均是端正政風及建立人民對政府信心的力量，這也是為何美國在歷經若干波折後，仍持續維持特別檢察官制度至今的原因。只不過1999 年司法部所立《特別檢察官規則》以取代《政府倫理法》之獨立檢察官的特別檢察官，其任命、經費、管轄權與監督皆係由司法部部長主導，該特別檢察官在獨立性上，確實不如《政府倫理法》的獨立檢察官。

第二節　制度借鏡與研究展望

誠如政治學者吳重禮所建議，美國獨立檢察官制度設計與實務經驗，應可作為臺灣未來再次考慮設計相關特別偵查制度的實務參考。[2]因而在第六章中將美國獨立檢察官制度移至我國特偵制度的發展，進行了若干對照。我國立法院當初在設計最高法院檢察署的特偵組時，亦曾考量到如何在「權力分立原則」下形塑特偵組檢察官不畏權貴、專辦高官的獨立風格。2006 年 2 月 3 日在所公布施行的《法院組織法》部分條文修正案中，將特偵組的上司檢察總長的產生方式，改由總統提名、立法院同意任命之具有四年任期不得連任的特任官。此一修法在當時社會有相當正面的評價，通論認為凸顯檢察總長位階及賦予檢察民主化的正面意義，使其成為檢察機關中唯一受法定任期保障的特任官，也讓社會更期待檢察總長在有民意基礎加持背書，而使其任期受到法律保障下，在偵辦與行政權關聯

1　余小云、邵建民，〈美國設置「獨立檢察官」之爭議〉，《立法院院聞》，第 27 卷第 7 期，1999，頁 137-146；聯合報社論，〈關於設置特別檢察官的斟酌〉，《聯合報》，1998 年 5 月 2 日，版 2。

2　吳重禮，2018 年 8 月 15 日訪談記錄。

或受行政權影響的案件時，能不畏來自朝野各方壓力，獨立超然而勇於任事。

　　然而，我國所施行的特偵組制度卻有幾個未竟缺憾而有待補正：首先是我國官員由總統提名經國會同意之任命，乃仿效美國之權力分立、相互制衡之原理。但我國憲政設計原理是否如此，則仍有爭議。憲政學者楊穎超表示：「我國憲法精神是孫中山的『萬能政府』，實際執筆者張君勱先生則是從『修正式內閣制』角度出發，這些概念多強調合作大於制衡，即便後來憲法經過多次修正，但我國憲政文化是否已經轉型至此？從特偵組最後為人批評原因及近年憲政運作情況觀之，未來若有機會重啟特別偵查制度，恐怕仍須考量我國憲政特色而為一適當之設計」。[3]

　　其次，修法並未顧及特偵組檢察官們自始皆在檢察體系的金字塔一條鞭體制內行使職權，無論將之設置於高等檢察署或最高檢察署，甚至後來在 2017 年回復至原來的地方檢察機關，在實踐上，由於檢察官受檢察長指揮監督，而檢察長受法務部部長任免，而法務部部長由行政院院長提請總統任命，因此當執政高層官員涉案，此時要檢察官來調查自己權力來源的頂頭上司，自會在制度和人性上產生矛盾，而皆不免會受制於「檢察一體」之上命下從所限。尤其政治力始終欲藉操縱檢察體系，以行政治鬥爭與控制之實。

　　再者，除了要防備上位者對下級之干涉心態，因此將檢察總長改由總統提名，立法院同意任命之檢察民主化的制度設計外，也應該對防止下對上的迎合心態一併考量。也就是防止檢察總長懷有將總統當成上級長官而揣摩上意、甚有幸進求官心態。換言之，我國過去對有關特偵組的制度設計，忽略了檢察總長有可能長期浸淫公務員體系，服膺層級文化價值與追求更高職務，而有迎合上級心態。如果因其為總統提名而將之視為長官，那麼在我國近似法國半總統制的政府體制運作下，特偵組是否仍能不顧總統意志，乃至政治力的介入，而敢於起訴行政高官將其繩之以法？確實令

---

[3]　楊穎超，2018 年 8 月 19 日訪談記錄。

人有高度的疑慮。這就是爲何美國獨立檢察官必須要尋求在行政權之外的「特別法庭」任命局外人辦案的原因之一，而這也正是造成我國特偵組制度最終落人口實，遭到立法院修法廢止的原因之一。

如何讓臺灣能有「司法獨立」、「檢察獨立」的乾淨空間，以期檢察官在偵辦高官權貴之犯罪行爲能秉持公正、公平與客觀，以彰顯司法正義？在在考驗未來我國如何設計符合本土化需求的特別檢察制度。而美國獨立檢察官制度的作用之一，即在讓司法與政治能夠保持適當的距離，使高度政治性案件的偵辦能擺脫行政權的介入，而讓檢察官不致處於瓜田李下的不利境地。我們相信，美國獨立檢察官制度的這套由國會將之授權予司法部門來任命體制外的非政府人士，以偵辦政府高官不法行爲，目的在使辦案的檢察官具較高的獨立性，以俾使其擺脫來自行政高層或不當政治力的干預。美國獨立檢察官制度這樣的彈性分權結構，也才能破除政治黑手的介入，而確保調查的公正性，確實具有我國未來參酌發展類似獨立檢察官制度的現實意義。[4]

美國獨立檢察官和我國特偵組雖然皆已然因複雜的政治因素與若干制度的缺失而告終，但誠如朱朝亮檢察官所言：「永遠都有特偵的案件，問題在於若沒人敢偵辦高層的政治人物，那麼要由誰來處理類似的特偵案件？尤其這個特偵案件是高至總統層級的大官」，[5]一語道破當今獨立檢察官制度存在的必要性。有道是「絕對的權力，帶來絕對的腐化」，這本是人性與制度的必然，今日舉世各國有關政府高官的貪瀆與不法之情事，仍時有所聞，對於任何一個國家體制而言，皆需有類似獨立檢察官機制，作爲政府的防腐劑，同時對於廉潔者亦具有自清作用。[6]

當然本書還有一些未竟之處值得未來繼續追索。例如不同憲政體制與法律體系下的偵辦高官制度，其效力是否有所差異？憲政學者蘇子喬指出：美國是總統制，我國是半總統制；美國屬英美法系，我國屬歐陸法系，兩國憲政體制

4　陳長文，〈是恢復特偵組的時候了〉，《中國時報》，2017 年 11 月 27 日，版 A14。
5　朱朝亮，2018 年 8 月 15 日訪談記錄。
6　陳長文（2017），版 A14。

與法律體系的差異，是否可能導致偵辦高官不法的司法機制，基於憲政架構與法系的不同，而應有不同的實踐方式？[7]我國如果在偵辦高官制度裡趨近美式設計，這究竟會變得更好還是更壞？在臺灣取消特偵組之後，現行制度又是怎樣來偵辦高官不法的？是否切合「權力分立原則」？如何記取他山之石，理出兼具憲政原理與合乎國情暨實務運作的憲政體制與架構，凡此種種皆有待臺灣學界進一步的持續研究。

　　法諺有云：「司法有如皇后貞操，不容懷疑」，當司法公正性被人民質疑時，則司法為社會定紛止爭之作用勢必蕩然無存。獨立檢察官制度在美國雖僅存在 21 年，但其在解決美國高官行政不法、不當的政治危機，以及防止政府高官的腐敗，確保檢察官的真正獨立公正地調查辦案等方面，則有巨大的功能和作用。儘管獨立檢察官制度在美國為短期的制度實驗，但是如同美國法律學者所言：人們對於該制所蘊涵之正義公理的探尋，乃是永無止盡而無時限的。[8]隨著二十一世紀「服務型政府」的持續擴大功能，當初促使獨立檢察官制度確立的各種因素至今仍然存在，無論美國或臺灣其實皆需要某種形式的獨立檢察官制度。為司法計，為國家體制計，無論美國或臺灣，皆有必要對該制度所實踐過的案例以及相關法制原則和問題，持續努力地找出一個可長可久的答案，以真正確保偵辦高官調查的公正性，真正確實地建立人民對政府公正執法與治理的信心。

7　蘇子喬，2018 年 8 月 19 日訪談記錄。

8　Benjamin J. Priester, Paul G. Rozelle, and Mirah A. Horowitz, "The Independent Counsel Statue: A Legal History," *Law and Contemporary Problems*, Vol. 62, No. 1, 1999, pp. 5-109.

附 錄

附錄一：美國《政府倫理法》（1994 年）

The Ethics in Government Act of 1994

§ 591.　Applicability of provisions of this chapter

(a) Preliminary Investigation With Respect to Certain Covered Persons.–The Attorney General shall conduct a preliminary investigation in accordance with section 592 when- ever the Attorney General receives information sufficient to constitute grounds to investigate whether any person described in subsection (b) may have violated any Federal criminal law other than a violation classified as a Class B or C misdemeanor or an infraction.

(b) Persons to Whom Subsection (a) Applies.

　–The persons referred to in subsection (a) are:

(1) the President and Vice President;

(2) any individual serving in a position listed in section 5312 of title 5;

(3) any individual working in the Executive Office of the President who is compensated at a rate of pay at or above level II of the Executive Schedule under section 5313 of title 5;

(4) any Assistant Attorney General and any individual working in the Department of Justice who is compensated at a rate of pay at or above level III of the Executive Schedule under section 5314 of title 5;

(5) the Director of Central Intelligence, the Deputy Director of Central Intelligence, and the Commissioner of Internal Revenue;

(6) the chairman and treasurer of the principal national campaign committee seeking the election or reelection of the President, and any officer of that committee exercising authority at the national level, during the incumbency of the President;

(7) any individual who held an office or position described in paragraph (1), (2), (3), (4) or (5) for 1 year after leaving the office or position.

(c) Preliminary Investigation With Respect to Other Persons.—

    (1) In general.—When the Attorney General determines that an investigation or prosecution of a person by the Department of Justice may result in a personal, financial, or political conflict of interest, the Attorney General may conduct a preliminary investigation of such person in accordance with section 592 if the Attorney General receives information sufficient to constitute grounds to investigate whether that person may have violated Federal criminal law other than a violation classified as a Class B or C misdemeanor or an infraction.

    (2) Members of Congress.—When the Attorney General determines that it would be in the public interest, the Attorney General may conduct a preliminary investigation in accordance with section 592 if the Attorney General receives information sufficient to constitute grounds to investigate whether a Member of Congress may have violated any Federal criminal law other than a violation classified as a Class B or C misdemeanor or an infraction.

(d) Examination of Information to Determine Need for Preliminary Investigation.—

    (1) Factors to be considered.-In determining under subsection (a) or (c) (or section 592(c)(2) whether grounds to investigate exist, the Attorney General shall consider only–(A) the specificity of the information received; (B) the credibility of the source of the information.

    (2) Time period for making determination.—The Attorney General shall determine whether grounds to investigate exist not later than 30 days after the information is first received. If within that 30-day period the Attorney General determines that the information is not specific or is not from a credible source, then the Attorney General shall close the matter. If within that 30-day period the Attorney General determines that the information is specific and from a credible source, the Attorney General shall, upon making that determination, commence a preliminary investigation with respect to that information. If the Attorney General is unable to determine, within that 30-day period, whether the information

is specific and from a credible source, the Attorney General shall, at the end of that 30-day period, commence a preliminary investigation with respect to that information.

(e) Recusal of Attorney General—

   (1) When recusal is required.—(A) If information received under this chapter involves the Attorney General, the next most senior official in the Department of Justice who is not also recused shall perform the duties assigned under this chapter to the Attorney General; (B) If information received under this chapter involves a person with whom the Attorney General has a personal or financial relationship, the Attorney General shall recuse himself or herself by designating the next most senior official in the Department of Justice who is not also rescued to perform the duties assigned under this chapter to the Attorney General.

   (2) Requirements for recusal determination.—Before personally making any other determination under this chapter with respect to information received under this chapter, the Attorney General shall determine under paragraph (1)(B) whether recusal is necessary. The Attorney General shall set forth this determination in writing, identify the facts considered by the Attorney General, and set forth the reasons for the recusal. The Attorney General shall file this determination with any notification or application submitted to the division of the court under this chapter with respect to such information.

§ 592. Preliminary investigation and application for appointment of an independent counsel

(a) Conduct of Preliminary Investigation.—

   (1) In general.—A preliminary investigation conducted under this chapter shall be of such matters as the Attorney General considers appropriate in order to make a determination, under subsection (b) or (c), on whether further investigation is warranted, with respect to each potential violation, or allegation of a violation, of criminal law. The Attorney

General shall make such determination not later than 90 days after the preliminary investigation is commenced, except that, in the case of a preliminary investigation commenced after a congressional request under subsection (g), the Attorney General shall make such determination not later than 90 days after the request is received. The Attorney General shall promptly notify the division of the court specified in section 593(a) of the commencement of such preliminary investigation and the date of such commencement.

(2) Limited authority of attorney general.–(A) In conducting preliminary investi- gations under this chapter, the Attorney General shall have no authority to convene grand juries, plea bargain, grant immunity, or issue subpoenas; (B)(i) The Attorney General shall not base a determination under this chapter that information with respect to a violation of criminal law by a person is not specific and from a credible source upon a determination that such person lacked the state of mind required for the violation of criminal law; (ii) The Attorney General shall not base a determination under this chapter that there are no reasonable grounds to believe that further investigation is warranted, upon a determination that such person lacked the state of mind required for the violation of criminal law involved, unless there is clear and convincing evidence that the person lacked such state of mind.

(3) Extension of time for preliminary investigation.—The Attorney General may apply to the division of the court for a single extension, for a period of not more than 60 days, of the 90-day period referred to in paragraph (1). The division of the court may, upon a showing of good cause, grant such extension.

(b) Determination That Further Investigation Not Warranted.—

(1) Notification of division of the court.–If the Attorney General, upon completion of a preliminary investigation under this chapter, determines that there are no reasonable grounds to believe that further investigation is warranted, the Attorney General shall promptly so notify the division of the court, and the division of the court shall have no power to appoint

an independent counsel with respect to the matters involved.

    (2) Form of notification.–Such notification shall contain a summary of the information received and a summary of the results of the preliminary investigation.

(c) Determination That Further Investigation is Warranted.—

    (1) Application for appointment of independent counsel.—The Attorney General shall apply to the division of the court for the appointment of an independent counsel if: (A) the Attorney General, upon completion of a preliminary investigation under this chapter, determines that there are reasonable grounds to believe that further investigation is warranted or (B) the 90-day period referred to in subsection (a)(1), and any extension granted under subsection (a)(3), have elapsed and the Attorney General has not filed a notification with the division of the court under subsection (b)(1).

    In determining under this chapter whether reasonable grounds exist to warrant further investigation, the Attorney General shall comply with the written or other established policies of the Department of Justice with respect to the conduct of criminal investigations.

    (2) Receipt of additional information.—If, after submitting a notification under subsection (b)(1), the Attorney General receives additional information sufficient to constitute grounds to investigate the matters to which such notification related, the Attorney General shall: (A) conduct such additional preliminary investigation as the Attorney General considers appropriate for a period of not more than 90 days after the date on which such additional information is received; and (B) otherwise comply with the provisions of this section with respect to such additional preliminary investigation to the same extent as any other preliminary investigation under this section.

(d) Contents of Application.—Any application for the appointment of an independent counsel under this chapter shall contain sufficient information to assist the division of the court in selecting an independent counsel and in defining that independent counsel's prosecutorial jurisdiction so that the independent counsel has adequate authority to fully investigate and prosecute the subject matter and all matters related to that subject matter.

(e) Disclosure of Information.—Except as otherwise provided in this chapter or as is deemed necessary for law enforcement purposes, no officer or employee of the Department of Justice or an office of independent counsel may, without leave of the division of the court, disclose to any individual outside the Department of Justice or such office any notification, application, or any other document, materials, or memorandum supplied to the division of the court under this chapter. Nothing in this chapter shall be construed as authorizing the withholding of information from the Congress.

(f) Limitation on Judicial Review.—The Attorney General's determination under this chapter to apply to the division of the court for the appointment of an independent counsel shall not be reviewable in any court.

(g) Congressional Request.—

(1) By judiciary committee or members thereof.—The Committee on the Judiciary of either House of the Congress, or a majority of majority party members or a majority of all non-majority party members of either such committee, may request in writing that the Attorney General apply for the appointment of an independent counsel.

(2) Report by attorney general pursuant to request.—Not later than 30 days after the receipt of a request under paragraph (1), the Attorney General shall submit, to the committee making the request, or to the committee on which the persons making the request serve, a report on whether the Attorney General has begun or will begin a preliminary investigation under this chapter of the matters with respect to which the request is made, in accordance with subsection (a) or (c) of section 591, as the case may be. The report shall set forth the reasons for the Attorney General's decision regarding such preliminary investigation as it relates to each of the matters with respect to which the congressional request is made. If there is such a preliminary investigation, the report shall include the date on which the preliminary investigation began or will begin.

(3) Submission of information in response to congressional request.—At the

same time as any notification, application, or any other document, material, or memorandum is supplied to the division of the court pursuant to this section with respect to a preliminary investigation of any matter with respect to which a request is made under paragraph (1), such notification, application, or other document, material, or memorandum shall be supplied to the committee making the request, or to the committee on which the persons making the request serve. If no application for the appointment of an independent counsel is made to the division of the court under this section pursuant to such a preliminary investigation, the Attorney General shall submit a report to that committee stating the reasons why such application was not made, addressing each matter with respect to which the congressional request was made.

(4) Disclosure of information.—Any report, notification, application, or other document, material, or memorandum supplied to a committee under this subsection shall not be revealed to any third party, except that the committee may, either on its own initiative or upon the request of the Attorney General, make public such portion or portions of such report, notification, application, document, material, or memorandum as will not in the committee's judgment prejudice the rights of any individual.

§ 593.   Duties of the division of the court

(a) Reference to Division of the Court.—The division of the court to which this chapter refers is the division established under section 49 of this title.

(b) Appointment and Jurisdiction of Independent Counsel.—

(1) Authority.—Upon receipt of an application under section 592(c), the division of the court shall appoint an appropriate independent counsel and shall define that independent counsel's prosecutorial jurisdiction.

(2) Qualifications of independent counsel.—The division of the court shall appoint as independent counsel an individual who has appropriate experience and who will conduct the investigation and any prosecution in a prompt, responsible, and cost-effective manner. The division of the

court shall seek to appoint as independent counsel an individual who will serve to the extent necessary to complete the investigation and any prosecution without undue delay. The division of the court may not appoint as an independent counsel any person who holds any office of profit or trust under the United States.

(3) Scope of prosecutorial jurisdiction.—In defining the independent counsel's prosecutorial jurisdiction, the division of the court shall assure that the independent counsel has adequate authority to fully investigate and prosecute the subject matter with respect to which the Attorney General has requested the appointment of the independent counsel, and all matters related to that subject matter. Such jurisdiction shall also include the authority to investigate and prosecute Federal crimes, other than those classified as Class B or C misdemeanors or infractions, that may arise out of the investigation or prosecution of the matter with respect to which the Attorney General's request was made, including perjury, obstruction of justice, destruction of evidence, and intimidation of witnesses.

(4) Disclosure of identity and prosecutorial jurisdiction.—An independent counsel's identity and prosecutorial jurisdiction (including any expansion under subsection (c)) may not be made public except upon the request of the Attorney General or upon a determination of the division of the court that disclosure of the identity and prosecutorial jurisdiction of such independent counsel would be in the best interests of justice. In any event, the identity and prosecutorial jurisdiction of such independent counsel shall be made public when any indictment is returned, or any criminal information is filed, pursuant to the independent counsel's investigation.

(c) Expansion of Jurisdiction.—

(1) In general.—The division of the court, upon the request of the Attorney General, may expand the prosecutorial jurisdiction of an independent counsel, and such expansion may be in lieu of the appointment of another independent counsel.

(2) Procedure for request by independent counsel.—

   (A) If the independent counsel discovers or receives information about possible violations of criminal law by persons as provided in section 591, which are not covered by the prosecutorial jurisdiction of the independent counsel, the independent counsel may submit such information to the Attorney General. The Attorney General shall then conduct a preliminary investigation of the information in accordance with the provisions of section 592, except that such preliminary investigation shall not exceed 30 days from the date such information is received. In making the determinations required by section 592, the Attorney General shall give great weight to any recommendations of the independent counsel.

   (B) If the Attorney General determines, after according great weight to the recommendations of the independent counsel, that there are no reasonable grounds to believe that further investigation is warranted, the Attorney General shall promptly so notify the division of the court and the division of the court shall have no power to expand the jurisdiction of the independent counsel or to appoint another independent counsel with respect to the matters involved.

   (C) If—(i) the Attorney General determines that there are reasonable grounds to believe that further investigation is warranted; or (ii) the 30-day period referred to in subparagraph (A) elapses without a notification to the division of the court that no further investigation is warranted; the division of the court shall expand the jurisdiction of the appropriate independent counsel to include the matters involved or shall appoint another independent counsel to investigate such matters.

(d) Return for Further Explanation.—Upon receipt of a notification under section 592 or subsection (c)(2)(B) of this section from the Attorney General that there are no reasonable grounds to believe that further investigation is warranted with respect to information received under this chapter, the division of the court shall have no authority to overrule this determination but may return the matter to the Attorney General for further explanation of the reasons for such determination.

(e) Vacancies.—If a vacancy in office arises by reason of the resignation, death, or removal of an independent counsel, the division of the court shall appoint an independent counsel to complete the work of the independent counsel whose resignation, death, or removal caused the vacancy, except that in the case of a vacancy arising by reason of the removal of an independent counsel, the division of the court may appoint an acting independent counsel to serve until any judicial review of such removal is completed.

(f) Attorneys' Fees.—

(1) Award of fees.—Upon the request of an individual who is the subject of an investigation conducted by an independent counsel pursuant to this chapter, the division of the court may, if no indictment is brought against such individual pursuant to that investigation, award reimbursement for those reasonable attorneys' fees incurred by that individual during that investigation which would not have been incurred but for the requirements of this chapter. The division of the court shall notify the the [1] independent counsel who conducted the investigation and Attorney [2] General of any request for attorneys' fees under this subsection.

(2) Evaluation of fees.—The division of the court shall direct such independent counsel and the Attorney General to file a written evaluation of any request for attorneys' fees under this subsection, addressing: (A) the sufficiency of the documentation; (B) the need or justification for the underlying item; (C) whether the underlying item would have been incurred but for the requirements of this chapter; and (D) the reasonableness of the amount of money requested.

(g) Disclosure of Information.—The division of the court may, subject to section 594(h)(2), allow the disclosure of any notification, application, or any other document, material, or memorandum supplied to the division of the court under this chapter.

(h) Amicus Curiae Briefs.—When presented with significant legal issues, the division of the court may disclose sufficient information about the issues to permit the filing of timely amicus curiae briefs.

§ 594.　Authority and duties of an independent counsel

(a) Authorities.—Notwithstanding any other provision of law, an independent counsel appointed under this chapter shall have, with respect to all matters in such independent counsel's prosecutorial jurisdiction established under this chapter, full power and independent authority to exercise all investigative and prosecutorial functions and powers of the Department of Justice, the Attorney General, and any other officer or employee of the Department of Justice, except that the Attorney General shall exercise direction or control as to those matters that specifically require the Attorney General's personal action under section 2516 of title 18. Such investigative and prosecutorial functions and powers shall include—

(1) conducting proceedings before grand juries and other investigations;

(2) participating in court proceedings and engaging in any litigation, including civil and criminal matters, that such independent counsel considers necessary;

(3) appealing any decision of a court in any case or proceeding in which such independent counsel participates in an official capacity;

(4) reviewing all documentary evidence available from any source;

(5) determining whether to contest the assertion of any testimonial privilege;

(6) receiving appropriate national security clearances and, if necessary, contesting in court (including, where appropriate, participating in in camera proceedings) any claim of privilege or attempt to withhold evidence on grounds of national security;

(7) making applications to any Federal court for a grant of immunity to any witness, consistent with applicable statutory requirements, or for warrants, subpoenas, or other court orders, and, for purposes of sections 6003, 6004, and 6005 of title 18, exercising the authority vested in a United States attorney or the Attorney General;

(8) inspecting, obtaining, or using the original or a copy of any tax return, in accordance with the applicable statutes and regulations, and, for purposes of section 6103 of the Internal Revenue Code of 1986 and the regulations issued thereunder, exercising the powers vested in a United States attorney or the Attorney General;

(9) initiating and conducting prosecutions in any court of competent jurisdiction, framing and signing indictments, filing informations, and handling all aspects of any case, in the name of the United States; and

(10) consulting with the United States attorney for the district in which any violation of law with respect to which the independent counsel is appointed was alleged to have occurred.

(b) Compensation.—

(1) In general.—An independent counsel appointed under this chapter shall receive compensation at the per diem rate equal to the annual rate of basic pay payable for level IV of the Executive Schedule under section 5315 of title 5.

(2) Travel expenses.—Except as provided in paragraph (3), an independent counsel and persons appointed under subsection (c) shall be entitled to the payment of travel expenses as provided by subchapter I of chapter 57 of title 5, United States Code, including travel, per diem, and subsistence expenses in accordance with section 5703 of title 5.

(3) Travel to primary office.—

(A) In general.—After 1 year of service under this chapter, an independent counsel and persons appointed under subsection (c) shall not be entitled to the payment of travel, per diem, or subsistence expenses under subchapter I of chapter 57 of title 5, United States Code, for the purpose of commuting to or from the city in which the primary office of the independent counsel or person is located. The 1-year period may be extended for successive 6-month periods if the independent counsel and the division of the court certify that the payment is in the public interest to carry out the purposes of this chapter.

(B) Relevant factors.—In making any certification under this paragraph with respect to travel and subsistence expenses of an independent counsel or person appointed under subsection.

(C) The independent counsel and the division of the court shall consider, among other relevant factors: (i) the cost to the Government of reimbursing such travel and subsistence expenses; (ii) the period of time for which the independent counsel anticipates that the activities of the independent counsel or person, as the case may be, will continue; (iii) the personal and financial burdens on the independent counsel or person, as the case may be, of relocating so that such travel and subsistence expenses would not be incurred; and (iv) the burdens associated with appointing a new independent counsel, or appointing another person under subsection (c), to replace the individual involved who is unable or unwilling to so relocate.

(c) Additional Personnel.—For the purposes of carrying out the duties of an office of independent counsel, such independent counsel may appoint, fix the compensation, and assign the duties of such employees as such independent counsel considers necessary (including investigators, attorneys, and part-time consultants). The positions of all such employees are exempted from the competitive service. Such employees shall be compensated at levels not to exceed those payable for comparable positions in the Office of United States Attorney for the District of Columbia under sections 548 and 550, but in no event shall any such employee be compensated at a rate greater than the rate of basic pay payable for level ES–4 of the Senior Executive Service Schedule under section 5382 of title 5, as adjusted for the District of Columbia under section 5304 of that title regardless of the locality in which an employee is employed.

(d) Assistance of Department of Justice.—

(1) In carrying out functions.—An independent counsel may request assistance from the Department of Justice in carrying out the functions of the independent counsel, and the Department of Justice shall provide that assistance, which may include access to any records, files, or other

materials relevant to matters within such independent counsel's prosecutorial jurisdiction, and the use of the resources and personnel necessary to perform such independent counsel's duties. At the request of an independent counsel, prosecutors, administrative personnel, and other employees of the Department of Justice may be detailed to the staff of the independent counsel.

(2) Payment of and reports on expenditures of independent counsel.—The Department of Justice shall pay all costs relating to the establishment and operation of any office of independent counsel. The Attorney General shall submit to the Congress, not later than 30 days after the end of each fiscal year, a report on amounts paid during that fiscal year for expenses of investigations and prosecutions by independent counsel. Each such report shall include a statement of all payments made for activities of independent counsel but may not reveal the identity or prosecutorial jurisdiction of any independent counsel which has not been disclosed under section 593(b)(4).

(e) Referral of Other Matters to an Independent Counsel.—An independent counsel may ask the Attorney General or the division of the court to refer to the independent counsel matters related to the independent counsel's prosecutorial jurisdiction, and the Attorney General or the division of the court, as the case may be, may refer such matters. If the Attorney General refers a matter to an independent counsel on the Attorney General's own initiative, the independent counsel may accept such referral if the matter relates to the independent counsel's prosecutorial jurisdiction. If the Attorney General refers any matter to the independent counsel pursuant to the independent counsel's request, or if the independent counsel accepts a referral made by the Attorney General on the Attorney General's own initiative, the independent counsel shall so notify the division of the court.

(f) Compliance With Policies of the Department of Justice.—

(1) In general.—An independent counsel shall, except to the extent that to do so would be inconsistent with the purposes of this chapter, comply with the written or other established policies of the Department of

Justice respecting enforcement of the criminal laws. To determine these policies and policies under subsection (*l*)(1)(B), the independent counsel shall, except to the extent that doing so would be inconsistent with the purposes of this chapter, consult with the Department of Justice.

(2) National security.—An independent counsel shall comply with guidelines and procedures used by the Department in the handling and use of classified material.

(g) Dismissal of Matters.—The independent counsel shall have full authority to dismiss matters within the independent counsel's prosecutorial jurisdiction without conducting an investigation or at any subsequent time before prosecution, if to do so would be consistent with the written or other established policies of the Department of Justice with respect to the enforcement of criminal laws.

(h) Reports by Independent Counsel.—

(1) Required reports.—An independent counsel shall—

(A) file with the division of the court, with respect to the 6-month period beginning on the date of his or her appointment, and with respect to each 6-month period thereafter until the office of that independent counsel terminates, a report which identifies and explains major expenses, and summarizes all other expenses, incurred by that office during the 6-month period with respect to which the report is filed, and estimates future expenses of that office; and

(B) before the termination of the independent counsel's office under section 596(b), file a final report with the division of the court, setting forth fully and completely a description of the work of the independent counsel, including the disposition of all cases brought.

(2) Disclosure of information in reports.—The division of the court may release to the Congress, the public, or any appropriate person, such portions of a report made under this subsection as the division of the court considers appropriate. The division of the court shall make such orders as are appropriate to protect the rights of any individual named in such report and to prevent undue interference with any pending

prosecution. The division of the court may make any portion of a final report filed under paragraph (1)(B) available to any individual named in such report for the purposes of receiving within a time limit set by the division of the court any comments or factual information that such individual may submit. Such comments and factual information, in whole or in part, may, in the discretion of the division of the court, be included as an appendix to such final report.

(3) Publication of reports.—At the request of an independent counsel, the Public Printer shall cause to be printed any report previously released to the public under paragraph (2). The independent counsel shall certify the number of copies necessary for the public, and the Public Printer shall place the cost of the required number to the debit of such independent counsel. Additional copies shall be made available to the public through the depository library program and Superintendent of Documents sales program pursuant to sections 1702 and 1903 of title 44.

(i) Independence From Department of Justice.—Each independent counsel appointed under this chapter, and the persons appointed by that independent counsel under subsection (c), are separate from and independent of the Department of Justice for purposes of sections 202 through 209 of title 18.

(j) Standards of Conduct Applicable to Independent Counsel, Persons Serving in the Office of an Independent Counsel, and Their Law Firms.—

(1) Restrictions on employment while independent counsel and appointees are serving: (A) During the period in which an independent counsel is serving under this chapter–(i) such independent counsel, and (ii) any person associated with a firm with which such independent counsel is associated, may not represent in any matter any person involved in any investigation or prosecution under this chapter; (B) During the period in which any person appointed by an independent counsel under subsection (c) is serving in the office of independent counsel, such person may not represent in any matter any person involved in any investigation or prosecution under this chapter.

(2) Post employment restrictions on independent counsel and appointees:

(A) Each independent counsel and each person appointed by that independent counsel under subsection (c) may not, for 3 years following the termination of the service under this chapter of that independent counsel or appointed person, as the case may be, represent any person in any matter if that individual was the subject of an investigation or prosecution under this chapter that was conducted by that independent counsel; (B) Each independent counsel and each person appointed by that independent counsel under subsection (c) may not, for 1 year following the termination of the service under this chapter of that independent counsel or appointed person, as the case may be, represent any person in any matter involving any investigation or prosecution under this chapter.

(3) One-year ban on representation by members of firms of independent counsel.—Any person who is associated with a firm with which an independent counsel is associated or becomes associated after termination of the service of that independent counsel under this chapter may not, for 1 year following such termination, represent any person in any matter involving any investigation or prosecution under this chapter.

(4) Definitions.—For purposes of this subsection—(A) the term "firm" means a law firm whether organized as a partnership or corporation; and (B) a person is "associated" with a firm if that person is an officer, director, partner, or other member or employee of that firm.

(5) Enforcement.—The Attorney General and the Director of the Office of Government Ethics have authority to enforce compliance with this subsection.

(k) Custody of Records of an Independent Counsel.—

(1) Transfer of records.—Upon termination of the office of an independent counsel, that independent counsel shall transfer to the Archivist of the United States all records which have been created or received by that office. Before this transfer, the independent counsel shall clearly identify which of these records are subject to rule 6(e) of the Federal Rules of Criminal Procedure as grand jury materials and which of these records

have been classified as national security information. Any records which were compiled by an independent counsel and, upon termination of the independent counsel's office, were stored with the division of the court or elsewhere before the enactment of the Independent Counsel Reauthorization Act of 1987, shall also be transferred to the Archivist of the United States by the division of the court or the person in possession of such records.

(2) Maintenance, use, and disposal of records.—Records transferred to the Archivist under this chapter shall be maintained, used, and disposed of in accordance with chapters 21, 29, and 33 of title 44.

(3) Access to records.—

(A) In general.—Subject to paragraph (4), access to the records transferred to the Archivist under this chapter shall be governed by section 552 of title 5.

(B) Access by department of justice.—The Archivist shall, upon written application by the Attorney General, disclose any such records to the Department of Justice for purposes of an ongoing law enforcement investigation or court proceeding, except that, in the case of grand jury materials, such records shall be so disclosed only by order of the court of jurisdiction under rule 6(e) of the Federal Rules of Criminal Procedure.

(C) Exception.—Not-withstanding any restriction on access imposed by law, the Archivist and persons employed by the National Archives and Records Administration who are engaged in the performance of normal archival work shall be permitted access to the records transferred to the Archivist under this chapter.

(4) Records provided by congress.—Records of an investigation conducted by a committee of the House of Representatives or the Senate which are provided to an independent counsel to assist in an investigation or prosecution conducted by that independent counsel—

(A) shall be maintained as a separate body of records within the records of the independent counsel; and (B) shall, after the records have been transferred to the Archivist under this chapter, be made available, except as provided in paragraph (3)(B) and (C), in accordance with the rules governing release of the records of the House of Congress that provided the records to the independent counsel. Subparagraph (B) shall not apply to those records which have been surrendered pursuant to grand jury or court proceedings.

(l) Cost Controls and Administrative Support.—

–Cost controls:

(A) In general.—An independent counsel shall:

　(i) conduct all activities with due regard for expense;

　(ii) authorize only reasonable and lawful expenditures; and

　(iii)promptly, upon taking office, assign to a specific employee the duty of certifying that expenditures of the independent counsel are reasonable and made in accordance with law.

(B) Liability for invalid certification.—An employee making a certification under subparagraph (A)(iii) shall be liable for an invalid certification to the same extent as a certifying official certifying a voucher is liable under section 3528 of title 31.

(C) Department of justice policies.—An independent counsel shall comply with the established policies of the Department of Justice respecting expenditures of funds, except to the extent that compliance would be inconsistent with the purposes of this chapter.

(2) Administrative support.—The Director of the Administrative Office of the United States Courts shall provide administrative support and guidance to each independent counsel. No officer or employee of the Administrative Office of the United States Courts shall disclose information related to an independent counsel's expenditures, personnel, or administrative acts or arrangements without the authorization of the independent counsel.

(3) Office space.—The Administrator of General Services, in consultation with the Director of the Administrative Office of the United States Courts, shall promptly provide appropriate office space for each

independent counsel. Such office space shall be within a Federal building unless the Administrator of General Services determines that other arrangements would cost less. Until such office space is provided, the Administrative Office of the United States Courts shall provide newly appointed independent counsels immediately upon appointment with appropriate, temporary office space, equipment, and supplies.

§ 595. Congressional oversight

(a) Oversight of Conduct of Independent Counsel.—

(1) Congressional oversight.—The appropriate committees of the Congress shall have oversight jurisdiction with respect to the official conduct of any independent counsel appointed under this chapter, and such independent counsel shall have the duty to cooperate with the exercise of such oversight jurisdiction.

(2) Reports to congress.—An independent counsel appointed under this chapter shall submit to the Congress annually a report on the activities of the independent counsel, including a description of the progress of any investigation or prosecution conducted by the independent counsel. Such report may omit any matter that in the judgment of the independent counsel should be kept confidential, but shall provide information adequate to justify the expenditures that the office of the independent counsel has made.

(b) Oversight of Conduct of Attorney General.—Within 15 days after receiving an inquiry about a particular case under this chapter, which is a matter of public knowledge, from a committee of the Congress with jurisdiction over this chapter, the Attorney General shall provide the following information to that committee with respect to that case:

(1) When the information about the case was received.

(2) Whether a preliminary investigation is being conducted, and if so, the date it began.

(3) Whether an application for the appointment of an independent counsel or a notification that further investigation is not warranted has been filed

with the division of the court, and if so, the date of such filing.

(c) Information Relating to Impeachment.—An independent counsel shall advise the House of Representatives of any substantial and credible information which such independent counsel receives, in carrying out the independent counsel's responsibilities under this chapter, that may constitute grounds for an impeachment. Nothing in this chapter or section 49 of this title shall prevent the Congress or either House thereof from obtaining information in the course of an impeachment proceeding.

§ 596. Removal of an independent counsel; termination of office

(a) Removal; Report on Removal.—

   (1) Grounds for removal.—An independent counsel appointed under this chapter may be removed from office, other than by impeachment and conviction, only by the personal action of the Attorney General and only for good cause, physical or mental disability (if not prohibited by law protecting persons from discrimination on the basis of such a disability),,[1] or any other condition that substantially impairs the performance of such independent counsel's duties.

   (2) Report to division of the court and congress.—If an independent counsel is removed from office, the Attorney General shall promptly submit to the division of the court and the Committees on the Judiciary of the Senate and the House of Representatives a report specifying the facts found and the ultimate grounds for such removal. The committees shall make available to the public such report, except that each committee may, if necessary to protect the rights of any individual named in the report or to prevent undue interference with any pending prosecution, postpone or refrain from publishing any or all of the report. The division of the court may release any or all of such report in accordance with section 594(h) (2).

   (3) Judicial review of removal.—An independent counsel removed from office may obtain judicial review of the removal in a civil action commenced in the United States District Court for the District of

Columbia. A member of the division of the court may not hear or determine any such civil action or any appeal of a decision in any such civil action. The independent counsel may be reinstated or granted other appropriate relief by order of the court.

(b) Termination of Office.—

    (1) Termination by action of independent counsel.—An office of independent counsel shall terminate when—

        (A) the independent counsel notifies the Attorney General that the investigation of all matters within the prosecutorial jurisdiction of such independent counsel or accepted by such independent counsel under section 594(e), and any resulting prosecutions, have been completed or so substantially completed that it would be appropriate for the Department of Justice to complete such investigations and prosecutions; and

        (B) the independent counsel files a final report in compliance with section 594(h)(1)(B).

    (2) Termination by division of the court.—The division of the court, either on its own motion or upon the request of the Attorney General, may terminate an office of independent counsel at any time, on the ground that the investigation of all matters within the prosecutorial jurisdiction of such independent counsel or accepted by such independent counsel under section 594(e), and any resulting prosecutions, have been completed or so substantially completed that it would be appropriate for the Department of Justice to complete such investigations and prosecutions. At the time of such termination, the independent counsel shall file the final report required by section 594(h)(1)(B). If the Attorney General has not made a request under this paragraph, the division of the court shall determine on its own motion whether termination is appropriate under this paragraph no later than 2 years after the appointment of an independent counsel, at the end of the succeeding 2-year period, and thereafter at the end of each succeeding 1-year period.

(c) Audits.—

   (1) On or before June 30 of each year, an independent counsel shall prepare a statement of expenditures for the 6 months that ended on the immediately preceding March 31. On or before December 31 of each year, an independent counsel shall prepare a statement of expenditures for the fiscal year that ended on the immediately preceding September 30. An independent counsel whose office is terminated prior to the end of the fiscal year shall prepare a statement of expenditures on or before the date that is 90 days after the date on which the office is terminated.

   (2) The Comptroller General shall—(A) conduct a financial review of a mid-year statement and a financial audit of a year-end statement and statement on termination; and (B) report the results to the Committee on the Judiciary, Committee on Governmental Affairs, and Committee on Appropriations of the Senate and the Committee on the Judiciary, Committee on Government Operations, and Committee on Appropriations of the House of Representatives not later than 90 days following the submission of each such statement.

§ 597. Relationship with Department of Justice

(a) Suspension of Other Investigations and Proceedings.—Whenever a matter is in the prosecutorial jurisdiction of an independent counsel or has been accepted by an independent counsel under section 594(e), the Department of Justice, the Attorney General, and all other officers and employees of the Department of Justice shall suspend all investigations and proceedings regarding such matter, except to the extent required by section 594(d)(1), and except insofar as such independent counsel agrees in writing that such investigation or proceedings may be continued by the Department of Justice.

(b) Presentation as Amicus Curiae Permitted.—Nothing in this chapter shall prevent the Attorney General or the Solicitor General from making a presentation as amicus curiae to any court as to issues of law raised by any case or proceeding in which an independent counsel participates in an official capacity or any appeal of such a case or proceeding.

§ 598.　Severability

If any provision of this chapter or the application thereof to any person or circumstance is held invalid, the remainder of this chapter and the application of such provision to other persons not similarly situated or to other circumstances shall not be affected by such invalidation.

§ 599.　Termination of effect of chapter

This chapter shall cease to be effective five years after the date of the enactment of the Independent Counsel Reauthorization Act of 1994, except that this chapter shall continue in effect with respect to then pending matters before an independent counsel that in the judgment of such counsel require such continuation until that independent counsel determines such matters have been completed.

Source:　From Cornell University-Law School: Part II－Department of Justice (§591-599), in ＜https://www.law.cornell.edu/uscode/text/28/＞. last update 10 October 2017.

附錄二：美國《特別檢察官規則》（1999 年）

Office of Special Counsel Regulations, 1999

Sec. 600.1　Grounds for appointing a Special Counsel.

The Attorney General, or in cases in which the Attorney General is recused, the Acting Attorney General, will appoint a Special Counsel when he or she determines that criminal investigation of a person or matter is warranted and—

(a) That investigation or prosecution of that person or matter by a United States Attorney's Office or litigating Division of the Department of Justice would present a conflict of interest for the Department or other extraordinary circumstances; and

(b) That under the circumstances, it would be in the public interest to appoint an outside Special Counsel to assume responsibility for the matter.

Sec. 600.2　Alternatives available to the Attorney General.

When matters are brought to the attention of the Attorney General that might warrant consideration of appointment of a Special Counsel, the Attorney General may:

(a) Appoint a Special Counsel;

(b) Direct that an initial investigation, consisting of such factual inquiry or legal research as the Attorney General deems appropriate, be conducted in order to better inform the decision; or

(c) Conclude that under the circumstances of the matter, the public interest would not be served by removing the investigation from the normal processes of the Department, and that the appropriate component of the Department should handle the matter. If the Attorney General reaches this conclusion, he or she may direct that appropriate steps be taken to mitigate any conflicts of interest, such as recusal of particular officials.

Sec. 600.3　Qualifications of the Special Counsel.

(a) An individual named as Special Counsel shall be a lawyer with a reputation for integrity and impartial decision-making, and with appropriate experience to ensure both that the investigation will be conducted ably, expeditiously and thoroughly, and that investigative and prosecutorial decisions will be supported by an informed understanding of the criminal law and Department of Justice policies. The Special Counsel shall be selected from outside the United States Government. Special Counsels shall agree that their responsibilities as Special Counsel shall take first precedence in their professional lives, and that it may be necessary to devote their full time to the investigation, depending on its complexity and the stage of the investigation.

(b) The Attorney General shall consult with the Assistant Attorney General for Administration to ensure an appropriate method of appointment, and to ensure that a Special Counsel undergoes an appropriate background investigation and a detailed review of ethics and conflicts of interest issues. A Special Counsel shall be appointed as a "confidential employee" as defined in 5 U.S.C. 7511(b)(2)(C).

Sec. 600.4   Jurisdiction.

(a) *Original jurisdiction.* The jurisdiction of a Special Counsel shall be established by the Attorney General. The Special Counsel will be provided with a specific factual statement of the matter to be investigated. The jurisdiction of a Special Counsel shall also include the authority to investigate and prosecute federal crimes committed in the course of, and with intent to interfere with, the Special Counsel's investigation, such as perjury, obstruction of justice, destruction of evidence, and intimidation of witnesses; and to conduct appeals arising out of the matter being investigated and/or prosecuted.

(b) *Additional jurisdiction.* If in the course of his or her investigation the Special Counsel concludes that additional jurisdiction beyond that specified in his or her original jurisdiction is necessary in order to fully investigate and resolve the matters assigned, or to investigate new matters that come to light in the course of his or her investigation, he or she shall consult with the Attorney General, who will determine whether to include the additional matters within the Special Counsel's jurisdiction or assign them elsewhere.

(c) *Civil and administrative jurisdiction.* If in the course of his or her investigation the Special Counsel determines that administrative remedies, civil sanctions or other governmental action outside the criminal justice system might be appropriate, he or she shall consult with the Attorney General with respect to the appropriate component to take any necessary action. A Special Counsel shall not have civil or administrative authority unless specifically granted such jurisdiction by the Attorney General.

Sec.600.5　Staff

A Special Counsel may request the assignment of appropriate Department employees to assist the Special Counsel. The Department shall gather and provide the Special Counsel with the names and resumes of appropriate personnel available for detail. The Special Counsel may also request the detail of specific employees, and the office for which the designated employee works shall make reasonable efforts to accommodate the request. The Special Counsel shall assign the duties and supervise the work of such employees while they are assigned to the Special Counsel. If necessary, the Special Counsel may request that additional personnel be hired or assigned from outside the Department. All personnel in the Department shall cooperate to the fullest extent possible with the Special Counsel.

Sec.600.6　Powers and authority

Subject to the limitations in the following paragraphs, the Special Counsel shall exercise, within the scope of his or her jurisdiction, the full power and independent authority to exercise all investigative and prosecutorial functions of any United States Attorney. Except as provided in this part, the Special Counsel shall determine whether and to what extent to inform or consult with the Attorney General or others within the Department about the conduct of his or her duties and responsibilities.

Sec.600.7 Conduct and accountability

(a) A Special Counsel shall comply with the rules, regulations, procedures, practices and policies of the Department of Justice. He or she shall consult with appropriate offices within the Department for guidance with respect to established practices, policies and procedures of the Department, including ethics and security regulations and procedures. Should the Special Counsel conclude that the extraordinary circumstances of any particular decision would render compliance with required review and approval procedures by the designated Departmental component inappropriate, he or she may consult directly with the Attorney General.

(b) The Special Counsel shall not be subject to the day-to-day supervision of any official of the Department. However, the Attorney General may request that the Special Counsel provide an explanation for any investigative or prosecutorial step, and may after review conclude that the action is so inappropriate or unwarranted under established Departmental practices that it should not be pursued. In conducting that review, the Attorney General will give great weight to the views of the Special Counsel. If the Attorney General concludes that a proposed action by a Special Counsel should not be pursued, the Attorney General shall notify Congress as specified in § 600.9(a)(3).

(c) The Special Counsel and staff shall be subject to disciplinary action for misconduct and breach of ethical duties under the same standards and to the same extent as are other employees of the Department of Justice. Inquiries into such matters shall be handled through the appropriate office of the Department upon the approval of the Attorney General.

(d) The Special Counsel may be disciplined or removed from office only by the personal action of the Attorney General. The Attorney General may remove a Special Counsel for misconduct, dereliction of duty, incapacity, conflict of interest, or for other good cause, including violation of Departmental policies. The Attorney General shall inform the Special Counsel in writing of the specific reason for his or her removal.

Sec.600.8　Notification and reports by the Special Counsel

(a) *Budget.*

> (1) A Special Counsel shall be provided all appropriate resources by the Department of Justice. Within the first 60 days of his or her appointment, the Special Counsel shall develop a proposed budget for the current fiscal year with the assistance of the Justice Management Division for the Attorney General's review and approval. Based on the proposal, the Attorney General shall establish a budget for the operations of the Special Counsel. The budget shall include a request for assignment of personnel, with a description of the qualifications needed.

> (2) Thereafter, 90 days before the beginning of each fiscal year, the Special Counsel shall report to the Attorney General the status of the investigation, and provide a budget request for the following year. The Attorney General shall determine whether the investigation should continue and, if so, establish the budget for the next year.

(b) *Notification of significant events.* The Special Counsel shall notify the Attorney General of events in the course of his or her investigation in conformity with the Departmental guidelines with respect to Urgent Reports.

(c) *Closing documentation.* At the conclusion of the Special Counsel's work, he or she shall provide the Attorney General with a confidential report explaining the prosecution or declination decisions reached by the Special Counsel.

600.9　Notification and reports by the Attorney General.

(a) The Attorney General will notify the Chairman and Ranking Minority Member of the Judiciary Committees of each House of Congress, with an explanation for each action -

(1) Upon appointing a Special Counsel;

(2) Upon removing any Special Counsel; and

(3) Upon conclusion of the Special Counsels investigation, including, to the extent consistent with applicable law, a description and explanation of

instances (if any) in which the Attorney General concluded that a proposed action by a Special Counsel was so inappropriate or unwarranted under established Departmental practices that it should not be pursued.

(b) The notification requirement in paragraph (a)(1) of this section may be tolled by the Attorney General upon a finding that legitimate investigative or privacy concerns require confidentiality. At such time as confidentiality is no longer needed, the notification will be provided.

(c) The Attorney General may determine that public release of these reports would be in the public interest, to the extent that release would comply with applicable legal restrictions. All other releases of information by any Department of Justice employee, including the Special Counsel and staff, concerning matters handled by Special Counsels shall be governed by the generally applicable Departmental guidelines concerning public comment with respect to any criminal investigation, and relevant law.

Sec. 600.10　No creation of rights.

The regulations in this part are not intended to, do not, and may not be relied upon to create any rights, substantive or procedural, enforceable at law or equity, by any person or entity, in any matter, civil, criminal, or administrative.

Source："Regulations Published at 28 CFR 600.1-10," *Federal Register*, July 9, 1999 (Vol. 64 No.131), 37038-37044 (April 17, 2001), in <http//www.usdoj.gov/criminal/publications/specialcounselreg.htm> latest update 1 May 2018.

附錄三：中華民國最高法院檢查署特別偵查組偵結起訴案件（2007-2017）

一、中藥商公會全國聯合會行賄立法委員案

偵結期	2007 年 8 月 29 日
被告	第 3 屆立法委員 31 人及衛生署署長 1 人
案由	前立法委員邱垂貞、林光華、馮定國、趙永清、許舒博、李俊毅、陳鴻基等 31 人，被檢舉於擔任立法委員任內時合謀修改《藥物藥商管理法》，以便護航中藥商免試即可取得調劑權，事後每人各收取 20 萬元到 1,000 萬元不等之謝金。 原《藥物藥商管理法》（於民國 82 年 2 月修法更名為《藥事法》）規範自民國 63 年 6 月 1 日後方取得藥商許可執照的中藥商，必須通過國家考試才可為顧客調劑。中藥商公會全國聯合會反對此一規定，卻又無法改變事實的情況下，為謀透過修法爭取中藥商之調劑權，於民國 85 年 9 月起發動會員共同募款集資 3,900 餘萬元，給與相關立法委員推動修法，目的是修法使中藥商或中藥從業人員於修滿一定的研習課程學分，即可免試取得調劑權。 因當時執政的國民黨立法委員也支持該法的規範，中藥商全聯會便將遊說重點放在民進黨等在野立法委員為主。其中前立法委員邱垂貞、林光華與馮定國等有家人或親友從事中醫藥行業，於接受中藥商全聯會請託後，利用其立法委員職權在立法院召開公聽會、座談會及朝野協商，最後於民國 87 年 5 月 30 日凌晨完成修法三讀通過程序。[1]
法院審理現況	偵結：林志嘉等 24 人因查無具體犯罪事證與嫌疑，簽結。（2007 年 8 月 29 日） == 偵結：起訴邱垂貞等 8 人。（2008 年 1 月 9 日） 一審：臺北地方法院 97 年度矚訴字第 1 號判決。（2009 年 1 月 23 日） 二審：臺灣高等法院 98 年度矚上訴字第 6 號判決。（2010 年 9 月 8 日） 三審：最高法院 100 年度台上字第 1105 號判決。（2011 年 3 月 10 日） 更一審：臺灣高等法院 100 年度矚上更（一）字第 1 號判決。（2012 年 8 月 29 日）

---

[1]　法院判決：臺北地方法院 97 年度矚訴字第 1 號判決。

法院審理現況	更一審確定：廖福本公訴不受理。（2012 年 6 月 20 日死亡） 　　　三審：最高法院 102 年度台上字第 2796 號判決。 　　　（2013 年 7 月 11 日） 三審確定：趙永清、李俊毅、陳鴻基均無罪。 更二審：臺灣高等法院 102 年度重矚上更（二）字第 36 號判決。 　　　（2014 年 9 月 25 日） 三審：最高法院 105 年度台上字第 456 號判決。（2016 年 2 月 24 日） 三審確定：許舒博無罪。 〈邱垂貞、林光華、馮定國部分撤銷發回，更三審臺灣高等法院 105 年度重矚上更（三）字第 6 號審理中〉

二、牙醫師公會全國聯合會行賄立法委員案

偵結期	2007 年 10 月 26 日
被告	立法委員 42 人
案由	因中華民國牙醫師公會全國聯合會（下稱全聯會）於 2001 年間得知第二代全民健康保險規劃修法，擬將牙齒醫療改為附加保險，而排除在健保基本給付之外。此舉將導致減少牙醫師執業收入。加上全聯會認為長久以來牙醫受到法令之保障及受重視程度不及一般醫科，加上牙科助理等牙醫醫療輔助人員執業問題一直無法獲得合理解決，另為促進國民口腔健康，乃由前理事長黃亦昇提議「國民口腔健康促進法」草案，為推動口腔健康法立法，於 2002 年 4 月 27 日請前立法委員蔡煌瑯領銜提案，並經其他委員連署後提案於民國 2003 年 4 月底通過立法。 為酬謝蔡煌瑯與其他連署委員，牙醫師公會全國聯合會遂致贈現金與相關立法委員。當時負責提案的蔡煌瑯及其在某大藥廠任職的胞兄蔡朝正二人被認為出力最多，共同受賄 350 萬元；前立法委員趙永清、張蔡美、邱創良、李明憲、各受賄 100 萬元；楊富美、李鎮楠、廖本煙各受賄 50 萬元。[2]
法院審理現況	偵結：高明見等 33 人因罪嫌不足，簽結。（2007 年 10 月 26 日） ＝＝＝＝＝＝＝＝＝＝＝＝＝＝＝＝＝＝＝＝＝＝＝＝＝＝＝＝＝＝＝＝＝＝＝＝＝ 偵結：起訴蔡煌瑯等 9 人。（2008 年 1 月 17 日） 一審：臺北地方法院 97 年度矚訴字第 2 號判決。（2010 年 10 月 29 日） 二審：臺灣高等法院 99 年度矚上訴字第 6 號判決。（2011 年 9

2　法院判決：臺北地方法院 97 年度矚訴字第 2 號判決。

法院審理現況	月 27 日）
	二審確定：廖本煙偽造文書部分徒刑 2 月。
	三審：最高法院 101 年度台上字第 6422 號判決。（2012 年 12 月 13 日）
	更一審：臺灣高等法院 102 年度重矚上更（一）字第 5 號判決。（2015 年 3 月 31 日）
	三審：最高法院 105 年度台上字第 552 號判決。（2016 年 3 月 3 日）
	三審確定：蔡煌瑯、蔡朝正、趙永清、邱創良、張蔡美、楊富美、廖本煙均無罪。
	〈李鎮楠、李明憲部分撤銷發回，更二審臺灣高等法院 105 年度重矚上更（二）字第 8 號審理中〉

三、國務機要費案

偵結期	2008 年 12 月 12 日
被告	陳水扁等 14 人
案由	本案原發生於特偵組成立之前。起因是前總統陳水扁太太吳淑珍友人種村碧君幫吳淑珍蒐集發票用以核銷國務機要費。另外吳淑珍也向其子陳致中、女兒陳幸妤與女婿趙建銘索討包括坐月子的油飯、寵物狗 Hone 飼料費、地價稅、內衣等私人開銷發票或收據。
	而種村碧君的堂妹李慧芬也是被索討發票的對象而得知此一事件，故而李慧芬向前立法委員邱毅檢舉她從澳洲回台灣時住宿在君悅飯店的發票被堂姐種村碧君索去給吳淑珍用以核銷國務機要費。
	當時是由臺灣高等法院檢察署查緝黑金行動中心接獲檢舉後依貪汙罪起訴吳淑珍，其後成立的特偵組也依因本案循線查出扁家相關四大案。
	二、龍潭購地案、陳敏薰交付賄賂案、南港展覽館案、國外帳戶洗錢案等案由於後續說明。[3]
法院審理現況	偵結：起訴。（2008 年 12 月 12 日）
	一審：臺北地方法院 97 年度金矚重訴字第 1 號判決。（2009 年 9 月 11 日）
	二審：臺灣高等法院 98 年度矚上重訴字第 60 號判決。（2010 年 6 月 11 日）
	三審：最高法院 99 年度台上字第 7078 號判決。（2010 年 11 月

---

[3] 法院判決：臺北地方法院 97 年度金矚重訴字第 1 號判決。

法院審理現況	11 日）
	更一審：臺灣高等法院 99 年度矚上重更（一）字第 3 號判決。（2011 年 8 月 26 日）
	三審：最高法院 101 年度台上字第 3895 號判決。（2012 年 7 月 26 日）
	〈更二審臺灣高等法院 101 年度矚上重更（二）字第 2 號審理中〉

四、洗錢案

偵結期	2008 年 12 月 12 日
被告	陳水扁等
案由	吳淑珍借用媳婦黃睿靚與胞兄吳景茂名義開設海外帳戶，將總統選舉後結餘款及歷年不法所得賄款（含龍潭購地案海外款項、部分國務機要費、陳敏薰交付賄賂款及南港展覽館案款項）存入，以規避國內金管機關查察。 經瑞士聯邦檢查署、新加坡與美國通知我國司法單位，總統媳婦以及太太胞兄疑涉海外洗錢案，且經立法委員召開記者會揭露，特偵組介入偵查。 當時調查局長局葉盛茂還因將瑞士通知我方黃睿靚疑涉洗錢之情資隱匿且私下交給陳水扁而涉及洩密罪以及隱匿公文罪。[4]
法院審理現況	偵結：起訴。（2008 年 12 月 12 日） 一審：臺北地方法院 97 年度金矚重訴字第 1 號判決。（2009 年 9 月 11 日） 一審確定：吳景茂、陳俊英各處徒刑 2 年，緩刑 5 年。 　　　　　蔡銘杰徒刑 8 月，減為 4 月。 一審：臺北地方法院 105 年度金重訴字第 1 號判決。（2016 年 1 月 28 日） 一審確定：蔡美利公訴不受理。（104 年 9 月 12 日死亡） 二審：臺灣高等法院 98 年度矚上重訴字第 60 號判決。（2010 年 6 月 11 日） 三審：最高法院 99 年度台上字第 7078 號判決。（2010 年 11 月 11 日） 更一審：臺灣高等法院 99 年度矚上重更（一）字第 3 號判決。（2011 年 8 月 26 日） 三審：最高法院 101 年度台上字第 3895 號判決。（2012 年 7 月 26 日） 三審確定：

4　法院判決：臺北地方法院 97 年度金矚重訴字第 1 號判決。

法院審 理現況	龍潭購地案洗錢部分：陳水扁、吳淑珍各處徒刑 2 年，併科罰金新臺幣 300 萬元；郭銓慶徒刑 4 月，減為 2 月；蔡銘哲徒刑 1 年，減為 6 月。 收受辜仲諒賄賂案洗錢部分：陳水扁、吳淑珍、陳鎮慧、蔡銘哲、郭銓慶均無罪。 〈龍潭購地案洗錢（陳致中、黃睿靚部分）、國務機要費案洗錢部分、南港展覽館案洗錢部分撤銷發回，更二審臺灣高等法院 101 年度矚上重更（二）字第 2 號審理中〉

五、龍潭購地弊案

偵結期	2008 年 12 月 12 日
被告	陳水扁等
案由	達裕公司為和信集團辜家所設立之公司，於民國 86 年開發龍潭科技工業園區（簡稱龍潭工業區）。因開發工業園區所投入資金甚鉅，再加上達裕在其他處的投資亦失敗，達裕公司因此負債累累，財務狀況逐年惡化。 2003 年 7 月起，達裕公司因資金不足連續跳票，銀行團不願再延期借款，並限期還款，因而產生財務危機。辜成允與辜仲諒商議將達裕公司所有之龍潭工業區的土地出售以解決問題。 其後便積極尋求仲介以尋找買主，其中仲介包括了與本案相關的蔡銘哲、其兄蔡銘杰及吳淑珍（蔡銘哲姊為吳淑珍同學，經常出入官邸）。 此時林百里的廣輝公司因擬興建 3 座 TFT－LCD 液晶面板廠，正在尋找設廠用地，希望能於 92 年底動土興建。其又指定要使用科學園區土地，而向新竹科學園區申請建廠用地。此事吳淑珍知曉後，透過蔡家兄弟與辜家談妥事成之後佣金 4 億元。 辜家達裕公司希望透過政治力量以「民間園區併入科學工業園區設置管理辦法」，將龍潭工業區併入科學園區，就可以給廣輝公司設廠使用。 工業局、國科會及行政院在審理將龍潭工業區併入科學園區案時皆以從無此例、且科技管理局作業基金於 2004 年底負債已高達新臺幣 526 億，再無能力購買龍潭工業區土地而持反對意見。吳淑珍為謀取 4 億元佣金，聯合陳水扁介入此案，裁示行政院以「先租後購」的方式辦理，至此，本案得以通過。[5]
法院審 理現況	偵結：起訴。（2008 年 12 月 12 日） 一審：臺北地方法院 97 年度金矚重訴字第 1 號判決。（2009 年

---

5 法院判決：臺北地方法院 97 年度金矚重訴字第 1 號判決。

法院審理現況	9 月 11 日） 一審確定：蔡銘杰徒刑 2 年，與洗錢案定應執行刑 2 年，緩刑 5 年，罰金 1 千萬元。 二審：臺灣高等法院 98 年度矚上重訴字第 60 號判決。（2010 年 6 月 11 日） 三審：最高法院 99 年度台上字第 7078 號判決。（2010 年 11 月 11 日） 三審確定：陳水扁、吳淑珍各處徒刑 11 年，併科罰金新臺幣 1 億 5 千萬元。 李界木徒刑 3 年 6 月。 蔡銘哲徒刑 1 年 4 月，減為 8 月，緩刑 3 年。

六、南港展覽館案

偵結期	2008 年 12 月 12 日
被告	陳水扁等
案由	內政部營建署代辦「經濟部南港展覽館新建工程」，工程金額（含規劃、設計、監造費及專案管理費等）共新臺幣38 億元。營建署依經濟部國際貿易局之建議，採取統包法、固定價格之最有利標方式及建築與水電工程合併招標方式辦理發包。 營建署成立評選委員會，訂定或審定招標文件之評選項目、評審標準及評定方式，並辦理廠商評選，決定得標廠商，故此評選委員具有決定得標廠商之重要權力。依採購評選委員會組織準則第 6 條規定，評選委員會之委員名單，於開始評選前應予保密；而《政府採購法》第 34 條第 1 項亦規定，機關辦理採購，其招標文件於公告前應予保密。 力拓公司董事長郭銓慶為取得承包南港展覽館案，透過蔡銘哲請吳淑珍介入本案。並表明在本案招標公告公布前，需取得內政部已圈選確定並保密之外聘專家學者評選委員名單及投標廠商資格等消息或文書，藉以評估投標之可行性，並以前述之評選委員名單先行賄賂評選委員，俾其等將力拓公司評選為得標廠商。 吳淑珍如能為力拓公司取得前開消息或文書，將在得標後給付 9 千萬元作為酬謝。 吳淑珍於是要求時任內政部部長余政憲提供評審委員名單與廠商資格限制等相關招標文書。余政憲配合吳淑珍所求，力拓公司得以賄賂所有評審委員，本案遂由力拓公司得標。[6]

---

[6] 法院判決：臺北地方法院 97 年度金矚重訴字第 1 號判決。

法院審理現況	偵結：起訴。（2008 年 12 月 12 日） 一審：臺北地方法院 97 年度金矚重訴字第 1 號判決。（2009 年 9 月 11 日） 二審：臺灣高等法院 98 年度矚上重訴字第 60 號判決。（2010 年 6 月 11 日） 三審：最高法院 99 年度台上字第 7078 號判決。（2010 年 11 月 11 日） 更一審：臺灣高等法院 99 年度矚上重更（一）字第 3 號判決。（2011 年 8 月 26 日） 三審：最高法院 101 年度台上字第 3895 號判決。（2012 年 7 月 26 日） 三審確定：吳淑珍徒刑 9 年，併科罰金新臺幣 2 千萬元； 　　　　　蔡銘哲、郭銓慶各處徒刑 1 年，減為 6 月。

七、陳敏薰買官案

偵結期	2009 年 5 月 5 日
被告	陳水扁等
案由	陳敏薰自 2003 年 6 月 20 日擔任中華開發金控公司代理董事長，任期本應至 2004 年 6 月間方屆滿。然因中信證券集團有意爭取中華開發金控公司經營權，而自 2003 年下半年起，在集中市場上大量買進中華開發金控公司股份，陳敏薰察覺後，欲以提前召開股東會改選董事之方式阻斷中信證券集團之布局，先是求助財政部，要求同意中華開發金控公司提前於 2004 年 3 月中旬召開股東會未果。 陳敏薰隨即轉向求助平日交好之吳淑珍，請吳詢問財政部部長是否可提前召開中華開發金控公司股東會以改選董事。財政部部長告知需延至總統大選日即 2004 年 3 月 20 日後召開為妥，以免影響選情。隨後中華開發金控公司經董事會決議，定於 2004 年 4 月 5 日召開股東會改選董、監事。依公司法規定，該次股東會召開前，中華開發金控公司股東名簿有關股份轉讓記載之變更，於 2004 年 2 月 5 日後即不得為之。而迄 2004 年 2 月 5 日，中信證券集團持有中華開發金控公司股份比例已逾百分之 6，財政部長也表明財政部基於配合政府既定公營金融機構民營化之政策，以及主張對於公司持股比例較高之股東，應負較大責任，並應分配較多董事席位之理念，依公股管理權決定公股將支持中信證券集團取得中華開發金控公司經營權。 陳敏薰因實際掌控之股權偏低，自知不敵，亟思維持其個人及家族企業在中華開發金控公司內之一定影響力，除一方面以徵

案由	求委託書方式抗衡外，另一方面則於 2004 年 4 月 1 日至 6 日間某日，指示祕書張雅雯將新臺幣 1 千萬元支票送至總統官邸交予吳淑珍，透過吳淑珍向陳水扁表達欲爭取特定職位，先要求擔任大華證券公司董事長一職。 陳水扁於 93 年 4 月 10 日或 11 日早晨致電指示財政部長須安排陳敏薰擔任大華證券公司董事長，唯財政部長與中信證券集團討論後不同意，建議改以擔任臺北金融大樓公司（即 101）董事長，經協商後，陳敏薰也同意接受。[7]
法院審理現況	偵結：追加起訴陳水扁、吳淑珍。（2009 年 5 月 5 日） 一審：臺北地方法院 97 年度金矚重訴字第 1 號判決。（2009 年 9 月 11 日） 二審：臺灣高等法院 98 年度矚上重訴字第 60 號判決。（2010 年 6 月 11 日） 三審：最高法院 99 年度台上字第 7078 號判決。（2010 年 11 月 11 日） 三審確定： 陳水扁徒刑 8 年；吳淑珍徒刑 8 年、洗錢部分徒刑 1 年 2 月，減為 7 月。

八、辜仲諒政治獻金案

偵結期	2009 年 5 月 5 日
被告	辜仲諒等
案由	2001 年間，吳淑珍與陳水扁透過蔡銘哲邀請時任中國信託銀行總經理，且家族企業握有該銀行暨中國信託集團經營權之辜仲諒至總統官邸拜訪，之後雙方往來即日趨密切。另陳水扁則多次藉總統職權，以徵詢金融、財經方面意見為由約見辜仲諒，而向其提及其對於推動國內金融改革之期待、國內政治環境與選舉之現況及臺灣外交上碰到之困難，有意在海外成立推動外交事務之基金等事項。 至 2002 年間，吳淑珍即於總統官邸向辜仲諒表示總統擬成立基金會，幫臺灣做事，選舉亦需要資金，希望辜仲諒能支持等語，辜仲諒於 2002 年間不詳日期，將 2000 萬元現鈔裝入水果盒中，送入總統官邸，交由吳淑珍收受。2004 年總統大選前，陳水扁、吳淑珍又分別在總統府、總統官邸等處，再度要求辜仲諒給予金錢支持，被告吳淑珍並告知辜仲諒，企業界很多人要幫忙，且其他金融業者有提供高達新臺幣億元款項者，希望能達到預計的目

7　法院判決：臺北地方法院 97 年度金矚重訴字第 1 號判決。

案由	標等語。 辜仲諒考量與總統夫婦建立關係對日後中國信託集團經營發展之重要性，及中國信託集團與其他金融業者間多方面競爭等因素，決定提供新臺幣 2 億元之款項，而分別於 2004 年 3 月上旬某二日及同月中旬某日，分別由辜仲諒與妹婿一同搬運以大型行李箱盛裝之現金新臺幣 1 億元、由辜仲諒與其家族私人投資公司負責保管資金之吳豐富一同搬運以紙箱盛裝之現金新臺幣 5 千萬元，及由吳豐富單獨搬運以紙箱盛裝之現金新臺幣 5 千萬元至總統官邸交予吳淑珍。[8]
法院審理現況	偵結：追加起訴陳水扁、吳淑珍。（2009 年 5 月 5 日） 一審：臺北地方法院 97 年度金矚重訴字第 1 號判決。（2009 年 9 月 11 日） 二審：臺灣高等法院 98 年度矚上重訴字第 60 號判決。（2010 年 6 月 11 日） 三審：最高法院 99 年度台上字第 7078 號判決。（2010 年 11 月 11 日） 三審確定：陳水扁、吳淑珍均無罪。

九、外交零用金案

偵結期	2009 年 9 月 22 日
被告	陳水扁
案由	陳水扁 2000 至 2006 年間，11 次出訪時將外交部每次提供給總統的 10 萬美元的「外交機密費」與「禮品及交際費」（統稱外交零用金），私留三萬美元由吳淑珍指示前總統府出納陳鎮慧匯給當時在美國唸書的陳致中。檢方主要證據之一，是吳淑珍母親吳王霞無法說明丈夫過世時，奠儀是否有收到美元，加上扁出訪時與匯款給陳致中的時間重疊，及前外交部部長田弘茂曾向檢方證稱，他曾向陳水扁總統報告，外交零用金沒用完須繳回公庫，檢方以扁家無法說明美元來源，認定扁匯給陳致中的美元是貪污所得而予起訴。[91011]

8　法院判決：臺北地方法院 97 年度金矚重訴字第 1 號判決。

9　蘇位榮、蕭白雪，〈是否上訴　黃世銘：再研究〉，《聯合報》，2010 年 6 月 9 日，版 A4。

10　王己由、李永盛，〈出訪零用金涉貪　扁無罪〉，《中國時報》，2010 年 6 月 9 日，版 A1。

11　劉志原、林俊宏、李欣芳、楊國文，〈外交零用金案　扁一審無罪〉，《自由時報》，2010 年 6 月 9 日，版 A6。

法院審理現況	偵結：起訴陳水扁。（2009 年 9 月 22 日） 一審：臺北地方法院 98 年度矚重訴字第 1 號判決。（2010 年 6 月 8 日） 二審：臺灣高等法院 99 年度矚上重訴字第 57 號判決。（2011 年 1 月 18 日） 三審：最高法院 100 年度台上字第 2020 號判決。（2011 年 4 月 28 日） 三審確定：陳水扁無罪。

十、機密外交案（安亞專案）

偵結期	2009 年 9 月 22 日
被告	邱義仁、高英茂
案由	前國家安全委員會秘書長邱義仁，於民國 2005 年 1 月間，明知外交機密的「安亞專案」，前後只有三期，並已於 2004 年由邱義仁及柯承亨赴國外辦理結案，卻捏造尚有第四期專案，需用五十萬美元，並以「國家安全會議秘書長函」，發文給時任外長的陳唐山，指示外交部將錢匯入國安會指定帳戶。 但國安會及外交部均無此一專案的詳細檔案資料，外交部僅憑邱義仁一紙公文，就撥付款項。時任外交部政務次長高英茂，即使人在國外，還打越洋電話，指示辦公室秘書及亞太司承辦人，以每張面額一千美元的美金旅行支票，取代現鈔的模式付款。事後 500 張美金旅行支票，133 張在美國賭城某飯店兌現，207 張在某國兌領，迄今尚有 160 張未兌現，流向不明。 特偵組認定邱義仁涉嫌利用職務詐取外交機密經費，高英茂則涉嫌幫助，因此將兩人起訴。[12]
法院審理現況	偵結：起訴邱義仁、高英茂。（2009 年 9 月 22 日） 一審：臺北地方法院 98 年度矚重訴字第 2 號判決。（2011 年 8 月 30 日） 二審：臺灣高等法院 100 年度矚上重訴字第 54 號判決。（2012 年 6 月 20 日） 二審確定：邱義仁、高英茂均無罪。

---

[12] 蕭白雪，〈零用金也貪〉，《聯合報》，2009 年 9 月 23 日，版 A1；江慧真，〈我代表處恐遭降級　欲買通 WTO 祕書長蘇帕猜　安亞專案 160 萬美金行賄世貿高層〉，《中國時報》，2009 年 9 月 23 日，版 A6；林俊宏、劉志原、李欣芳，〈涉侵占出訪零用金　扁被起訴〉，《自由時報》，2009 年 9 月 23 日，版 A7。

十一、二次金改案

偵結期	2009 年 12 月 21 日
被告	陳水扁等
案由	民國 2004 年 10 月 20 日，陳水扁於經濟顧問小組會後，宣布開始進行第二次金融改革。隨即涉入以下兩案： 一、國泰金控合併世華銀行案： 1999 年 9 月、10 月間陳水扁參選總統時，先以選舉需用鉅款為由，透過立法委員葉菊蘭，向霖園集團特別顧問蔡鎮宇募得款項 1 億元。陳水扁於當選總統後，以霖園企業集團事業體眾多，且獲利甚豐，乃認有憑藉其總統職務及實際對政務之影響力，對霖園企業要求捐款、有從中漁利之空間。 當時國泰人壽及國泰金控董事長蔡宏圖考量即將成立國泰金控，且企圖合併世華銀，必須取得扁政府支持，於 2001 年及 2002 年 9 月、10 月國泰金控與世華銀行合併案尚進行中，及嗣後於 2003 年 9 月、10 月及 2004 年 9 月、10 月間，陳水扁四次皆以需捐款給民進黨或總統選舉為由，連續要求給付每次 1 億元之額度做為競選經費時，蔡宏圖即悉數給付。 扁於收款後，在總統府約見財政部部長李庸三，要求財政部支持國泰金併世華銀，同時指示馬永成轉告富邦金董事長蔡明忠，告知政府已決定讓國泰金併世華銀，要求富邦金控退出競爭。2002 年 8 月 12 日，世華銀召開臨時董事會前夕，陳水扁總統致電李庸三，要求公股董事為國泰世華合併案護航。2002 年 12 月 28 日國泰金、世華銀完成合併。 二、元大證券合併復華金控案： 握有元大證券經營權之馬志玲、馬維建、馬維辰父子（即元大馬家），亟思就現有之金控公司尋找合併之對象，復華金控即為元大馬家積極爭取合併之對象，惟中信證券辜仲瑩亦有意找復華金控合併。因之，民國 93 年間持有復華金控多數股權之中投公司，遂成為辜仲瑩、元大馬家競逐洽商購買之對象。因辜仲瑩所出條件較優，符合中投公司需求，雙方達成初步協議，並簽訂草約，辜仲瑩更匯款予中投公司作為定金。 元大馬家知悉辜仲瑩與中投公司簽定草約及支付定金後，體認以辜仲瑩在商界之實力，若順利購得中投公司而間接取得復華金控之持股，再憑藉其政界人脈與與吳淑珍之關係，必能獲得官股之支持，元大馬家欲成立金控公司之計畫將無法實現，因此認有透過吳淑珍、陳水扁之力阻止辜仲瑩購買中投公司，及憑藉陳水扁以其總統職務具關連性，而為其職務影響力所及之金融合併事務職務上得為之行為，給予元大馬家取得復華金控經營權及日後合

案由	併換股之協助，乃基於行賄之意思，假借捐助政治獻金之名義，委請杜麗萍向吳淑珍告知元大馬家欲合併復華金控，請吳淑珍儘量幫忙。吳淑珍要求 2 億元。元大馬家經會商後，決定給付 2 億元。 吳淑珍隨將元大馬家同意給付 2 億元賄賂之事告知陳水扁。陳水扁、吳淑珍即共同阻止辜仲瑩購買中投公司及使元大馬家順利取得復華金控經營權及合併案。[13]
法院審理現況	偵結：杜麗莊、陳鎮慧、江松溪、吳錫顯、楊南平均不起訴；林文淵簽結。 ==================================== 偵結：起訴陳水扁等 21 人。（2009 年 12 月 21 日） 一審：臺北地方法院 98 年度矚金重訴字第 1 號判決。（2010 年 11 月 5 日） 一審確定：馬維辰無罪。 二審：臺灣高等法院 99 年度矚上重訴字第 77 號判決。（2011 年 10 月 13 日） 二審確定： 馬維建徒刑 8 月，緩刑 2 年，並應向公庫支付新臺幣 30 萬元。 杜麗萍徒刑 3 月，緩刑 2 年，並應向公庫支付新臺幣 20 萬元。 吳景茂、陳俊英均免刑。 蔡鎮宇、侯西峰、呂泰榮、呂和霖、陳幸妤、馬志玲、辜仲瑩、邱德馨、鄭深池、吳澧培、李明賢均無罪。 三審：最高法院 101 年度台上字第 6482 號判決。（2012 年 12 月 20 日） 三審確定： （元大併復華案） 陳水扁徒刑 10 年，併科罰金新臺幣 1 億元。 吳淑珍徒刑 8 年，併科罰金新臺幣 8 千萬元。 〈國泰併世華案及洗錢案撤銷發回，更一審臺灣高等法院 102 年度矚上重更（一）字第 1 號審理中〉

十二、辜仲諒違反證券交易法案（亦稱紅火案）

偵結期	2009 年 12 月 21 日
被告	辜仲諒等
案由	2004 年間，總統陳水扁推動二次金改期間，中信金控當時的副董事長辜仲諒、財務長張明田、法務長鄧彥敦、財務副總林祥曦等

---

13 法院判決：臺北地方法院 98 年度矚金重訴字第 1 號判決。

案由	人，由旗下金控成員中信銀香港分行發行 5 億美元的次順位債券，其中 3.9 億美元向英商巴克萊銀行買入三十年期保本連結股權型結構債（又稱為一籃子結構債），其後藉由一海外尤克利德（Euclid）公司，得隨時要求巴克萊銀行調整結構債連結股票標的比例，並利用建立結構債避險部位之名義，自 2005 年 10 月 7 日至 2006 年 1 月 12 日，陸續透過巴克萊銀行外國機構投資人帳戶（FINI 帳戶）買進兆豐金股票約 44 萬張，占已發行股份總數 3.97%。 辜仲諒於 2006 年 1 月 10 日即將該結構債以 4 億 0108 萬 1349 美元售予海外紙上公司紅火公司（Red Fire）。 其後，於 2006 年 2 月 3 日，中信金控向金管會申請之轉投資兆豐金案自動核准生效，並自 2006 年 2 月 10 日至 3 月 2 日期間內，在國內證券集中交易市場委託買進兆豐金控股票。約此同時，紅火公司於 2006 年 2 月 14 日、15 日及 2 月 20 日至 3 月 2 日將前揭結構債所連結之兆豐金股票全數售出，紅火公司因賣價較買價高而其中獲利 3047 萬美元（約新臺幣 10 億元）。 另外，在紅火公司支付結構債價金後，其又匯回 2090 萬美元予中信金控海外孫公司，然尚有 957 萬 4717.12 美元（約 3 億多台幣）不知去向。 2006 年，辜仲諒的妹婿陳俊哲向辜仲諒表示，吳淑珍對中信金控併購兆豐金控表示不滿，要求新臺幣 3 億元獻金。兩人從不法獲利的新臺幣 10 億元中取出 1,000 萬美元（約新臺幣 3.3 億元）預備作為獻金，其餘新臺幣 7 億元則匯回中信金控。但是兩人共同侵占了這 3 億元，挪為私用，也沒有將它交給吳淑珍。[14]
法院審理現況	偵結：起訴辜仲諒。（2009 年 12 月 21 日） 一審：臺北地方法院 98 年度金重訴字第 40 號判決。（2010 年 10 月 18 日） 二審：臺灣高等法院 99 年度金上重訴字第 75 號判決。（2013 年 5 月 31 日） 三審：最高法院 103 年度台上字第 2792 號判決。（2014 年 8 月 14 日） 〈更一審臺灣高等法院 103 年度金上重更（一）字第 9 號審理中〉

---

[14] 法院裁判：臺北地方法院 98 年度金重訴字第 40 號判決。

十三、臺灣高等法院數名法官收賄案（正己專案）

偵結期	2010 年 11 月 4 日
被告	陳榮和等 13 人
案由	民國 2003 年間，立法委員何智輝因涉犯「銅鑼科學園區基地徵收弊案」之違反貪污治罪條例、背信等案件，經臺北地院判決應執行有期徒刑 19 年、褫奪公權 8 年。嗣因何智輝不服提起上訴，經臺灣高等法院就違反貪污治罪條例判處有期徒刑 14 年，背信罪分別有期徒刑 1 年。其後，何智輝僅就藉勢藉端勒索財物罪部分不服提起上訴，經最高法院判決撤銷發回臺灣高等法院更為審理，由陳榮和擔任刑事庭審判長，與李春地、黃斯偉組成合議庭負責審理該案。 何智輝於案件審理期間，即多次透過立委服務處秘書兼助理之謝燕貞居中聯絡時任臺灣高等法院刑事庭法官蔡光治之女性友人黃賴瑞珍，再由黃賴瑞珍負責聯繫蔡光治，另於 2009 年間，在蔡光治引介下，何智輝多次宴請臺灣高等法院法官陳榮和及其女性友人魏清華，何智輝並持續透過謝燕貞致贈土產、禮物給黃賴瑞珍及魏清華等籠絡方式，建立其與陳榮和、蔡光治間良好互動關係。以便何智輝透過蔡光治交付金錢或其他賄賂方式行賄陳榮和，以換得有利於己之判決結果。 另何智輝從其他管道獲悉友人即臺灣板橋地方法院檢察署檢察官邱茂榮與李春地係司法官訓練所之同期同學，竟思利用這層關係，希冀邱茂榮能出面以同期同學之情誼，聯繫李春地探詢欲以交付金錢或其他賄賂方式行賄而換取有利判決之可行性。[15]
法院審理現況	偵結：起訴陳榮和等 13 人。（2010 年 11 月 4 日） 一審：臺北地方法院 99 年度金訴字第 52 號判決。（2011 年 6 月 30 日） 一審確定：謝燕貞徒刑 1 年 6 月，緩刑 4 年。 二審：臺灣高等法院 100 年度金上訴字第 42 號判決。（2012 年 8 月 3 日） 二審確定： 房阿生徒刑 10 年 6 月，併科罰金新臺幣 100 萬元。 葉宗鎰徒刑 1 年 6 月，緩刑 4 年。 三審：最高法院 102 年度台上字第 4200 號判決。（2013 年 10 月 17 日） 三審確定： 陳榮和徒刑 18 年，併科罰金新臺幣 300 萬元。

15　法院裁判：臺北地方法院 99 年度金訴字第 52 號判決。

法院審理現況	蔡光治應執行徒刑 20 年，併科罰金新臺幣 350 萬元。 李春地應執行徒刑 11 年 6 月，併科罰金新臺幣 100 萬元。 邱茂榮應執行徒刑 6 年，併科罰金新臺幣 270 萬元。 黃賴瑞珍應執行徒刑 4 年，併科罰金新臺幣 150 萬元。 段美月徒刑 2 年 6 月，減為 1 年 3 月。 張炳龍徒刑 2 年，減為 1 年。 邱創舜徒刑 3 年，減為 1 年 6 月。 張權徒刑 2 年。 〈何智輝因逃匿通緝中〉

十四、特別費

偵結期	2010 年 4 月 19 日
被告	首長及幕僚計 239 人
案由	前副總統呂秀蓮、前行政院長游錫堃、前外交部長陳唐山、前教育部部長杜正勝、前內政部部長李逸洋、前法務部部長施茂林、前銓敘部部長朱武獻、前考選部部長林嘉誠等經人檢舉彼等之首長特別費報銷作業中有需要支出憑證係為證明支付事實所取得之收據、統一發票或相關書據者，皆有支出內容與業務無關之項目。 例如杜正勝聲稱送禮給許倬雲等形象頗佳人士，被指名收禮者出面否認稱沒收到。另捏造查無此人的「雲林科技大學周弘昌」以報銷一件三千餘元的女裝。 這些首長之幕僚均負責檢具原始憑證以核銷特別費，竟連續蒐集本身及不知情之親友、同事私人消費之發票，以充作首長特別費之原始憑證，完成核銷結報程序。 特偵組依貪污治罪條例、偽造文書罪起訴。[16]
法院審理現況	概況：2010 年 4 月 19 日前，偵結 45 人。 （起訴 20 人、不起訴 4 人、緩起訴 5 人、查無具體不法事證簽結 7 人、發交各地檢署辦理 9 人） ==================================== 偵結：起訴呂秀蓮等 11 人。（2007 年 9 月 20 日） 一審：臺北地方法院 96 年度矚重訴字第 4 號判決。（2012 年 7 月 2 日） 一審確定： 蘇妍妃徒刑 1 年，減為 6 月，緩刑 2 年。 盧孝民、蔡素芳、連秋斐各處徒刑 4 月，減為 2 月，緩刑 2 年。

---

[16] 法院裁判：臺北地方法院 96 年度矚重訴字第 4 號判決。

法院審理現況	劉建忻、賴淑芬各處徒刑 7 月，減為 3 月 15 日，緩刑 2 年。 呂秀蓮、游錫堃國務機要費部分均無罪；特別費部分均免訴。 蘇昭英、楊寶玉、陳唐山均免訴。 偵結：起訴施茂林等 9 人。（2008 年 7 月 2 日） 一審：臺北地方法院 98 年度矚訴字第 1 號判決。（2011 年 7 月 29 日） 一審確定： 李逸洋、施茂林、林嘉誠、朱武獻、楊秀英、唐惠東、張素麗均免刑。 杜正勝免刑及無罪。 二審：臺灣高等法院 100 年度上訴字第 2636 號判決。（2011 年 12 月 12 日） 二審確定：郭秀霞應執行徒刑 2 年，緩刑 3 年。 === 2010 年 4 月 19 日後，簽結 194 人。 （因法律修正除罪化 111 人、原始憑證已銷燬 23 人、查無具體不法事證 47 人、發交各地檢署辦理 12 人、被告死亡 1 人）

十五、羅福助等違反證券交易法等案

偵結期	2011 年 6 月 1 日
被告	羅福助等
案由	前立法委員羅福助自 2005 年間起自任「吉祥企業集團」之「總裁」，對於吉祥全球、浩瀚數位、福豪建設、輝琴投資、人仲、廣碑、富晟及如意等公司之營運、人事、資金及財務等事項握有實質主導權與決策權之人。 謝漢金則於 2004 年間出任吉祥證券董事長，復於 2006 年 7 月 19 日依羅福助之指示，以人仲法人代表之身分，接任吉祥全球前身訊碟科技董事長，然吉祥全球公司之營運、人事、資金及財務等重要事項，實質上均由羅福助主導及決策，謝漢金亦係聽命於羅福助。 檢方起訴之項目如下： 一、使吉祥全球公司為不利益交易部分： 羅福助、謝漢金及吳一衛三人共謀，將吉祥全球公司僅能以 4 億 8 千萬元之低價出售廠房給實質掌控者羅福助，且未能透過公平對等之磋商談判程序，以對吉祥全球公司有利之價格出售給與公司無任何利害關係之第三人，因而徒然喪失得以 5 億 5 千萬元之高價出售他人之機會，而為此不利益且不合營業常規之交易，已使吉祥全球公司遭受 7,000 萬元之重大損害。

案由	二、吉祥全球公司財務報告申報公告不實部分： 謝漢金及羅福助為掩飾此筆使吉祥全球公司為不利益之交易，而基於在上述各份吉祥全球公司財務報告中隱匿係與實質關係人羅福助交易此一事實之犯意聯絡，由羅福助授意、指示謝漢金在依法應申報及公告之上開吉祥全球公司 2007 年度財務報告及 2008 年度第一季財務報告之「附註」、「期後事項」中，隱匿而未申報以及公告此筆交易對象係羅福助乃至羅福助正是公司實質關係人等關係人交易之狀況。 三、勾串證券分析師、中實戶，炒作吉祥全及佳必琪股票： 羅福助勾串證券分析師鄭光育和股票中實戶翁秋南，炒作吉祥全及佳必琪股票、坑殺散戶，使吉祥全公司、佳必琪公司及散戶受到損害。[17]
法院審理現況	偵結：起訴羅福助等 12 人。（2011 年 6 月 1 日） 一審：臺北地方法院 100 年度金重訴字第 5 號判決。（2014 年 8 月 11 日） 〈羅福助因逃匿通緝中〉 〈二審臺灣高等法院 103 年度金上重訴字 38 號審理中〉

十六、國安秘帳案

偵結期	2011 年 6 月 30 日
被告	李登輝、劉泰英
案由	1997 年間，台灣綜合研究院為了向潤泰集團購買供前總統李登輝卸職後使用的辦公室，當時的國安局局長殷宗文就指示會計長徐炳強挪用國安密帳二億五千萬元支應，徐炳強為了籌集該筆挪用款，利用國安局 1994 年間「代墊」外交部「翆案」一千餘萬美元之款項，再向外交部要求歸墊。 其後，乃有國安局向外交部催款的行動，且由當時權傾朝野的蘇志誠出面向外交部催款。當時的外交部長胡志強本來打算以拖延的辦法，應付國安局的索款；但蘇志誠多次「表情嚴肅」地替國安局催款，胡志強認為是「高層」的意思，只好照付。 劉泰英及尹衍樑等人從國安局拿回美元後即交由台綜院支用。 這筆錢是交台綜院用於購買李登輝卸職後使用的辦公室，與國家體制內的用度全無關係。其「公款私用」行為涉及侵占公有財物罪嫌，依貪污罪嫌相關人員起訴，並具體求刑。[18]

---

17 法院判決：臺北地方法院 100 年度金重訴字第 5 號判決。

18 黃雅詩，〈國安密帳案〉，《聯合報》，2003 年 11 月 19 日，版 A1；謝忠良，〈國安局絕密文件曝光 李登輝非法挪用 35 億〉（2014 年 6 月 9 日），《壹週刊》，取自

法院審理現況	偵結：起訴李登輝、劉泰英。（2011 年 6 月 30 日） 一審：臺北地方法院 100 年度金重訴字第 7 號判決。（2013 年 11 月 15 日） 二審：臺灣高等法院 102 年度金上重訴字第 53 號判決。（2014 年 8 月 20 日） 二審確定：李登輝無罪。 三審：最高法院 104 年度台上字第 3300 號判決。（2015 年 11 月 4 日） 三審確定：劉泰英徒刑 3 年（並有從刑）。

十七、陳前總統水扁侵占國家機密公文案

偵結期	2012 年 5 月 21 日
被告	陳水扁
案由	本案起於 2008 年 9 月 25 日搜索陳水扁辦公室時，查扣 44 箱、1300 餘件資料，當中有大批總統府內敏感文件、公文；總統府於民國 99 年間向特偵組告發。 特偵組再度搜索扁辦及陳水扁當時被羈押的北所舍房，查扣 58 箱文件。啟封後查出包括機密文件及非機密文件 688 件。其中，部分機密文件中包含公文、函文，實際數字高達上萬件。 特偵組於 2012 年 5 月 21 日偵查終結，當時特偵組表示，陳水扁因個人寫回憶錄等需求而涉有侵占、隱匿公文、隱匿國家機密等犯行，隱匿文書數量高達 17375 件，其中約 20%即 3419 件屬機密文件，數量龐大，因此認定其違反《刑法》及《國家機密保護法》起訴。[192021]
法院審理現況	偵結：起訴陳水扁。（2012 年 5 月 21 日） 一審：臺北地方法院 101 年度矚訴字第 2 號判決。（2014 年 1 月 23 日） 二審：臺灣高等法院 103 年度矚上重訴字第 8 號判決撤銷發回。（2014 年 7 月 29 日） 〈更一審臺北地方法院 103 年度矚訴更（一）字第 1 號審理中〉

https://www.nextmag.com.tw/realtimenews/news/4196598。（檢閱日期：2017/04/12）

19　李明賢、林政忠，〈扁卸任帶走……20 箱公文要不回　府擬告扁辦〉，《聯合報》，2010 年 9 月 8 日，版 A1。

20　楊肅民，〈暗槓機密公文被起訴　扁拖李登輝下水反害己〉，《時報周刊》，第 1789 期，2012 年 6 月 8 日，頁 38-40。

21　陳慰慈，〈阿扁涉隱匿公文案　其他人無罪簽結〉（2014 年 8 月 29 日），《自由時報電子報》，取自 http://news.ltn.com.tw/news/society/breakingnews/1093147(檢閱日期：2017/03/25)。

十八、前行政院秘書長林益世貪污等案件

偵結期	2012 年 10 月 25 日
被告	林益世等
案由	民國 1999 年陳啟祥經營地勇選礦公司，其為獲得中鋼子公司中聯公司的爐下渣合約及轉爐石承購權，透過關係找上時任立法委員及國民黨中央政策委員會執行長林益世，請林益世協助完成爐下渣契約之續約，以繼續轉售爐下渣原料給地勇公司，同時另協助地勇公司爭取承購中聯公司轉爐石契約，事成將給重金。 林益世向陳啟祥收取 6300 萬元後，即施壓中鋼總經理鄒若齊、中聯董事長翁朝棟，威脅若中聯不給地勇合約，林益世將藉立法委員影響力逼迫中聯副總金崇仁下台。隨後地勇公司果然得到合約。 2012 年初，林益世擔任行政院秘書長時，陳啟祥為了取得爐下渣續約之事再度找上林益世，但陳啟祥查覺已非立委的林益世對中鋼影響力已不如當立委時。但林益世仍要陳啟祥給錢，並保證自己的影響力仍在。陳啟祥因此錄下他與林益世之間多次談話。 陳啟祥後來沒有取得續約，於民國 2012 年 6 月以錄音檔轉拷的 2 片光碟為證據，向特偵組檢舉林益世收賄 6300 萬元、索賄 8300 萬元未成事件。[22]
法院審理現況	偵結：起訴林益世、沈○蘭、彭○佳、沈○章、沈○瑤。（2012 年 10 月 25 日） 一審：臺北地方法院 101 年度金訴字第 47 號判決。（2013 年 4 月 30 日） 二審：臺灣高等法院 102 年度金上重訴字第 21 號判決。（2016 年 2 月 26 日） 二審確定：沈○蘭湮滅、隱匿刑事證據罪部分徒刑 5 月，得易科。 〈三審最高法院審理中〉

十九、臺高檢署檢察官陳玉珍違反貪污治罪條例等案件（正己專案）

偵結期	2013 年 3 月 8 日
被告	陳玉珍等

22　法院裁判：臺北地方法院 101 年度金訴字第 47 號判決。

案由	台灣高等法院檢察署女檢察官陳玉珍遭檢舉在板橋地檢署主任檢察官任內因涉嫌自民國 1999 年 12 月間至 2006 年 7 月間違背職務包庇賭博電玩業者施永華經營賭博電玩店，而多次向同案被告施永華收取賄賂，收取之賄款共計新臺幣 2,325 萬元，及為掩飾犯罪所得，將收取之賄款在自己及向母親陳鄭銀花、姊姊陳玉玲、同案被告郭學廉及郭學廉之妹妹郭賜華、母親楊嘉霖等人借得之帳戶進行存提匯轉，並提出以人頭買賣房屋，製造複雜金流，增加司法機關對金流追查難度各情，涉嫌違反貪污治罪條例、包庇賭博，及洗錢等罪遭到起訴。[23]
法院審理現況	偵結：起訴陳玉珍、施○華、郭○廉。（2013 年 3 月 8 日） 一審：臺北地方法院 102 年度金訴字第 7 號判決。（2014 年 7 月 18 日） 一審確定：施○華免刑。 〈二審臺灣高等法院 103 年度金上訴字第 35 號審理中〉

廿、高雄市民代、官商搶食中鋼脫硫渣龐大利益案（林益世案外案）

偵結期	2013 年 6 月 10 日
被告	蔡昌達等
案由	蔡昌達於民國 2010 年間擔任高雄縣議員，於高雄縣、市合一後第一屆高雄市議會副議長。看到中鋼脫硫渣的利潤龐大驚人，就與天山資材公司大股東顏萬成合作，欲謀取中鋼脫硫渣承購權。蔡昌達以透過議會質詢方式施壓高雄縣環境保護局局長王茂松調查地勇選礦公司污染事件。因而動用公權力對陳啟祥的地勇選礦公司展開一天七次，前所未見的大規模稽查，以迫使陳啟祥同意出讓脫硫渣給天山資材，唯陳啟祥仍未同意。本案依貪汙治罪條例藉勢藉端勒索財物未遂罪起訴蔡、顏兩人。 尚有相關一案，早在 2005 年間地勇選礦、大地亮環保、台協化學等三家承購中鋼脫硫渣的業者聯合與中鋼前總經理陳振榮達成協議，中鋼以降低脫硫渣價格給三家業者承做，其差價可供業者利用「打點」當地里長，而不再針對中鋼污染問題發動環保抗爭。並能達成「五年一約」、「議價制」、「扣除水重」等協議。 陳振榮為求平息地方環保抗爭，指示同仁給予業者以原脫硫渣價格百分之廿的環保公關費用折讓，另故意低估脫硫渣中渣鐵比

---

23 法院裁判：臺北地方法院 102 年度金訴字第 7 號判決。

	例，將原相當於「工一鐵」價格的渣鐵降級估價為「一級廢鐵」售出，使總折扣高達六折，而當時國際鋼鐵價格正飆漲，此一行徑讓中鋼損失廿四億兩千餘萬元。本案依違反證券交易法、背信罪起訴。[24]
法院審理現況	偵結：起訴蔡昌達等8人。（2013年6月10日） 一審：高雄地方法院102年度金重訴字第2號判決。（2014年6月5日、104年1月15日） 一審確定：陳○榮、歐○華、陳○浩、張○龍、黃○昌、康○焜 　　　　　均無罪。 二審：臺灣高等法院高雄分院103年度上訴字第733號判決。 　　　（2014年12月1日） 二審確定：蔡昌達、顏○成均無罪。

廿一、政府基金弊案

偵結期	2013年10月11日
被告	陳○、瞿○正
案由	本案因民眾告發政府基金委託投信公司代操業務投資買賣股票有弊案。經檢察官調查後發現有日盛證券投信前投資經理陳平、元大寶來投信前基金經理人瞿乃正二人涉有重嫌。 民國2010至2012年間，二嫌犯作案手法為在其代操政府基金進場買進前，自行利用他人名義之人頭戶或與他人共謀，買賣與自己代操之勞退基金預定要買賣、持有相同的股票；或基於職務上機會所悉投資資訊而選擇短線操作高報酬、可供來回操作強勢股票。 因此二人獲取暴利近新臺幣1億元，而同期間政府基金買進股票虧損則達10餘億元。 本案涉犯刑法背信、證券交易法內線交易、操縱股價及背信等罪起訴。[25]
法院審理現況	偵結：起訴陳○、瞿○正。（2013年10月11日） 一審：臺北地方法院102年度金重訴字第27號判決。（2016年6月28日） 〈二審臺灣高等法院105年度金上重訴字第37號審理中〉

24　法院裁判：高雄地方法院102年度金重訴字第2號判決。

25　法院裁判：臺北地方法院102年度金重訴字第27號判決。

廿二、臺中高分院法官胡景彬違反貪污治罪條例等案（正己專案）

偵結期	2013 年 12 月 23 日
被告	胡景彬等
案由	前臺中高分院法官胡景彬涉嫌就其承審之該院 101 年度重上字第 158 號第二審民事案件，透過其太太黃月蟾向該案關係人陸續收取價值新臺幣 4 萬 4800 元之琉璃藝品 1 座及現金 300 萬元之賄賂。本案以違背職務收受賄賂罪起訴。[26]
法院審理現況	偵結：起訴胡景彬、黃○蟾、林○虎、邱○珠、黃○玲、廖○利。（2013 年 12 月 23 日） 一審：臺中地方法院 102 年度訴字第 2657 號判決。（2014 年 10 月 3 日） 一審確定：邱○珠徒刑 10 月，緩刑 4 年，應支付公庫新臺幣 100 萬元。 　　　　　黃○玲交付賄賂罪部分徒刑 11 月、詐欺取財罪部分徒刑 6 月。 二審：臺灣高等法院臺中分院 103 年度上訴字第 1700 號判決。（2015 年 3 月 4 日） 二審確定：胡景彬詐欺取財、詐欺得利部分無罪。 　　　　　廖○利徒刑 8 月。 三審：最高法院 105 年度台上字第 2478 號判決。（2016 年 9 月 30 日） 三審確定：胡景彬財產來源不明部分徒刑 4 年 6 月，併科罰金新臺幣 450 萬元。 〈黃○蟾、林○虎部分及胡景彬共同違背職務收受賄賂部分撤銷發回，更一審臺灣高等法院臺中分院 105 年度上更（一）字第 41 號審理中〉

廿三、幸福人壽保險公司違反保險法等案

偵結期	2015 年 7 月 28 日
被告	鄧文聰、黃正一
案由	鄧文聰、黃正一於擔任幸福人壽董事、副董事長、董事長等負責人之期間，因貪圖幸福人壽時值逾新臺幣 600 億元之資產，且不願以自有資金繳納幸福人壽之增資股款，先由鄧文聰、黃正一共

26　法院裁判：臺中地方法院 102 年度訴字第 2657 號判決。

案由	同與 EFG 銀行之吳曉雲、Robert Chiu、Albert Chiu 等人，達成將幸福人壽資產即 STAAP 帳戶內 5000 萬美元資產設質予 EFG 銀行，以擔保其等私人公司 Surewin 公司對 EFG 銀行借款債務之目的，並由鄧文聰、黃正一共同取得此 2200 萬美元之犯罪所得並再予以朋分；而於被告黃正一退出後，被告鄧文聰仍持續此等背信犯行為，總計移入並被質押之資產高達 2 億 5 千餘萬美元，獲致 2 億 2575 萬 8307 美元之犯罪所得，再透過海外帳戶匯洗，而迄今仍有 1 億 9384 萬 1493.19 美元之資產遭 EFG 銀行凍結，拒不返還。而就香港渣打銀行，更以挪用開戶文件、刪改交易通知、使用中繼帳戶等手段，使幸福人壽公司職員誤信 506370 號帳戶為該公司帳戶，而與香港渣打銀行人員共同將幸福人壽資產移轉至渣打銀行其私人投資公司所設 506370 號帳戶內，共自幸福人壽獲取存款 8973 萬餘美元及債券 1 億 283 萬餘美元，導致幸福人壽受有同額之重大損害。 本案依違反保險法，洗錢防治法起訴鄧、黃二人。[27]
法院審理現況	偵結：起訴鄧文聰、黃正一。（2015 年 7 月 28 日） 一審：臺北地方法院 104 年度金重訴字第 14 號判決。（2016 年 6 月 29 日） 〈二審臺灣高等法院 105 年度金上重訴字第 30 號審理中〉

廿四、偉盟工業公司違反證券交易法等案

偵結期	2015 年 9 月 15 日
被告	賴文正等
案由	股票上櫃公司偉盟工業前負責人賴文正、賴建志父子，涉嫌掏空公司資產，並長期夥同股市作手外號「金庸」郁金鏞等人，利用人頭戶炒作偉盟股票，3 年多累積成交金額超過百億，誘騙坑殺散戶，獲利數億。 賴氏父子嚴重影響證券市場交易秩序，而涉有違反證券交易法罪嫌。[28]
法院審理現況	偵結：起訴賴文正等 7 人。（2015 年 9 月 15 日） 〈一審士林地方法院 104 年度金重訴字第 3 號審理中〉

---

[27] 法院裁判：臺北地方法院 104 年度金重訴字第 14 號判決。

[28] 蕭博文，〈掏空 8 億炒股 偉盟創辦人賴文正遭求重刑〉（2015 年 9 月 17 日），《中時電子報》，取自<https://www.chinatimes.com/realtimenews/20150917002046-260402>（檢閱日期：2017/07/22）；錢利忠，〈製造百億成交量假相 偉盟夥名嘴炒股被訴〉（2015 年 9 月 17 日），《自由時報電子報》，取自<http://news.ltn.com. tw/news/society/breakingnews/1447196>（檢閱日期：2017/07/22）。

廿五、中信金控集團及國寶集團違反金融控股公司法等案

偵結期	105 年 10 月 5 日
被告	辜仲諒、朱國榮等
案由	民國 93 至 96 年間，辜仲諒涉嫌夥同父親辜濂松等人，透過中信商銀香港分行及台灣總行將中信金控資產轉匯至辜濂松、辜仲諒等投資的境外公司，以及陳俊哲、吳豐富等人帳戶，總計 13 次共侵占 3 億美元。 其中，民國 94 年 7 月間，辜濂松、辜仲諒、陳俊哲等人欲投資大陸北京市順義區之房地產，竟挪用中信金控資產 2700 萬美元買進股票，於民國 97 年 7 月 2 日將投資股權全數轉至辜仲諒名下，同一日內再以多層轉匯資金方式假沖銷，以掩飾侵占犯行。 另外一案則是於民國 103 年 12 月底至 104 年 1 月 22 日前某日，辜仲諒為求中信人壽能順利併購台壽保，與朱國榮達成併購台壽保協議，事後以無息借款給朱國榮，涉嫌利益輸送。 而朱國榮得知中信金要併購台壽保重大消息後，與秘書林桂馨共謀炒作臺壽保股票，涉及內線交易，不法獲利一億八千多萬元。朱國榮另炒作龍邦股票，獲利五千八百萬餘元。[29]
法院審理現況	偵結：起訴辜仲諒、朱國榮等 8 人。（2016 年 10 月 5 日） 〈一審臺北地方法院 105 年度金重訴字第 8 號審理中〉

29　張宏業，〈中信金、國寶 3 案 辜仲諒、朱國榮……8 人起訴〉（2016 年 10 月 6 日），《聯合報》，版 A4；蕭博文，〈中信金、國寶集團弊案–特偵組起訴辜仲諒、朱國榮等 8 人〉（2016 年 10 月 5 日），《中時電子報》，取自 <https://www.chinatimes.com/realtimenews/201610　05002090-260401>（檢閱日期：2017/04/12）；陳慰慈，〈一次偵結中信金、國寶二大弊案–特偵組這樣說〉(2016 年 10 月 5 日)，《自由時報電子報》，取自 <http://news.ltn.com.tw/　news/society/ breakingnews/1846453>（檢閱日期：2017/04/12）。

參考文獻

一、中文專書、論文

王金壽，2008，〈臺灣司法改革二十年：邁向獨立之路〉，《思與言》，第 46
　　卷第 2 期，頁 133-174。

王泰升，2007，〈歷史回顧對檢察法制研究的意義和提示〉，《檢察新論》，
　　第 1 期，頁 1-42。

王普、劉生榮編，Garry Patten 著，1998，《英國刑事審判與檢察制度》(The
　　History and Development of Prosecution System in England and Wales)，北
　　京：中國方正出版社。

中國最高人民檢察院，1980，《檢察官制度參考資料》，北京：最高檢察院研
　　究室。

成永裕、董保城、黃東熊、王和雄，1991，〈我國司法制度上檢察官之地位研
　　討〉，《憲政時代》，第 16 卷第 4 期，頁 28-90。

朱　楠，2009，〈最高法院檢察署特偵組之成立、運作及其特色〉，《檢協會
　　訊》，第 40 期，頁 3-8。

朱朝亮，2000，〈檢察官在刑事訴訟之定位〉，《東海大學法學研究》，第 15
　　期，頁 265-294。

朱朝亮，2007a，〈從檢察官天職，回首檢改十年〉，《檢察新論》，第 1
　　期，頁 53-76。

朱朝亮，2007b，〈簡介最高法院檢察署特偵組之運作及問題〉，《檢協會
　　訊》，第 18 期，頁 3-10。

朱朝亮，2008，〈美國獨立檢察官制度之學理辯證與臺美實務交流學術研討
　　會〉，《臺灣法學雜誌》，第 116 期，頁 36-64。

朱朝亮，2009，〈我國特別偵查組運作之現況與未來〉，《檢察新論》，第 5
　　期，頁 2-19。

余小云、邵建民，1999，〈美國設置「獨立檢察官」之爭議〉，《立法院院

聞》，第 27 卷第 7 期，頁 137-146。

吳　庚，2007，《行政法之理論與實用》，臺北：自版。

呂丁旺，2014，〈特別檢察官署的法定機關化及其興廢浪潮〉，《國會》，第 42 卷第 8 期，頁 35。

李念祖，2009，〈論憲政體制中檢察機關的政治關係〉，《檢察新論》，第 5 期，頁 66-85。

沈明倫、林炳雄，2003，《特別偵查組之實務運作檢討》，臺北：臺灣高等法院檢察署。

京　昕，1980，〈比利事件怎麼了？〉，《世界知識雜誌》，第 17 期，頁 13-14。

林子儀，1993，《權力分立與憲政發展》，臺北：元照。

林子儀，1997，〈美國總統的行政首長權與獨立行政管制委員會〉，翁岳生教授六秩誕辰祝壽論文集編輯委員會編，《當代公法理論：翁岳生教授六秩誕辰祝壽論文集》，臺北：月旦，頁 113-123。

林子儀，2002a，〈憲政體制與機關爭議之釋憲方法之應用－美國聯邦最高法院審理權力分立案件之解釋方法〉，《憲政時代》，第 27 卷第 4 期，頁 32-65。

林山田，1993，《刑罰學》，臺北：臺灣商務印書館。

林山田，1999，〈論刑事程序原則〉，《國立臺灣大學法學論叢》，第 28 卷第 2 期，頁 65-140。

林山田，2004，《刑事程序法》，臺北：五南。

林朝榮，2007，《檢察制度民主化之研究》，臺北：文笙書局。

林鈺雄，2000，《檢察官論》，臺北：學林文化。

林鈺雄，2003，《刑事訴訟法（上）－總論篇》，臺北：自版。

林麗瑩，2005，〈檢察一體與檢察官獨立性之分際〉，《月旦法學雜誌》，第 124 期，頁 38-51。

法務部，1999，《檢察改革白皮書》，臺北：法務部。

法務部，2008，《最高法院檢察署特別偵查組之檢討改進報告》，臺北：法務

部。

張明偉等，2015，〈從英、美檢察官制度看我國檢察官之定位〉，《法學叢刊》，第 60 卷第 4 期，頁 65-87。

張穎華，2012，《論檢察權之獨立行使－以我國最高法院檢察署特別偵查組之組織規範爲中心》，臺北：國防大學管理學院法律學系碩士論文。

陳文琪，2007，〈「檢察一體」之實踐〉，《檢察新論》，第 1 期，頁 100-117。

陳志龍，1998，〈法治國檢察官之偵查與檢察制度〉，《國立臺灣大學法學論叢》，第 27 卷第 3 期，頁 79-124。

陳敦源，2012，《民主治理：公共行政與民主政治的制度性調和》，臺北：五南。

陳瑞仁，2002，〈美國檢察官起訴門檻與裁量權〉，《臺灣本土法學雜誌》，第 36 期，頁 129-133。

陳運財，2007，〈論檢察總長的產生方式與特偵組之法制化－由日本檢察制度之觀點〉，《檢察新論》，第 1 期，頁 85-99。

湯京平、黃宏森，2008，〈民主化與司法獨立：臺灣檢察改革的政治分析〉，《臺灣政治學刊》，第 12 卷第 2 期，頁 67-113。

湯德宗，2014，〈三權憲法、四權政府與立法否決權－美國聯邦最高法院 INS v. Chadha 案評譯〉，《憲法結構與動態平衡－權力分立新論（卷一）》，臺北：天宏。

湯德宗，2014，〈美國權力分立的理論與實務－我國採行總統制可行性的初步考察〉，《憲法結構與動態平衡（卷一）》，臺北：天宏。

黃東熊，1983，〈各國檢察官署組織之比較〉，《軍法專刊》，第 29 卷第 2 期，頁 14-25。

黃東熊，1985a，〈各國檢察制度綜合比較〉，《刑事法雜誌》，第 29 卷第 5 期，頁 1-40。

黃東熊，1985b，〈各國檢察官權限之比較（上）〉，《軍法專刊》，第 31 卷第 5 期，頁 3-13。

黃東熊，1985c，〈各國檢察官權限之比較（下）〉，《軍法專刊》，第 31 卷
　　第 6 期，頁 2-6。

黃東熊，1999，《刑事訴訟法研究》，桃園：中央警察大學。

黃維幸，2007，〈總統刑事豁免權的比較研究－兼評大法官會議第六二七號解
　　釋〉，《月旦法學雜誌》，第 147 期，頁 41-78。

黃謀信，2006a，〈「獨立檢察官」與「特別檢察官」不可混為一談〉，《法務
　　通訊》，第 2274 期，頁 4。

黃謀信，2006b，〈充滿戲劇張力的美國獨立檢察官制度發展史〉，《全國律
　　師》，第 10 卷第 10 期，頁 62-67。

黃謀信，2009，〈美國特別偵查組織－獨立檢察官與特別檢察官〉，《檢察新
　　論》，第 5 期，頁 29-43。

楊佳陵譯，Lawrence M. Freidman 著，2004，《美國法導論－美國法律與司法
　　制度概述》（American Law: An Introduction），臺北：商周出版。

廖元豪，2005，〈「畫虎不成」加「歪打正著」－從美國經驗評真調會與釋字
　　第五八五號解釋〉，《臺灣本土法學雜誌》，第 71 期，頁 33-50。

廖天美譯，Edward S. Corwin & J. W. Peltason 著，1992，《美國憲法釋義》
　　（Understanding the Constitution），臺北：結構群。

廖琪瑞、許碧惠、陳怡雯、黃馥萍，1994，〈金權政治下檢察制度的再強化－
　　由美國獨立檢察官制度談起〉，《法律學刊》，第 24 期，頁 107-150。

劉宏恩、王敏銓譯，Lawrence M. Friedman 著，2016，《美國法律史》（A
　　History of American Law），臺北：聯經。

劉秉鈞，1997，〈刑事訴訟法之基本概念〉，黃東熊教授六秩晉五華誕祝壽論
　　文集編輯委員會編，《刑事訴訟之運作－黃東熊教授六秩晉五華誕祝壽論
　　文集》，臺北：五南，頁 263-287。

劉恆嘉，2009，〈檢察官在權力分立原則下之地位〉，《法學研究報告合輯－
　　司法官四十八期》，臺北：法務部，頁 2195-2200。

劉星紅譯，紐約市律師工會聯邦法委員會編，1999，〈美國《獨立檢察官法》
　　的起源、發展和目前的爭論〉，《外國法譯評》，第 1 期，頁 1-7。

劉單平，2008，《論美國的獨立檢察官制度》，濟南：山東大學世界史研究所碩士論文。

劉靜怡等譯，2008，《美國聯邦最高法院憲法判決選譯（第六輯）》，臺北：司法院。

蔡秋明，2009，〈我國特別偵查組之現況與未來與談意見(三)〉，《檢察新論》，第 5 期，頁 25-28。

蔡美芝，2009，《我國刑事特別偵查制度之研究》，基隆：國立臺灣海洋大學海洋法律研究所碩士論文。

蔡碧玉，2007，〈檢察官與刑事司法的變遷〉，《檢察新論》，第 1 期，頁 43-52。

蔡碧玉，2009，〈司改十年的回顧與展望－以檢察改革為中心〉，《檢察新論》，第 6 期，頁 1-28。

蔡懷卿等譯，2007，《美國聯邦最高法院憲法判決選譯（第五輯）》，臺北：司法院。

鄭逸哲，1996，〈檢察官與法治國〉，《華岡法粹》，第 24 期，頁 153-169。

鍾鳳玲，2007，〈美國獨立檢察官之研究〉，《憲政時代》，第 33 卷第 1 期，頁 69-130。

鍾鳳玲，2008，《從檢察制度的歷史與比較論我國檢察官之定位與保障》，臺北：國立政治大學法律學研究所博士論文。

蘇子喬、沈有忠、胡全威，2017，〈政治學研究途徑〉，王業立編，《政治學與臺灣政治》，臺北：雙葉，頁 21-46。

二、英文專書、論文

Amar, Akhil Reed. 1997. *The Constitution and Criminal Procedures*. New Haven, CT: Yale University Press.

Aristotle. 1932. *Politics*. Trans. H. Rackham Cambridge. MA: Harvard University Press.

Aycock, Marlyn, Mercer Cross, and Elder Witt. 1975. *Watergate: Chronology of A Crisis*. Washington, D. C.: *Congressional Quarterly*.

Beinstein, Debra. 1987. "Making the case against Nofziger." *The American Lawyer* September: 116-117.

Carter, Stephen. 1988. "The Independent Counsel Mess." *Harvard Law Review* 102: 105-141.

Chemerinsky, Erwin. 2000. "Learning the Wrong Learns from History? Why there must be an Independent Counsel Law." *Widener Law Symposium Journal* 5: 1-15.

Clark, Kathleen. 1998. "Toward More Ethical Government: An Inspector General for the White House." *Mercer Law Review* 49(553): 555-564.

Cormley, Ken. 1998. "An Original Model of the Independent Counsel Statue." *Michigan Law Review* 97(3): 601-695.

Corwin, Edward S. and J. W. Peltason. 1992. *Understanding the Constitution*(4th ed.). New York: The Dryden Press.

Cox, Archibald. 1987. "The Independent Counsel Provisions of the Ethics in Government Act." The Subcommittee on Administrative Law and Governmental Relations of the House Judicial Committee. Washington, D.C.: U.S. Government Printing Office.

Cutler, Lloyd N. 1987. "Conflicts of Interest." *Emory-Law Journal* 30: 1017-1037.

Dash, Samuel. 1976. *Chief Counsel: Inside the Ervin Committee-The Untold Story of Watergate*. New York: Random House.

Davis, Kenneth C. 1969. *Discretionary Justice: A Preliminary Inquiry*. Baton Rouge, LA: Louisiana State University Press.

Dershowitz, Alan M. 1989. *Sexual McCarthyism: Clinton, Starr, and the Emerging Constitutional Crisis*. New York: Basic Books.

Doyle, James. 1977. *Not Above the Law: The Battles of Watergate Prosecutors Cox and Jaworski: A Behind-the-Scenes Account*. New York: Morrow.

Dudley Jr., Earl. 1989. "Morrison v. Olson: A Modest Assessment." *American University Law Review* 38: 255-274.

Eastland, Terry. 1989. *Ethics, Politics, and the Independent Counsel: Executive Power, Executive Vice 1789-1989*. Washington, D.C.: National Legal Center for the Public Interest.

Easton, David. 1965a. *A System Analysis of Political Life*. Chicago, IL: University of Chicago Press.

Fisher, Louis. 1981. *The Politics of Shared Power: Congress and the Executive*. Washington, D.C.: Congressional Quarterly Press,.

Fisher, Louis. 1997. *Constitutional Conflicts between Congress and the President*. Kansas City, KS: University Press of Kansas.

Freedman, J. O. 1978. *Crisis and Legitimacy: The Administrative Process and American Government*. New York: Cambridge University Press.

Goodpaster, Gary. 1989. "Rules of the Game: Comments on Three Views of the Independent Counsel Case." *American University Law Review* 38: 383-393.

Greenberg, Gerald S. (ed.). 2000. *Historical Encyclopedia of U.S. Independent Counsel Investigations*. Westport, CT: Greenwood Press.

Harriger, Katy J. 1998. "Cues and Miscues in the Constitutional Dialogue." *The Review of Politics* 60(3): 497-524.

Harriger, Katy J. 1999. "Can the Independent Counsel Statute Be saved?" *Law and Contemporary Problem* 62(1): 131-143.

Harriger, Katy J. 2000. *The Special Prosecutor in American Politics*. Lawrence, KS: University Press of Kansas.

Hughes, O. E. 1998. *Public Management and Administration: An Introduction*. New York: St. Martin's Press.

Huston, Luther A. 1967. *The Department of Justice*. New York: Frederick A. Praeger.

James, Paul. 1964. "Grand Jury System." *Journal of the State Bar of California* 39: 255-267.

Jaworski, Leon. 1976. *The Right and the Power: The Prosecution of Watergate*. New York: Reader's Digest Press.

Johnson, Charles A. and Danette Brickman. 2001. *Independent Counsel: The Law and the Investigation*. Washington D.C.: Congressional Quarterly Press.

Kearns, K. P. 1996. *Managing for Accountability: Preserving the Public Trust in Public and Nonprofit Organization*. San Francisco, CA: Jossey-Bass.

Krent, Harold J. 1988. "Separating the Strands in Separation of Powers Controversies." *Virginia Law Review* 74: 1253-1256.

Kutler, Stanley I. 1990. *The Wars of Watergate: The Last Crisis of Richard Nixon*. New York: Knopf.

Lang, Gladys E. and Kurt Lang. 1983. *The Battle for Public Opinion: The President, the Press, and the Polls, During Watergate*. New York: Columbia University Press.

Locke, J. 1965. *Two Treaties of Government*. New York: Cambridge University Press.

Madison, James, Alexander Hamilton, and John Jay. 1961. *The Federalist Papers*, ed. Clinton Rossiter. New York: New American Library.

Marx, Fritz Morstein. 1957. *The Administrative State: An Introduction to Bureaucracy*. Chicago, IL: University of Chicago Press.

Mayhew, David R. 1974. *Congress: The Electoral Connection*. New Haven, CT: Yale University Press.

McDonald, William F. 1979. *The Prosecutor*. Beverly Hills, CA: Sage Publications.

McFeely, William S. 1981. *Grant: A Biography*. New York: W. W. Norton.

McLeod, Jack M., Jane D. Brown, and Lee B. Becker. 1977. "Watergate and the 1974 Congressional Elections." *The Public Opinion Quarterly* 41(2): 181-195.

Miller, Arthur S. 1968. "The Attorney General as the President's Lawyer." In *Roles of the Attorney General of the United States*, eds. Luthur A. Huston, Arthur S. Miller, Samuel Krislov, and Robert G. Dixon Jr. Washington. D.C.: American Enterprise Institute.

Navasky, Victor. 1971. *Kennedy Justice*. New York: Athenaeum.

Neustadt, Richard E. 1976. *Presidential Power: The Politics of Leadership with Reflections on Johnson and Nixon*. New York: John Wiley & Sons.

O'Sullivan, Julie. 1996. "Independent Counsel Statute: Bad Law, Bad Policy." *American Criminal Law Review* 33: 463-509.

Palmer, Robert E. 1984. "The Confrontation of the Legislative and Executive Branches: An Examination of the Constitutional Balance of Powers and the Role of the Attorney General." *Pepperdine Law Review* 11: 331-389.

Priester, Benjamin J., Paul G., Rozelle, and Mirah A Horowitz. 1999. "The Independent Counsel Statue: A Legal History." *Law and Contemporary Problems* 62(1): 5-109.

Purpura, Philip P. 1997. *Criminal Justice: An Introduction*. Boston, MA: Butterworh-Heinmann.

Rosenberg, Morton. 1989. "Congressional Prerogative over Agencies and Agency Decision Makers: The Rise and Demise of Reagan Administration's Theory of the Unitary Executive." *George Washington Law Review* 57: 627-703.

Rossiter, Clinton (ed.). 1984. *Federalist Papers*. Ithaca, NY: Cornell University Press.

Schmaltz, Donald C. 1998. "The Independent Counsel: A View from Inside." *Georgetown Law Journal* 86(6): 2307-2345.

Schroeder, Christopher H. 1999. "Putting Law and Politics in the Right Places: Reforming the Independent Counsel Statute." *Law and Contemporary Problems* 62: 163-185.

Shafritz, J. M. (ed.). 1998. *International Encyclopedia of Public Policy and Administration*. Boulder, CO: Westview Press.

Sharp, Malcolm P. 1935. "The Classical American Doctrine of the Separation of Powers." *University of Chicago Law Review* 2(3): 385-436.

Simon, Donald J. 1982. "The Constitutionality of the Special Prosecutor Law." *University of Michigan Journal of Law Reform* 16: 37-58.

Sirica, John J. 1979. *To Set the Record Straight: the Break-in, the Tapes, the Conspirators, the Pardon*. New York: Norton.

Starr, Kenneth. 1999. "The Future of the Independent Counsel Act." *Hearings, Senate Committee on Governmental Affairs*, 10d Cong., 1st sess. Washington, D.C.: U.S. Government Printing Office.

Strauss, Peter L. 1984. "The Place of Agencies in Government: Separation of Powers and the Fourth Branch." *Columbia Law Review* 84(3): 573-669.

Strauss, Peter L. 1987. "Formal and Functional Approaches to Separation-of- Powers Questions: A Foolish Inconsistency?" *Cornell Law Review* 72: 488-560.

Sundquist, James. 1981. *The Decline and Resurgence of Congress*. Washington, D.C.: Brookings Institute.

Turkheimer, Frank M. 1977. "The Executive Investigates Itself." *California Law Review* 65: 597-635.

U. S. Congress. 1999. "Senate, Committee on Government Affairs." *The Future of the Independent Counsel Act*. Washington, D. C.: U.S. Government Printing Office.

U. S. Department of Justice. 1980. *The Principles of Federal Prosecution*. Washington, D.C.: U.S. Department of Justice.

Waldo, Dwight. 1984. *The Administrative State: A Study of the Political Theory of American Public Administration*. New York: Holmes & Meier.

Walsh, Lawrence. 1998. "The Need for Renewal of the Independent Counsel Act." *Georgetown Law Journal* 86(6): 2307-2379.

Wanlass, Lawrence C. 1956. *History of Political Thought*. London, UK: George Allen & Unwin Ltd.

Woodward, Bob. 1999. *Shadow: Five Presidents and the Legacy of Watergate*. New York: Simon & Schuster.

Woodward, Vann C. 1974. *Responses of the Presidents to Charges of Misconduct*. New York: Dell Publishing.

三、報章雜誌

王己由、李永盛，2010，〈出訪零用金涉貪　扁無罪〉，《中國時報》，6 月 9 日，版 A1。

王聖藜，2006，〈還原八月七日詢問扁享刑事豁免權〉，《聯合報》，9 月 12 日，版 A4。

田習如，2000，〈人為什麼跑了！？特別偵查組不為人知的苦水〉，《財訊》，第 223 期，頁 180-184。

江慧真，2009，〈我代表處恐遭降級　欲買通 WTO 祕書長蘇帕猜　安亞專案 160 萬美金行賄世貿高層〉，《中國時報》，9 月 23 日，版 A6。

宋朝欽，2002，〈在野促廢黑金中心－綠營批：部分立委要求回歸體制，避免破壞檢察一體，在明年 9 月 30 日前撤除－段宜康等反對，指：國親嘴巴反黑金卻不視眼中釘〉，《中時晚報》，12 月 31 日，第 2 版。

李明賢、林政忠，2010，〈扁卸任帶走的機密檔案 20 箱公文要不回－府擬告扁辦〉，《聯合報》，9 月 8 日，版 A1。

林俊宏、劉志原、李欣芳，2009，〈涉侵占出訪零用金　扁被起訴〉，《自由時報》，9 月 23 日，版 A7。

林益民，2004，〈查黑金特偵組下月裁撤　檢察官批法務部「自廢武功」〉，《蘋果日報》，5 月 3 日，版 A5。

張宏業，2016，〈中信金、國寶 3 案　辜仲諒、朱國榮……8 人起訴〉，《聯合報》，10 月 6 日，版 A4。

陳長文，2017，〈是恢復特偵組的時候了〉，《中國時報》，11 月 27 日，版 A14。

項程鎮，2002，〈查黑中心特偵組　最慢後年九月解散〉，《自由時報》，10 月 25 日，版 A8。

黃雅詩，2003，〈國安密帳案〉，《聯合報》，11 月 19 日，版 A1。

楊和倫，1995，〈許水德語出驚人：法院也是執政黨開的〉，《新新聞》，第 437 期，頁 25。

楊肅民、廖嘯龍、劉鳳琴，2006，〈檢察體系有權　更要避免濫權〉，《中國時報》，1 月 14 日，版 A4。

楊肅民，2012，〈暗槓機密公文被起訴　扁拖李登輝下水反害己〉，《時報週刊》，第 1789 期，頁 38-40。

劉志原、林俊宏、李欣芳、楊國文，2010，〈外交零用金案　扁一審無罪〉，《自由時報》，6 月 9 日，版 A6。

蕭白雪，2006，〈豁免權範圍　扁可聲請釋憲〉，《聯合報》，9 月 12 日，版 A4。

蕭白雪，2009，〈零用金也貪　11 次出訪　扁每次汙 3 萬美元　都交珍匯美給陳致中留學用〉，《聯合報》，9 月 23 日，版 A1。

聯合報，2005，〈「深喉嚨」乃當時提供訊息予《華盛頓郵報》兩位記者的祕密人士〉，《聯合報》，5 月 31 日，版 A1。

聯合報，2005，〈前聯邦調查局副局長馬克費爾特（William Mark Felt Sr.）坦承他就是當年的「深喉嚨」〉，《聯合報》，6 月 2 日，版 A1。

聯合報社論，1998，〈關於設置特別檢察官的斟酌〉，《聯合報》，5 月 2 日，版 2。

顏振凱，2002，〈特偵組　最慢後年 9 月廢除〉，《聯合晚報》，10 月 24 日，版 A7。

蘇位榮、蕭白雪，2010，〈是否上訴　黃世銘：再研究〉，《聯合報》，6 月 9 日，版 A4。

Babcock, Charles R. 1979. "Civiletti and Justice Staff Find Themselves on the Defense." *The Washington Post*, September 3, A31.

Babcock, Charles R. and Ted Gup. 1979. "Special Counsel Is Appointed in Carter Warehouse Probe." *The Washington Post*, March 21, A1.

Berry, John F. and Ted Gup. 1979. "Independence Guarantee Urged for Special Counsel." *The Washington Post*, March 22, A16.

Cohodas, Nadine. 1988. "Court Rules against Reagan in Power Clash." *Congressional Quarterly Weekly Report*, July 2. pp. 1790-1791.

Cox, Archibald and Philip B. Heymann. 1999. "After the Counsel Law." *The New York Times*, March 10, A19-20.

Dewar, Helen. 1992. "GOP Filibuster Threat Kills Independent Counsel Bill." *The Washington Post*, September 30, A11.

Freiwald, Aaron. 1989. "Probe Tab $40 Million and Rising." *Legal Times,* February 20, pp. 9-10.

Gerth, Jeff. 1978. "A Secret White House Meeting: Carter's Fat Cats." *New York Magazine*, November 13, pp. 15-18.

Gibeaut, John. 1998. "In Whitewater's Wake: Lurid Details Aside, Is it a Crime?" *A.B.A. Journal* 848(41): 11-39.

Goldberg, Jeffrey. 1997. "What is Janet Reno Thinking?" *New York Times Magazine*, July 6, pp. 13-20.

Goldman, T. R. 1999. "Judging the I. C.: Reformers Eye the Way Independent Counsel Are Chosen, as Sentelle Speaks Out." *Legal Times*, 22 February, p. 23.

Graney, Glen. 1988a. "Access to Secret Papers Snarls Iran-Contra Case." *Congressional Quarterly Weekly Report*, April 20, pp. 1157-1158.

Graney, Glen. 1988b. "Split Trials Could Be Blow to Iran-Contra Case." *Congressional Quarterly Weekly Report*, June 11, pp. 1625-1627.

Jerry, Knight. 1996. "Renold Brown Probe Widens." *Washington Post*, March 30, sec. C, p.1.

Johnston, David. 1997. "Looking for A Needle, Can't Find the Haystack." *New York Times*, December 7, A4.

Labaton, Stephen. 1997. "Experience Sours a Once-Enthusiastic Reno on Applying the Independent Counsel Law. " *New York Times,* November 29, p.12.

LaFraniere, Sharon and R. Jeffrey Smith. 1992. "BNL Special Counsel Unneeded, Re-Consider Inquiry into Bank Case Involving Iraq." *New York Times*, December 11, A32.

Leavitt, Paul, Tom Squiteri, and Bill Nichols. 1998. "Maine Lawyer Appointed to

Investigate Herman." *USA Today*, May 27, A6.

Lescaze, Lee and Patrick E Tyler. 1981. "Allen Accepted Interviewers' Two Watches, Japanese Paper Says." *The Washington Post*, November 21, A 2.

Lewis, Neil A. 1997. "Republicans React Quickly and Angrily to Reno Move." *New York Times*, December 3, A19.

Link, Mary.1976. "Senate Prepares to Debate Watergate Reform Measure." *Congressional Quarterly Weekly Report*, July 17, pp. 1903-1904.

Marcus, Ruth. 1987. "Justice official won't be charged in tax case." *Washington Post*, December 19, A3.

Miller, Ben. 2000. "Probe of Clinton's Land Deal Is Closed." *The Washington Post*, September 21, A1.

Miller, Bill. 1998. "Espy Acquitted in Gifts Case." *The Washington Post*, December 3, A13.

Mintz, John. 1998. "Espy Case Heightened Criticism of Independent Counsel Law." *The Washington Post*, December 4, A16.

Morgan, Dan. 1999. "Senate Coalition May Save Independent Counsel Law; Reno Favors Letting Statute Expire; Key Panel Members Wary." *The Washington Post*, March 18, A2.

Natta, Don Van. "Testing of a President: Tactics, Highlights of Criticism and Defense of Starr." *New York Times*, November 20, A3.

Ostrow, Ronald J. 1992. "William Barr: A 'Caretaker' Attorney General Proves Agenda-Setting Conservative." *Los Angeles Times*, June 21, A3.

Pincus, Walter. 1992. "Bush Pardons Weinberger in Iran-Contra Affairs; 5 Others Also Cleared; Angary Walsh Indicates a Focus on President." *The Washington Post*, December 25, A1.

Ryan, Missy, Ellen Nakashima, and Karen DeYoung. 2016. "Obama Administration Announces Measures to Punish Russia for 2016 Election Interference." *The Washington Post*, December 29, A1.

Safire, William. 1998. "Unclosed Filegate." *New York Times*, July 23, A1.

Suro, Roberto. 1998. "Reno Plans Not to Investigate Clinton Campaign Donations." *The Washington Post*, December 8, p. 2.

Tamara, Jones. 1998. "Henry and Linda." *Washington Post*, Feburary 22, magazine section, sec. w, p.10.

Taylor, Stuart Jr. 1992. "The Great House Bank Holdup Scandal Is Phony and the Inquiry Is Suspect." *San Diego Union-Tribune*, May 31, C3.

四、網站資料

人民網，2003，〈1986 年 11 月 2 日美國伊朗門事件被披露〉（11 月 2 日），取自<http://www.people.com.cn/GB/historic/1102/5163.html>。（檢閱日期：2017/10/13）。

大紀元新聞網，2007，〈最後一刻獲橘營支持　陳聰明順利出任臺檢察總長〉（1 月 18 日），取自<http://www.epochtimes.com/b5/7/1/18/ n1595068.htm>。（檢閱日期：2017/03/02）

立法院，2016，〈立法院議案關係文書〉，《立法院法案查詢系統》，取自<https://lis.ly.gov.tw/lylgqrc/mtcdoc?DN090201:LCE WA01_090201_00035>。（檢閱日期：2017/04/10）

司法院，2017，〈「改良式當事人進行主義」之介紹〉，取自<http://www.judicial.gov.tw/work/work02/work02-01.asp>。（檢閱日期：2017/12/13）

法務部，2000，〈掃除黑金專案報告〉（5 月 24 日），取自<https://www.moj.gov.tw/cp-21-48989-a8ff6-001.html>。（檢閱日期：2017/03/22）

法務部，2006，〈立法院三讀通過法院組織法修正案　開啓檢察制度新世紀〉（1 月 13 日），取自<https://www.moj.gov.tw/fp-791-49398-90573-001.html>。（檢閱日期：2017/10/26）

法務部，2010，〈行政院法務部之部史沿革〉（4 月 21 日），取自 <https://www.moj.gov.tw/ct.asp?xItem=255234&CtNode=27896&mp=001> 。（檢閱日期：2017/12/13）

曹宇帆，2007，〈陳聰明案泛藍分道揚鑣　國親矛盾檯面化〉（1 月 18 日），《大紀元新聞網》，取自 <http://www.epochtimes.com/b5/7/1/18/n1594987.htm>。（檢閱日期：2017/04/05）

陳慰慈，2014，〈阿扁涉隱匿公文案　其他人無罪簽結〉（8 月 29 日），《自由時報電子報》，取自 <http://news.ltn.com.tw/news/society/breakingnews/1093147>。（檢閱日期：2017/03/25）

陳慰慈，2016，〈一次偵結中信金、國寶兩大弊案　特偵組這樣說〉（10 月 5 日），《自由時報電子報》，取自 <http://news.ltn.com.tw/news/society/breakingnews/1846453>。（檢閱日期：2017/04/12）

最高檢察署特別偵查組，2017，〈重大偵結起訴案件〉，《法務部最高檢察署》（1 月 1 日），取自 <https://www.tps.moj.gov.tw/ct.asp?xItem=221224&CtNode=30091&mp=002>。（檢閱日期：2017/03/26）

蕭博文，2015，〈掏空 8 億炒股　偉盟創辦人賴文正遭求重刑〉（9 月 17 日），《中時電子報》，取自 <https://www.chinatimes.com/realtimenews/20150917002046-260402>。（檢閱日期：2017/07/22）

蕭博文，2016，〈中信金、國寶集團弊案　特偵組起訴辜仲諒、朱國榮等 8 人〉（10 月 5 日），《中時電子報》，取自 <https://www.chinatimes.com/realtimenews/20161005002090-260401>。（檢閱日期：2017/04/12）

錢利忠，2015，〈製造百億成交量假象　偉盟夥名嘴炒股被訴〉（9 月 17 日），《自由時報電子報》，取自 <http://news.ltn.com.tw/news/society/breakingnews/1447196>。（檢閱日期：2017/07/22）

謝忠良，2014，〈國安局絕密文件曝光　李登輝非法挪用 35 億〉（6 月 9 日），《壹週刊》，取自 <https://www.nextmag.com.tw/realtimenews/news/4196598>。（檢閱日期：2017/04/12）

Baker, Peter. 2018. "White House Penalizes Russians over Election Meddling and

Cyber-attacks." *The New York Times*, March 15, in <https://www.nytimes.com/2018/03/15/us/politics/trump-russia-sanctions.html>. Latest update 1 April 2018.

Beckwith, Ryan T. and Tessa Berenson. 2018. "Will President Trump Fire Robert Mueller? Here's What We Know." *Time*, in <http://time.com/5120383/robert-mueller-firing-trump/>. Latest update 21 March 2018.

Borger, Julian and Spencer Ackerman. 2017. "Trump-Russia Collusion is Being Investigated by FBI, Comey Confirms." *The Guardian*, March 20, in <https://www.theguardian.com/us-news/2017/mar/20/fbi-director-comey-onfirms-investigation- trump-russia>. Latest update 20 June 2017.

Harding, Luke. 2017. "Stephanie Kirchgaessner and Shaun Walker, Trump Adviser George Papadopoulos and the Lies about Russian Links." *The Guardian*, in <https://www.theguardian.com/us-news/2017/oct/30/george-papadopoulos-donald-trump-russia-charge-putin>. Latest update 12 November 2017.

Holmes, Oliver W. 1882. "The Common Law-1881, London: MacMillan & Co." in <https://archive.org/details/commonlaw00holmuoft/page/n3>. Latest update 5 April 2018.

Kneeland, Douglas E. 1972. "The 1972 Campaign." *The New York Times Archives*, September 14, in <https://www.nytimes.com/1972/09/14/archives/henry-ford-declares-he-will-vote-for-nixon.html>. Latest update 28 February 2018.

Kurtz, Howard. 1986. "2 Independent Counsels Are Secretly Appointed." *The Washington Post*, December 18, in <http://www.people.com.cn/GB/historic/1102/5163. html>. Latest update 27 December 2018.

Levin, Sam, Julia C. Wong, and Bonnie Malkin. 2017. "Calls for Special Prosecutor fter Trump Sacks FBI Director-as it Happened." *The Guardian*, May 10, in <https://www.theguardian.com/us-news/live/2017/may/09/james-comey-fired-fbi-trump-white-house-live >. Latest update 20 June 2017.

McCarthy, Tom, Jon Swaine, and Ben Jacobs. 2017. "Former FBI Head Robert Mueller to Oversee Trump-Russia Investigation." *The Guardian*, in

<https://www.theguardian.com/us-news/2017/may/17/trump-russia-nvestigation-special-counsel-robert-mueller-fbi>. Latest update 20 June 2017.

U. S. Department of Homeland Security. 2016. "Joint Statement from the Department of Homeland Security and Office of the Director of National Intelligence on Election Security." in <https://www.dhs.gov/news/2016/10/07/joint-statement-department-homeland-security-and-office-director-national>. Latest update 15 November 2018.

U. S. Department of Justice. 2015. "Budget and Performance Summary." in <https://www.justice.gov/about/bpp.htm>. Latest update 9 November 2017.

U. S. Department of Justice. 2016. "Appointment of Special Counsel to Investigate Russian Interference with the 2016 Presidential Election and Related Matters." in <https://www.justice.gov/opa/press-release/file/967231/download>. Latest update 20 June 2017.

U. S. Department of Justice. 2017. "United States Attorneys-FY 2017 Performance Budget Congressional Submission." in <https://www.justice.gov/jmd/file/821011/download>. Latest update 20 June 2017.

五、判例及其他

Banzhaf v. Smith, 588 F. Supp. 1498 (D. C. Cir. 1984).

Banzhaf v. Smith, 737 F. 2d 1167 (D. C. Cir. 1984).

Bowsher v. Synar, 478 U.S. 714 (1986).

Clinton v. Jones, 520 U.S. 681 (1997).

Deaver v. Seymour, 656 F. Supp. 900 (D. D .C. 1987).

Dellums v. Smith, 797 F. 2d 817 (9th Cir. 1986).

Humphrey's Executor v. United States, 295 U.S. 602 (1935).

Immigration and Naturalization service (INS) v. Chadha, 462 U.S. 919 (1983).

In re Sealed Case, 665 F. Supp. 56, 62 (D. D. C. 1987).

In re Sealed Case, 838 F. 2nd 476 (D. C. C. 1988).

Kendall v. United States, 37 U.S. 524 (1838).

Kraft v. Gallinghouse, CA No. 80-2952 (D. D. C. 1980).

Marbury v. Madison, 5 U.S. 137 (1803).

Mistretta v. United States, 488 U.S. 361 (1989).

Morrison v. Olson, 487 U.S. 654 (1988).

Myers v. United States, 272 U.S. 52 (1926).

Nathan v. Attorney General, 557 F. Supp. 1186 (D. D. C. 1983).

Nathan v. Attorney General, 737 F. 2d 1069, 1079 (D. C. Cir. 1984).

Nixon v. Sirica, 487 F. 2d 700 (D. C. Cir. 1973).

North v. Walsh, 656 F. Supp. 414 (D. D .C. 1987).

North v. Walsh, 656 F. Supp. 900 (D. D. C. 1987).

The Federalist No. 47, at 304 (C. Rossiter ed., 1961).

United States v. House of Representatives, 556 F. Supp. 150 (D. D. C. 1983).

United States v. Hubbell, 530 U.S. 27(2000).

United States v. Nixon, 418 U.S. 683 (1974).

United States v. North, 910 F. 2d 843 (D.C. Cir. 1990).

United States v. North, 920 F. 2d 940 (D.C. Cir. 1990).

United States v. Tucker, 78 F. 3d 1313 (8th Cir. 1996).

Wiener v. United States, 357 U.S. 349 (1958).

國家圖書館出版品預行編目資料

美國獨立檢察官偵辦高官不法之司法機制研究
——兼論其對臺灣的啟示／余小云著. ――初
版. ――臺北市：五南, 2018.12
　面；　公分
ISBN 978-957-11-9983-2 (平裝)

1.司法制度　2.檢察官　3.美國

589.952/5　　　　　　　107016871

4U11

美國獨立檢察官偵辦高官不法之司法機制研究——兼論其對臺灣的啟示

作　　者 ― 余小云（53.92）

發 行 人 ― 楊榮川

總 經 理 ― 楊士清

副總編輯 ― 劉靜芬

責任編輯 ― 林佳瑩

封面設計 ― 姚孝慈

出 版 者 ― 五南圖書出版股份有限公司

地　　址：106台北市大安區和平東路二段339號4樓

電　　話：(02)2705-5066　　傳　　真：(02)2706-6100

網　　址：http://www.wunan.com.tw

電子郵件：wunan@wunan.com.tw

劃撥帳號：01068953

戶　　名：五南圖書出版股份有限公司

法律顧問　林勝安律師事務所　林勝安律師

出版日期　2018年12月初版一刷

定　　價　新臺幣400元